KB231450

DBT®

다이어렉티컬 행동치료 워크북

감정조절장애와 경계선 성격장애 치료를 위한 워크북

개정판

DBT®

다이어렉티컬 행동치료 워크북

감정조절장애와 경계선 성격장애 치료를 위한 워크북

DBT® Skills Training Handouts and Worksheets

Revised Edition

Marsha M. Linehan 저

조용범 역

개정판 편집 위원(알파벳 순)

Katherine Anne Comtois, Emily Cooney,

Kathryn Korslund, Janice R. Kuo, Jill H. Rathus,

Shireen L. Rizvi, and Jennifer H.R. Sayrs

수행 처소에서 저는 오후 시간이면 산책을 합니다. 두 손을 모아 마음을 졸이며 이 세상에서 정신장애로 고통받는 사람들을 향해 말합니다. "오늘은 고통으로 마음을 졸이지 않아도 됩니다. 오늘은 제가 대신하고 있으니까요." 집 복도를 거닐며 춤을 출 때에나 그룹참여자들과 같이 춤을 출 때면 저는 이 지구에서 정신장애로 힘겨워하는 모든 내담자들을 마음으로 초대하여 함께 춤을 춥니다.

이 책을 이 땅의 모든 내담자들에게 바칩니다. 여러분은 아무도 자신을 생각하고 있지 않다고 생각할지도 모릅니다. 할 수만 있다면 제가 대신해서 스킬을 연습하고 싶은 마음입니다. 그렇게 해서라도 여러분이 스킬 연습을 하지 않고 편안하게 살 수 있으면 좋겠습니다. 하지만 제가 대신해 드린다면 여러분 스스로 스킬을 사용하는 방법을 배울 수 없게 됩니다. 저는 여러분이 이 스킬을 하나의 방편으로 유용하게 사용하기를 진심으로 기원합니다.

마샤 리네한 박사(Marsha M. Linehan, PhD, ABPP)는 다이어렉티컬 행동치료[Dialectical Behavior Therapy], DBT의 개발자이며, 워싱턴 대학교의 심리학과 명예교수이자 행동연구 및 치료 클리닉[Behavioral Research and Therapy Clinics]의 명예 디렉터이다. 2019년 은퇴하기 전까지, 리네한 박사는 심각한 자살위기와 복합적이고 심각한 정신장애를 가진 사람들을 위해 경험과학적 근거에 기반한 치료기법을 개발하고 그 효과를 평가하는 것에 자신의 삶을 헌신해왔다. 리네한 박사는 2025년 American Foundation for Suicide Prevention에서 Lifetime Achievement Award, 루이빌 대학교에서 Grawemeyer Award for Psychology, Association for Behavioral and Cognitive Therapies에서 Career/Lifetime Achievement Award를 받았다. American Psychological Foundation에서 심리학 응용분야 Gold Medal Award for Life Achievement와 Association for Psychological Science에서 James McKeen Cattell Award를 포함하여 수많은 상을 수상함으로써, 자살 관련 연구와 임상심리학 발전에 대한 탁월한 공헌을 국제적으로 인정받았다. 그 업적을 기리기 위해 American Association of Suicidology는 리네한 박사의 업적을 기리기 위해서, 자살행동 치료 분야의 뛰어난 연구를 한 학자에게 수여하는 Marsha Linehan Award를 제정하여 자살행동치료분야에서 탁월한 연구를 수행한 학자에게 시상을 하고 있다. 또한 리네한 박사는 Times지가 발행한 "위대한 과학자들: 세상을 바꾼 천재적 선구자들[Great Scientist: The Geniuses and Visionaries Who Transformed Our World]"에 소개되었다. 그녀는 Linehan Institute의 설립자이며, 선불교의 선사[zen master]이다.

Marsha Linehan 박사의 최초의 다이어렉티컬 행동치료(*Dialectical Behavior Therapy*, DBT) 매뉴얼 초판이 출간된 지 어느덧 32년이 지났고, 이 책의 번역서를 한국에 소개한 지도 18년이 되었다. 또한 2판을 출간한 이후로도 8년이 지났다. 그동안 DBT는 국내외 다양한 임상 및 교육 현장에서 적용되며, 감정조절의 어려움으로 고통받는 많은 사람들에게 새로운 가능성과 희망을 제시해 왔다. 심한 정서적 괴로움 속에서 죽음을 생각하던 사람들, 자신의 의도와 달리 주변과 끊임없이 갈등을 반복하던 사람들, 그리고 감정을 다스리고 의미 있는 삶을 살아가는 방법을 찾지 못했던 이들에게 DBT는 실제 삶을 변화시키는 치료로 자리매김하였다.

나는 1996년경 군에서 자살 예방 시스템 구축을 위한 연구를 하면서, 기존의 자살 연구가 실제로 자살률을 낮출 수 있는 '치료적 개입'에 대한 과학적 근거가 매우 부족하다는 사실에 놀랐고 실망감을 느꼈었다. 대부분의 연구들이 자살관념, 위험요인, 예방교육 수준에 머물러 있었지만, 만성적 자살 위기자의 자살 행동이 유의미하게 감소한다는 Linehan 박사의 통제 연구 결과는 절망 속에서 새로운 가능성을 보여주었다. 이 경험은 이후 나의 진로와 임상적 방향을 결정하는 중요한 전환점이 되었다.

미국에서 박사 과정과 임상 수련을 이어가던 시기, 나는 Zucker Hillside Hospital / Long Island Jewish Medical Center(현 Northwell Health)의 DBT 프로그램에서 훌륭한 수퍼바이저들과 동료들, 그리고 다양한 문화권의 내담자들을 만나 DBT 임상 실제를 깊이 있게 배울 수 있었다. 당시 병원장이셨던 John Kane 박사의 지지로 2000년 초반 Asian American Family Clinic을 설립하여 한국 및 아시아계 이민자들을 대상으로 치료를 시작할 수 있었고, 한국어로 DBT 스킬훈련 그룹을 시작할 수 있었다.

초기 스킬훈련 그룹에는 50-60대 1세대 이민자들, 20-30대 유학생, 그리고 2세대들이 함께 참여하였다. Linehan 박사의 워크북을 한 페이지씩 번역하여 스킬 그룹을 진행하던 그 시기, 한국어권 내담자들이 초기 번역본에 보인 언어적, 비언어적 피드백은 나에게 큰 통찰을 주었다. 영어권에서 자연스럽게 이해되는 개념들이 한국어권에서 정서적 의미가 달라지거나 이해의 방향이 크게 변해, 영어권에서 기대되는 치료적 반응이 한국어권에서는 나타나지 않는 경우도 있었다. 이러한 경험은 DBT 치료 용어의 한국어 번역 체계를 형성하는 중요한 기준이 되었고, 치료서의 번역은 반드시 실제 치료 현장에서 '살아 숨 쉬는 언어'로 완성되어야 한다는 확신을 더욱 굳건히 하게 만드는 소중한 경험이었다.

2003년 한국에 귀국한 이후 미국 시애틀 University of Washington의 Marsha Linehan 박사팀과 함께 본격적으로 한국 DBT 센터를 설립하여 한국에 DBT를 윤리적으로 도입할 준비를 하면서 무엇보다 선행해야 하는 것은, 바로 DBT 치료매뉴얼 번역 작업이었다. 한국어로 번역된 매뉴얼이 없는 상태에서 치료를 할 수는 없었기 때문이다. 지난 긴 기간동안 Linehan 박사의 DBT 저서들을 번역하면서 일관되게 유지한 원칙이 있다. DBT 워크북과 전문가 매뉴얼의 번역은 치료실 밖에서 이루어지는 단순 언어학술적

작업이 아니라, 임상 장면 속에서 내담자와 치료자가 함께 만들어 내는 살아 숨 쉬는 언어로 구성되어야 한다는 점이었다. 이는 Linehan 박사가 영문 매뉴얼을 집필한 방식과 온전히 일치하며, Gadamer의 해석학hermeneutics 에서 말하는 '지평의 융합fusion of horizon'의 과정이기도 하다. 즉, DBT 매뉴얼의 번역은 Marsha Linehan의 과학성과 깊은 기독교적 영성, 선불교적 깨달음, 그리고 미국의 사회문화적 배경이라는 지평horizon이, 한국인인 나(번역자)의 다양한 종교 특히 불교에 대한 이해, 문화심리학과 이중언어권 배경의 지평과, 독자와 내담자 고유의 독특한 지평이 만나 치료적 융합이 일어나는 살아 있는 과정인 것이다.

이러한 융합적 치료적 과정을 담고 있는 것이야 말로 Linehan 박사가 말하는 다이어렉티컬dialectical 한 과정이라고 할 수 있다. DBT에서의 '다이어렉티컬dialectical 또는 다이어렉티스dialectics는 기존 철학적 사조나 한자일본어sino-Japanese 기반 용어로 담기에는 너무 제한적이다. 오히려 수 천년 동안 우리 한국인의 깊은 정서의 토대인 음양의 조화나 유교와 불교의 깨달음이라는 변화의 과정에 대한 이해가 DBT의 치료과정을 더 잘 이해할 수 있다. 또한 이념적 분단과 사상에 대한 트라우마가 있는 한국의 세대가 느낄 수 있는 불편감이나 이질감을 고려하지 않을 수 없다. 이러한 문제에 대해 역자는 Linehan 박사와 2000년 중반 여러차례 논의를 하였고, 2008년 한국에서 이 용어의 왜곡성을 최소화하고 Linehan 박사의 본 뜻을 있는 그대로 존중하는 방안을 논의하였다. DBT에서의 'Dialectical'은 저자이며 개발자가 평생을 연구하여 집대성한 DBT 치료에서 일어나는 혁신적인 치료적 과정을 총칭하는 고유명사로 이 영문 용어를 그대로 음역transliteration하여 '다이어렉티컬'와 '다이어렉티스'로 명명하게 되었음을 밝힌다. 이렇게 함으로써 음역에 익숙한 한국 내담자들에게 오히려 불필요한 오해를 줄일 수 있었고 다이어렉티스 개념을 일반 영미권 내담자에게 소개를 할 때 걸리는 시간 정도로도 충분히 Linehan이 말하고자 하는 다이어렉티스를 교육할 수 있었다. 하지만 역자는 Linehan 박사가 진정으로 원하는 것은 정서적 고통을 겪는 세계 모든 사람들이 DBT를 통해 새로운 삶을 살 수 있기를 바라는 것이라는 점을 잘 알고 이를 잊지 않고 있다. 저자가 개정판 감사의 글에서, "언어를 내려놓는 법을 알려주신" 스승에게 감사의 마음을 전한 것처럼, DBT에서 중요한 것은 이름이나 명칭이 아니라, 이분법적 언어의 틀을 내려놓고 언어라는 방편을 통해 효과적으로 내담자에게 다가가 치료하는 것이다.

이번 개정판은 Linehan 박사의 핵심 그룹으로 한국 DBT 전문가 교육을 위해 직접 방문하였거나, 저서를 통해 연결되어 있는 Jennifer Sayrs, Emily Cooney, Jill Rathus, Shireen Rizvi, Katherine Comtois, Kathryn Korslund, Janice Kuo 박사에 의해 완성되었다. 이 분들은 지난 수십 년간 DBT의 원형을 지키고 발전시키기 위해 노력해 왔으며, 한국에서도 DBT가 올바르게 뿌리내릴 수 있도록 꾸준한 관심과 지지를 보내주었다.

나의 25년의 DBT 임상 여정을 돌아보면, 2006년 Linehan 박사를 만났던 때가 지금도 선명하게 그려진다. 그의 연구실에서 매우 굳고 진지한 표정으로 "왜 한국에서 DBT 치료와 교육을 시작하려고 하나요?"라고 물으셨다. 나의 진심을 시험하는 선사禪師의 엄중한 질문이었다. "누구를 위해, 무엇을 위해 DBT를 하는가?" 그 분의 마음을 꿰뚫는 눈빛과 질문은 순간 내 마음을 정결하게 하였고, 이후 힘들 때마다 임상가로서의 마음을 다시 바로 세우게 하는 기준이 되었다. 그 때 나는 두 가지 소망을 말씀드렸다. 한국에서도 미국과 같은 높은 수준의 DBT 치료를 통해 고통속에 있는 분들에게 새로운 희망을 주는 것과, 깊은 인간애와 진정성을 갖춘 DBT 치료전문가를 양성하는 것. 그 순간 맑은 마인드풀한 마음의 교류가 일어났고, Linehan 박사는 바로 전화기를 들면서 "혼자 힘으로 그 일을 하기는 어려울 겁니다. 팀이 필요합니다. 내가 전적으로 믿고 신뢰하는 팀을 꼭 만나도록 하세요"라고 말했다. 그가 전화한 사람은 당시 Evidence Based Treatment Center of Seattle의 대표, 현재 Behavioral Tech의 교육수련 담당 대표인 Tony DuBose 박사였다. 이후 Linehan 박사와 DuBose 박사팀이 서울에 직접 방문하였고 지금까지 DBT Korea의 미션을 지원하고 있다.

DBT는 단순한 임상적 기술을 넘어, 깊은 영적 성찰과 인간에 대한 진정성, 그리고 학문적, 윤리적 철저함이 결합된 치료 체계이다. 지금 이 순간에도 DBT를 실천하며 내담자의 삶을 지탱하고 있는 모든 치료자들, 그리고 DBT를 통해 새로운 삶을 살아가고 있는 내담자들에게 깊은 감사의 마음을 전한다.

이번 개정판의 모든 원고를 함께 검토하고 출간 과정을 함께해 준 채송희 선생님께 특별한 감사를 드린다. 또한 2판의 여러 차례의 쇄를 거치며 귀중한 의견과 제안을 전해 준 많은 분들, DBT Experiential Class와 교육과정에 참여하여 조언을 주신 전문가들, 그리고 무엇보다도 살아 있는 치료 언어를 만들어 이 워크북의 기반을 마련해 준 내담자들께 진심으로 감사드린다.

2025년
역자 조용범

Marsha Linehan 박사의 다이어렉티컬 행동치료(*Dialectical Behavior Therapy*, DBT)[1]에 관한 최초의 저서인 『경계선 성격장애 치료를 위한 다이어렉티컬 행동치료』가 출판된 지 24년이 지났고, 한국에 역서를 출판한 지는 이제 10년이 되었다. 그동안 DBT는 전 세계적으로 없어서는 안되는 중요한 치료기법으로 자리매김하였다. 클리닉을 포함한 다양한 임상현장과 교육현장에 적용되어 수많은 사람들에게 새로운 삶과 희망을 주었다. 감정조절이 되지 않아 마음의 고통과 괴로움 속에서 죽음을 생각했던 사람들, 자신의 문제를 자각하지도, 해결하지도 못하여 본인의 의도와는 관계없이 주변 사람들과 끊임없는 마찰을 일으키는 사람들, 그리고 어떻게 해야 감정을 다스리고 새로운 행동을 배워 의미 있는 삶을 살 수 있는지에 대해 아무런 가이드가 없었던 사람들, 이런 사람들에게 DBT는 생명을 주는 약처럼 기적같은 삶의 변화를 일으켰다.

　　지난 15년간 더트리그룹/한국 DBT 센터(DBT Center of Korea)에서 인연이 되어 찾아온 수많은 내담자들을 만나고 치료하며, 그들의 고통과 상처에 함께 공감하고, 때로는 같이 괴로워하고, 같이 웃으며 DBT 치료를 진행하였다. 마샤 리네한 박사는 직접 한국에 방문하여 우리 기관에서 주최한 워크숍을 통해 전문가들을 교육하였다. DBT의 총본부가 있는 미국 시애틀의 핵심 전문가인 Anthony DuBose 박사(現 Behavioral Tech., Chief Training Executive & Director of CE/CME)와 Jennifer Sayrs 박사(現 Evidence Based Treatment Centers of Seattle, Executive Director) 팀과 더트리그룹 DBT 팀은 서울과 시애틀을 교차 방문하며 올바른 DBT를 시행할 수 있도록 하였다. DBT 교육, 수련 및 치료 시스템과 운영 시스템은 놀라울 만큼 치밀하고, 철저하고, 윤리적이며, 동정심을 기반으로 구성되어 있다. 아마도 현존하는 최고의 치료적 시스템일 것이라고 생각한다.

　　역자는 1998년에 뉴욕의 쥬커힐사이드 병원에서 수련을 받던 중 처음으로 다이어렉티컬 행동치료를 접하게 되었다. 임상현장에서 다양한 인종과 문화권에 있는 내담자들에게 새로운 치료기법을 적용하면서, 내담자들에게서 믿을 수 없는 변화를 보게 되었다. 감정조절이 되지 않아 충동적인 행동을 하고, 심지어 자해적 행동을 하여 입원병동을 수시로 방문했던 사람들이 DBT 치료를 한 지 7개월쯤 뒤에는 새로운 직장을 갖고 새로운 관계를 맺기 시작했다. 한국인을 대상으로 한 DBT 프로그램에서는 이민 1세대들의 대표적인 증상인 화병 증상이 완화되기도 하였다. 지난 15년간 우리는 감정조절과 연관된 다양한 증상을 호소하는 성인과 청소년 그리고 부모를 대상으로 DBT 개인치료와 스킬훈련그룹(우리는

---

[1] 마샤 리네한은 Dialectical Behavior Therapy(DBT)를 명명하면서, 다이어렉티컬(Dialectical)은 단순히 철학적 의미의 변증법만을 의미하는 것이 아니라, 심리치료적 상황에서 치료자가 수용과 변화의 태도를 유지하고, 내담자가 균형 잡힌 새로운 마음의 상태를 유지하게 하며, 치료자와 내담자의 끊임없이 변하는 현실(reality)에 대한 수용과 변화 전략 등을 포괄하는 철학적 세계관이라고 규정하였다. 역자는 리네한 박사와 미국의 심리학자, 정신과 의사 그리고 한국 서양고대철학 전문가들과 숙의과정을 거쳐 영문명을 그대로 음역하여 '다이어렉티컬'로 명명하였다.

DBT Class라고 불렀다)을 시행하였고 수많은 내담자들과 부모들의 증상이 스킬을 통해 나아지는 것을 함께 목격하였다.

역자는 지난 20여년 동안 임상현장에서 다양한 분야의 치료 전문가들을 만났다. 항상 느끼는 것이지만 DBT 치료자들은 유독 헌신적인 분들이 많다. 리네한 박사의 평생에 걸친 연구와 치료, 그리고 내담자를 향한 측은지심은 가까이에서 경험한 사람이라면 그 깊이에 놀라게 된다. 연구현장과 임상현장에서 높은 전문성과 윤리성 그리고 종교적 헌신이 결합된 DBT를 세계 곳곳에서 시행하는 치료자는 매우 특별한사람들이다. 그들은 모두 마인드풀니스^{mindfulness 2}를 기반으로 한 깊은 종교적 견해와 수행력을 가지고 있고, 지나친 상업성을 경계하며 윤리 규정을 지키려 노력한다. 결코 '만만치 않은' DBT를 '만만치 않은'내담자들에게 '만만치 않은' 시간과 노력을 들여 치료하는 사람들이다. 어쩌면 그만큼 DBT 치료를 받은내담자들과 가족은 행운일 수도 있겠다.

2015년, 리네한 박사는 1993년 저서의 제2판인『전문가를 위한 DBT 다이어렉티컬 행동치료』(DBT Skills Training Manual, 2nd edition)와『DBT 다이어렉티컬 행동치료 워크북』(DBT Skills Training Handouts and Worksheets, 2nd edition)을 출간하였다. 우리 팀은 촘촘하게 짜여 분량이 어마어마한 이 두 권의 책을 번역하기에 이르렀다. 리네한 박사의 저서는 지난 25년간 DBT 치료의 결정체로써 전문가들과 내담자들에게 큰 도움이 될 것이다. 이 두 권의 책과 함께 Rathus 박사와 Miller 박사의『청소년을 위한 DBT 다이어렉티컬 행동치료』(DBT Skills Manual for Adolescents)는 청소년과 부모 및 보호자를 위한 DBT 치료서이며 이 책 역시 리네한 박사의 깊은 애정이 담긴 책이다. 리네한 박사와 전 세계에 있는 DBT 전문가들의 취지와 노력에 부합하기 위해 총 3권의 DBT 역서에서 나오는 판매 수익은 모두 올바른 DBT 치료를 위한 학술 및 출판 업무와 한국 DBT 센터의 운영에 쓰여지게 될 것이다. 역자는 이 서문을 빌어 이 책이 출간될 수 있도록 도움을 준 모든 더트리그룹의 스태프 선생님들께 감사를 드린다. 이분들의 헌신적인 노력으로 이 번역서가 출간될 수 있었다. 이 역서가 감정조절의 어려움으로 고통받는 성인과 청소년 그리고 부모와 가족들에게 새로운 삶의 기회를 줄 수 있도록 적극적이고 윤리적으로 활용되기를 바라며, 지금도 깊은 상처와 고통으로 어두움에 갇혀있는 모든 분들께 이 책을 바친다.

2017년
역자 조용범

---

[2] '마인드풀니스(mindfulness)'는 1970년대 미국에서 선불교와 남방불교의 위빠사나 수행기법을 문화적으로 순화시켜 깨어남을 통해, 풍요롭고 행복한 마음의 상태를 유지하도록 하는 방편적인 수행기법이다. 마인드풀니스는 미국 문화의 맥락에서 마음(mind-)이 충만한(-fulness) 상태를 언급하는 고유명사로 사용하고 있으며 그 역사-문화적인 의미를 축소시키지 않기 위해 음역하여 사용하였다. DBT 에서는 틱낫한의 마인드풀니스를 감정조절의 중요한 수행 방법으로 사용하고 있다. 하지만 이를 치료적으로 상품화하는 것에 대해서는 경계하고 있음을 밝힌다. 특히, 마인드풀니스를 가르쳐야 하는 DBT 치료자는 깊이 있는 기독교 혹은 불교 명상수행과 스승으로부터 철저한 검증을 받아, 비윤리적인 적용을 하지 않도록 늘 경계해야 한다.

『DBT 다이어렉티컬 행동치료 워크북^{DBT Skills Training Handouts and Worksheets}』개정판의 목적은 내용을 보다 현대적으로, 독자들이 접근하기 쉽게 다듬는데 있습니다. 2015년 제2판이 출간된 이후 언어, 디지털 기술, 그리고 일상 전반에 걸쳐 많은 변화가 있었기 때문에, 이러한 변화에 맞추어 자료를 최신화하고 다음 세대의 DBT 다이어렉티컬 행동치료 임상가와 내담자들이 사용하기 쉽도록 활용성과 연관성을 높일 필요가 있었습니다. 이번 개정은 일반적인 개정판처럼 DBT 스킬훈련 워크북의 새로운 에디션이 아니며, 새로운 스킬^{skill}이 추가되지 않았습니다. 이번 개정에서는 더욱 현대적으로 용어를 바꾸어, 독자들이 접근하기 쉽게 다듬는 것에 있습니다. 또한 자료^{handout}와 워크시트^{worksheet}를 새롭게 재배치하였습니다. 이제는 자료와 워크시트가 별도의 섹션으로 나뉘어 있지 않고, 각각의 자료 바로 뒤에 그에 해당하는 워크시트가 배치되어 있습니다. 이는 모든 내담자들이 자료와 워크시트에 보다 쉽게 접근하고, 어떤 항목들이 함께 사용되는지 명확히 이해할 수 있도록 하기 위한 것입니다.

이번 개정판에서는 중요한 다이어렉티컬 균형^{dialectical balance}을 이루고자 했는데, 리네한 박사의 의도와 DBT의 핵심 원리, 그리고 개발했을 당시의 DBT 스킬을 충실히 보존하면서, 동시에 시대에 맞지 않는 표현이나 내용(예: 칠판 사용 등)을 수정하였습니다. 이번 개정은 DBT 스킬 자체의 변경이 아니기 때문에, 논란의 여지가 있지만 리네한 박사가 DBT의 개념화를 위해 사용한 중요한 용어들, 예를 들어 감정조절 영역의 "숙련감^{mastery}"과 "정당화^{justified}", 대인관계 효율성 모듈의 "DEAR MAN"과 같은 용어는 그대로 유지하였습니다.

이번 개정의 원칙은 용어를 현대화하고, 보다 포용적이고 연관성 있는 예시를 담아, 세계의 각국의 독자들이 접근하기 쉽도록 수정하는 것입니다. 우리는 성별대명사를 조정하여, "그^{he}"나 "그녀^{she}" 대신 "그들^{they}"을 사용하였습니다.

우리는 독자들이 DBT의 정신과 핵심 원리에 충실하면서도, 스킬훈련자가 함께 일하는 DBT 치료팀의 문화, 필요, 경험에 맞추어 이 자료들을 적절히 수정하고 활용하기를 권합니다.

마지막으로, 우리는 이번 개정판이 DBT의 실수인정 동의사항^{fallibility agreement}의 적용을 받는다는 점을 잘 인식하고 있습니다. 즉, 이번 개정판에 대해 일부 독자들이 이견을 가질 수 있으며, 우리가 시대의 변화를 충분히 반영하지 못했거나, 일부 내용을 잘못 다루었을 가능성도 있습니다. 그러나 다이어렉티컬한 관점에서 볼 때, 우리가 이 글을 쓰는 순간에도 세상은 이미 변하고 있습니다.

리네한 박사와 우리는 개정한 내용들이 독자들에게 유용하기를 바라며, 이 책이 스킬을 가르칠 때 효과적인 방편*skillful means*이 되기를 바랍니다.

Katherine Anne Comtois
Emily Cooney
Kathryn Korslund
Janice R. Kuo
Jill H. Rathus
Shireen L. Rizvi
Jennifer H.R. Sayrs

1993년에 최초의 다이어렉티컬 행동치료(DBT) 스킬훈련 매뉴얼이 출간되면서부터, DBT를 다양한 정신장애에 적용하는 것에 대한 연구들이 폭발적으로 늘어났습니다. 저의 첫 파일럿 DBT 연구는 높은 자살위기의 성인을 치료하는데 초점이 맞춰져 있었습니다. 지금은 경계선 성격장애, 섭식장애, 치료거부적 우울증, 약물 사용, 기타 다양한 장애를 가진 성인뿐만 아니라 자살위기를 겪는 청소년들의 치료에 DBT 스킬훈련이 효과적이라는 연구 결과가 나오고 있습니다. 실제로 정신장애 진단이 없는 사람이라도 DBT 스킬은 많은 도움이 됩니다. 정서적 어려움이 있는 이들의 친구와 가족들, 또한 초등학생에서 고등학생에 이르기까지 다양한 사람들이 DBT의 도움을 받을 수 있으며 기업에서 더 나은 업무 환경을 조성하기 위해서 DBT 스킬을 적용할 수 있습니다. 대부분의 DBT 치료자들은 자신의 일상생활에서 이 스킬을 늘 사용하고 있으며 저 역시 스킬을 통해서 많은 도움을 받았기 때문에 항상 고마움을 느낍니다. 누군가 "이 스킬들은 집에서 어머니가 가르쳐 주어야 하는 내용 아닌가요?"라고 물을 때면 '그렇다'고 대답하지만, 어머니들 가운데 이러한 스킬에 관심을 갖거나 접근하기 어려운 분들도 많습니다.

저는 DBT 스킬들을 개발하기 위해 경험과학적 근거가 있는 행동적 개입에 대한 수많은 치료 매뉴얼과 치료 문헌을 참고하였습니다. 치료자들이 내담자에게 무엇을 어떻게 말해야 하는지를 리뷰하여 스킬 자료와 워크시트의 지시문으로 재구성했고, 치료자를 위한 강의 노트를 만들었습니다. 예를 들어 '정반대 행동하기' 스킬은 불안장애를 치료하기 위한 노출치료exposure-based treatmeats를 바탕으로 하여 만들어졌으며 불안 이외의 감정을 치료하기 위해 노출 전략을 일반화했습니다. '사실 확인하기'는 인지치료적 개입의 핵심 전략입니다. 마인드풀니스Mindfulness 스킬은 19년간의 카톨릭 학교 생활, Shalem Institute의 영성 가이던스 프로그램을 통한 관상기도contemplate prayer 수련, 그리고 선 수행을 거치며 지금은 선사가 된 저의 35년 간의 산물입니다. '현재 생각에 대한 마인드풀니스' 역시 수용-전념 치료acceptance and commitment therapy에서 가져왔습니다. 대체로 DBT 스킬은 행동치료자가 내담자에게 여러 가지의 효과적인 치료기법을 사용하여 무엇을 어떻게 하는지 알려주는 것입니다. 몇 가지 스킬들은 전체 치료 프로그램에 맞게 일련의 단계들로 공식화하여 재구성되었습니다. 새로운 감정조절 스킬 중 하나인 '악몽 프로토콜'이 그 예입니다. 그 밖의 다른 스킬들은 인지심리학과 사회심리학의 여러 연구에서 가져왔습니다. 또한 저의 동료들은 다양한 분야와 학술영역에서 새로운 스킬을 개발하여 새로운 집단에 적용하고 있습니다.

저는 지금까지 DBT에서 개발된 모든 자료와 워크시트를 포함한 이 내담자를 위한 스킬훈련 워크북을 출간하게 되어 매우 기쁩니다. 어떤 사람에게는 이 책에 담긴 스킬이 모두 필요하지 않을 수도 있을 것이고, 어떤 이들에게는 효과적인 스킬이 다른 사람에게는 효과적이지 않을 수도 있습니다. 이 책에 소개하고 있는 스킬들은 성인, 청소년, 부모, 친구, 가족, 고위험군, 저위험군 등 다양한 사람을 대상으로 연구를 하여 검증한 것들입니다. 저는 이 스킬들이 여러분에게 꼭 필요한 것이기를 바랍니다. 만일 여러분이 스킬훈련에서 다루지 않은 스킬을 추가로 배우고 싶다면 대인관계 효율성 스킬(대인관계 효율성 스킬 모듈의 DEAR MAN, GIVE, FAST 스킬 참고)을 사용해서 여러분의 스킬훈련자나 치료자에게 요청하십시오. 혹시라도 여러분 혼자서 DBT에 도전해보고자 한다면, 이 워크북은 아직까지 자가-치료^{self-help} 매뉴얼이나 내담자가 보는 워크북으로써 효과가 있는지는 검증된 바가 없다는 점을 이해해 주시기 바랍니다. 추후에 자가-치료 워크북을 출간하려는 마음을 가지고 있으니 계속 관심을 가져 주기 바랍니다. 또한 The Linehan Institute에서 제공하는 동영상 자료들을 참고하십시오. 여러분 스스로 혹은 스킬훈련자의 도움으로 DBT 스킬을 습득을 하여서 효과적인 방편^{skillful means}으로 사용하기를 바랍니다.

마샤 M. 리네한

감사의 글

이 책에 수록된 행동스킬의 개발과 연구, 평가 및 정리하는 과정은 여러 해를 거쳐 이루어졌습니다. 오랜 시간 동안 DBT 스킬과 워크시트의 완성하기까지는 많은 분들의 헌신과 기여가 있었습니다. 이 자리에서 오랫동안 저와 함께 스킬을 어떻게 개발하고, 구성하고, 설명하며, 필요한 분들께 어떻게 전달할지 함께 고민해 주신 수많은 스승님, 동료, 학생, 박사후 연구원, 그리고 내담자 여러분께 깊은 감사를 전하고자 합니다.

먼저, 저의 관상 기도와 선[禪] 수행의 스승이셨던 Pat Hawk 신부님과 Willigis Yaeger 신부님, 그리고 언어를 내려놓는 법을 가르쳐 주신 프란치스코 영성 지도자 Anselm Romb께 깊이 감사드립니다. 이분들은 제가 마인드풀니스를 어떻게 연습하고 가르칠 것인지 고민할 때마다 오래도록 제 이야기를 들어 주셨습니다. 또한 제 멘토이신 Gerald Davison과 Marvin Goldfried는 저에게 행동치료를 가르쳐 주셨고, 그분들을 통해 근거기반 치료에 입문하면서 이 책 속에 녹아 있는 수많은 효과적인 스킬*skillful means*들을 발견할 수 있었습니다. Jon Kabat-Zinn, John Teasdale, Mark Williams, Zindel Segal께서도 저에게 큰 영감을 주었습니다.

특히 저의 학생들과 이전 제자들에게—Milton Brown, Anita Lungu, Andrada Neacsiu, Shireen Rizvi, Stephanie Thompson, Chelsey Wilks, Brianna Woods(알파벳순)— 깊이 감사드립니다. 또한 소중한 저의 동료들 Alex Chapman, Eunice Chen, Melanie Harned, Erin Miga, Marivi Navarro, Nick Salsman께도 마음 깊이 감사드립니다. 도움이 필요한 순간마다 기꺼이 참여해 주신 Seth Axelrod, Kate Comtois와 전체 DBT 팀, Sona Dimidjian, Anthony Dubose, Cedar Koons, Thomas Lynch, Suzanne Witterholt, 그리고 Linehan Institute 과학자문위원회의 Martin Bohus, Alan Fruzzetti, André Ivanoff, Kathryn Korslund, Shelley McMain에게도 깊은 감사를 전합니다.

아울러 훌륭한 행정가인 Elaine Franks, 그리고 제가 이 책을 완성할 때까지 연구 클리닉이 흔들리지 않도록 재정과 운영 전반을 지켜 준 Thao Truong께도 특별한 감사를 드립니다. 또한 제 가족 Geraldine, Nate, Catalina, Aline은 제가 힘든 시기에도 흔들리지 않고 책 집필에 전념할 수 있도록 만들어 주었습니다. 저의 가족은 저에게 헤아릴 수 없을 만큼 커다란 의미를 지닌 존재입니다.

이 책에 담긴 많은 내용은 그동안 제가 이끌어 온 DBT 스킬훈련 그룹에 참여한 내담자들로부터 배운 것입니다. 효과적이지 않았던 초기 버전들을 인내하며 함께해 주신 분들, 그리고 스킬을 더욱 발전시키기 위하여 중요한 피드백을 주신 모든 분들께 진심으로 감사드립니다.

특히 이러한 피드백을 주신 내담자들 대부분은 심한 자살 위기를 겪는 분들이었습니다. 워싱턴대학교 연구윤리위원회가 이 같은 고위험군을 대상으로 한 연구를 단 한 번도 지연시키거나 저지하지 않고, 지지해주었다는 점에 대해서도 감사드립니다. 많은 대학들이 이러한 연구를 허용하지 않는 현실을 고려할 때, 이러한 지지는 저에게 용기를 주었고, 이 책을 완성하는데 큰 힘이 되었습니다.

마지막으로, 책을 제때 출간할 수 있도록 큰 도움을 주신 교정 담당 Marie Sprayberry, 선임 편집자 Barbara Watkins, 편집장 Kitty Moore, 그리고 Guilford Press의 모든 직원 분들께도 감사드립니다. 이분들은 책 출간 작업을 진행하면서 고통감내 스킬을 실제로 적용해야 할 만큼 헌신적으로 노력해 주셨습니다. 이 책과 DBT 치료 체계에 대한 진심 어린 관심은 모든 단계, 곳곳에 스며들어 있어 저에게는 매우 큰 힘이 되었습니다.

끝으로, 이 책을 펴내는데 기여하셨으나 제가 실수로 이름을 빠뜨렸거나 기억하지 못한 분이 있다면 꼭 알려주시기 바랍니다. 다음 판에서는 반드시 포함하도록 하겠습니다.

마샤 M. 리네한

＊ ＊ ＊

저희 The Guilford Press는 DBT 워크북 개정판을 출간에 큰 기여를 하신 Katherine Anne Comtois, Emily Cooney, Kathryn Korslund, Janice R. Kuo, Jill H. Rathus, Shireen L. Rizvi, Geraldine Rodriguez, Alejandra Sanchez-Sarmiento 그리고 Jennifer H. R. Sayrs 편집위원들께 감사를 전합니다. 이보다 더 훌륭한 팀은 없었을 것이라 생각합니다. 그들의 따뜻하고 열정적인 헌신에 깊이 감사드립니다.

제1장 기본 스킬: 오리엔테이션과 행동분석

I. 오리엔테이션 기본 자료 및 워크시트

II. 행동분석 기본 자료 및 워크시트

제2장 마인드풀니스 스킬: 마인드풀니스 자료 및 워크시트

제3장 대인관계 효율성 스킬: 대인관계 효율성 스킬 자료 및 워크시트

I. 대인관계 효율성 목표와 방해 요인 자료 및 워크시트

II. 스킬을 사용하여 대인관계 구체목표 달성하기 자료 및 워크시트

III. 새로운 관계를 만들고 파괴적 관계를 끝내기 자료 및 워크시트

IV. 중도의 길 걷기 자료 및 워크시트

제4장 감정조절스킬: 감정조절 스킬 자료 및 워크시트

I. 감정조절 자료 및 워크시트

II. 감정을 이해하고 감정에 이름 붙이기 자료 및 워크시트

III. 감정적 반응 변화시키기 자료 및 워크시트

IV. 감정적 마음으로 가는 유약성 줄이기 자료 및 워크시트

V. 힘든 감정 관리하기 자료 및 워크시트

제5장 고통감내 스킬: 고통감내 스킬 자료 및 워크시트

III. 현실수용스킬 자료 및 워크시트

IV. 중독위기관리 스킬 자료 및 워크시트

DBT 워크북 가이드라인

이 책은 다이어렉티컬 행동치료(Dialectical Behavior Therapy, DBT) 스킬을 배우는 사람들에게 필요한 정보를 담은 자료와 워크시트로 구성되어 있다. DBT 스킬훈련의 전반적인 목표는 우리의 회복탄력성resilience을 증진시키고 살아갈 가치가 있는 삶이 되도록 하는 경험을 쌓도록 도와주는 것이다. 또한 DBT 스킬은 우리 앞에 놓인 상황을 어떻게 변화시켜 나갈 것인지와 어떻게 수용할 것인지를 통합하는 방법을 가르쳐 주는 것을 목표로 하며 구체적으로는 스킬을 통해 우리가 순간을 있는 그대로 수용하며 살아가는 방법과 원치 않는 행동, 감정, 생각 그리고 비참함이나 정서적 고통을 주는 사건을 어떻게 변화시켜야 할지를 가르쳐준다. DBT에는 다양한 스킬 세트가 있으며 어떤 훈련 프로그램이라도 이 책에 있는 모든 자료와 워크시트를 다루지 못한다. 따라서 스킬훈련자나 개인치료자, 혹은 케이스 매니저가 여러분의 프로그램에 맞는 적합한 자료와 워크시트를 찾아 알려줄 것이다.

이 책의 구성

이 책은 다섯 가지 주요 단원으로 나누어져 있으며, 각 단원은 해당 단원에서 다루는 스킬에 대한 간략한 서론으로 시작한다. 첫 번째 단원에는 DBT의 기본 스킬General Skills 훈련을 위한 자료와 워크시트가 있으며, 그 다음 단원에는 네 가지 주요 DBT 스킬인 마인드풀니스 스킬Mindfulness Skills, 대인관계 효율성 스킬Interpersonal Effectiveness Skills, 감정조절 스킬Emotion Regulation Skills, 고통감내 스킬Distress Tolerance Skills 자료와 워크시트를 담고 있다. 각 스킬 모듈은 세부 소단원으로 구분되어 있다. 모든 스킬과 스킬 세트에는 스킬을 연습하기 위한 지시문이 있는 자료가 있으며 대부분 이 자료들은 최소한 하나 이상의 스킬 연습을 기록하는 워크시트와 연결되어 있다. 각 단원의 서론에는 해당 스킬 모듈에 있는 DBT 자료와 해당 자료의 목적, 그리고 자료와 연결된 워크시트를 요약하여 설명하고 있다.

오리엔테이션과 행동분석 기본 스킬

오리엔테이션 기간 동안에는 DBT와 스킬훈련의 목표를 소개하고 DBT 프로그램에서 각자 개인적인 목표를 확인하는 기회를 갖게 된다. 또한 스킬훈련 프로그램의 형식과 규칙, 그리고 만나는 시간에 대해서도 안내를 받을 것이다. 기본 스킬에 포함되어 있는 자료와 워크시트에서는 DBT 스킬훈련의 목표, 가정, DBT의 생물사회이론Biosocial Theory을 다루게 된다. 생물사회이론 부분에서는 사람들이 자신의 감정과 행동을 조절하는 것이 왜 어려운지에 대해 설명하고 있다. 또한 이 단원에는 **행동분석**Behavior Analysis 스킬을 습득하기 위해 체인분석Chain Analysis과 빠진 연결고리 분석Missing-Links Analysis, 이 두 가지 스킬 자료와 워크시트를 포함하고 있다. 이 스킬은 주로 개인 DBT 회기에서 다루지만 경우에 따라서는 스킬훈련 중에 교육을 받을 수도 있다.

마인드풀니스 스킬

이 단원에서는 먼저 마인드풀니스의 **목표와 정의**를 간단히 다루고 이후 마인드풀니스 모듈의 자료와 워크시트가 **핵심 마인드풀니스 스킬**에 집중되어 있다. 이 핵심 마인드풀니스 스킬은 DBT의 중심축이다. 있는 그대로의 현실을 어떻게 관찰하고 경험할지, 어떻게 덜 판단적인 태도를 취할지, 어떻게 이 순간에 가장 효과적인 방법으로 살아갈지를 가르쳐준다. 이 마인드풀니스 스킬은 내담자가 처음 배우게 되는 스킬이며 다른 DBT 스킬 모듈을 뒷받침하는 역할을 한다. DBT 마인드풀니스 스킬은 동양과 서양의 종교적 전통에 있는 명상을 구체적인 행동으로 변환하여 연습할 수 있도록 한 것이다. 이 스킬을 연습하고 숙련하기 위해서 영적 혹은 종교적인 믿음을 가질 필요는 없으며 그러한 것을 기대하지 않는다.

　　마인드풀니스 스킬에 관한 다른 관점 부분은 몇 개의 하위 세트 자료와 워크시트로 구성되어 있다. 종교적 관점(종교적 관점으로 본 지혜로운 마음 자료와 사랑하는 마음과 동정심 증진을 위한 자애로움 연습하기 자료 포함) 부분은 종교성을 자신의 삶에서 중요한 부분이라고 여기는 사람들을 위한 자료와 워크시트 세트로 구성되어 있다. 여기에서는 궁극적인 현실에 대해 경험하기, 우주 전체와 우리가 긴밀히 연결되어 있는 것을 느끼기, 자유로운 감각 발전시키기와 연관된 스킬을 배우게 된다. 효과적인 방편: 동적인 마음과 정적인 마음의 균형 세트는 목표를 달성하기 위해 집착을 버리는 동시에 목표를 달성하기 위해 노력하기와 같이 양극단처럼 보이는 것의 균형을 맞추는데 집중하고 있다. 지혜로운 마음으로 가는 중도의 길 걷기Walking the Middle Path [1]자료와 워크시트는 양극단을 통합하는 방법을 찾는 스킬을 다룬다.

---

[1] 저자는 '중도의 길 걷기'라는 용어를 Alec L. Miller와 Jill H. Rathus와 토론을 통해 정한 것임을 밝힌다.

대인관계 효율성 스킬

대인관계 효율성 모듈의 자료와 워크시트는 여러분이 대인관계 갈등을 효과적으로 해결하고 낯선 사람뿐만 아니라 가까운 사람과의 관계를 유지하고 증진시키는 것을 도와준다. **대인관계 효율성 목표와 방해 요인**을 짧게 다룬 이후에는 이러한 유형과 연관된 세 개의 주요 세트를 배우게 된다. 첫 번째 세트는 **스킬을 사용하여 대인관계 구체목표 달성하기**이다. 이 전략은 우리가 원하는 것을 요청하고, 원치 않는 요구를 거절하며, 자기존중감을 유지하고, 다른 사람이 여러분에게 호감을 가지게 하는 방법이다. **새로운 관계를 만들고 파괴적 관계 끝내기** 자료와 워크시트는 친구가 될 수 있는 사람을 찾고, 사람들에게 호감을 얻으며, 다른 사람들과 긍정적인 관계를 유지하고, 파괴적 관계를 끝낼 수 있도록 돕는다. **중도의 길 걷기** 모듈의 자료와 워크시트는 대인관계에서 중도의 길을 걷도록 하여, 우리 자신이 수용과 변화에 균형을 맞추고 다른 사람과의 관계에서의 균형을 맞출 수 있도록 한다.

감정조절 스킬

감정조절 모듈의 자료와 워크시트는 완벽하지 않더라도 우리의 감정을 조절하는 것을 도와준다. 우리 모두는 있는 그대로 우리 자신이고, 감정은 우리의 일부이며, 동시에 우리는 자신의 감정을 잘 조절하는 방법을 배울 수 있다. 여기에는 네 가지 유형의 세트가 있다. 첫 번째 세트에서는 **감정을 이해하고 감정에 이름 붙이기**에 관한 것이다. 우리의 감정에는 중요한 기능이 있고 이 감정이 어떤 역할을 하는지 이해하지 못한다면 감정을 변화시키는 것은 매우 어렵다. 두 번째 세트에서는 **감정적 반응 변화시키기**를 다루게 된다. 이 세트의 자료와 워크시트에는 분노, 슬픔, 수치감과 같이 고통스럽거나 원치 않는 감정의 강도를 줄이는 스킬을 담고 있다. **감정적 마음으로 가는 유약성 줄이기**는 세 번째 세트로써, 감정적 회복 탄력성을 증진시키고 극단적이거나 고통스러운 감정 상태가 되지 않도록 하는 스킬이다. 마지막 세트는 **힘든 감정 관리하기**를 다룬다.

고통감내 스킬

고통감내 스킬 자료와 워크시트는 문제를 악화시키지 않고 위기 상황을 감내하여 생존하는 것을 배울 수 있게 돕는다. 두 개의 주요 유형 세트 가운데 첫 번째인 **위기생존 스킬** 세트는 즉시 상황을 좋게 변화시킬 수 없을 때 고통스러운 사건이나 충동, 감정을 감내하는 스킬을 알려준다. 두 번째 **현실수용 스킬** 세트는 여러분이 원치 않는 삶을 살고있더라도 수용하고, 그 삶에 완전히 몰입하는 것을 도와 괴로움을 줄이는 방법을 가르쳐준다. 또한 이 모듈에는 **중독으로 인한 위기상황**을 다루도록 돕는 전문적인 자료와 워크시트 세트가 포함되어 있다.

자료와 워크시트 번호 매기기

이 책의 다섯 개 주요 단원에는 각 모듈에 해당하는 자료가 먼저 나오고 그 다음 워크시트가 첨부되어 있다.

모든 자료에는 번호와 영문 알파벳이 매겨져 있다. 알파벳이 붙어 있는 자료는 보충자료이다. 예를 들어 마인드풀니스 자료 3은 지혜로운 마음 스킬의 주요 자료이며 마인드풀니스 자료 3a에는 보충 자료로써 지혜로운 마음에서 연습할 수 있는 방법에 대한 목록이 나와 있다(워크시트는 아래에 기술된 대로 별도의 순서로 번호가 붙여져 있다). 대부분의 자료에는 연습한 스킬을 기록할 수 있도록 연계되어 있는 워크시트가 있다. 관련 워크시트들은 차례에 나와 있는 대로 자료 옆에 숫자별로 표기되어 있으며, 해당 자료 페이지에도 적혀 있다.

또한 많은 자료들이 다양한 대안적인 워크시트들과도 연결되어 있다. 개별적 스킬을 다루는 워크시트뿐만 아니라 한 부분에서 전체 스킬을 다루는 워크시트도 있다. 예를 들어 마인드풀니스 워크시트 2, 2a, 2b, 2c는 모두 같은 핵심 마인드풀니스 스킬을 다루기 때문에 2라는 같은 숫자로 묶여 있다. 하지만 각각의 워크시트는 그 형태가 약간씩 다르고 얼마나 많은 연습을 하는지 횟수에 따라 다르다. 관련 자료는 차례의 워크시트 목록 옆에 숫자로 표기되어 있으며, 워크시트에도 적혀 있다.

모든 DBT 스킬 프로그램에서 이 책에 있는 DBT 모듈과 각 모듈에 담긴 스킬 전부를 교육하지는 않는다. 또한 DBT 모듈을 모두 다루더라도 여기에 있는 자료와 워크시트를 전부 사용할 필요는 없다. 그러나 대부분의 경우 특정 워크시트는 여러 번 사용하게 될 것이다.

제 1 장

기본 스킬: 오리엔테이션과 행동분석

오리엔테이션 기본 자료 및 워크시트

이 단원은 오리엔테이션과 행동분석 세트 자료와 워크시트로 구성되어 있다. 오리엔테이션 세트에는 새로 시작하는 스킬훈련그룹의 첫 회기 때, 또는 진행 중인 스킬훈련그룹에 새로운 내담자가 참여하게 될 때 다루어야 하는 내용을 포함하고 있다. 오리엔테이션의 목적은 참여자들과 스킬훈련자가 자신을 소개하고 DBT 스킬훈련 프로그램의 형식, 규칙, 만나는 시간을 알려주는 것이다. 기본 자료 1에서 5는 기본 워크시트 1과 함께 이러한 내용을 다룬다. 기본 자료 6에서 8과 이에 해당하는 워크시트는 **행동분석**에 대한 중요한 기본 스킬 두 가지, 즉 체인분석과 빠진 연결고리 분석에 대한 내용이다.

오리엔테이션

- **기본 자료 1: DBT 스킬훈련의 목표.** 이 자료에서는 DBT 스킬훈련의 기본적인 목표와 구체적인 목표를 다루고 있으며 어떠한 도움을 받고자 하는지 어떤 영역에 가장 관심이 있는지를 생각해 볼 수 있게 한다. **기본 워크시트 1: 스킬 사용의 장점과 단점** 자료는 DBT 스킬을 연습하는 것이 우리에게 어떤 이로운 점이 있는지 확신이 서지 않을 때 사용하도록 한다. 스킬 연습을 하는 것과 연습하지 않는 것의 장점과 단점을 모두 기록하는 것이 중요하다.

- **기본 자료 1a: 문제 해결을 위한 옵션.** 우리에게 고통을 주는 일들은 너무나 많지만, 우리가 고통에 반응하는 방식은 몇 가지로 제한되어 있다. 첫 번째 방식은 고통을 유발시키는 문제를 해결하는 것이고, 두 번째 방식은 고통에 대한 우리의 감정적 반응을 변화시킴으로써 기분을 더 나아지게 만드는 것이다. 세 번째 방식은 해당 문제와 그 문제에 대한 우리의 반응 자체를 수용하고 감내하는 것이며, 이렇게 하기 위해서는 한 가지 이상의 DBT 스킬을 사용해야 한다. 마지막으로 우리가 할 수 있는 방법은 비참한 상태로 남아 있거나(또는 상황을 악화시키거나) 스킬을 전혀 사용하지 않는 것이다.[1]

---

[1] 마지막 방법은 누군가가 나에게 이메일로 제안한 것이다. 안타깝게도 그 이메일을 찾지 못해서 너무나 훌륭한 제안을 해준 분의 이름을 여기에 쓸 수 없었다.

- **기본 자료 3: DBT 스킬훈련을 위한 가이드라인.** 이 자료에는 대부분의 표준 DBT 스킬 프로그램의 가이드라인이 담겨있으며, 이 가이드라인에는 스킬훈련그룹 프로그램에 참여하는 사람들이 따라야 하는 표준 행동이 제시되어 있다. 운영하는 프로그램의 성격에 따라 가이드라인을 조금 수정하여 사용할 수도 있다.
- **기본 자료 4: DBT 스킬훈련의 기본 가정.** 기본 가정이란 증명할 수 없는 믿음을 말한다. DBT 스킬훈련그룹에서는 모든 그룹참여자와 스킬훈련자가 DBT 기본 가정들을 잘 따라야 한다.
- **기본 자료 5: 생물사회이론.** 생물사회이론은 특정 그룹의 사람들이 왜 그리고 어떻게 자신의 감정과 행동을 조절하는 것에 어려움을 겪는지 설명하는 이론이다. DBT 스킬은 이들에게 특히 유용하다.

행동분석

- **기본 자료 6: 행동분석의 개요.** 이 자료에는 체인분석^{Chain Analysis}과 빠진 연결고리 분석^{Missing-links Analysis}, 이 두 가지의 기초 행동분석 스킬의 개요를 담고 있다.
- **기본 자료 7: 체인분석.** 하나의 행동은 연쇄적으로 이어져 있는 부분들의 통합이라고 볼 수 있다. 체인처럼 하나의 연결고리가 다른 연결고리로 이어지기 때문에 이를 '체인으로 연결'되어 있다고 말한다. 체인분석은 무엇이 특정행동을 유발하였고, 무엇이 그 행동을 유지시키는지 파악하도록 한다. 이 자료에서는 꽉 막혔다고 느껴지는 행동체인의 연결고리들을 풀기 위해서 "이 행동 전에 무슨 일이 일어났지? 그 다음에 무슨 일이 일어났지?"와 같은 질문들을 함으로써 어떠한 요인이 문제행동을 만들고, 어떤 요인이 행동을 바꾸기 어렵게 하는지 파악하도록 한다. 체인분석의 중요성을 알아야 행동을 바꿀 수 있다.
- **기본 자료 7a: 체인분석, Step-by-Step.** 이 자료에서는 체인분석 방법을 자세하게 설명하고 있다. **기본 워크시트 2: 문제행동의 체인분석**은 체인분석을 하기 위한 워크시트이다. 기본 자료 7, 7a와 함께 사용한다. **기본 워크시트 2a: 문제행동 체인분석의 예**는 기본 워크시트 2의 완성본 샘플이다.
- **기본 자료 8: 빠진 연결고리 분석.** 빠진 연결고리 분석은 무엇이 효과적인 행동을 방해하는지 파악하는 방법이다. 일어나야 했던 일이 왜 일어나지 않았는지, 또한 계획하고 희망했던 일이 왜 일어나지 않는지 파악하기 위해 이 스킬을 사용할 수 있다. 이 자료와 함께 **기본 워크시트 3: 빠진 연결고리 분석** 자료를 사용할 수 있다.

오리엔테이션 기본 자료 및 워크시트

I

DBT 스킬훈련의 목표

기본 목표

DBT 스킬훈련의 기본 목표는, 우리의 삶에서 정서적 고통과 괴로움을 일으키는 문제들과 연결된 행동, 감정, 생각을 변화시키는 방법을 배우는 것입니다. 이 스킬들은 우리가 더 효과적으로 행동할 수 있도록 돕고, 우리가 만들어 가고자 하는 삶의 방향으로 나아가게 하며, 지혜로운 마음으로 세운 목표에 다가갈 수 있도록 합니다.

각 스킬이 유용한지 판단하기 전에 반드시 한번은 직접 해보시기 바랍니다. 만약 어떤 스킬의 결국 여러분이 추구하는 살 만한 가치가 있는 삶 ^{life worth living}에서 멀어지게 한다면, 그 스킬은 사용하지 않아도 괜찮습니다. 그럴때 도움이 될 다른 스킬들이 충분히 준비되어 있습니다.

구체적 목표

줄여야 할 행동:

- ☐ 깨어 있지 않은 멍한 마음상태(Mindlessness), 공허함, 나와 다른 사람을 돌보지 않고 동떨어져 있음, 비판적 행동(판단하기).
- ☐ 대인관계 갈등과 스트레스, 외로움.
- ☐ 유연성 결여, 변화를 싫어함.
- ☐ 감정 기복과 극단적 감정, 기분의존적 행동; 감정조절의 어려움.
- ☐ 충동적 행동, 생각하지 않고 행동하기, 현실을 있는 그대로 수용하기 어려움, 고집스러움, 중독.

늘려 나가야 할 스킬:

- ☐ 마인드풀니스 스킬
- ☐ 대인관계 효율성 스킬
- ☐ 감정조절 스킬
- ☐ 고통감내 스킬

개인적인 목표

줄여야 할 행동
1. ____
2. ____
3. ____

늘려 나가야 할 스킬
1. ____
2. ____
3. ____

문제 해결을 위한 옵션

고통스러운 문제에 부딪힐 때 선택할 수 있는 옵션

1. 문제를 해결합니다.

상황을 바꾸거나… 또는 그 상황을 피하거나 떠나거나 빠져나오도록 합니다.

2. 문제에 대해 나은 감정을 갖습니다.

문제에 대한 우리의 감정적 반응을 조절하거나 변화시킵니다.

3. 문제를 감내합니다.

문제와 그 문제에 대한 우리의 반응을 수용하고 감내합니다.

4. 고통스러운 상태에 그냥 머물러 있습니다.

또는 상황을 더 악화시킵니다!

1. 문제를 해결하기 위하여:

대인관계 효율성 스킬을 사용합니다.

중도의 길 걷기 스킬(대인관계 효율성 스킬)을 사용합니다.

문제해결 스킬(감정조절 스킬)을 사용합니다.

2. 문제에 대해 나은 감정을 갖기 위하여:

감정조절 스킬을 사용합니다.

3. 문제를 감내하기 위하여:

고통감내 스킬과 마인드풀니스 스킬을 사용합니다.

4. 고통스러운 상태에 머물러 있기 위해서는:

스킬을 전혀 사용하지 않습니다!

스킬 사용의 장점과 단점

완료일: _______________________   이름: _______________________   시작하는 주: _______________________

이 워크시트를 활용하여 목표달성을 위해 스킬을 사용하는 것(예: 스킬을 사용하여 행동하기)의 장점과 단점을 살펴보시기 바랍니다. 중요한 것은 여러분이 원하는 삶을 위해 가장 효과적인 방법이 무엇인지 찾는 것입니다. 이 워크시트는 다른 사람의 목표가 아니라, 여러분 자신의 목표를 위한 것임을 기억하십시오.

한 가지 상황 혹은 문제점을 기술하십시오.
이 상황에서 달성하려는 목표가 무엇인지 기술하십시오.

이 상황에서 스킬을 사용하여 연습하는 것이 어떠한 장점과 단짐이 있는지 목록을 만드십시오.

스킬을 연습하지 않는 것이 어떠한 장점과 단점이 있는지 목록을 만드십시오.

올바르게 장점과 단점을 평가하고 있는지 사실을 확인하십시오.

필요하면 추가 용지를 사용하십시오.

	스킬 연습하기	스킬 연습하지 않기
장점		
단점		

이 상황에서 어떤 행동을 하기로 결정했나요?

____

지혜로운 마음에서 한 최선의 결정인가요?

____

DBT 스킬훈련의 개요

스킬훈련을 위한 가이드라인

스킬훈련의 기본 가정

감정조절장애와 행동조절장애의 생물사회이론

DBT 스킬훈련을 위한 가이드라인

1. DBT 스킬훈련그룹 회기를 빠졌다고 해서 스킬훈련에서 완전히 탈락하는 것은 아닙니다.

    a. 연속적으로 4번 약속된 회기를 빠질 때에만 탈락하게 됩니다.

2. 스킬훈련그룹에 참여한 모든 사람은 서로 지지하도록 합니다. 그리고,

    a. 회기 중에 얻은 참여자의 이름을 포함한 개인정보는 절대 밖으로 유출해서는 안됩니다.

    b. 참여자는 그룹 회기가 정시에 시작할 수 있도록 늦지 않고 끝까지 참여하도록 합니다.

    c. 그룹 회기에서 습득한 DBT스킬을 한 주 동안 연습하려고 노력합니다.

    d. 참여자는 서로 수인하고 판단하지 않으며, 좋은 의도를 가지고 있다고 생각합니다.

    e. 다른 참여자가 요청하면, 무비판적이고 도움이 되는 피드백을 해줍니다.

    f. 다른 사람에게 도움을 청할 때는 상대방이 주는 도움을 기꺼이 수용하고, 필요하면 전화로 도움을 요청합니다.

    g. 참여자는 서로를 존중하고, 판단하지 않으며, 연민을 갖도록 노력합니다.

3. 스킬훈련그룹의 모든 참여자는,

    a. 그룹 회기에 늦거나 결석하게 되면 미리 연락을 하도록 합니다.

    b. 원격으로 참여할 경우, 참여자들의 개인 정보 보호를 위해서 아무도 없는 환경에서 참여합니다.

4. 참여자들은 다른 사람이 문제행동을 하도록 부추기지 않도록 합니다. 그리고,

    a. 술이나 약물류를 한 상태로 회기에 참여하지 않도록 합니다.

    b. 만일 술이나 약물에 취한 상태로 오게 되었다면 취하지 않아 보이도록 해야합니다.

    c. 회기 안팎에서 다른 참여자들이 모방할 수 있는 현재 혹은 과거의 문제행동에 대해 말하지 않습니다. 여기에는 물질 사용, 자해적 행동, 외상에 대한 상세한 기술, 음식/식사에 대한 어려운 점, 그리고 그룹에서 다루기에 문제가 될만한 모든 주제가 포함됩니다.

5. 참여자는 스킬훈련 이외의 곳에서 비밀스러운 관계를 형성하지 않습니다. 그리고,

    a. 그룹 회기에서 공개적으로 말할 수 없는 참여자들 간의 개인적 혹은 성적 관계를 만들지 않습니다.

    b. 참여자는 위험한 행동이나 범죄 혹은 약물을 같이하는 파트너가 되어서는 안됩니다.

기타 그룹 가이드라인/주의사항:

____

____

____

DBT 스킬훈련의 기본 가정

가정은 증명할 수 없는 믿음이지만, 우리는 이 가정을 따르겠다고 서약합니다.

1. 사람들은 모두 자신이 할 수 있는 최선을 다하고 있습니다.

지금 이 순간에 사람들은 모두 자신이 할 수 있는 최선을 다하고 있습니다.

2. 사람들은 모두 더 나아지고 싶어합니다.

사람들은 모두 자신의 삶을 증진시키고 행복해지고 싶어하는 성향이 있습니다.

3. 더 잘하고, 더 열심히 노력하며, 변화를 위해 스스로 동기를 부여할 필요가 있습니다.*

최선을 다하고 있고, 더 잘 하고 싶은 마음이 있다고 하더라도 모든 문제가 해결되지는 않습니다.

4. 우리가 문제를 일으키지는 않았더라도, 발생한 문제는 우리 스스로 해결해야 합니다.**

사람들은 자신의 행동반응을 바꿔야 하며, 자신의 삶을 변화시키기 위하여 환경을 바꾸기도 해야 합니다.

5. 새로 습득한 행동은 그 행동과 연관된 모든 상황에 적용하여 익혀야 합니다.

새로운 행동 스킬은 처음 배웠던 상황뿐 아니라, 해당 스킬을 필요로 하는 모든 상황에서 연습해야 합니다.

6. 모든 행동에는(행위, 생각, 감정) 원인이 있습니다.

우리의 모든 행동과 생각, 감정에는 하나의 원인 혹은 일련의 원인이 있으며, 때로는 이 원인들을 찾기 어려울 때도 있습니다.

7. 행동의 원인들을 찾아내고 이를 바꾸는 것은 남을 탓하고 판단하는 것보다 효과적입니다.

남을 탓하고 판단하는 것은 쉽습니다. 하지만 변화를 원한다면 원치 않는 행동과 사건을 유발시키는 일련의 사건 체인을 변화시켜야 합니다.

* 그러나 스킬이 목표를 실현시킬 수 있을 만한 속도로 꾸준히 증진되고 있다면, 추가적인 노력을 기울이거나 동기를 유발시키려 하지 않아도 됩니다.
** 어린 자녀의 경우에는 부모와 보호자가 도움을 주어야 합니다.

생물사회이론

감정과 행동을 조절하는 것은 왜 이렇게 어려울까?

감정적 유약성은 생물학적 요인입니다.
감정적 유약성을 지니고 태어난 사람들이 있습니다.

☐ 감정적 자극에 더 **민감**하여, 다른 사람들은 느끼지 못하는 아주 미세한 감정적 정보를 자신의 주변 환경에서 감지할 수 있습니다.
  ☐ 다른 사람들보다 감정을 **훨씬 자주** 느낍니다.
  ☐ 아무런 이유 없이 **갑작스럽게** 감정적이 됩니다.

☐ **강렬한** 감정을 느낍니다.
  ☐ 감정이 **심하게 압박적으로** 다가옵니다.
  ☐ 감정이 아주 **오랫동안** 지속됩니다.

충동성 또한 생물학적 요인입니다.
다른 사람보다 행동을 조절하는데 더 많은 어려움을 겪는 사람들이 있습니다.

☐ 충동적 행동을 **통제하는** 것이 매우 어렵습니다.
  ☐ 생각하기에 앞서 행동을 하는 경우가 많아 **문제를 자주** 일으킵니다.
  ☐ 행동을 **예측하기 어려울** 때가 많습니다.

☐ **효과적으로** 행동하기가 어렵습니다.
  ☐ 기분상태가 목표 달성을 위한 **조직화 과정을** 방해합니다.
  ☐ 기분상태와 연관된 행동을 **통제할 수가** 없습니다.

(계속)

비수인적인 사회적 환경은 감정조절을 매우 어렵게 합니다.

❑ 비수인적 환경은 우리의 감정을 이해하려고 하지 않습니다.
  ❑ 비수인적 환경은 우리의 감정이 **타당하지 않고, 이상하며, 틀렸고, 나쁘**다고 말합니다.
  ❑ 비수인적 환경은 우리의 감정적 반응을 **무시하고** 아무런 도움을 주지 않습니다.
  ❑ 비수인적 환경은 "어린 애같이 굴지마!", "불평 좀 그만해!", "바보처럼 울지마", "겁쟁이처럼 행동하지 말고 너 혼자 해결해 봐" 또는 "정상적인 사람이라면 이 정도 일로 좌절감을 느끼지는 않아", "그냥 좀 참아!", "왜 이렇게 약하니?", "그냥 좀 넘어갈수는 없니?" 또는 " 넌 너무 예민해."라고 말합니다.

❑ 비수인적인 사람들은 **최선의 행동을 하고 있는 경우가 많습니다.**
  ❑ 비수인적인 사람들은 수인하는 방법이나 중요성을 **잘 모르거나,** 감정을 수인하면 그 감정이 더 증폭되어 줄어들지 않을 것이라 **걱정할 수도** 있습니다.
  ❑ 이들은 심한 스트레스에 놓여 있거나, 시간적 압박을 받거나, 도움을 얻을 자원이 빈약할 가능성이 높습니다.
  ❑ 우리가 사회적 환경과 **잘 맞지 않는** 것일 수도 있습니다. **우리가 장미 정원에 홀로 피어 있는 튤립일지도 모릅니다.**

감정과 행동을 조절하는 법을 배워야 할 때, 비효율적인 사회적 환경은 큰 문제가 됩니다.

❑ 사회적 환경이 **통제할 수 없는 감정이나 행동을 강화시킬 수도** 있습니다.
  ❑ 우리가 보인 통제 불능 상태가 주변 사람들을 굴복시켜 버렸다면, 앞으로 우리 스스로 감정을 조절하는 것은 더 어려워질 수도 있습니다.
  ❑ 사람들이 우리에게 바꾸라고 명령만 하고 어떻게 하는지 코칭을 해주지 않았다면, 우리 스스로 변화하려는 노력을 계속하기는 어렵습니다.

모든 사람은 자신의 사회적 환경과 상호 교류하고 있습니다.

❑ 우리는 생물학적 요인과 사회적 환경의 영향을 받습니다.
❑ 우리는 사회적 환경에 영향을 끼치고 교류합니다.
❑ 또한 사회적 환경 역시 우리에게 영향을 주고 교류합니다.
❑ 기타 등등

행동분석 기본 자료 및 워크시트

II

행동분석의 개요

문제의 원인을 파악하고
문제 해결을 위한 계획 세우기

우리가 효과적이지 않은 행동을 하고 있을 때
체인분석^{Chain Analysis}을 합니다.

체인분석이란 효과적이지 않은^{ineffective} 행동으로 이어지는 일련의 사건을 조사하고 이미 고착화된 효과적이지 않은 행동이 어떤 결과로 이어졌는지 파악하는 것입니다. 또한 체인분석은 효과적이지 않은 행동으로 인해 발생한 피해를 어떻게 보상하고 회복시킬지^{repair, 리페어} 파악하게 합니다.

우리가 효과적인 행동을 하지 못했을 때
빠진 연결고리 분석^{Missing-Links Analysis}을 합니다.

빠진 연결고리 분석이란 우리가 필요로 하는 것이나 희망하는 것, 또는 하려고 했던 것이나 다른 사람이 우리에게 기대하는 것을 하지 못하게 방해하는 요인이 무엇인지 파악하는 것입니다. 빠진 연결고리 분석은 앞으로 발생할 가능성이 있는 문제를 해결할 수 있도록 합니다.

체인분석 ^{Chain Analysis}

행동을 이해하려면 체인분석을 하십시오.

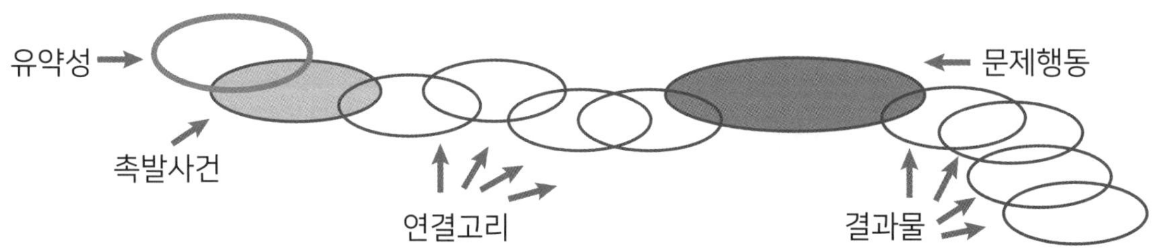

1단계: 문제행동을 기술한다.

2단계: 문제행동으로 이어지는 일련의 사건들이 시작된 **촉발사건**을 기술한다.

3단계: 문제행동으로 이어지는 일련의 사건들이 시작된 촉발사건 이전의 **유약성** 요인이 무엇인지 기술한다.

4단계: 문제행동으로 이어지는 일련의 **사건들**을 아주 상세하게 기술한다.

5단계: 문제행동의 **결과물**을 기술한다.

행동 바꾸기:

6단계: 일련의 사건들에서 문제성이 있는 연결고리를 대체할 수 있는 **효과적인 스킬행동**^{skillful behavior}을 기술한다.

7단계: 스트레스 상황에 대한 유약성을 줄이기 위한 **예방 계획**을 만든다.

8단계: 문제행동으로 인해 발생한 중대한 결과를 보상하고 회복시킨다. 즉, **리페어**^{repair}한다.

체인분석, Step-by-Step

1. 구체적인 문제행동을 기술한다(과음, 자녀에게 소리지름, 의자를 던짐, 극단적인 감정표출, 해리상태, 스킬훈련 회기에 지각이나 결석, 스킬 연습을 미루거나 거부 등).

    A. 구체적이고 상세하게 기술한다. 모호한 용어를 사용하지 않는다.

    B. 실제로 말하고, 생각하고, 행동하고, 느낀(감정이 주요 문제행동일 경우) 것이 무엇인지 정확히 파악한다. 하지 않은 행동이 무엇인지도 파악한다.

    C. 문제행동의 강도와 그 행동의 중요 특성을 기술한다.

    D. 문제행동을 충분히 상세하게 기술한다(배우가 정확히 시연할 수 있을 정도로 연극 대본처럼 기술할 것).

    E. 해야 할 행동을 하지 않은 것이 문제라면 다음을 떠올릴 것. (a) 해야 한다는 것을 몰랐는가?(단기기억에 저장이 되지 않음) (b) 잊어버리고 난 후 다시 생각이 나지 않았는가?(장기기억에 저장되지 않음) (c) 그 행동이 생각은 났지만 미루었는가? (d) 생각은 났지만 시행하는 것을 거부했는가? (e) 고집스러운 마음이 들어 그 행동을 거부했는가? 또는 여러 다른 행동이나 생각, 감정이 그 행동을 하는 것을 방해했는가? 만일 (a)와 (b)에 해당이 된다면 6단계(문제 해결하기)로 넘어간다. 그 이외의 경우에는 다음으로 넘어간다.

2. 전체 행동의 체인이 시작되는 촉발사건을 구체적으로 기술한다. 행동의 체인이 시작되는 환경적 사건에서 시작하도록 한다. 환경적 사건이 문제행동의 원인이 아닌 것처럼 여겨지더라도 언제나 환경에서 시작하도록 한다. 그렇지 않으면 "지금 이 행동, 생각, 감정, 경험을 촉발시킨 것은 무엇인가?"라고 묻도록 한다. 다음과 같은 질문을 한다.

    A. 체인반응을 시작하게 하는 촉발사건은 무엇인가?

    B. 문제행동을 시작하게 만든 일련의 연속적 사건은 무엇이었나? 그 문제가 언제 시작되었나?

    C. 문제행동이 일어나기 직전에 어떤 충동이나 생각이 들었나?

    D. 그 때 무슨 행동/생각/감정/상상을 하고 있었나?

    E. 그 문제행동이 다른 날이 아닌 왜 하필이면 그날 일어났을까?

3. 촉발사건이 일어나기 전에 있었던 구체적인 유약성 요인을 기술한다. 문제행동 체인으로 이어지게 한 촉발사건에 유약하게 만든 사건이나 요인은 무엇인가? 조사해야 하는 영역은 아래와 같다.

    A. 신체적 질병, 식사와 수면 불균형, 상해

    B. 술이나 약물 사용, 처방약물 남용

    C. 스트레스를 일으킨 사건(긍정적 혹은 부정적)

    D. 슬픔, 분노, 공포, 외로움과 같은 강렬한 감정

    E. 이전의 행동 가운데 마음 속에 떠올릴 때 스트레스가 되는 행동

(계속)

4. 문제행동으로 이어지는 사건의 체인을 아주 상세하게 기술한다. 문제행동이 환경에서 촉발된 사건과 연결되었다고 상상해본다. 체인의 길이는 얼마나 될까? 체인은 어디로 향하고 있는가? 연결고리는 무엇인가? 아무리 작은 것이더라도 사건 체인의 모든 **연결고리**를 적도록 한다. 연극 대본을 쓴다고 생각하고 구체적으로 기술하도록 한다. 체인을 연결하는 고리에는 다음과 같은 것들이 있다.

 A. 행위 또는 행동(**A**ctions)

 B. 신체 감각이나 감정(**B**ody Sensations)

 C. 인지(예: 신념, 기대, 생각)(**C**ognitions)

 E. 환경에서 나온 사건 또는 다른 사람의 행동(**E**vents)

 F. 경험한 느낌이나 감정(**F**eelings)

촉발사건이 어떤 생각(또는 믿음), 감정, 행동으로 이어졌는가? 그리고 그 다음은 어떤 생각과 감정, 행동으로 이어졌는가? 또 그 다음은 무엇으로 이어지는가? 그 다음은? 기타 등등.

 • 체인에 있는 각 연결고리를 모두 적은 후 다시 살펴본다. 다른 생각이나 감정, 행동이 일어났어야 하는가? 이 상황에서 다른 행동을 하거나 다른 생각이나 감정을 경험하는 사람이 있을까? 그렇다면 어떠한 다른 생각과 감정과 행동을 경험할 수 있을지 설명하도록 한다.

 • 각 체인에 있는 연결고리에 추가적인 작은 연결고리가 있는지 질문해본다.

5. 이 행동의 결과에 대하여 기술한다. 구체적으로 기술하도록 한다(사람들이 즉시, 혹은 이후에 어떤 반응을 하였나? 그 행동을 한 다음 즉시든 감정은 무엇이었나? 그 이후는? 그 행동이 우리 자신과 환경에 어떠한 영향을 주었는가?).

6. 문제행동을 차단하기 위하여 효과적인 스킬행동을 할 수 있는 지점을 상세하게 기술한다. 문제행동으로 이어지는 가장 중요한 주요 연결고리는 무엇인가? (이 연결고리에 있는 행동을 제거하면 문제행동은 일어나지 않게 된다)

 A. 촉발사건 다음에 이어지는 행동체인으로 돌아가도록 한다. 무언가 다른 것을 했다면 문제행동을 피할 수 있었을 것으로 여겨지는 각 연결고리에 ○표 할 것.

 B. 문제행동을 피하기 위해서는 사건의 체인에 있는 각 연결고리에서 무엇을 다르게 할 수 있었을까? 어떤 대처행동이나 스킬을 사용할 수 있었을까?

7. 문제행동이 일어날 수 있는 체인에 대한 유약성을 줄이기 위한 **예방 전략**을 상세하게 기술한다.

8. 문제행동에 따른 중대한 결과를 **리페어**^repair **하려면 어떻게 해야 할지 기술한다.**

 A. 분석하기: 실제로 어떤 피해를 끼쳤는가? 어떤 부정적 결과에 대해 리페어해야 하는가?

 B. 다른 사람에게 실제로 유해하거나 정서적 고통을 가져다 준 것이 있는지 살펴본다. 또한 자신에게 유해하거나 정서적 고통을 가져다 준 것이 있는지 살펴본다. 손상을 끼쳤다면 리페어하도록 한다(유리창을 깼다면 꽃을 들고 가서 사과하지 않아야 한다. 즉, 유리창을 직접적으로 수리하는 것이 리페어다! 신뢰를 져버렸다면 배신감을 줄이기 위해 신뢰감을 주는 태도를 오랫동안 보여줌으로써 리페어하는 것이 중요하다. 연애편지나 반복적인 사과로 문제를 쉽게 해결하려고 하지 않도록 주의한다. 실패를 했다면 스스로를 질책하기보다 성공하는 것으로 리페어하도록 한다).

문제행동의 체인분석

완료일: _______________________   이름: _______________________   날짜: _______________________

---

1. 분석하려는 주요 **문제행동**이 구체적으로 무엇인가요?

---

2. 어떤 **촉발사건**으로 인해 문제행동의 체인이 시작되었나요? 마음 속에 충동이나 생각이 **일어나기 전에** 무슨 일이 있었는지 적어보십시오.

    촉발사건이 일어난 날: _______________________

---

3. 나를 **유약하게** 만든 환경적 요인과 내면적 요인이 무엇인지 기술하십시오.

    나를 유약하게 만든 사건이 시작된 날: _______________________

(계속)

일련의 사건 체인 연결고리: 행동[행위(Actions), 신체감각(Body sensations), 인지(Cognitions)/생각(Thoughts), 감정(Feelings)], 사건(Events)

연결고리의 유형
A. 행위 (Actions)
B. 신체감각 (Body sensations)
C. 인지/생각 (Cognitions / Thoughts)
E. 사건 (Events)
F. 감정 (Feelings)

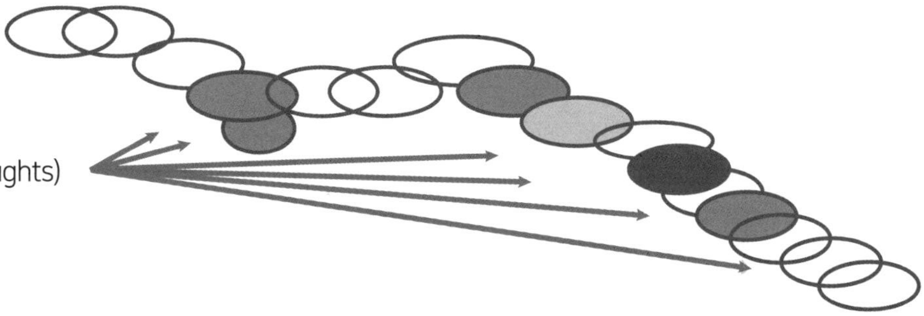

4. 사건의 체인을 모두 적도록 하십시오(실제로 일어난 구체적 행동과 환경적 사건들을 기술할 것). 위의 ABC-EF 목록을 사용합니다.

첫 번째._______________________________

두 번째._______________________________

세 번째._______________________________

네 번째._______________________________

다섯 번째._______________________________

여섯 번째._______________________________

일곱 번째._______________________________

여덟 번째._______________________________

아홉 번째._______________________________

6. 효과적이지 않은 행동을 대체하는 새로운 효과적인 **스킬 행동**을 적도록 하십시오. ABC-EF 목록을 사용합니다.

첫 번째._______________________________

두 번째._______________________________

세 번째._______________________________

네 번째._______________________________

다섯 번째._______________________________

여섯 번째._______________________________

일곱 번째._______________________________

여덟 번째._______________________________

아홉 번째._______________________________

(계속)

일련의 사건 체인 연결고리: 행동[행위(Actions), 신체감각(Body sensations), 인지(Cognitions)/생각(Thoughts), 감정(Feelings)], 사건(Events)

연결고리의 유형
A. 행위 (Actions)
B. 신체감각 (Body sensations)
C. 인지/생각 (Cognitions / Thoughts)
E. 사건 (Events)
F. 감정 (Feelings)

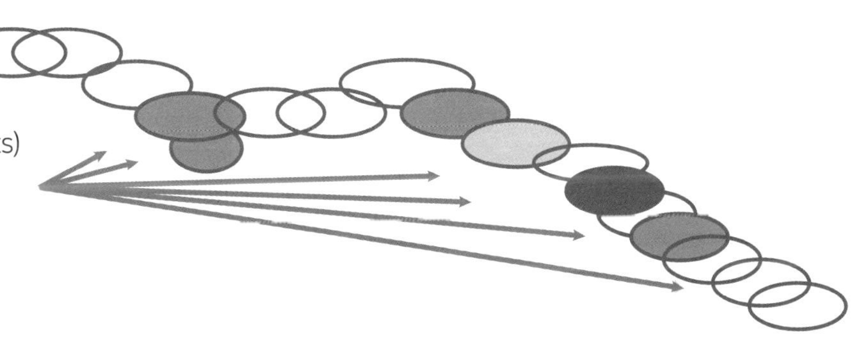

4. 사건의 체인을 모두 적도록 하십시오(실제로 일어난 구체적 행동과 환경적 사건들을 기술할 것). 위의 ABC-EF 목록을 사용합니다.

열 번째. ___________________________

____

열한 번째. ___________________________

____

열두 번째. ___________________________

____

열세 번째. ___________________________

____

열네 번째. ___________________________

____

열다섯 번째. ___________________________

____

열여섯 번째. ___________________________

____

열일곱 번째. ___________________________

____

열여덟 번째. ___________________________

____

6. 효과적이지 않은 행동을 대체하는 새로운 효과적인 스킬 행동을 적도록 하십시오. ABC-EF 목록을 사용합니다.

열 번째. ___________________________

____

열한 번째. ___________________________

____

열두 번째. ___________________________

____

열세 번째. ___________________________

____

열네 번째. ___________________________

____

열다섯 번째. ___________________________

____

열여섯 번째. ___________________________

____

열일곱 번째. ___________________________

____

열여덟 번째. ___________________________

____

(계속)

5. 구체적으로 우리의 환경에는 어떤 결과가 나타났나요?

　나 자신에게는 어떤 결과가 나타났나요?

　문제행동으로 인해 어떤 피해가 발생했나요?

7. 예방 계획:

　미래의 유약성을 줄이는 방법:

　촉발사건이 다시 일어나지 않도록 막는 방법:

8. 피해를 끼친 것을 리페어[repair]하고, 수정하며, 과잉교정할 수 있는 계획을 세웁니다.

문제행동 체인분석의 예

완료일: ________________________　　이름: ________________________　　날짜: ________________________

문제행동: ____

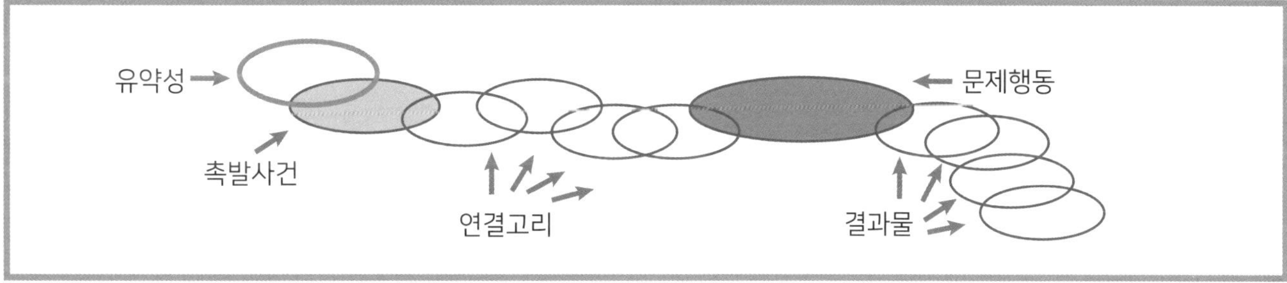

1. 분석하려는 주요 **문제행동**이 구체적으로 무엇인가요?

　과음한 상태로 음주운전을 함

2. 어떤 **촉발사건**으로 인해 문제행동의 체인이 시작되었나요? 마음속에 충동이나 생각이 **일어나기 전에** 무슨 일이 있었는지 적어 보십시오.

　촉발사건이 일어난 날: ___월요일____

　다음 주에 방문하기로 했던 여동생이 전화로, 남편의 중요한 직장 모임에 참석해야 해서 약속을 지킬 수 없게 되었다고 말함.

3. 나를 **유약**하게 만든 환경적 요인과 내면적 요인이 무엇인지 기술하십시오.

　나를 유약하게 만든 사건이 발생한 날: ___일요일_______________________________

　남자친구가 다음 달쯤에 출장을 가야한다고 말함.

일련의 사건 체인 연결고리: 행동[행위(Actions), 신체감각(Body sensations), 인지(Cognitions)/생각(Thoughts), 감정(Feelings)], 사건(Events)

연결고리의 유형

A. 행위 (Actions)

B. 신체감각 (Body sensations)

C. 인지/생각 (Cognitions / Thoughts)

E. 사건 (Events)

F. 감정 (Feelings)

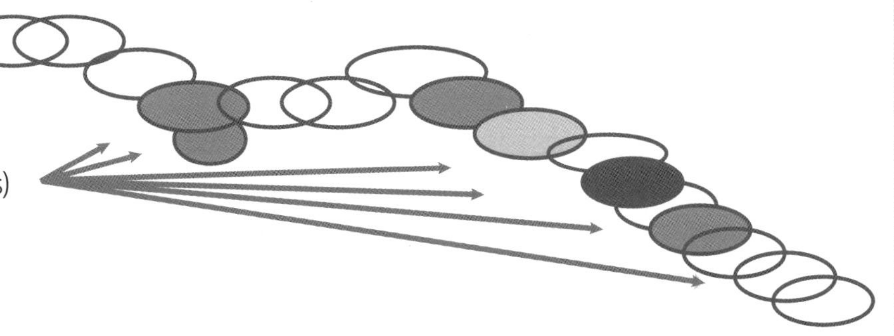

4. 사건의 체인을 모두 적도록 하십시오(실제로 일어난 구체적 행동과 환경적 사건들을 기술할 것). 위의 ABC-EF 목록을 사용합니다.

첫 번째. 마음이 상해서 울기 시작했고 여동생에게 화가 났다.

두 번째. '도저히 못 참겠어. 나를 사랑하는 사람은 아무도 없어' 라고 생각했다.

세 번째. 여동생과 전화 통화 이후 극심한 수치심이 느껴졌다.

네 번째. '완전히 망했어, 아무도 여기에 안 올거야' 라고 생각했다.

다섯 번째. TV를 보려고 했지만 좋아하는 프로그램이 없었다.

여섯 번째. '도저히 못 견디겠어'라는 생각이 들고 불안해지기 시작했다.

일곱 번째. 기분전환을 하려 와인을 한 잔 마시기로 했지만 결국 2병을 마시게 되었다.

여덟 번째. 차를 운전해서 늦은 시간에 하는 콘서트에 갔다.

아홉 번째. 차안에 떨어져 있는 종이 쪽지를 집어 들다가 차가 비틀거리게 되었다. 경찰이 내 차를 세웠고 나는 음주운전에 걸려 연행되었다.

6. 효과적이지 않은 행동을 대체하는 새로운 효과적인 스킬 행동을 적도록 하십시오. ABC-EF 목록을 사용합니다.

첫 번째. 여동생이 약속을 취소하게 된 이유를 들어본다.

두 번째. 여동생과 남자친구는 나를 사랑하고 있다는 것을 기억 한다.

세 번째. 사실을 확인한다. 여동생이 나를 일부러 거부하는 것일까?

네 번째. 여동생에게 전화를 걸어 화낸 것에 대해 사과한다 (여동생이 내 감정을 수인할 것이라는 것을 알기 때문에).

다섯 번째. 영화를 다운받아 보거나 퍼즐을 풀거나 친구에게 전화를 건다.

여섯 번째. 흥분된 마음상태를 가라 앉히기 위해 TIP 스킬을 사용한다.

일곱 번째. 공공장소에서는 술을 많이 마시지 않기 때문에 일부러 외식을 한다.

여덟 번째. 남자친구에게 전화를 걸어 잠깐 올 수 있는지 물어본다.

아홉 번째. 목욕을 하며 TIP 스킬을 다시 사용한다. 사실 확인을 지속적으로 한다. 지금의 감정이 지나갈 것임을 기억한다. 개인치료자에게 도움을 요청하는 전화를 한다.

(계속)

5. 구체적으로 우리의 환경에는 어떤 결과가 나타났나요?

    단기: 유치장에서 밤을 보내야 했다.

    장기: 남자친구는 나에 대한 신뢰감을 잃게 되었고, 여동생은 마음이 상했다.

    나 자신에게는 어떤 결과가 나타났나요?

    단기: 수치감을 느꼈고 나 자신에 대해 분노하였다.

    장기: 자동차 보험료를 더 많이 내야하고 앞으로 직장 구하기가 더 어려워질 것이다.

    문제행동으로 인해 어떤 피해가 발생했나요?

    음주운전 기록이 남게 되었다. 여동생은 자신이 나를 속상하게 했다는 것 때문에 죄책감을 갖게 되었다.

7. 예방 계획:

    미래의 유약성을 줄이기 위한 방법:

    남자친구가 출장을 갔을 때 대비할 수 있는 계획을 만든다.

    촉발사건이 다시 일어나지 않도록 막는 방법:

    촉발사건이 일어나는 것을 미리 막을 수 없기 때문에 혼자 집에 있을 때를 대비한 계획을 세우고 '문제에 미리 대비하기' 연습을 한다.

8. 피해를 끼친 것을 리페어repair하고, 수정하고, 과잉교정할 수 있는 계획을 세웁니다.

    여동생에게 사과를 한다. 남편과의 계획 때문에 약속을 지키지 못한 것은 충분히 이해한다고 말한다. 다시 방문 계획을 짠다. 내가 여동생 집에 가는 것은 어떤지 물어본다.

빠진 연결고리 분석^{Missing-Links Analysis}

필요한 효과적인 행동을 왜 하지 못했는지, 또 어떻게 못하게 되었는지 파악하기 위하여 다음 질문을 하십시오.

---

1. 어떤 효과적인 행동을 했어야 하는지 알고 있었나요(어떤 숙제가 주어졌는지, 어떤 스킬을 사용해야 하는지 등)?

   답이 '아니오'라면, 효과적인 행동을 인지하는 것을 방해하는 요인이 무엇이었는지 질문한다. 예를 들어 주의집중을 하지 않은 것, 명확하지 않은 지시 사항, 처음부터 어떻게 하는지 지시를 받지 못함, 너무 압도되거나 정보를 제대로 처리하지 못함 등.

   　방해 요인에 대한 **문제를 해결**할 것. 예를 들어 주의집중을 하려고 노력하기, 지시사항이 이해가 되지 않을 때 명확하게 지시를 해달라고 요청하기, 다른 사람에게 전화하기, 정보 찾아보기 등을 시도한다.

---

2. 첫 번째 질문에 대한 답이 '예'라면, 효과적인 행동을 기꺼이 할 의사가 있나요?

   답이 '아니오'라면, 효과적인 행동을 기꺼이 하는데 방해되는 요인이 무엇인지 질문한다. 예를 들어, 고집스러운 마음이나 부적절한 느낌, 사기가 떨어진 느낌 등.

   　기꺼이 함을 방해하는 **문제를 해결**할 것. 예를 들어 철저한 수용이나 장점과 단점 비교하기, 정반대 행동하기 등을 연습한다.

---

3. 두 번째 질문에 대한 대답이 '예'라면, 효과적인 행동을 하려는 생각이 필요한 순간에 마음 속에 떠올랐는지 질문하십시오.

   답이 '아니오'라면,

   　마음 속에 효과적인 행동을 해야겠다는 생각이 들게 하려면 어떻게 할지 **문제 해결**을 한다. 예를 들어, 일정표에 넣거나 알람 설정하기, 침대 옆에 DBT 워크북을 두기, 힘든 상황에 미리 대비하기 스킬 연습하기(감정조절 자료 19) 등.

---

4. 세 번째 질문에 대한 답이 '예'라면, 효과적인 행동을 즉시 실행하는데 방해가 된 요인은 무엇인가요?

   연기하기, 미루기, 기분이 내키지 않음, 필요한 것을 어떻게 하는지 잊어버림, 아무도 관심이 없다고 생각함(또는 아무도 알아채지 못할 것이라고 생각함) 등

   　방해하는 요인에 대한 **문제 해결을 할 것**. 예를 들어, 효과적인 행동에 대한 보상 체계를 만들기, 정반대 행동 연습하기, 장점과 단점 비교하기 등.

빠진 연결고리 분석

효과적인 행동이 무엇인지 파악하고 빠진 연결고리 분석을 한다.

완료일: _______________________   이름: _______________________   날짜: _______________________

빠진 행동: ____

우리가 했어야 하거나, 하고 싶었던 행동, 하겠다고 동의한 행동이나, 다른 사람이 우리로 하여금 기대했던 행동을 하지 못하게 방해하는 요인이 무엇인지 이 워크시트를 사용하여 파악해 보십시오. 얻은 정보로 문제 해결을 하고, 다음 번에는 더 효과적인 행동을 하도록 하십시오.

1. 했어야 하는 효과적인 행동이 무엇인지 알고 있었나요? 예 _____ 아니오 _____

   1번 질문의 답이 **아니오**라면, 효과적인 행동을 인지하는 것을 방해하는 요인은 무엇인가요? _______________

   ____

   문제 해결을 위한 방법을 기술할 것: ____

   ____ STOP

2. 1번 **질문의 답이 예**라면, 효과적인 행동을 기꺼이 할 의사가 있나요? 예 _____ 아니오 _____

   2번 질문의 답이 **아니오**라면, 필요한 효과적인 행동을 방해하는 요인은 무엇인가요? _______________

   ____

   문제 해결을 위한 방법을 기술할 것: ____

   ____ STOP

3. 2번 **질문의 답이 예**라면, 효과적인 행동을 하려는 생각이 필요한 순간에 마음 속에 떠올랐나요? 예 _____ 아니오 _____

   3번 질문의 답이 **아니오**라면, **문제 해결을 위한 방법을 기술할 것:** _______________________

   ____

   ____

   ____ STOP

4. 3번 **질문의 답이 예**라면, 효과적인 행동을 즉시 실행하는데 방해가 되는 요인은 무엇이었나요?

   ____

   ____

   문제 해결을 위한 방법을 기술할 것: ____

   ____ STOP

제 2 장

마인드풀니스 스킬

마인드풀니스 자료 및 워크시트

마인드풀니스는 지금 이 순간에 판단이나 집착을 하지 않고 의식적으로 우리의 마음을 집중하게 하는 행위이다. 마인드풀^{mindful}한 사람은 지금 이 순간을 있는 그대로 자각한다. 마인드풀니스는 '자동 조종 장치$^{automatic\ pilot}$'에 의해 움직이는 것이나, 습관적으로 아무런 자각없이 무엇인가를 하는 것의 정반대 상태이다. 마인드풀니스는 우리가 일상 생활을 할 때 항상 자각하도록 눈을 크게 뜨고 깨어 있는 삶을 살아가게 한다. 하나의 스킬 세트로서 마인드풀니스 연습은 효과적인 방법을 사용하여 지금 이 순간에 현실을 무판단적으로, 한 가지 마음으로, 효과적인 것에만 집중하여 관찰하고, 기술하고, 참여하게 하는 의도적인 과정이다. 마인드풀니스와 대비되는 상태는 완고하게 현재에 집착하는 상태, 즉 현재 이 순간이 바뀌지 않도록 지나치게 집착하는 상태이다. 반면에 마인드풀한 상태는 모든 순간이 생겨났다가 사라지는 현실 자체의 유동성을 받아들이는 것이다.

마인드풀니스의 목표와 정의

- **마인드풀니스 자료 1: 마인드풀니스의 목표.** 마인드풀니스 스킬 연습은 우리의 고통을 줄이고, 행복감을 증진시키며, 우리 마음에 대한 통제감을 높이는 것을 목표로 한다. 어떤 사람들에게는 현실을 있는 그대로 경험하게 하는 것이 목표가 될 수 있다. 마인드풀니스 스킬은 연습하고, 연습하고, 또 연습해야 습득할 수 있다.
- **마인드풀니스 자료 1a: 마인드풀니스 정의.** 이 자료에서는 마인드풀니스, 마인드풀니스 스킬, 마인드풀니스 연습의 기본 정의가 무엇인지를 설명하고 있다.
- **마인드풀니스 워크시트 1: 마인드풀니스 연습의 장점과 단점.** 이 워크시트는 마인드풀니스를 연습함으로써 얻을 수 있는 것이 있는지 또는 없는지를 경험해 보도록 설계되었다.

핵심 마인드풀니스 스킬

핵심 마인드풀니스 스킬의 자료와 워크시트는 세 가지 스킬 세트로 구성되어 있으며 총 일곱 가지 스킬이 담겨있다.

지혜로운 마음, 'What' 스킬(관찰하기, 기술하기, 참여하기), 'How' 스킬(무판단적으로, 한 가지 마음갖기, 효과적인 것에 집중하기).

- **마인드풀니스 워크시트 2, 2a, 2b, 2c: 핵심 마인드풀니스 스킬 연습**은 일곱 가지 핵심 마인드풀니스 스킬을 네 가지 형태로 기록하며 연습하게 하는 워크시트이다. 이 워크시트들은 핵심 스킬을 모두 배우고 나서 연습한 것을 기록할 때 유용하게 사용할 수 있다. **마인드풀니스 워크시트 2c: 핵심 마인드풀니스 스킬 일정표**는 마인드풀니스 스킬을 연습하며 기록하기 위한 일정표 형식의 워크시트이다.

지혜로운 마음

- **마인드풀니스 자료 3: 지혜로운 마음-마음의 상태.** 지혜로운 마음이란 우리 모두가 가지고 있는 내면의 지혜를 말한다. 우리가 마음 속 깊은 곳에 있는 지혜에 다가가게 되면, 지혜로운 마음상태에 이르게 된다. 지혜로운 마음상태에 들어가면, 합리적인 마음과 감정적인 마음을 통합할 수 있으며 여러 가지의 정반대 상태를 통합하여 있는 그대로의 현실을 경험하게 된다.

- **마인드풀니스 워크시트 3: 지혜로운 마음 연습하기**는 마인드풀니스를 연습한 내용을 기록하는 워크시트이다 (**마인드풀니스 자료 3a: 지혜로운 마음 연습하기**에는 다양한 연습 방법이 제시되어 있다). 워크시트 3은 마인드풀니스를 어떻게 연습해야 효과적으로 지혜로운 마음상태에 다가갈 수 있는지 측정하도록 하고 있다. 그러나 이 측정의 목적이 마인드풀니스 연습을 통해서 얼마나 차분해졌는지, 또는 얼마나 기분이 좋아졌는지 측정하는 것이 아니라는 점에 유의하여야 한다.

마인드풀니스 'What' 스킬

- **마인드풀니스 자료 4: 마음중심잡기 'What' 스킬.** 'What' 스킬은 우리가 관찰하기, 기술하기, 참여하기 마인드풀니스를 연습할 때 무엇을 해야 하는지 알려주는 스킬이다. 한 순간에 이 세 가지 활동 중 하나만을 해야 한다는 점에 주의한다. 관찰하기는 의도적으로 현재 이 순간에 주의집중하는 것이다. 기술하기는 관찰한 것을 언어로 상세하게 표현하는 것이다. 참여하기는 무엇을 하든 그것과 완전히 그리고 온전히 하나가 되어 그 활동에 몰입하는 것이다.

- **마인드풀니스 자료 4a: 관찰하기 연습, 마인드풀니스 자료 4b: 기술하기 연습, 마인드풀니스 자료 4c: 참여하기 연습**은 마인드풀니스의 'What' 스킬을 연습하는 방법을 알려준다. 스킬훈련자는 회기 중에 각 스킬을 모두 연습한 후에 하나 또는 두 가지의 연습을 하도록 제안할 것이다.

- **마인드풀니스 워크시트 4, 4a, 4b는 마인드풀니스의 'What' 스킬을 연습하고 이를 기록하게 하는 세 가지 형태의 워크시트이다. 워크시트 4는 회기와 회기 사이에 'What' 스킬을 두 번 연습하고 기록하도록 만들어졌다. 워크시트 4a는 체크리스트 형식으로 각각의 'What' 스킬을 여러 차례 연습하여 기록할 수 있다. 워크시트 4b는 자신이 한 연습을 기술하여 기록하기 위한 것이다.**

마인드풀니스 'How' 스킬

- **마인드풀니스 자료 5: 마음중심잡기–'How' 스킬.** 'How' 스킬은 무판단적으로, 한 가지 마음으로, 효과적인 것에 집중하여 관찰하고, 기술하고, 참여하는 방법이다. 'What' 스킬은 한 번에 한 가지만 사용하는 것과 달리 'How' 스킬은 동시에 함께 사용할 수 있다.

- **마인드풀니스 자료 5a: 무판단적 마음갖기 연습, 마인드풀니스 자료 5b: 한 가지 마음갖기 연습, 마인드풀니스 자료 5c: 효과적인 것에 집중하기 연습**은 각각의 마인드풀니스 'How' 스킬을 연습하는 방법을 제안한다. 이 스킬을 습득시키기 위해 스킬훈련자는 회기 중에 스킬을 교육한 이후 한 개나 두 개의 연습 과제를 주게 될 것이다.

- **마인드풀니스 워크시트 5: 마인드풀니스 'How' 스킬–무판단적 마음갖기, 한 가지 마음갖기, 효과저인 것에 집중하기**에는 한 주 동안 두 번 정도 'How' 스킬을 연습하여 기록하도록 한다. **마인드풀니스 워크시트 5a: 무판단적 마음갖기, 한 가지 마음갖기, 효과적인 것에 집중하기 체크리스트**는 'How' 스킬 연습을 기록하기 위한 체크리스트 자료이고, **마인드풀니스 워크시트 5b: 무판단적 마음갖기, 한 가지 마음갖기, 효과적인 것에 집중하기 일정표**는 일정표 형식의 자료이다. **마인드풀니스 워크시트 5c: 무판단적 마음갖기 일정표**는 무판단적 마음갖기 스킬을 위해서 특별히 개발된 워크시트이다.

마인드풀니스 스킬에 관한 다른 관점

마인드풀니스 스킬에 관한 다른 관점은 보충자료로써 세 종류의 자료와 워크시트 세트를 통해 다른 관점으로 본 **마인드풀니스 스킬**을 설명하고 있다. 이 마인드풀니스 연습에는, 종교적 관점, 효과적인 방편-동적인 마음과 정적인 마음의 균형, 지혜로운 마음-중도의 길 걷기가 있으며 DBT 훈련 프로그램에 따라 이 스킬 세트 중 하나 이상을 선택하여 훈련시킬 수 있다.

- **마인드풀니스 자료 6: 마인드풀니스에 관한 다른 관점의 개요.** 이 자료는 세 가지의 보충 마인드풀니스 스킬에 대해 간략히 설명하고 있다.

마인드풀니스 연습: 종교적 관점

- **마인드풀니스 자료 7: 마인드풀니스의 목표–종교적 관점.** 마인드풀니스는 심리적인 이유만이 아니라 종교적인 이유로도 많은 이들이 연습한다. 이 자료는 종교를 삶의 중요한 부분이라고 인식하는 사람을 위해 추가하였다. 마인드풀니스는 실제로 아주 오랜 전통이 있으며 여러 문화권에서 종교적인 수행으로 시작된 것으로 지금도 명상수행이나 관상기도와 같은 형태로 남아있다.

- **마인드풀니스 자료 7a: 종교적 관점에서 본 지혜로운 마음.** 이 자료에는 초월적 의미를 담고있는 다양한 형태의 종교적 수행의 개요를 설명하고 있다. 영적이고 종교적인 많은 수행법들은 공통적으로 고요함, 마음을 차분하게 하기, 주의집중, 자기 성찰, 수용을 포함하는 마인드풀니스의 요소들을 공유하고 있다. 이것은 깊은 종교적 체험의 특징들이기도 하다.

- **마인드풀니스 자료 8: 사랑하는 마음과 동정심 증진을 위한 자애로움 연습하기.** 우리 자신과 다른 사람을 향한 분노, 증오, 적대감, 악의는 매우 큰 고통을 가져온다. 자애로움에 대한 연습은 특정한 긍정적인 단어와 구문을 반복적으로 암송하며 명상하는 방식으로, 부정적인 감정 상태를 바꾸고 사랑하는 마음과 동정심을 증진시킨다. 자애로움은 고대로부터 내려오는 종교적 명상수행 방법이다. 어떤 점에서는 타인과 우리 자신의 행복을 위해 기도하는 것과 비슷하다. **마인드풀니스 워크시트 6: 자애로움**을 사용하여 두 가지의 상황을 기록하도록 한다.

효과적인 방편^{Skillful Means}: 동적인 마음^{Doing Mind}과 정적인 마음^{Being Mind}의 균형

- **마인드풀니스 자료 9: 효과적인 방편—동적인 마음과 정적인 마음의 균형.** '효과적인 방편^{Skillful Means}'은 현실을 있는 그대로 경험하도록 돕는 효과적인 방법을 말하는 것으로 선불교에서 사용하는 용어이다. 또한 DBT에서 '효과적인 방편'이란 온전히 지혜로운 마음에 이르게 하는 것을 말하기도 한다. 동적인 마음^{Doing Mind}과 정적인 마음^{Being Mind}은 효과적인 방편과 지혜로운 마음을 방해하는 두 가지의 극단적인 형태의 마음이다. 동적인 마음은 목표를 성취하는데 집중된 반면, 정적인 마음은 경험하는 것에만 집중하는 마음이다. 이 두 마음의 양극성은 합리적인 마음과 감정적인 마음과 유사하다. 우리가 일상을 살면서 지혜롭게 사는 방법은 목표를 달성하기 위해 노력하는 것과 목표 달성에 대한 과도한 집착을 지나가게 하는 것 사이의 균형을 맞추는 것이다.
- **마인드풀니스 자료 9a: 동적인 마음과 정적인 마음의 균형 연습하기.** 이 자료에는 균형을 잡도록 하는 여러 개의 연습 방법들이 담겨있다. 마인드풀니스 훈련을 여러 차례 했다면 이 자료를 유용하게 사용할 수 있을 것이다.
- **마인드풀니스 워크시트 7a: 정적인 마음과 동적인 마음 마인드풀니스 일정표, 마인드풀니스 워크시트 8: 즐거운 일에 대한 마인드풀니스 일정표, 마인드풀니스 워크시트 9: 즐겁지 않은 일에 대한 마인드풀니스 일정표**는 참여자들이 매일 마인드풀니스를 연습하고 기록하도록 일정표 형식으로 만들어진 워크시트이다. 이 일정표는 정신없이 압도된 순간(워크시트 7a)이나, 즐거운 사건(워크시트 8), 즐겁지 않은 사건(워크시트 9)을 경험하고 있을 때 마인드풀니스를 통해 주의를 집중하도록 한다.

지혜로운 마음: 중도의 길 걷기

- **마인드풀니스 자료 10: 중도의 길 걷기—정반대 입장에서 통합의 길 찾기.** 지혜로운 마음이란 양극단 사이에 있는 중도의 길을 말한다. 지혜로운 마음은 '이것 아니면 저것'의 생각을 '둘 다-모두'라는 생각으로 대체하여 정반대의 입장에서 통합의 길을 찾도록 한다. 일반적으로 우리는 어떤 연속선상에서 극단에 치우쳐 있을 때 현실을 왜곡하는 위험에 빠진다. 마인드풀니스 훈련을 한 번 이상 했다면 이 자료를 유용하게 사용할 수 있을 것이다.
- **마인드풀니스 워크시트 10: 지혜로운 마음으로 가는 중도의 길 걷기.** 이 자료는 균형을 무너뜨릴 수 있는 여러 가지 양극단의 항목들을 제시하고 있으며, 균형을 잡기 위해서 스킬을 연습하고 기록하는 자료이다.
- **마인드풀니스 워크시트 10a: 중도의 길에서 나를 분석하기.** 이 워크시트는 양극단에서 우리가 균형을 잃어버렸는지 생각하도록 하는 워크시트이다. '균형을 잃어버렸다'는 것은 지혜로운 마음에서 벗어나 자신의 중심을 흩트려 놓는 생활 양식을 말한다.
- **마인드풀니스 워크시트 10b: 중도의 길 걷기 일정표.** 이 워크시트는 워크시트 10과는 다른 방식으로 매일 연습한 스킬을 기록하도록 만들어졌다. 이것은 워크시트 10a와 연결하여 사용할 수 있다.

마인드풀니스의 목표와 정의
자료 및 워크시트

I

마인드풀니스의 목표

괴로움을 줄이고 행복감을 증진시킵니다.

☐ 고통과 긴장, 스트레스 줄이기

☐ 기타: ____

마음에 대한 통제능력을 증진시킵니다.

☐ 우리 마음이 우리를 통제하는 것을 중단시키기

☐ 기타: ____

현실을 있는 그대로 경험합니다.

☐ 눈을 크게 뜨고 삶을 살아 가기

☐ 나의 …현실을 있는 그대로 경험하기
- 우주와의 연결성
- 궁극의 '선'
- 궁극의 보편타당성

☐ 기타: ____

마인드풀니스 정의

마인드풀니스란 무엇인가?

- **마인드풀니스란 지금 이 순간을 의도적으로 자각하며 사는 것입니다.**
  (기계적이고 반복적인 행동에서 깨어나, 지금 이 순간 우리에게 주어진 삶에 온전히 참여하는 것입니다.)

- **마인드풀니스는 이 순간을 판단하거나 거부하지 않는 것입니다.**
  (어떠한 결과들이 나타났는지 알아차리고 도움이 되는 것과 해로운 것을 분별하도록 하면서 지금 이 순간을 평가하거나,
  회피하거나, 억누르거나, 막으려는 마음을 지나가게 하는 것입니다.)

- **순간에 애착을 갖지 않는 것입니다.**
  (과거의 것에 집착하거나 미래의 것을 움켜잡으면서 현재를 무시하지 않고, 새로운 순간이 가져다 주는 경험에 주의집중을
  하는 것입니다.)

마인드풀니스 스킬이란 무엇인가?

- **마인드풀니스 스킬**이란 연습을 필요로 하는 특정한 행동으로, 이 스킬들이 한데 모여 마인드풀니스를 구성합니다.

마인드풀니스 연습하기란 무엇인가?

- **마인드풀니스와 마인드풀니스 스킬**은 언제 어디서 무엇을 하든지 간에 연습할 수 있습니다. 지금 이 순간에 의도적으로
  주의를 집중하여 아무 것도 판단하거나 잡고 있지 않는 것을 말합니다.

- **명상**[Meditation]이란 정해진 시간 동안 조용히 앉거나 서서 혹은 누워서 마인드풀니스와 마인드풀니스 스킬을 연습하는 것입니다.
  명상을 할 때 우리는 마음에 집중하거나(예: 신체감각이나 감정, 생각 또는 호흡에 집중하기), 마음을 열어 놓습니다(우리가
  자각하는 모든 것에 주의집중하기). 명상기법에는 다양한 형태가 있지만 대체로 마음을 열도록 하는 형태이거나 마음을
  집중하는 형태입니다. 마음을 집중하는 형태의 명상은 무엇에 주의를 집중하는가에 따라 여러 가지 명상기법이 있습니다.

- **명상기도**(예: 기독교의 향신기도, 묵주기도, 유대교의 쉐마, 이슬람교의 수피명상, 힌두교의 라자요가)는 종교적인
  마인드풀니스 연습입니다.

- **마인드풀니스 동작**에는 다양한 형태가 있습니다. 요가, 무술(예: 기공, 태극권, 합기도, 가라데, 태권도), 종교적 무용 등이
  있습니다. 등산이나 승마, 또는 걷기 뿐만 아니라, 일상 생활을 하며 먹기, 청소하기, 춤추기 등 역시 마인드풀니스를 연습하는
  방법이 될 수 있습니다.

마인드풀니스 연습의 장점과 단점

완료일: _______________________ 이름: _______________________ 시작하는 주: _______________________

마인드풀니스 스킬을 연습하는 것의 장점과 단점 목록을 만들어보십시오.

마인드풀니스 스킬을 연습하지 <u>않는</u> 것의 장점과 단점 목록을 만들어보십시오.

유리한 점과 불리한 점에 대해서 정확히 평가하고 있는지 사실을 확인하도록 하십시오.

마인드풀니스를 기꺼이 하는지 측정해 보십시오. (0 = 전혀, 100 = 매우 많이)   사전: ___________   사후: ___________

아래와 같은 상황에 있을 때 이 워크시트를 작성하도록 하십시오.

- 매 순간 더욱 마인드풀한 삶을 살고자 노력할 때.
- 고집스러운 마음이 들어 감정적인 마음이나 지나치게 합리적 마음을 버리는 것이 어려울 때.
- 지금 이 순간을 있는 그대로 관찰하려고 하지 않고 회피하거나 통제하려고 할 때.
- 우리 자신과 다른 사람을 해석해 버리고, 있는 그대로를 기술하려고 하지 않을 때.
- 현재 이 순간의 흐름에 우리를 온전히 던지는 것에 저항하여 방관자로 남고 싶어할 때.
- 판단하려는 생각을 버리면 위협을 받는 느낌이 들 때.
- 효과적인 것을 하기보다는 내가 옳다는 것을 증명해 보이고 싶을 때.

워크시트를 작성하면서 스스로 아래의 질문을 해 보십시오.

- 마인드풀하지 않은 삶을 사는 것이 나에게 가장 좋은 것인가? 아니면 좋지 않은 것인가?
- 지혜로운 마음으로 다가가는 것을 거부했을 때 문제가 해결되었는가? 아니면 또 다른 새로운 문제를 만들어 내었는가?
- 그 순간에 즉각적으로 반응하지 않고 관찰하는 것이 나의 자유를 증진시켰는가? 아니면 감소시켰는가?
- 생각에 집착하는 것이 사실을 기술하는 것보다 더 유용한가?
- 판단적인 마음상태에 있는 것이 변화시키고자 하는 것을 바꾸는데 도움을 주는가? 아니면 방해를 하는가?
- 효과적인 것이 더 중요한가? 아니면 옳다는 것을 증명하는게 더 중요한가?

	마인드풀하지 않은 상태로 판단적이고 비효율적인 상태에 머물러 있기	마인드풀니스 연습하기
장점	____________________ ____________________	____________________ ____________________ ____________________
단점	____________________ ____________________	____________________ ____________________ ____________________

어떻게 하기로 결정하였나요? ____

그 결정이 지혜로운 마음에서 한 최선의 선택이었나요? ____

한 주 동안 했던 지혜로운 행동을 모두 적어 보십시오. ____

핵심 마인드풀니스
자료 및 워크시트

II

핵심 마인드풀니스의 개요

지혜로운 마음:

마음의 상태

'WHAT' 스킬

(마인드풀니스 연습을 할 때 해야 하는 것):

관찰하기, 기술하기, 참여하기

'HOW' 스킬

(마인드풀니스를 연습하는 방법):

무판단적 마음으로, 한 가지 마음갖기, 효과적인 것에 집중하기

핵심 마인드풀니스 스킬 연습

완료일: _________________________   이름: _________________________   시작하는 주: _________________________

마인드풀니스 연습을 시작하게 만든 상황을 기술하십시오.

상황 1

상황(누가, 언제, 어디서, 무엇을):

☐ 지혜로운 마음
☐ 관찰하기
☐ 기술하기
☐ 참여하기
☐ 무판단적인 마음으로
☐ 한 가지 마음갖기
☐ 효과적인 것에 집중하기

왼쪽에 있는 마인드풀니스 스킬 중 사용한 스킬에 체크하고, 이곳에 어떻게 사용했는지 기술하십시오.

스킬을 사용한 경험을 기술하십시오:

아래의 항목 중에 마인드풀니스 스킬 연습이 조금이라도 영향을 주었다면 체크하십시오.
__ 괴로움의 감소   __ 행복감 증진   __ 집중력 증진
__ 반응성 감소   __ 지혜의 증진   __ 현재를 있는 그대로 경험하기 증진
__ 연결감 증진   __ 자기-수인감 증진

상황 2

상황(누가, 언제, 어디서, 무엇을):

☐ 지혜로운 마음
☐ 관찰하기
☐ 기술하기
☐ 참여하기
☐ 무판단적인 마음으로
☐ 한 가지 마음갖기
☐ 효과적인 것에 집중하기

왼쪽에 있는 마인드풀니스 스킬 중 사용한 스킬에 체크하고, 이곳에 어떻게 사용했는지 기술하십시오.

스킬을 사용한 경험을 기술하십시오.

아래의 항목 중에 마인드풀니스 스킬 연습이 조금이라도 영향을 주었다면 체크하십시오.
__ 괴로움의 감소   __ 행복감 증진   __ 집중력 증진
__ 반응성 감소   __ 지혜의 증진   __ 현재를 있는 그대로 경험하게 하기 증진
__ 연결감 증진   __ 자기-수인감 증진

한 주 동안 했던 지혜로운 행동을 모두 적어 보십시오. ____

핵심 마인드풀니스 스킬 연습

완료일: ______________________　　이름: ______________________　　시작하는 주: ______________________

한 주 동안 아래의 마인드풀니스 스킬을 연습하면서 무엇을 하였는지 적고, 연습하는 동안 경험한 마인드풀니스의 질적 수준을 측정해 보십시오.

1초도 마음을 집중할 수 없었음. 전혀 마인드풀하지 않아서 중단하였음.	마음을 약간 집중할 수 있었음. 현재 이 순간에 약간 집중할 수 있었음.	지혜로운 마음상태에서 중심을 잡아 지나가게 할 수 있었고, 필요한 것을 실행할 수 있었음.
1 　　　　 2	3	4 　　　　 5

날짜　　　　지혜로운 마음
______ / ______________________　　마인드풀니스: ______________________
______ / ______________________　　마인드풀니스: ______________________
______ / ______________________　　마인드풀니스: ______________________

날짜　　　　관찰하기
______ / ______________________　　마인드풀니스: ______________________
______ / ______________________　　마인드풀니스: ______________________
______ / ______________________　　마인드풀니스: ______________________

날짜　　　　기술하기
______ / ______________________　　마인드풀니스: ______________________
______ / ______________________　　마인드풀니스: ______________________
______ / ______________________　　마인드풀니스: ______________________

날짜　　　　참여하기
______ / ______________________　　마인드풀니스: ______________________
______ / ______________________　　마인드풀니스: ______________________
______ / ______________________　　마인드풀니스: ______________________

날짜　　　　무판단적인 마음으로
______ / ______________________　　마인드풀니스: ______________________
______ / ______________________　　마인드풀니스: ______________________
______ / ______________________　　마인드풀니스: ______________________

날짜　　　　한 가지 마음갖기
______ / ______________________　　마인드풀니스: ______________________
______ / ______________________　　마인드풀니스: ______________________
______ / ______________________　　마인드풀니스: ______________________

날짜　　　　효과적인 것에 집중하기
______ / ______________________　　마인드풀니스: ______________________
______ / ______________________　　마인드풀니스: ______________________
______ / ______________________　　마인드풀니스: ______________________

한 주 동안 했던 지혜로운 행동을 모두 적어 보십시오. ______________________

 (마인드풀니스 자료 2-5c; pp.45, 51-53, 55-61, 66-69)

핵심 마인드풀니스 스킬 연습

완료일: _______________ 이름: _______________ 시작하는 주: _______________

각 마인드풀니스 스킬을 두 번 연습하고 어떤 경험을 하였는지 기술하십시오.

언제 이 스킬을 연습하였으며, 연습을 하기 위해 무엇을 하였나요?	마인드풀니스 연습을 시작하게 만들었던 일이 있었다면 기록하십시오.	마인드풀니스 스킬을 연습하는데 얼마의 시간이 들었나요?	스킬 사용하기 전/후 측정		결과 또는 스킬에 대한 질문
			얼마나 마음에 집중할 수 있었나요? 정도(0-100)	얼마나 지혜로운 마음으로 마음의 중심을 잡을 수 있었나요? 정도(0-100)	
지혜로운 마음			/	/	
			/	/	
관찰하기			/	/	
			/	/	
기술하기			/	/	
			/	/	
참여하기			/	/	
			/	/	
무판단적인 마음으로			/	/	
			/	/	
한 가지 마음갖기			/	/	
			/	/	
효과적인 것에 집중하기			/	/	
			/	/	

한 주 동안 했던 지혜로운 행동을 모두 적어 보십시오. _______________

* 이 워크시트는 Seth Axelrod의 미출판된 워크시트를 저자의 승인 하에 발췌하여 수정하였음.

핵심 마인드풀니스 스킬 일정표

완료일: _________________________ 이름: _________________________ 시작하는 주: _________________________

한 주 동안 연습한 마인드풀니스 스킬에 체크하십시오.

_________ 지혜로운 마음 _________ 관찰하기 _________ 기술하기 _________ 참여하기

_________ 무판단적인 마음으로 _________ 한 가지 마음갖기 _________ 효과적인 것에 집중하기

마인드풀니스 스킬을 연습할 때에는 마인드풀하게 깨어 있는 상태를 유지하도록 최선을 다하십시오. 기록은 스킬 사용 이후에 하도록 합니다.

마인드풀니스 스킬의 이름	어떻게 마인드풀니스 스킬을 연습하였나요?	마인드풀니스 스킬을 연습하는 동안 경험한 것을 기술하십시오(신체 감각, 감정, 생각).	마인드풀니스 스킬을 사용한 이후 지금은 어떤 경험을 하고 있나요?
예: 참여하기	모임에 가서 다른 사람과의 대화에 참여하였음.	위가 꼬이는 느낌과 숨이 가쁜 느낌이 들었고, 입이 마르고, 다른 사람들이 나를 싫어할 것 같은 불안을 느꼈음. 그러나 이후 사람들이 내 주변에 있다는 것을 알아차렸고 웃을 수 있었고 대화를 즐겼고 좋은 시간을 보낼 수 있었음.	나 스스로 이렇게 잘 조절할 수 있다는 것이 놀라웠고 기분이 좋았음. 참여하기를 다시 할 수 있을 것이라는 생각이 들었음.
월요일:			
화요일:			
수요일:			

(계속)

마인드풀니스 워크시트 2C (p. 2 of 2)

마인드풀니스 스킬의 이름	어떻게 마인드풀니스 스킬을 연습하였나요?	마인드풀니스 스킬을 연습하는 동안 경험한 것을 기술하십시오(신체 감각, 감정, 생각).	마인드풀니스 스킬을 사용한 이후 지금은 어떤 경험을 하고 있나요?
목요일:			
금요일:			
토요일:			
일요일:			

한 주 동안 했던 지혜로운 행동을 모두 적어 보십시오. ______________________

지혜로운 마음:
세 가지 마음상태

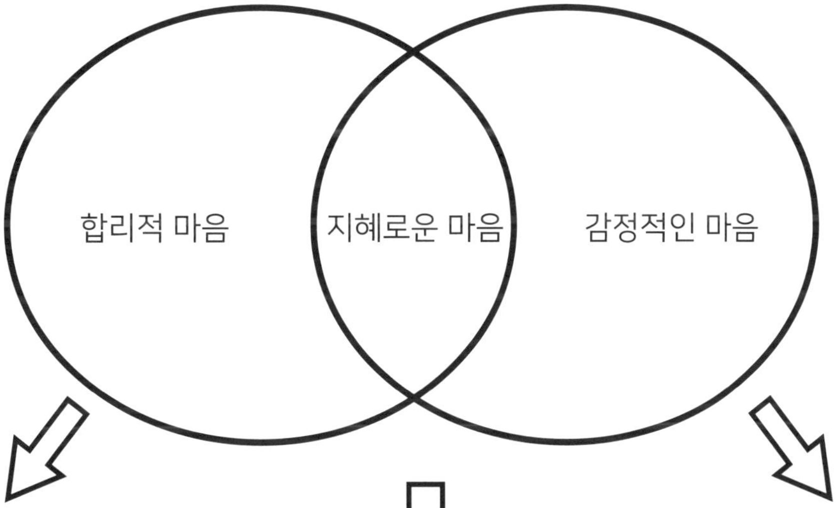

합리적 마음   지혜로운 마음   감정적인 마음

합리적 마음은:

차가운 마음

이성적 마음

과업에 집중하는 마음

합리적 마음상태일 때,
우리는 사실과 이성, 논리 그리고
실용적인 것에 지배를 받게 됩니다.
감정이나 가치관 같은 것들은
중요하지 않습니다.

지혜로운 마음은:

모든 사람이 가지고 있습니다.

감정과 이성의 가치를 모두 알고
있는 마음의 상태입니다.

왼쪽 뇌와 오른쪽 뇌를 모두
통합하는 것입니다.

중도의 길입니다.

감정적인 마음은:

뜨거운 마음

기분-의존적 마음

감정에 집중하는 마음

감정적인 마음일 때,
우리는 기분과 감정, 무엇인가를
하거나 말하려고 하는 충동의 지배를
받습니다. 사실이나 이성 그리고
논리는 중요하지 않습니다.

지혜로운 마음 연습

마인드풀니스 스킬을 습득하기 위해서는 많은 연습이 필요합니다. 우리가 새로운 스킬을 습득할 때와 마찬가지로 마인드풀니스 역시 이 스킬이 필요하지 않은 상황에서 먼저 연습하는 것이 중요합니다. 좀 더 쉬운 상황에서 마인드풀니스 스킬을 연습하면 스킬을 익히기 쉽고, 필요할 때 스킬을 사용할 수 있게 됩니다. 마인드풀니스 스킬은 눈을 감거나 뜬 채로 연습할 수 있습니다.

1. ☐ **호수 아래 작은 돌조각 되기.** 화창하게 아름다운 날, 맑고 푸른 호수가 있다고 상상합니다. 우리는 작고, 평평하고, 가벼운 돌조각이 되어 호수로 던져집니다. 아주 천천히, 맑고 푸른 물의 심연으로 빠져 호수의 부드러운 모래 바닥에 가라앉습니다.
   - 상상 속에서 보이는 것을 자각하고 천천히 원을 그리며 가라앉는 것을 느껴보십시오. 호수 바닥에 도달하면 자신의 주의를 내면으로 가라앉히도록 합니다.
   - 호수의 고요함을 자각하십시오. 우리 안에 깊은 고요함과 평온함을 자각해 보십시오.
   - 마음의 중심에 도달했을 때, 그곳에 주의를 집중하십시오.

2. ☐ **나선형 계단 걸어 내려오기.** 자신의 중심으로 내려가는 나선형 계단이 있다고 상상해 보십시오. 위에서부터 천천히 계단을 따라 아래로 마음 속으로 깊이 내려가기 시작합니다.
   - 느껴지는 감각을 알아차리십시오. 계단에 앉아 잠시 쉬거나 계단을 내려갈 때마다 등이 켜지는 것을 상상하셔도 좋습니다. 억지로 내려가려고 하지 마십시오. 적막함을 자각하십시오. 마음의 중심에 도달하게 되었을 때, 복부의 중심에 주의를 집중하도록 합니다.

3. ☐ **'지혜로움'을 들이쉬고 '마음'을 내쉬기.** 마음 속으로 '지혜로움'이라고 말하며 숨을 들이마시고, 숨을 내쉬면서 '마음'이라고 말합니다.
   - 모든 주의를 '지혜로움'이라는 단어에 집중하고, 그 다음 '마음'이라는 단어에 온전히 집중하도록 합니다.
   - 자신이 지혜로운 마음에 내려 앉아 안착될 때까지 계속하도록 합니다.

4. ☐ **지혜로운 마음에 물어보기.** 숨을 들이쉬면서, 조용히 지혜로운 마음에 물어봅니다.
   - 숨을 내쉬면서 그 답을 들어봅니다.
   - 경청해 보십시오. 절대 답을 만들어내지는 마십시오. 스스로에게 답을 말하지 않고, 들어보려고 하십시오.
   - 얼마 동안 숨을 들이쉬면서 지혜로운 마음에 물어봅니다. 답이 들리지 않으면, 다음에 다시 물어보도록 합니다.

(계속)

---

5. ❑ **이것이 지혜로운 마음인지 물어보기**. 숨을 들이쉬면서 "이것(행동, 생각, 계획 등)이 지혜로운 마음인가?" 라고 물어봅니다.

- 숨을 내쉬며 답에 귀를 기울여 보십시오.
- 스스로 답을 하려하지 말고, 들으려고만 하십시오.
- 숨을 들이쉬면서 지혜로운 마음에 얼마 동안 물어 봅니다. 답이 들리지 않으면, 다음에 다시 물어보도록 합니다.

6. ❑ **들숨과 날숨에 주의를 집중하고, 주의를 우리의 중심에 안착시키기.**
- 온전히 숨을 들이쉬면서 느껴지는 감각을 자각하십시오.
- 주의를 마음의 중심, 날숨의 가장 끝자락에 혹은 명치에 모이게 해 보십시오.
- 주의를 미간의 중심, 혹은 '제3의 눈'에 두고 들숨의 가장 윗부분에 자리잡게 해 보십시오.
- 마음의 중심에 주의집중을 하면서 호흡을 정상적으로 내쉬며 주의집중을 유지합니다.
- 지혜로운 마음에 자리를 잡도록 합니다.

7. ❑ **자각을 확장시키기**. 숨을 들이쉬면서, 자신의 중심을 자각하는 것에 주의집중을 하십시오.
- 숨을 내쉬며 자신의 중심을 자각하면서, 지금 있는 이 공간을 확장하여 자각해 보십시오.
- 이 순간을 계속해서 자각하도록 합니다.

8. ❑ **들숨과 날숨 사이에 잠시 멈추기.**
- 숨을 들이쉬면서 들숨의 끝부분에서 잠시 멈추고 자각합니다.
- 숨을 내쉬면서 날숨의 끝부분에 잠시 멈추고 자각합니다.
- 잠시 멈출 때마다, 멈춤 속에 있는 중심 공간에 빠져들어 봅니다.

9. ❑ **기타 지혜로운 마음 연습하기 제안**: ____

____

____

____

____

지혜로운 마음 연습

완료일: _____________________　　이름: _____________________　　시작하는 주: _____________________

지혜로운 마음 연습하기: 지혜로운 마음을 연습할 때마다 체크하십시오.

☐☐☐☐ 1. 숨을 들이쉬고 내쉬는 것에 주의를 집중하고, 나의 중심에 주의집중하기

☐☐☐☐ 2. 호수에 있는 돌조각이 되는 것을 상상하기

☐☐☐☐ 3. 내 안에 있는 나선형 계단을 따라 내려가는 것을 상상하기

☐☐☐☐ 4. 들숨과 날숨 사이에서 잠시 멈추기

☐☐☐☐ 5. '지혜로운'이라고 하며 숨을 들이쉬고 '마음'이라고 말하며 숨을 내쉬기

☐☐☐☐ 6. 숨을 들이쉬며 지혜로운 마음에게 묻고, 숨을 내쉬면서 응답에 귀 기울이기

☐☐☐☐ 7. 스스로에게 이것이 '지혜로운 마음인가?' 물어보기

☐☐☐☐ 8. 기타(기술하기): _____________________

☐☐☐☐ 9. 기타(기술하기): _____________________

상황을 적고 어떻게 지혜로운 마음을 연습하였는지 기술하십시오.

____

____

이 연습이 지혜로운 마음 중심으로 가는데 얼마나 효과적이었나요?

전혀 효과적이지 않음. 이 스킬을 1분 동안도 사용할 수 없었음. 주의분산이 되어 중단함.		약간 효과적이었음. 지혜로운 마음을 연습할 수 있었고, 약간 지혜로운 마음상태로 중심을 잡을 수 있었음.		매우 효과적이었음. 지혜로운 마음상태로 중심을 잡을 수 있었고, 자유로운 상태에서 필요한 것을 할 수 있었음.
1	**2**	**3**	**4**	**5**

상황을 적고 어떻게 지혜로운 마음을 연습하였는지 기술하십시오.

____

____

이 연습이 지혜로운 마음으로 중심을 잡는데 얼마나 효과적이었나요?

전혀 효과적이지 않음. 이 스킬을 1분 동안도 사용할 수 없었음. 주의분산이 되어 중단함.		약간 효과적이었음. 지혜로운 마음을 연습할 수 있었고, 약간 지혜로운 마음상태로 중심을 잡을 수 있었음.		매우 효과적이었음. 지혜로운 마음상태로 중심을 잡을 수 있었고, 자유로운 상태에서 필요한 것을 할 수 있었음.
1	**2**	**3**	**4**	**5**

한 주 동안 했던 지혜로운 행동을 모두 적어 보십시오. _____________________

마음중심잡기: 'What' 스킬

관찰하기

☐ 오감을 통해 느껴지는 모든 **신체적 감각을 알아차리십시오**(눈, 귀, 코, 피부, 그리고 입).

☐ 지금 이 순간에, 온전히 **주의집중을** 하십시오.

☐ **주의집중을 조절하십시오.** 보이는 것을 막는 것이 아닙니다. 아무것도 밀쳐 버리려고 하지 말고 아무것에도 애착하려고 하지 마십시오.

☐ **언어를 사용하지 않고 관찰해 보십시오.** 마음 속에 들어오는 생각을 있는 그대로 관찰하고 하늘에 떠있는 구름처럼 지나가게 하십시오. 바다에 출렁이는 파도처럼, 감정이 올라오고 내려가는 것을 관찰해 보십시오.

☐ 내 안에 있는 것과 내 바깥에 있는 것을 모두 관찰하십시오.

기술하기

☐ **경험하는 모든 것을 말로 표현해 보십시오.** 감정과 생각이 떠오를 때나 무엇인가를 할 때 그것을 인식하도록 하십시오.
예: 마음 속으로 '슬픈 감정이 내 마음을 사로잡기 시작했다', '배에 있는 근육이 조이기 시작한다', '나는 이것을 할 수 없다는 생각이 들기 시작한다.'

☐ **관찰한 것에 이름을 붙여 보십시오.** 감정에 이름을 붙여 봅니다. 그저 한 가지 생각을 생각이라고 부르고 하나의 감정을 감정이라고 부르십시오. 하나의 행위를 행위라고 부르십시오.

☐ 사실만을 보고 그것으로부터 나온 **해석이나 의견에서 떨어져 보십시오.** 관찰한 것을 누가, 무엇을, 언제, 어디에서 하였는지 기술하십시오. 사실만을 기술하십시오.

☐ **감각기관을 통해 관찰할 수 없는 것은 기술할 수 없다는 점**을 기억하십시오.

참여하기

☐ **지금 이 순간의 활동에 철저하게 몰입하십시오.** 스스로를 이 순간에 일어나는 일로부터 분리하려고 하지 마십시오(춤을 출 때, 청소할 때, 친구와 이야기할 때, 행복감을 느낄 때, 슬픔을 느낄 때).

☐ **무엇을 하든지 그것과 하나가 되십시오.** 자신을 철저히 잊어버려 보십시오. 순간에 주의를 몰입해 보십시오.

☐ **지혜로운 마음을 갖고 영감적으로 행동하십시오.** 매 순간에 꼭 필요한 것만을 하십시오. 무도회장에서 춤을 추는 노련한 댄서처럼, 음악에 몰입해서 즐기는 사람처럼, 동반자와 같이 있을 때처럼 행동해 보십시오. 고집을 부리거나 소극적으로 수수방관하지 마십시오.

☐ **흐름에 맡겨보십시오.** 자연스럽게 반응해 보십시오.

관찰하기 연습
감각으로 다시 돌아오기

기억할 것: 관찰하기는 우리의 마음을 몸과 마음의 감각으로 다시 돌아오도록 하는 것입니다.

눈으로 관찰하기:

1. ☐ 바닥에 누워서 하늘에 떠 있는 구름을 관찰해 보십시오.
2. ☐ 천천히 걸으면서, 보고싶은 것이 있을 때 멈춰서서 꽃, 나무, 자연을 관찰해 보십시오.
3. ☐ 바깥에 앉아서 누가 지나가는지, 무엇이 지나가는지 눈이나 머리를 돌리지 않고 그대로 관찰해 보십시오.
4. ☐ 사람들의 표정과 행동을 관찰해 보십시오. 그 사람의 감정이나 생각, 관심사가 무엇인지 명명하려고 하지 마십시오.
5. ☐ 사람들의 눈, 입술, 손을 관찰해 보십시오(또는 동물의 특징 한 가지를 관찰하기).
6. ☐ 나뭇잎이나 꽃, 조약돌을 집어 올려 보십시오. 가까이 보며 상세하게 관찰해 보십시오.
7. ☐ 아름다운 것을 찾아서, 몇 분 동안 그것에 대해 명상해 보십시오.
8. ☐ 기타: ____

소리 관찰하기:

9. ☐ 잠시 모든 것을 중단하고 귀를 기울여 보기. 주변에 들리는 소리의 음색과 모양을 관찰하기. 소리와 소리 사이에 있는 침묵에 귀를 기울여 보십시오.
10. ☐ 누군가 이야기할 때 목소리의 높낮음, 부드러움과 강함, 말할 때의 명료함이나 중얼거림 또는 단어와 단어 사이의 멈춤에 귀를 기울여 보십시오.
11. ☐ 음악에 귀를 기울여 보십시오. 음표 하나가 내는 소리를 관찰하고 음표와 음표 사이를 관찰해 보십시오. 몸으로 소리를 들이 마시고 숨을 내쉬면서 소리를 몸 밖으로 나가게 해 보십시오.
12. ☐ 기타: ____

주변에 있는 냄새 관찰하기:

13. ☐ 숨을 들이쉬며 주변에 있는 냄새를 자각해 보십시오. 물체를 코에 가까이 대고 냄새를 자각해 보십시오. 그리고 그 물체를 떨어뜨린 다음, 냄새를 다시 알아차려 보십시오. 남아있는 냄새가 있는지 생각해 봅니다.
14. ☐ 음식을 먹을 때 음식의 향을 알아차려 보십시오. 요리를 할 때 음식 재료와 향신료의 향을 자각해 보십시오. 목욕을 할 때 비누와 샴푸의 향을 맡아 보십시오. 바깥을 걸어 다니면서 공기에서 나는 향을 자각합니다. 꽃이 옆에 있다면 허리를 숙여 그 꽃의 향을 맡아 보십시오.
15. ☐ 기타: ____

음식을 먹을 때의 행동과 맛 관찰하기:

16. ☐ 입안에 음식을 넣고 혀에서 느껴지는 모든 맛을 알아차려 보십시오.
17. ☐ 막대사탕이나 다른 사탕을 핥아 먹어 보십시오. 맛에서 어떤 감각이 느껴지는지 알아차려 보십시오.
18. ☐ 음식을 먹으며, 입안 가득 느껴지는 맛에 집중해 보십시오.
19. ☐ 기타: ____

무언가를 하려는 충동 관찰하기:

무언가 충동적으로 하고 싶은 느낌이 들 때,

20. ☐ 충동이 느껴지면 서핑보드에 서서 파도를 타는 것을 상상하며 '충동 서핑하기'를 해 보십시오.
21. ☐ 누군가 혹은 무엇인가를 피하려는 충동을 자각하십시오.
22. ☐ 몸 전체를 스캔하고 느껴지는 모든 감각을 알아차려 보십시오. 몸에서 충동이 느껴지는 곳이 어디인지 자각합니다.
23. ☐ 음식을 씹을 때 삼키려는 충동을 자각해 보십시오.
24. ☐ 기타: ____

(계속)

피부에 느껴지는 촉감 관찰하기:

25. ☐ 손가락으로 윗입술을 만져 보십시오.
   - 윗입술을 더 이상 만지지 말고 윗입술에서 아무것도 느껴지지 않을 때까지 얼마나 걸리는지 관찰해 보십시오.

26. ☐ 걸으면서 느껴지는 감각을 자각하십시오. 발바닥이 바닥을 치고 올라왔다 내려가는 것을 관찰하십시오. 아주 천천히 걸으면서 자각해 보십시오. 아주 빨리 걸으면서 자각해 보십시오.

27. ☐ 앉아 있을 때 의자에 놓여 있는 허벅지를 자각해 보십시오. 무릎과 허리의 곡선부위를 자각해 보십시오.

28. ☐ 몸이 닿아 있는 것에 주의집중을 해 보십시오.
   - 신발을 신고 있는 발에서 느껴지는 느낌이나 몸에 닿는 느낌에 주의를 집중해 보십시오.
   - 의자에 닿아있는 손을 자각해 보십시오.
   - 손의 감각을 자각해 보십시오.

29. ☐ 무언가를 만져 보기-벽, 옷감, 탁자 상판, 애완동물, 과일, 사람.
   - 느껴지는 질감을 자각해 보십시오. 피부로 느껴지는 감각을 자각해 보십시오.
   - 몸의 여러 부분에서 느껴지는 감각을 자각해 보십시오.
   - 그 감각들을 다시 자각해 보십시오.

30. ☐ 가슴과 위, 어깨에서 느껴지는 감각에 주의를 집중해 보십시오.

31. ☐ 경직되어 있거나 뭉쳐 있는 곳에 주의집중을 해 보십시오.

32. ☐ 눈 사이 중간 부분에 주의집중을 해 보십시오.

33. ☐ 기타: ____

호흡 관찰하기: 차분히 숨을 쉬면서 주의집중을 할 것

34. ☐ 배의 움직임
   - 숨을 들이쉬면서 배가 부풀어 올라 폐의 아래쪽 하단부에 공기가 차오르게 하십시오.
   - 폐의 상당 부분에 공기가 찼을 때 가슴이 부풀어 오르기 시작합니다.
   - 숨을 내쉴 때 배를 관찰하고 가슴을 관찰하십시오. 지치지 않도록 주의합니다.

35. ☐ 숨을 잠시 멈추기
   - 숨을 들이쉬면서, 폐에 공기가 가득찼을 때 멈춘 후 알아차려 보십시오.
   - 숨을 내쉬면서, 공기를 내보낼 때 잠시 멈추고 자각해 보십시오.

36. ☐ 숨을 들이쉬면서 또 숨을 내쉬면서 코에서 느껴지는 감각에 집중해 보십시오.
   - 눈을 감고 코로 숨을 쉬면서 콧구멍에서 공기가 들어오고 나오는 감각에 주의를 집중해 보십시오.

37. ☐ 걸으면서 천천히 숨을 쉬어 보십시오. 정상적으로 숨을 쉬어 보십시오.
   - 들숨과 날숨을 하면서 몇 발자국마다 숨을 쉴지 정해 보십시오. 몇 분간 계속 하도록 합니다.
   - 한 발자국마다 숨을 내쉴 때 점차 숨의 길이를 늘여 보십시오. 지나치게 오래 숨을 들이쉬지 않도록 합니다. 자연스럽게 해 보십 시오.
   - 숨을 들이쉴 때, 더 오랫동안 들이쉬고 싶은지 주의 깊게 관찰해 보십시오. 한 발자국 더 나가면서 날숨을 길게 해 보십시오.
   - 한 발자국 움직일 때마다 들숨이 늘어나는지 관찰해 보십시오.
   - 편안하게 느낄 정도까지만 들숨의 길이를 늘리도록 합니다.
   - 이러한 방식으로 20번 정도 호흡을 한 후 정상적인 호흡으로 돌아오도록 합니다.

38. ☐ 음악을 들으며 호흡하기
   - 길고 가볍게 그리고 고르게 호흡해 보십시오.
   - 호흡에 따라가 보십시오. 음악의 움직임과 감성을 자각하면서 호흡의 주인이 되어 보십시오.
   - 음악에 빠져버리지 않도록 주의하면서, 나 자신과 내 호흡의 주인이 되어 보십시오.

39. ☐ 친구의 말이나 그 말에 대해 응답을 하면서 호흡을 해 보십시오. 음악을 들으면서 호흡을 해 보십시오.

40. ☐ 기타: ____

(계속)

마음 속에 떠오르는 생각이 오고 가는 것을 관찰하기:

41. ☐ 마음 속에 생각이 들어오는 것을 자각하기.
    - '생각들이 어디에서 나오는 것일까?'라고 자신에게 질문합니다.
    - 그리고 나서 그 생각들이 마음 어디에서 나오는지 잘 관찰하십시오.
42. ☐ 마음 속에 떠오르는 생각을 관찰하면서 각각의 생각들 사이에 멈춤을 자각해 보십시오.
43. ☐ 마음을 하늘이라고 상상하고, 생각을 구름이라고 상상해 보십시오.
    - 생각 구름이 떠다니는 것을 알아차리고 그 생각 구름이 마음 속으로 들어왔다가 나가도록 합니다.
    - 생각을 시냇물 위에 떠 있는 잎사귀라고 상상하고, 호숫가 위에 떠다니는 보트나 우리 옆을 지나는 기차라고 상상해 보십시오.
44. ☐ 계속해서 걱정하는 생각이 떠오르면 몸의 감각으로 주의를 돌려놓습니다(지금 가장 강렬하게 느껴지는 것). 우리 몸의 감각으로 주의를 집중하면서 걱정이 어떻게 빠져나가는지 자각해 보십시오.
45. ☐ 마음에서 한 발자국 떨어져서 산꼭대기에 있다고 생각하고, 마음은 내려다보이는 바위라고 생각해 보십시오.
    - 마음을 바라보면서 그것을 바라볼 때 어떤 생각이 올라오는지 관찰해 보십시오.
    - 중단하기 전에 마음으로 다시 돌아오도록 하십시오.
46. ☐ 마음 속에서 첫 번째로 떠오르는 두 가지 생각을 관찰해 보십시오.
47. ☐ 기타: ____

내 마음 상상하기:

48. ☐ 우리 마음을 컨베이어 벨트라고 생각하고 그 벨트를 따라 생각과 감정이 내려오는 것을 상상해 보십시오.
    - 각각의 생각과 감정을 박스 안에 넣고 컨베이어 벨트 위에 올려놓은 다음 지나가게 하십시오.
49. ☐ 마음을 컨베이어 벨트라고 생각하고 그 벨트를 따라 생각과 감정이 분류되어 내려오고 있다고 상상해 보십시오.
    - 지나가는 생각과 감정의 종류에 이름을 붙여 보십시오(예: 걱정하는 생각, 과거에 대한 생각, 어머니에 대한 생각, 해야 할 일에 대한 생각, 분노 감정, 슬픈 감정).
    - 그것들은 다음을 위해서 박스에 넣어 놓도록 합니다.
50. ☐ 생각과 감정이라는 배가 강물을 따라 내려오는 것을 상상해 보십시오.
    - 그 배가 지나가는 것을 관찰하며, 풀 밭에 앉아있는 것을 상상해 보십시오.
    - 배가 지나갈 때마다 그것을 기술하고 이름을 붙여 보십시오.
    - 그 배에 뛰어들려고 하지 마십시오.
51. ☐ 마음을 기찻길이라고 여기고 생각과 감정은 지나가는 기차라고 상상해 보십시오.
    - 기차가 지나갈 때마다 기술하고 이름을 붙여 주십시오. 그 기차에 뛰어들려고 하지는 마십시오.
52. ☐ 기타: ____

자각을 확장하며 관찰하기:

53. ☐ 숨을 들이쉬고 내쉬는 것을 관찰하십시오. 숨을 쉬면서 숨쉬는 것을 자각하도록 합니다. 그리고 숨을 쉬면서 이제 손을 자각하십시오. 그리고 두 가지를 모두 자각한 상태에서 다음 호흡에는 여러분의 자각을 소리로 확장시켜 보도록 합니다.
    - 동시에 이 세 가지를 자각해 보십시오.
    - 세 가지를 동시에 자각하는 연습을 다른 때에도 해 보십시오. 또 다른 것들을 선택해서 자각하는 연습을 해 보십시오.
54. ☐ 지금 하고 있는 것에 주의집중을 하면서 천천히 주변 공간으로 자각을 확장해 보십시오.
55. ☐ 나무를 껴안아 보고 그 나무를 포용하며 느껴지는 감각을 자각해 보십시오.
    - 침대에 누워서 여러분을 감싸고 있는 침대보, 담요, 이불을 자각해 봅니다.
    - 혼자 외로움을 느끼거나 사랑받고 싶을 때 혹은 사랑하고 싶을 때 실행해 보십시오.
56. ☐ 기타: ____

(계속)

마음을 감각에 열어 두기:

57. ☐ 감각기관을 모두 열어 놓고 길을 걷는 연습을 해 보십시오.
- 듣고, 보고, 느끼는 것을 관찰해 보십시오.
- 한 발짝, 한 발짝 걸을 때마다 무게가 실리는 느낌을 자각해 보십시오.
- 방향을 바꿀 때 느껴지는 몸의 경험을 자각해 보십시오.

58. ☐ 식사를 할 때 음식을 한 입 넣고 잠시 멈춰보십시오.
- 무엇을 먹을 것인지 바라보며 냄새를 맡고 어떤 소리가 들리는지 관찰해 보십시오. 그리고 준비가 되었을 때 입에 넣도록 합니다.
- 맛과 질감, 온도, 치아에서 나는 소리에 주의를 기울이며 음식을 한입 가득 넣고 천천히 씹어보십시오.
- 맛과 질감, 온도, 음식을 씹어 먹으면서 무엇이 변화하는지 유의해 보십시오.

59. ☐ 마음 속에 들어오는 감각에 주의집중을 하도록 하십시오.
- 보는 것과 냄새 맡는 것, 접촉하는 것과 듣는 것, 맛과 같은 감각에 주의를 기울이거나 뇌에서 만든 생각에 주의를 기울여보십시오.
- 감각에서 일어나는 것과 사라지는 것을 자각해 보십시오.
- 감각이 떠오를 때마다 그 감각에 마음을 집중하도록 하십시오.
- 호기심을 가지고 그 감각을 자각하고 있는 그대로 놓아두십시오. 각 감각이 갖는 독특성을 자세히 살펴보십시오.

60. ☐ 바로 이 순간, 여기에 있기
- 한 순간에 자각되는 모든 감각을 알아차리십시오.
- 각 감각마다 하나의 진술을 만들어 봅니다. "나는 의자를 느낀다, 의자는 나를 느낀다", "나는 난방기 소리를 듣는다, 난방기는 내 소리를 듣는다", "나는 벽을 보고 있다, 벽은 나를 보고 있다", "나는 배에서 소리가 나는 걸 듣는다, 배가 나를 듣는다."

61. ☐ 어떤 감정이 내 안에서 올라오면 관찰하고 다음과 같이 말해 보십시오. 예를 들면, "슬픈 감정이 내 안에서 올라오고 있어."

62. ☐ 하나의 생각이 떠오르면 자각한 후 다음과 같이 말해 보십시오. 예를 들면, "'이 방은 너무 덥네'라는 생각이 내 안에 떠오르고 있어."

63. ☐ 잠시 동안 시간을 내어 '아무것도 하지 않는' 마음의 상태를 연습해 보십시오.
- 철저하게 현재의 경험을 자각하고 자신을 둘러싸고 있는 주변과 자신의 모든 감각을 자각해 보십시오.

64. ☐ 작은 물체를 찾아 손으로 잡습니다. 테이블 위나 무릎 위에 그것을 올려놓도록 합니다. 가까운 곳에 두고 그대로 둔 채로 관찰하십시오. 그리고 나서 뒤집어 놓고 다른 각도, 다른 조명 아래에서 바라보도록 합니다. 모양과 색깔, 크기 그리고 또 다른 특징에 대해서 자각해 보십시오.
- 다음으로 물체를 만지고 있는 손가락과 손에 주의집중합니다. 그 물체를 만질 때의 감각을 자각하십시오. 그 물체의 질감, 온도를 자각하고 그것을 느껴보십시오.
- 그 물체를 내려놓으십시오. 눈을 감고 천천히 그리고 깊이 숨을 들이 마시고 내쉬도록 합니다.
- 그리고 나서 초심자의 마음으로 눈을 크게 떠보십시오. 새로운 시각으로 그 물체를 자각해 보십시오. 초심자의 마음으로 새로운 질감과 감각을 느낄 수 있도록 마음을 열어 두십시오. 손과 손가락으로 그 물체를 탐색하도록 하십시오.
- 물체를 내려놓고 숨을 들이쉬고 내쉬면서 마음을 다시 집중하도록 합니다.

65. ☐ 기타: ____

기술하기 연습

우리 외부에서 관찰한 것을 기술하기:

1. ☐ 바닥에 누워 하늘에 있는 구름을 관찰하십시오. 관찰하고 있는 구름의 패턴을 기술하십시오.
2. ☐ 공원이나 길거리에 있는 벤치에 앉아 보십시오. 우리 앞을 지나가는 사람을 관찰하고 그 가운데 하나를 기술해 보십시오.
3. ☐ 자연에서 찾아 보십시오. 잎사귀, 물방울, 애완동물 혹은 기타 동물 등 가능한 상세하게 그것을 기술해 봅니다.
4. ☐ 어떤 사람이 자신에게 말한 것을 가능한 상세하게 기술해 보십시오. 자신이 말한 것이 옳은지 확인해 보십시오.
5. ☐ 어떤 사람이 화가 났거나, 두려워하거나, 슬퍼할 때의 얼굴 표정을 기술해 보십시오. 얼굴 모양과 움직임, 이마의 위치, 눈썹, 눈을 관찰하고 기술해 보십시오. 입술과 입, 볼을 관찰하고 기술해 보십시오.
6. ☐ 어떤 사람이 한 일과 지금하고 있는 일을 기술해 보십시오. 아주 구체적이어야 합니다. 직접 관찰하지 않은 행동의 결과나 의도를 기술하지는 마십시오. 판단적 언어를 피하십시오.
7. ☐ 기타: ______________________________

생각과 감정 기술하기:

8. ☐ 마음 속에 떠오르는 감정을 기술해 보십시오. "분노 감정이 내 안에서 올라오고 있네."
9. ☐ 강렬한 감정을 느낄 때 떠오르는 생각을 기술해 보십시오. "나는 X처럼 느끼고 있고, Y라는 생각이 들어."
10. ☐ 어떤 사람이 무슨 말을 하거나 행동을 한 이후에 느껴진 감정을 기술해 보십시오. "너가 X라는 행동을 했을 때 나는 Y라고 느꼈어."
11. ☐ 생각과 감정 그리고 다른 사람이 한 행동을 기술하십시오. "너가 X를 했을 때, 나는 Y라고 느꼈고, Z라는 생각을 했었어", "X라는 일이 생겼을 때, 나는 Y라고 느꼈고, Z라는 생각이 들었어."
12. ☐ 강렬한 감정을 느꼈을 때 떠오르는 생각을 모두 기술해 보십시오.
13. ☐ 기타: ______________________________

호흡 기술하기:

14. ☐ 숨을 들이쉬고 내쉴 때 마다, 들이쉴 때는 '나는 숨을 들이쉰다, 하나'라고 자각합니다. 숨을 내쉴 때 '나는 숨을 내쉰다, 하나'라고 하며 자각하십시오. 복식호흡을 하는 것을 잊지 마십시오. 두 번째 숨을 들이쉴 때는 '나는 숨을 들이쉰다, 둘' 그리고 천천히 숨을 내쉬면서 '나는 숨을 내쉰다, 둘'이라고 자각해 보십시오. 이렇게 열까지 세면서 호흡을 하도록 합니다. 열 번 호흡을 한 이후에는 다시 처음으로 돌아오도록 하십시오. 숫자를 잊어버리면 다시 첫 번째 호흡으로 돌아오도록 합니다.
15. ☐ 정상적으로 천천히 복식호흡을 하십시오. 숨을 들이쉬면서 '나는 정상적으로 숨을 들이쉬고 있다.'고 마음속으로 기술합니다. '나는 정상적으로 숨을 내쉬고 있다'라고 자각하면서 숨을 내쉬어 보십시오. 이렇게 세 번 호흡합니다. 네 번째 호흡에서는 숨을 길게 들이쉬며, 마음 속으로 '나는 긴 숨을 들이쉬고 있다'라고 기술해 보십시오. '나는 긴 숨을 내쉬고 있다'라고 자각하면서 숨을 내쉬어 보십시오. 이렇게 세 번 호흡합니다.
16. ☐ 공기가 들어오고 나갈 때 마음 속으로 이렇게 말해 보십시오. '나는 숨을 들이쉴 때부터 끝까지 들숨을 따라간다. 나는 숨을 내쉴 때부터 끝까지 날숨을 따라간다.'
17. ☐ 기타: ______________________________

참여하기 연습

우주와의 연결을 자각하여 참여하기:

1. ☐ 몸의 일부가 어떤 물체에 닿았을 때 주의를 집중하도록 하십시오(바닥, 공기, 의자나 소파의 팔걸이, 침대보나 이불, 옷 등). 자신이 그 물체와 어떻게 연결되어 있는지를 자각해 보십시오. 우리와 연관된 그 물체의 기능이 무엇인지 살펴보십시오. 즉, 그 물체가 우리를 위해 하는 일이 얼마나 친절한 것인지 생각해 보십시오. 그 물체를 만졌을 때의 감각을 경험하고 마음속에 연결되어 있다는 느낌이나, 사랑받거나 돌봄을 받는 느낌이 들때까지 그 친절함에 주의를 집중해 보십시오.

   예: 발이 바닥에 닿은 것에 주의를 집중해 보십시오. 바닥은 친절하게도 우리를 서있을 수 있게 하고, 길은 우리가 이동할 수 있게 해주며, 어디론가 떨어지지 않게 해줍니다. 앉아 있는 의자에 닿은 우리의 몸에 주의집중해 보십시오. 그 의자가 우리를 온전히 받아들이고, 앉아 있을 수 있게 하고, 허리를 받쳐주며, 바닥으로 떨어지지 않게 해준다는 것을 다시 생각해 봅니다. 침대에 있는 침대보나 이불보에 주의를 집중해 보십시오. 침대보와 이불의 감촉이 우리를 따뜻하고 편안하게 감싸주고 있다는 점을 다시 생각해 보십시오. 방에 있는 벽을 생각해 보십시오. 그 벽은 비나 추위, 바람으로부터 우리를 보호합니다. 벽이 바닥을 통해 그리고 방에 있는 공기를 통해 연결되어 있다고 생각해 보십시오. 우리에게 안전한 공간을 만들어 주고 있는 벽과의 연결성을 경험해 보십시오. 바깥에 나가서 나무를 포옹해 보십시오. 우리와 나무가 어떻게 연결되어 있는지 생각해 보십시오. 생명체는 우리 안에도 있고 나무에게도 있으며, 모두 태양의 따뜻함과, 공기를 통한 호흡, 땅에 의하여 지탱되어 유지됨을 기억하십시오. 그 나무가 우리에게 기댈 곳과 그늘을 주며, 사랑을 베풀고 있다는 것을 자각해 보십시오.

2. ☐ 음악에 따라 춤추기

3. ☐ 음악을 들으면서 노래 부르기

4. ☐ 샤워하면서 노래 부르기

5. ☐ TV를 보면서 춤추며 노래하기

6. ☐ 침대에서 뛰어나와 춤추기, 옷을 입기 전에 노래하기

7. ☐ 교회에 가서 함께 노래하기

8. ☐ 친구와 같이 노래방이나 술집에 가기

9. ☐ 다른 사람이 말할 때 온전히 참여하기

10. ☐ 뛰는 것에만 집중하면서 조깅하기

11. ☐ 스포츠에 온몸을 던지기

12. ☐ 숫자를 세면서 숫자와 하나되기. 숫자 1을 셀 때 하나가 되어 보십시오. 숫자 2를 셀 때 둘이 되어 보십시오. 계속 이어서 해 보도록 합니다.

13. ☐ 한 단어를 천천히 계속 말하면서 그 단어와 하나가 되어 보십시오.

14. ☐ 즉흥적인 연극을 하는 수업에 참여해 보십시오.

15. ☐ 춤추기 수업에 참여해 보십시오.

16. ☐ 기타: ____

마인드풀니스 'What' 스킬:
관찰하기, 기술하기, 참여하기

완료일: ______________________　　　이름: ______________________　　　시작하는 주: ______________________

한 주 동안 연습한 마인드풀니스 스킬에 체크하십시오. 각 마인드풀니스 스킬을 두 번에 걸쳐 다른 시간에 연습하고 그 내용을 적도록 하십시오. 필요하면 추가 용지를 사용하십시오.

________ 관찰하기　　　　________ 기술하기　　　　________ 참여하기

상황을 적고 이 스킬을 어떻게 연습하였는지 기술하십시오.

____

____

____

____

아래의 항목 중 마인드풀니스 스킬을 연습하면서 조금이라도 증진된 것이 있다면 체크하십시오.

________ 괴로움의 감소	________ 행복감 증진	________ 집중력 증진
________ 반응성 감소	________ 지혜의 증진	________ 현재를 있는 그대로 경험하기 증진
________ 연결감 증진	________ 자기-수인감 증진	

이 스킬이 마인드풀해지는데 어떤 도움을 주었는지 혹은 어떻게 도움이 되지 않았는지 기술하십시오.

____

상황을 적고 이 스킬을 어떻게 연습하였는지 기술하십시오.

____

____

____

____

아래의 항목 중 마인드풀니스 스킬을 연습하면서 조금이라도 증진된 것이 있다면 체크하십시오.

________ 괴로움의 감소	________ 행복감 증진	________ 집중력 증진
________ 반응성 감소	________ 지혜의 증진	________ 현재를 있는 그대로 경험하기 증진
________ 연결감 증진	________ 자기-수인감 증진	

이 스킬이 마인드풀해지는데 어떤 도움을 주었는지 혹은 어떻게 도움이 되지 않았는지 기술하십시오. ________________________

____

한 주 동안 했던 지혜로운 행동을 모두 적어 보십시오. ________________________

관찰하기, 기술하기, 참여하기 체크리스트

완료일: _______________________   이름: _______________________   시작하는 주: _______________________

아래의 마인드풀니스 스킬을 사용할 때마다 체크하십시오. 각 스킬을 네 번까지 체크할 수 있습니다. 스킬을 네 번 이상 사용했을 경우 페이지 옆에 추가로 체크하고, 필요하면 추가 용지를 사용하도록 하십시오.

관찰하기 연습: 연습을 할 때마다 체크할 것

☐☐☐☐ 1. 보이는 것: _________보이는 것을 따라가지 않고 관찰하기

☐☐☐☐ 2. 소리: _________주변에서 들리는 소리 _________사람의 목소리와 음정 _________음악

☐☐☐☐ 3. 수변에서 나는 냄새: _________음식의 향 _________비누 향 _________걸을 때의 공기의 냄새

☐☐☐☐ 4. 음식의 맛과 음식을 먹는 것을 관찰하기

☐☐☐☐ 5. 무언가를 하려는 충동: _________충동 서핑하기 _________회피하려는 충동 자각하기 _________몸의 어느 곳에서 충동이 느껴지는지 자각하기

☐☐☐☐ 6. 신체 감각: _________몸 스캔하기 _________걷는 느낌 자각하기 _________몸에 무언가 닿음

☐☐☐☐ 7. 마음 속으로 들어오고 나가는 생각: _________마음을 강이라고 상상하기 _________마음을 컨베이어 벨트라고 상상하기

☐☐☐☐ 8. 호흡하기: _________배의 움직임 관찰하기 _________공기가 코로 들어오고 나가는 감각 관찰하기

☐☐☐☐ 9. 획장된 지각하기: _________몸 전체 _________내 주변의 모든 공간 _________나무 포옹하기

☐☐☐☐ 10. 마음을 열기: _________감각이 일어날 때 집착하지 말고 지나가게 하기

☐☐☐☐ 11. 기타(기술하기): _______________________

기술하기 연습: 연습을 할 때마다 체크할 것

☐☐☐☐ 12. 몸 밖에서 보이는 것 기술하기

☐☐☐☐ 13. 우리 안에 있는 생각, 감정, 신체 감각 기술하기

☐☐☐☐ 14. 호흡 기술하기

☐☐☐☐ 15. 기타(기술하기): _______________________

참여하기 연습: 연습을 할 때마다 체크할 것

☐☐☐☐ 16. 음악을 들으며 춤추기

☐☐☐☐ 17. 음악을 들으면서 따라하기

☐☐☐☐ 18. 샤워하면서 노래 부르기

☐☐☐☐ 19. TV를 보면서 노래 부르고 춤추기

☐☐☐☐ 20. 침대에서 나와 춤추거나 옷 입기 전에 노래하기

☐☐☐☐ 21. 교회에 가서 노래 부르는 것에 참여하기

☐☐☐☐ 22. 친구와 함께 노래 부르거나 노래방 가기

☐☐☐☐ 23. 다른 사람과 대화할 때 몰입하기

☐☐☐☐ 24. 조깅하기, 자전거 타기, 스케이트 타기, 걷기 활동과 하나가 되기

☐☐☐☐ 25. 스포츠 경기에 몰입하기

☐☐☐☐ 26. 숨쉴 때 숫자 세기, "하나"라고 세면서 하나와 하나가 되기, "둘"이라고 세면서 둘과 하나가 되기 등

☐☐☐☐ 27. 하나의 단어를 계속해서 천천히 말하면서 그 단어와 하나 되기

☐☐☐☐ 28. 우려하는 마음 던져 버리기, 사회적 혹은 업무 활동에 몰입하기

☐☐☐☐ 29. 기타(기술하기): _______________________

한 주 동안 했던 지혜로운 행동을 모두 적어 보십시오. _______________________

관찰하기, 기술하기, 참여하기 일정표

한 주 동안 연습할 최소한 두 가지의 스킬에 체크하십시오. _______ 관찰하기 _______ 기술하기 _______ 참여하기

마인드풀니스 스킬을 연습할 때에는 깨어서 마인드풀한 상태를 유지하도록 최선을 다하십시오. 기록은 스킬 사용 이후에 하도록 합니다.

마인드풀니스 스킬의 이름	어떻게 마인드풀니스 스킬을 연습하였나요?	마인드풀니스 스킬을 연습하는 동안 경험한 것을 기술하십시오(신체 감각, 감정, 생각).	마인드풀니스 스킬을 사용한 이후 지금은 어떤 경험을 하고 있나요?
예: 관찰하기	공원을 산책하며 나무를 관찰했음.	마음이 차분해졌고 어깨의 긴장이 풀어짐. 관찰한 나무에 호기심을 느꼈고 걱정거리로 부터 떨어지는 느낌이 들었음. 나뭇잎이 진한 초록색이고 신선하다고 생각했음.	약간 긴장이 이완되는 느낌이 들었음. 산책을 더 많이 해야할 것 같다는 생각이 들었음. 다음에도 이렇게 마인드풀니스 연습에 집중을 할 수 있을까 걱정이 되었음.
월요일:			
화요일:			
수요일:			

(계속)

마인드풀니스 스킬의 이름	어떻게 마인드풀니스 스킬을 연습하였나요?	마인드풀니스 스킬을 연습하는 동안 경험한 것을 기술하십시오(신체 감각, 감정, 생각).	마인드풀니스 스킬을 사용한 이후 지금은 어떤 경험을 하고 있나요?
목요일:			
금요일:			
토요일:			
일요일:			

한 주 동안 했던 지혜로운 행동을 모두 적어 보십시오. _______________

마음중심잡기: 'How' 스킬

무판단적 마음갖기

☐ 있는 그대로를 보십시오. 좋은 것과 나쁜 것을 평가하려고 하지 마십시오. 사실만을 바라보십시오.

☐ 매 순간 잔디 위에 펼쳐진 담요가 떨어지는 나뭇잎과 빗물, 그리고 햇빛을 받아들이듯이 그 순간을 있는 그대로 받아들이십시오.

☐ 이로운 것과 해로운 것, 안전한 것과 위험한 것의 차이를 인식해 보십시오. 그것을 판단하지 마십시오.

☐ 우리의 가치관과 소망, 감정적인 반응을 인식하십시오. 그러나 그것들을 판단하지는 마십시오.

☐ 스스로 판단하고 있는 것을 발견하게 되면, 판단하고 있는 나를 판단하지 마십시오.

한 가지 마음갖기

☐ 지금 이 순간에 완전히 자신을 몰입시키십시오. 온전히 몰입하도록 합니다.

☐ 한 번에 한 가지씩만 하십시오. 반 정도만 이곳에 있으려고 하거나, 다른 곳에 있으려 하거나, 다른 곳으로 가고 싶거나, 다른 일을 하고 싶거나, 멀티태스킹을 하고 싶은 욕망을 자각하고 한 번에 한 가지씩만 하는 것으로 돌아오십시오.
- 음식을 먹을 때는 먹기만 하십시오.
- 걸을 때는 걷기만 하십시오.
- 걱정할 때는 걱정만 하십시오.
- 계획할 때는 계획만 하십시오.
- 기억할 때에는 기억만 하십시오.

☐ 주의를 분산시키는 모든 것들을 지나가게 하십시오. 다른 생각이나 행동, 강렬한 감정들이 마음을 흐트러트리면 하고 있는 일로 다시, 또 다시 돌아오십시오.

☐ 마음을 집중해 보십시오. 한 번에 두 가지 일을 하는 것을 발견하게 되면 멈추고 다시 한 번에 한 가지를 하는 마음상태로 되돌아 오십시오(멀티태스킹의 반대).

효과적인 것에 집중하기

☐ 지금 놓인 상황의 목표에 대해 마인드풀한 마음의 상태를 유지하십시오. 그 목표를 달성하기 위하여 필요한 것을 하십시오.

☐ 효과적인 것에 집중하도록 하십시오(감정적인 마음이 효과적인 것을 방해하지 않도록 하십시오).

☐ 정도正道를 걸으십시오.

☐ 행동을 효과적인 것에 집중하여 능수능란하게 해 보십시오. 지금 처한 상황에 꼭 필요한 행동을 하십시오. 내가 처한 상황이 원하는 것이 아니거나, 공평하지 않거나, 편안하지 않더라도 그 상황에 필요한 것을 하십시오.

☐ 고집스러움이나 소극적으로 방관하는 자세를 놓아버리십시오.

무판단적 마음갖기 연습

비교하거나, 판단하거나, 가정하기에서 벗어나십시오.

1. ☐ 판단적인 생각과 진술들을 관찰하면서 마음 속에 다음과 같이 말해 보십시오,

   '마음 속에 판단적인 생각이 떠오른다.'

2. ☐ **판단적인 생각과 진술들을 세어 보십시오**(물체나 종이 조각을 한 쪽 주머니에서 다른 쪽 주머니에 넣거나, 계수 장치를 클릭하면서, 혹은 종이에 표기하면서 세어 보십시오).

3. ☐ 판단적인 생각과 진술을 무판단적인 생각과 진술로 바꾸기.

   사실을 말하면서 판단적인 생각을 바꾸는 팁:

   1. 사건이나 상황에 대한 **사실을 기술합니다.** 감각기관을 통해 관찰된 것만을 기술합니다.

   2. **사건의 결과를 기술합니다.** 사실에만 초점을 맞추십시오.

   3. **사실에 대한 우리의 감정을 기술하십시오**(감정은 판단이 아니라는 것을 기억하십시오).

4. ☐ **판단적인 얼굴 표정과 자세, 목소리 톤을 관찰하십시오**(머릿속에 있는 목소리 톤을 포함하여).

5. ☐ **판단적인 얼굴 표정과 자세, 목소리 톤을 바꿔 보십시오.**

6. ☐ 오늘 자신이 사람들에게 한 일 혹은 일어났던 사건에 대하여 무판단적으로 말해 보십시오. 구체적으로 말하고 여러분이 직접 관찰한 것들만 연관시켜 보십시오.

7. ☐ 감정을 일으키는 사건에 대하여 **무판단적으로 기술한 것을 적어 보십시오.**

8. ☐ 오늘 일어난 중요한 사건들을 무판단적으로 상세하게 적어 보십시오. 무슨 일이 일어났는지, 어떠한 생각, 감정, 행동을 했는지 기술해 보십시오. 왜 그것이 일어났는지, 왜 그렇게 느끼고 생각하고 행동해야 했는지에 대한 분석은 하지 않도록 합니다. 관찰한 사실에만 집중해 보십시오.

9. ☐ 화나게 만든 사람을 상상해 보십시오. 그 사람이 화나게 하는 행동을 마음 속으로 떠올리고 그 사람이 되어서, 그 사람의 입장에서 삶을 바라봅니다. 그 사람의 감정, 생각, 두려움, 희망, 소망을 상상해 보십시오. 그 사람의 살아온 역사와 어떤 일을 겪었을지 상상해 보십시오. 그 사람을 이해한다고 상상해 보십시오.

10. ☐ 판단적이 될 때 **살짝 미소짓기와 기꺼이 하는 손 스킬을 연습하십시오**(고통감내 자료 14: '살짝 미소짓기와 기꺼이 하는 손' 참조할 것).

11. ☐ 기타: ____

한 가지 마음갖기 연습

1. ☐ **커피나 차를 준비하면서 자각하기.** 우리 자신과 손님을 위해서 차나 커피를 준비해 보십시오. 각 동작을 자각하면서 천천히 준비합니다. 아주 작은 움직임이라도 자각하지 않은 채 지나가게 하지 마십시오. 우리의 손이 주전자의 손잡이를 잡아 드는 것을 자각합니다. 향이 나는 따뜻한 차와 커피를 컵에 붓는 것을 자각합니다. 각 단계를 자각하면서 따라가도록 합니다. 평소보다 천천히 그리고 더욱 깊게 숨을 쉽니다. 마음이 흐트러지면 호흡으로 다시 돌아오도록 합니다.

2. ☐ **설거지를 하면서 자각하기.** 의식을 한 상태에서 설거지를 해 보십시오. 하나의 그릇을 명상의 대상이라고 여기면서 설거지를 합니다. 각각의 그릇이 신성하다고 여기고 마음이 흐트러지는 것을 막기 위해 호흡을 따라갑니다. 빨리 끝내려고 서두르지 마십시오. 설거지 하는 것이 인생의 가장 중요한 일이라고 여겨 보십시오.

3. ☐ **손빨래를 하면서 자각하기.** 한 번에 너무 많은 옷을 빨래하려고 하지 마십시오. 세 개에서 네 개 정도의 옷을 골라보십시오. 허리가 아프지 않도록 가장 편안한 자세로 앉거나 서 있도록 합니다. 의식적으로 옷을 문지르십시오. 손과 팔의 모든 움직임에 주의집중을 하십시오. 비누와 물에 주의를 집중하십시오. 문지르는 것과 헹구는 것이 끝났을 때에는 여러분의 마음과 몸이 빨래와 같이 깨끗하고 산뜻해져 있을 것입니다. 살짝 미소짓는 상태를 유지하며 마음이 산만해질 때마다 호흡으로 돌아오는 것을 잊지 마십시오.

4. ☐ **집을 청소하면서 자각하기.** 해야 할 일을 단계로 나누어 보십시오. 물건들을 바로 놓고, 책들을 제자리에 꽂아 두고, 화장실 벽을 꼼꼼히 닦고, 바닥을 쓸고, 먼지를 텁니다. 한 가지 일에 충분한 시간을 들여 마치도록 합니다. 천천히 움직이고 평소보다 세 배 정도 더 천천히 합니다. 각각의 일에 온전히 주의집중을 합니다. 예를 들어 선반에 책을 놓을 때에는 책을 바라봅니다. 그 책이 무엇인지 자각해 봅니다. 선반 위에 책을 두는 과정들을 알아차려 봅니다. 그것을 특정한 곳에 두려는 의도를 알아차려 봅니다. 손이 그 책으로 가서 집어 드는 것을 자각합니다. 갑작스럽거나 큰 움직임을 피하도록 합니다. 생각이 흐트러질 때마다 호흡을 다시 자각하도록 합니다.

5. ☐ **슬로우 모션으로 목욕을 하면서 자각하기.** 30-45분 정도 목욕시간을 갖도록 합니다. 한 순간도 빨리 하려고 하지 마십시오. 물을 준비하는 순간부터 새 옷으로 갈아입을 때까지의 모든 움직임을 가볍고 천천히 하도록 합니다. 모든 움직임에 주의를 집중합니다. 몸의 모든 부분에 대해서 차별적 생각이나 두려운 생각을 갖지 말고, 있는 그대로 주의를 기울입니다. 몸에 부딪치는 물을 자각하십시오. 목욕을 마쳤을 때 여러분의 마음은 평화롭고 가볍게 느낄 것입니다. 호흡을 따라가십시오. 여러분이 여름에 깨끗하고 향기로운 연꽃이 피어 있는 연못에 있다고 생각해 보십시오.

6. ☐ **명상을 하며 자각하기.** 바닥에 허리를 곱게 펴고 편안하게 앉아서, 혹은 바닥에 두 발을 닿게 하고 의자에 가만히 앉도록 하십시오. 눈을 온전히 감거나 가까이에 있는 물체를 살짝 바라볼 만큼만 떠보십시오. 숨을 쉴 때마다 스스로에게 조용하고 차분히 '하나'라고 말을 합니다. 숨을 들이쉴 때 '하나'라고 말을 합니다. 숨을 내쉴 때 '하나'라고 차분히 그리고 천천히 말합니다. 우리의 마음을 모두 모아서 '하나'라는 단어로 표현합니다. 마음이 흐트러지면 '하나'라고 말하며 부드럽게 돌아옵니다. 움직이고 싶은 마음이 들때에는 움직이지 않도록 하십시오. 움직이고 싶은 것을 차분히 관찰하도록 합니다. 중단하고 싶다면, 중단하고 싶은 시간을 조금 지나서까지 연습을 계속하십시오. 중단하고 싶은 생각을 차분하게 관찰하십시오.

7. ☐ 기타: ____

효과적인 것에 집중하기 연습

1. ❑ 다른 사람에게 화가 나거나 적대적인 마음이 들기 시작할 때를 관찰해 보십시오. 그리고 '이것이 효과적인가?'라고 물어보십시오.

2. ❑ 효과적인 것에 집중하는 대신 '옳다고 생각하는 것'을 원하기 시작할 때를 관찰해 보십시오. '옳은 것'에 대한 집착을 버리고 효과적인 것을 하도록 합니다.

3. ❑ 마음 속에 있는 고집스러움을 자각하십시오. '이것이 효과적인가?'라고 스스로에게 물어보십시오.

4. ❑ 고집스러움을 버리고 효과적으로 행동하기를 연습하십시오. 그 차이를 자각해 보십시오.

5. ❑ 화가 나거나 적대감을 느낄 때 혹은 무언가 효과적이지 않은 것을 하려고 할 때, 기꺼이 하는 손 스킬을 연습하십시오.

6. ❑ 기타: ____

마인드풀니스 'How' 스킬:
무판단적 마음갖기, 한 가지 마음갖기, 효과적인 것에 집중하기

완료일: _______________________ 이름: _______________________ 시작하는 주: _______________________

한 주 동안 연습한 마인드풀니스 스킬에 체크하십시오. 각 마인드풀니스 스킬을 두 번에 걸쳐 다른 시간에 연습하고 그 내용을 적도록 하십시오. 필요하면 추가 용지를 사용하십시오.

______ 무판단적 마음갖기 ______ 한 가지 마음갖기 ______ 효과적인 것에 집중하기

상황을 적고 이 스킬을 어떻게 연습하였는지 기술하십시오.

____

____

____

____

아래의 항목 중 마인드풀니스 스킬을 연습하면서 조금이라도 증진된 것이 있다면 체크하십시오.

______ 괴로움의 감소   ______ 행복감 증진   ______ 집중력 증진

______ 반응성 감소   ______ 지혜의 증진   ______ 현재를 있는 그대로 경험하기 증진

______ 연결감 증진   ______ 자기-수인감 증진

이 스킬이 마인드풀해지는데 어떤 도움을 주었는지 혹은 어떻게 도움이 되지 않았는지 기술하십시오.

____

상황을 적고 이 스킬을 어떻게 연습하였는지 기술하십시오.

____

____

____

____

아래의 항목 중 마인드풀니스 스킬을 연습하면서 조금이라도 증진된 것이 있다면 체크하십시오.

______ 괴로움의 감소   ______ 행복감 증진   ______ 집중력 증진

______ 반응성 감소   ______ 지혜의 증진   ______ 현재를 있는 그대로 경험하기 증진

______ 연결감 증진   ______ 자기-수인감 증진

이 스킬이 마인드풀해지는데 어떤 도움을 주었는지 혹은 어떻게 도움이 되지 않았는지 기술하십시오. _______________

____

한 주 동안 했던 지혜로운 행동을 모두 적어 보십시오. _______________________________________

무판단적 마음갖기, 한 가지 마음갖기, 효과적인 것에 집중하기 체크리스트

완료일: _________________________   이름: _________________________   시작하는 주: _________________________

무판단적 마음갖기 연습: 연습을 할 때마다 체크하십시오.

- ☐☐☐☐ 1. 내 마음 속에 '판단하는 생각이 일어난다'라고 말하기
- ☐☐☐☐ 2. 판단하는 생각의 횟수를 세기
- ☐☐☐☐ 3. 판단하는 생각과 진술을 무판단적인 생각과 진술로 바꾸기
- ☐☐☐☐ 4. 판단적인 얼굴 표정, 자세, 목소리 톤을 관찰하기
- ☐☐☐☐ 5. 판단적인 표현, 자세, 목소리 톤을 바꾸기
- ☐☐☐☐ 6. 사실에 기반하여 오늘 있었던 일을 무판단적으로 기술하기
- ☐☐☐☐ 7. 감정을 촉발한 사건을 무판단적으로 기술하여 적기
- ☐☐☐☐ 8. 오늘 있었던 중요한 일을 상세하게 무판단적으로 적기
- ☐☐☐☐ 9. 화나게 한 사람을 상상하기, 그 사람을 이해하는 것을 상상하기
- ☐☐☐☐ 10. 판단적이라고 느껴질 때 살짝 미소짓기와 기꺼이 하는 손 연습하기

상황을 적고 어떻게 무판단적 마음갖기를 연습했는지 기술하십시오.

____

____

한 가지 마음갖기 연습: 연습을 할 때마다 체크하십시오.

- ☐☐☐☐ 11. 차나 커피를 준비하면서 자각하기
- ☐☐☐☐ 12. 설거지를 하면서 자각하기
- ☐☐☐☐ 13. 손빨래를 하면서 자각하기
- ☐☐☐☐ 14. 집을 청소하면서 자각하기
- ☐☐☐☐ 15. 천천히 목욕하면서 자각하기
- ☐☐☐☐ 16. 명상하면서 자각하기

상황을 적고 어떻게 한 가지 마음갖기를 연습했는지 기술하십시오.

____

____

효과적인 것에 집중하기 연습: 연습을 할 때마다 체크하십시오.

- ☐☐☐☐ 17. 나만 옳다는 생각을 포기하기
- ☐☐☐☐ 18. 고집스러움 버리기
- ☐☐☐☐ 19. 효과적인 것 실행하기

상황을 적고 어떻게 효과적인 것에 집중하기를 연습했는지 기술하십시오. ______________________

____

한 주 동안 했던 지혜로운 행동을 모두 적어 보십시오. _______________________________________

무판단적 마음갖기, 한 가지 마음갖기, 효과적인 것에 집중하기 일정표

완료일: _______________________   이름: _______________________   시작하는 주: _______________________

한 주 동안 연습할 최소한 두 가지의 스킬에 체크하십시오. _______ 무판단적 마음갖기 _______ 한 가지 마음갖기 _______ 효과적인 것에 집중하기

마인드풀니스 스킬을 연습할 때에는 깨어서 마인드풀한 상태를 유지하도록 최선을 다하십시오. 기록은 스킬 사용 이후에 하도록 합니다.

마인드풀니스 스킬의 이름	어떻게 마인드풀니스 스킬을 연습하였나요?	마인드풀니스 스킬을 연습하는 동안 경험한 것을 기술하십시오(신체 감각, 감정, 생각).	마인드풀니스 스킬을 사용한 이후 지금은 어떤 경험을 하고 있나요?
예: 한 가지 마음갖기	집에 있는 먼지를 털어내고 내가 하고 있는 일에만 집중하였음.	손으로 천의 부드러움을 느낌. 무언가 생산적인 일을 할 수 있다는 것에 만족감을 느낌. 청소가 끝나고도 해야 하는 청소 거리가 생각났지만 먼지를 터는 것에만 집중함.	남편이 집을 청소한 것을 알아주면 매우 기분이 좋았던 것을 기억함. 마인드풀니스 연습한 것에 만족감을 느낌. 마음이 흐트러지지 않으면 마인드풀니스 연습을 더 잘할 수 있을 것이라고 생각함.
월요일:			
화요일:			
수요일:			

(계속)

마인드풀니스 워크시트 5B (p. 2 of 2)

마인드풀니스 스킬의 이름	어떻게 마인드풀니스 스킬을 연습하였나요?	마인드풀니스 스킬을 연습하는 동안 경험한 것을 기술하십시오(신체 감각, 감정, 생각).	마인드풀니스 스킬을 사용한 이후 지금은 어떤 경험을 하고 있나요?
목요일:			
금요일:			
토요일:			
일요일:			

한 주 동안 했던 지혜로운 행동을 모두 적어 보십시오. ________________________

무판단적 마음갖기 일정표

완료일: _______________________   이름: _______________________   시작하는 주: _______________________

무판단적인 생각과 표현에 주의하십시오. 판단하는 마음이 들면 상세하게 그 경험을 자각하기 위하여 아래의 질문을 사용하십시오. 기록은 스킬 사용 이후에 하도록 합니다.

판단적 생각을 관찰하는 연습을 했나요?	판단적 생각의 횟수를 세었나요? 몇 회인가요?	어떠한 판단적 생각이나 가정이 떠올랐나요?	대체한 생각과 가정은 무엇이었나요?	판단적 생각을 무판단적인 표정이나 다른 신체적 표현으로 바꾸었다면 그것에 대해 기술하십시오.	연습을 한 이후 바뀐 점을 기술하십시오.
예: 네	21	남자친구가 나를 데리러 오는 것을 잊어 버리다니 정말 나쁜 놈이야.	나를 데리러 오는 것을 잊어버리다니 남자친구가 나를 데리러 오는 것을 잊지 않았으면 좋았을텐데.	나는 살짝 미소지으며 꼭 쥔 주먹을 폈다.	
월요일:					
화요일:					
수요일:					

(계속)

마인드풀니스 워크시트 5C (p. 2 of 2)

판단적 생각을 관찰하는 연습을 했나요?	판단적 생각의 횟수를 세었나요? 몇 회인가요?	어떠한 판단적 생각이나 가정이 떠올랐나요?	대체한 생각과 가정은 무엇이었나요?	판단적 생각을 무판단적인 표정이나 다른 신체적 표현으로 바꾸었다면 그것에 대해 기술하십시오.	연습을 한 이후 바뀐 점을 기술하십시오.
목요일:					
금요일:					
토요일:					
일요일:					

한 주 동안 했던 지혜로운 행동을 모두 적어 보십시오. ______________________

마인드풀니스 스킬에 관한 다른 관점 자료 및 워크시트

III

마인드풀니스 스킬에 관한 다른 관점의 개요

마인드풀니스 연습:

종교적 관점

효과적인 방편:

일상생활에서 동적인 마음과 정적인 마음의 균형잡기

지혜로운 마음:

중도의 길 걷기

마인드풀니스 연습의 목표: 종교적 관점

체험하기 위해:

☐ 마인드풀니스란 우리의 존재 근원을 찾고 경계를 초월하도록 하며 전 우주에 편재하는 완전함과 우리 안의 내적인 광대함을 자각하게 함으로써 궁극의 현실을 있는 그대로 체험하는 것입니다.

☐ 기타: ____

지혜롭게 성장하기 위해:

☐ 마인드풀니스란 우리의 행위와 마음을 지혜롭게 성장시키는 것입니다.

☐ 기타: ____

자유를 경험하기 위해:

☐ 마인드풀니스는 우리의 욕망, 갈망, 강렬한 감정에 대한 집착을 버리고 현실을 있는 그대로 철저하게 수용함으로써 자유를 경험하게 하는 것입니다.

☐ 기타: ____

사랑하는 마음과 동정심을 증진시키기 위해:

☐ 마인드풀니스는 우리 자신을 사랑하는 마음과 동정심을 증진시킵니다.

☐ 마인드풀니스는 다른 사람을 사랑하는 마음과 동정심을 증진시킵니다.

☐ 기타: ____

☐ 기타: ____

종교적 관점에서 본 지혜로운 마음

지혜로운 마음으로써의... **명상기법** 마인드풀니스 명상 명상적 기도 명상적 행동 향심기도	아래에 기술한 것과의 연결성을 체험하고 이를 표현하는 것을 돕기 위한 생각이나 태도 및 행위: ● 신성한 존재, 우리 안에 있는 신성, 초월적 존재. ● 신, 위대한 영혼, 절대자, 엘로힌, 이름 없는 존재, 브라마, 알라, 파르바디가. ● 궁극적 현실, 전체성, 근원, 본질적 본성, 우리의 진정한 자아, 우리 존재의 중심, 존재의 근거. ● 무아(無我), 공(空).
종교적 관점에서 본 지혜로운 마음의 경험	우리 깊은 곳에 실재하는 것을 의식으로 떠올려 경험함. 언제나 실재해 왔지만 제대로 인식하지 못했던 것을 경험함. 의식이 확장되는 경험. 신성체와 하나가 되거나 통합되는 경험을 함.
신비주의적 관점에서 본 지혜로운 마음 (신비주의적 관점의 일곱 가지 특징)	1. **직접적 체험**: 궁극적 실체를 언어로 표현하지 않고 경험하는 것. 2. **일체감 경험**: 하나가 되어 나 자신과 현실 그리고 모든 다른 존재 사이에 거리감이 없이 하나가 되는 것을 자각함. 3. **언어를 사용하지 않음**: 이해할 수 없고 은유나 이야기를 통해서만 기술할 수 있는 현실을 경험함. 4. **확신**: 체험하는 동안 그 경험을 부인할 수 없을 만큼 명확하게 확신함. 5. **실용적임**: 우리의 삶과 웰빙에 구체적으로 도움이 되는 경험. 6. **통합**: 극단적 감정이 사라지고 사랑과 측은지심, 자애로움과 친절함이 조화롭게 통합되는 경험. 7. **지혜로움**: 지혜로 이어지는 것을 경험함. 영감적 지식을 쌓는 능력이 증진되는 경험.

사랑하는 마음과 동정심 증진을 위한 자애로움 연습

자애로움이란 무엇인가?

자애로움이란 먼저 우리 자신을 사랑하고, 우리가 사랑하는 사람, 친구, 나에게 화내는 사람, 힘겨운 사람, 적 그리고 모든 존재에게 동정심을 갖는 능력을 증진시키기 위한 마인드풀니스 연습입니다.

자애로움은 판단하는 마음, 악의, 우리 자신과 다른 사람에 대한 적대적 감정을 갖지 않도록 우리를 보호할 수 있습니다.

자애로움 연습하기

자애로움을 연습하는 것은 우리 자신과 다른 사람에게 기도문을 말하는 것과 같습니다. 우리 자신과 타인을 위해 무언가를 요청하거나 기도할 때, 사랑하는 마음으로 우리의 친절한 소망을 보내고 좋은 의도를 표현할 수 있는 단어나 문구를 마음 속으로 되뇌입니다.

자애로움을 연습하기 위한 지시문

1. 자애로운 마음을 전할 사람을 선택합니다. 친절함이나 동정심을 갖고 싶지 않은 사람을 선택할 필요는 없습니다. 우리 자신부터 시작하거나, 이것이 너무 어려우면 사랑하는 사람을 먼저 선택하도록 합니다.

2. 앉거나 일어서서 혹은 누워서 천천히 그리고 깊게 숨을 쉬도록 합니다. 손바닥을 활짝 편 채로 차분히 그 사람을 마음에 들여놓습니다.

3. 따뜻한 소망을 담은 말들, 예를 들어 '행복하기를, 평화가 있기를, 건강하기를, 안전하기를'과 같은 말이나, 여러분이 직접 만든 긍정적인 소망을 담은 문구들을 되뇌이며 자애로움을 연습합니다. 이 말들을 마음 속으로 천천히 반복하면서 각 단어의 의미에 집중하도록 합니다(주의가 분산되는 생각이 떠오르면 그 생각이 오고 가는 것을 그대로 관찰하고 차분히 마음에 따뜻한 소망을 담은 문구를 되뇌입니다. 자애로운 마음에 온전히 몰입하는 느낌이 들때까지 계속 하십시오).

4. 그리고 나서 사랑하는 사람, 친구, 나에게 화를 내는 사람, 힘겨운 사람, 적 그리고 모든 존재에게 점차적으로 자애로운 마음을 갖는 연습을 합니다. 예를 들어 '지수가 행복하기를, 지수가 평안하기를'과(또는 '지수야, 너는 행복해야 해', '지수야, 너는 평화로워야 해' 등) 같은 말을 합니다. 우리가 지수에게 자애로움을 발산하는 것에 집중해 보십시오.

5. 매일 우리 자신에서 출발하여 다른 사람으로 이어지는 이 자애로운 연습을 하십시오.

자애로움

완료일: _________________________　　　이름: _________________________　　　시작하는 주: _________________________

한 주 동안 어떤 종류의 자애로움 마인드풀니스 연습을 하였는지 체크해 보십시오. 자애로움 마인드풀니스를 두 번에 걸쳐 다른 시간에 연습하고 기록하십시오. 필요하면 추가 용지를 사용하십시오.

_________ 나 자신에게　　　　_________ 사랑하는 사람에게　　　　_________ 친구에게　　　　_________ 화나게 만든 사람에게

_________ 어려운 사람에게　　　　_________ 적에게　　　　_________ 모든 존재에게　　　　_________ 기타 다른 것들에게

사용한 스크립트를 기술해 보십시오(예: 따뜻한 안부를 전하는 말).

1. ____
2. ____
3. ____
4. ____
5. ____

자애로움 마인드풀니스가 **조금이라도** 아래 사항을 증진시켰다면 체크하십시오.

_________ 따뜻하고 돌보는 느낌　　　　_________ 사랑　　　　_________ 동정심　　　　_________ 연결된 느낌

_________ 지혜　　　　_________ 행복감　　　　_________ 자기 수인감

자애로움 스킬이 동정심을 갖게 하는 데 어떤 도움을 주었는지 기술하십시오. ___________________

____

_________ 나 자신에게　　　　_________ 사랑하는 사람에게　　　　_________ 친구에게　　　　_________ 화나게 만든 사람에게

_________ 어려운 사람에게　　　　_________ 적에게　　　　_________ 모든 존재에게　　　　_________ 기타 다른 것들에게

사용한 스크립트를 기술해 보십시오(예: 따뜻한 안부를 전하는 말). _________ 위와 같음

1. ____
2. ____
3. ____
4. ____
5. ____

자애로움 마인드풀니스가 **조금이라도** 아래 사항을 증진시켰다면 체크하십시오.

_________ 따뜻하고 돌보는 느낌　　　　_________ 사랑　　　　_________ 동정심　　　　_________ 연결된 느낌

_________ 지혜　　　　_________ 행복감　　　　_________ 자기 수인감

자애로움 스킬이 동정심을 갖게 하는 데 어떤 도움을 주었는지 기술하십시오. ___________________

____

한 주 동안 했던 지혜로운 행동을 모두 적어 보십시오. _______________________________

____

효과적인 방편:
동적인 마음과 정적인 마음의 균형

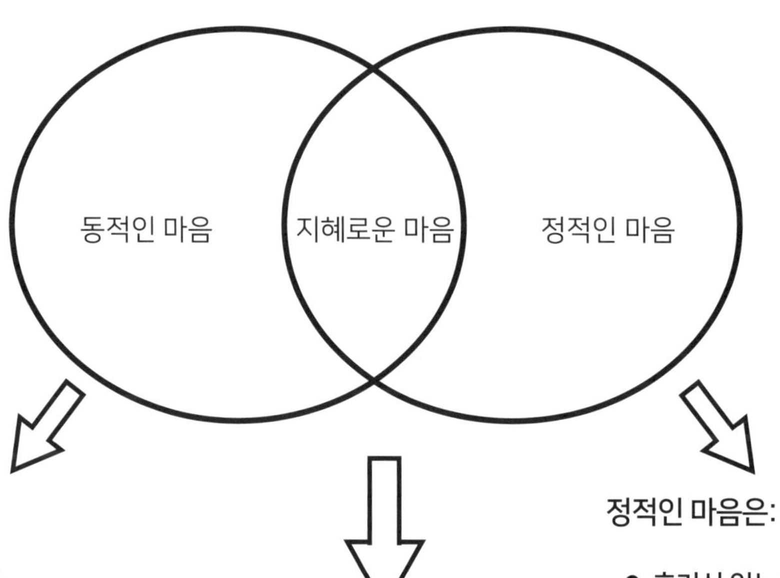

동적인 마음은:

- 구분하는 마음입니다.

- 야심이 있는 마음입니다.

- 목표-지향적인 마음입니다

동적인 마음일 때,

우리는 생각을 이 세계에 대한 사실로 인식합니다.
문제 해결과 목표를 달성하는 것에 초점을 맞추게 됩니다.

지혜로운 마음은:

- 동적인 것과 정적인 것의 조화를 이루는 것입니다.

- 중도의 길을 찾습니다.

지혜로운 마음일 때, 우리는

효과적인 방편을 사용합니다.

목표를 달성하려는 욕망은 버리고, 그 목표를 향해 우리를 온전히 내어 놓습니다.

활동을 하면서 우리의 자각능력이 향상되는 경험을 합니다.

정적인 마음은:

- 호기심 있는 마음입니다.

- 아무것도 하지 않는 마음입니다.

- 현재-지향적인 마음입니다.

정적인 마음일 때,

우리는 생각을 마음에서 일어나는 감각으로 여깁니다.
각 순간의 고유성에 초점을 맞춥니다.
목표에 초점을 맞추지 않습니다.

---

* "동적인 마음", "정적인 마음", "아무것도 하지 않는 마음"이라는 용어는 Jon Kabat-Zinn의 『Full Catastrophe Living』(1990, 2013)에서 처음 사용되었다.

동적인 마음과 정적인 마음의 균형 연습

마인드풀니스 스킬을 습득하기 위해서는 많은 연습이 필요합니다. 아래 항목은 우리가 매일 일상에서 효과적인 스킬행동을 하고 정적인 마음과 일상의 활동을 함께하도록 하는 것들입니다.

1. ☐ **지혜로운 마음으로 독서하기.** 마인드풀니스를 하려는 마음을 증진시키기 위해서 일상에서 마인드풀니스를 연습하고 싶게 만드는 읽을 거리나 문구들을 찾아봅니다. 이러한 문구들은 전략적으로 중요한 지점에 두고(예: 커피기계 옆) 잠시 기다리는 동안 이 영감을 주는 메시지를 읽도록 합니다.

2. ☐ **지혜로운 마음을 상기시켜 주는 메모.** 집이나 직장에서 휴대전화나 시계에 시간을 정해 놓거나 무작위로 알람이 울리도록 설정합니다. 마인드풀하게 현재의 활동에 집중하도록 알람을 사용합니다(컴퓨터에 다운 받을 수 있는 무료 마인드풀니스 시계 사이트를 참조할 것). 자동 예약 문자 메세지나 트위터 메시지를 우리 자신에게 보내도록 설정합니다. 좋아하는 마인드풀니스 인용문구를 적어서 마인드풀니스 연습을 상기시킬 수 있는 장소에 붙여 놓습니다.

3. ☐ **일상적인 매일의 일과에서 지혜로운 마음갖기.** 매일 일상적인 일과 중 하나를 선택합니다(예: 이 닦기, 옷 입기, 커피나 차 준비하기, 어떤 업무를 하기). 그 활동을 하면서 순간 순간을 자각하려고 의도적인 노력을 기울입니다.

4. ☐ **'지금 이 순간만'이라는 지혜로운 마음갖기.** 압도되거나 녹초가 된 느낌이 들기 시작할 때 "지금 이 순간만, 지금 이 일만"이라고 말을 하며 스스로에게 지금 이 순간이 요구하는 것을 한 순간에 한 가지씩만 하도록 합니다. 예를 들어 설거지 하기, 한 발자국 떼기, 근육의 일부를 움직이기와 같은 것을 실행하도록 합니다. 지금 이 순간에 머무는 동안에 다음 순간에 대한 생각이 나면 이것을 지나가게 합니다.

(계속)

---

* 3, 4번 연습 항목은 Segal, Z. V., Williams, J. M. G., & Teasdale, J. D. (2013). *Mindfulness–based cognitive therapy for depression: A new approach to preventing relapse* (2nd ed.). New York: Guilford Press에서, Copyright © 2013 The Guilford Press에서 발췌하여 수정하였음. 다른 모든 연습 항목은 Kabat–Zinn, J. (1990). *Full catastrophe living: Using the wisdom of your body and mind to face stress, pain, and illness.* New York: Delacorte Press Copyright ©1990 에서 발췌하여 수정하였음.

5. ☐ **지혜로운 마음으로 사건 자각하기.** 일상에서 매우 작은 것이더라도 기쁘거나 슬픈 사건을 모두 자각해 보십시오(예를 들어 씻을 때 손을 따뜻한 물에 담그기, 먹고 있는 음식을 음미하기, 얼굴에 스치는 바람을 느껴 보기, 자동차에 기름이 떨어져간다는 사실을 자각하기).

6. ☐ **해야만 하는 것을 지혜로운 마음으로 자각하기.** 어려운 일을 끝낸 이후나 휴식을 취할 때, 무엇을 해야 하는지 자각하고 해야 하는 일을 자각한 상태로 실행합니다.

7. ☐ **지혜로운 마음으로 기꺼이 하기.** 어떤 요청을 받았을 때 필요한 일이라면 기꺼이 하는 연습을 하십시오. 또는 무언가 할 필요가 있는 것을 알게 되었을 때 기꺼이 그 일을 하도록 연습하십시오. 동적인 마음과 정적인 마음의 균형을 맞추어 필요로 하는 것을 하십시오. 마음을 집중하고 그 일에 우리를 온전히 몰입시키면서 필요한 것을 하십시오.

8. ☐ **3분간 지혜로운 마음갖기: 일상에서 '동적인 마음상태'의 속도를 줄이기**

   - 활짝 깨어 있는 자세로 현재의 순간에 우리를 머물게 하고 지혜로운 마음상태에서 다음의 질문을 하십시오. "지금 이 순간에 무슨 경험을 하고 있는가? 어떤 생각과 이미지가 마음 속에 지나가고 있는가?" 그것들을 정신적 사건이나 뇌의 뉴런 반응처럼 자각해 보십시오. 그리고 나서 "몸에서 어떤 감정과 감각이 일어나는가?"라고 물어 보십시오. 이 감정과 감각이 우리의 마음에서 나올 때 있는 그대로 자각하십시오. 그리고 나서 "그래, 맞아. 이것이 지금 이 순간 경험하는 것들이야"라고 말해 보십시오.

   - 지혜로운 마음에 다다른 이후 그 마음에 자리를 잡고 호흡에 모든 주의를 집중해 보십시오. 숨을 들이 마시고 내쉴 때 마다 호흡에 온전히 주의집중하도록 하십시오. 자기 자신을 온전히 모아 가슴과 배의 움직임, 숨이 오르고 내려가는 것, 한 호흡, 한 호흡마다 최선을 다하여 주의집중을 하십시오. 호흡이 현재 이 순간으로 다시 오게 하는 닻이 되게 하십시오.

   - 어느 정도 마음을 모을 수 있게 되면 우리의 자각을 확장하도록 하십시오. 호흡을 자각하면서 우리의 자세, 얼굴 표정, 손을 포함하여 몸에 있는 감각 전체를 자각하도록 하십시오. 몸 전체가 숨을 쉬는 것처럼 호흡을 따라갑니다. 준비가 되면 우리가 하고 있는 활동에서 한 걸음 물러나서 지금 이 순간에 온 몸으로 지혜로운 마음의 상태에 따라 행동해 보십시오.

9. ☐ **기타 지혜로운 마음 연습 제안:** ____

동적인 마음과 정적인 마음의 균형

완료일: _________________   이름: _________________   시작하는 주: _________________

매일 지혜로운 마음 연습하기: 지혜로운 마음 연습을 할 때마다 체크하십시오.

☐☐☐☐ 1. 마인드풀니스에 관해 영감을 주는 글을 쓰고 다시 읽어 보기

☐☐☐☐ 2. 마인드풀니스 연습을 생각나게 해주는 지혜로운 마음 메모 만들기

☐☐☐☐ 3. 마인드풀니스 연습을 생각나게 해주는 메모를 중요한 위치에 두기

☐☐☐☐ 4. 일상적인 활동을 하면서 한 순간, 한 순간을 자각하기 위해 노력하기

☐☐☐☐ 5. 압도되어 있거나 정신이 없는 상태 혹은 마음이 흐트러져 있을 때 지금 이 순간에만 집중하기

☐☐☐☐ 6. 일상적 사건을 자각하고 주의집중하기

☐☐☐☐ 7. 일상에서 꼭 필요한 것을 자각하고 집중하기

☐☐☐☐ 8. 기꺼이 하며, 필요한 것을 실행하기

☐☐☐☐ 9. 3분 동안 지혜로운 마음을 갖고 동적인 마음을 차분히 가라앉히기

☐☐☐☐ 10. 기타(기술하기): _________________

동적인 마음과 정적인 마음이 균형을 이루었던 상황을 한 가지 이상 기술하십시오.

____

____

이 스킬이 지혜로운 마음상태에 이르게 하는데 얼마나 효과적이었나요?

전혀 효과적이지 않음. 이 스킬을 1분 동안도 사용할 수 없었음. 주의분산이 되어 중단함.		약간 효과적이었음. 지혜로운 마음을 연습할 수 있었고, 약간 지혜로운 마음상태로 중심을 잡을 수 있었음.		매우 효과적이었음. 지혜로운 마음상태로 중심을 잡을 수 있었고, 자유로운 상태에서 필요한 것을 할 수 있었음
1	**2**	**3**	**4**	**5**

동적인 마음과 정적인 마음이 균형을 이루었던 상황을 한 가지 이상 기술하십시오.

____

____

이 스킬이 지혜로운 마음상태에 이르게 하는데 얼마나 효과적이었나요?

전혀 효과적이지 않음. 이 스킬을 1분 동안도 사용할 수 없었음. 주의분산이 되어 중단함.		약간 효과적이었음. 지혜로운 마음을 연습할 수 있었고, 약간 지혜로운 마음상태 중심을 잡을 수 있었음.		매우 효과적이었음. 지혜로운 마음상태로 중심을 잡을 수 있었고, 자유로운 상태에서 필요한 것을 할 수 있었음
1	**2**	**3**	**4**	**5**

한 주 동안 했던 지혜로운 행동을 모두 적어 보십시오. _________________

____

동적인 마음과 정적인 마음 마인드풀니스 일정표

완료일: _______________   이름: _______________   시작하는 주: _______________

마음이 분산되어 있거나 정신없이 압도감을 느낄 때 지금 이 순간을 자각하십시오. 그 순간에 한 경험에 주의를 집중하십시오. 이전에 지나간 순간이나 다음 순간에 주의를 집중하지 말고 바로 지금 이 순간에만 주의를 집중하도록 하십시오. 경험한 것을 지금 일어나고 있는 것처럼 상세한 부분까지 자각하기 위해 다음의 질문을 하도록 합니다.

어떤 경험을 하였나요?	지금 이 순간으로 주의를 되돌아오게 하는 활동 한 가지를 적어보십시오.	한 순간에 한 가지만 할 때 몸에서 어떤 변화가 느껴졌나요?	이 스킬을 연습하면서 한 경험을 기술하십시오.	이 스킬을 사용한 이후 어떤 경험을 했나요?
예: 잠을 자기 전에 해야하는 설거지의 양에 압도된 느낌이 들었음.	접시를 한 개 닦음.	팔이 이완되었고 손에서는 따뜻함과 거품을 느낄 수 있었으며 허리근육이 이완되었음.	안도감, "그래, 접시 하나만, 닦자" 라고 생각하자 긴장이 사라짐.	이번에는 어렵지 않았는데 다음번에는 어떨까? 이 마인드풀니스 연습을 다시 해야 할거야.
월요일:				
화요일:				
수요일:				

(계속)

어떤 경험을 하였나요?	지금 이 순간으로 주의를 되돌아오게 하는 활동 한 가지를 적어보십시오.	한 순간에 한 가지만 할 때 몸에서는 어떤 변화가 느껴졌나요?	이 스킬을 연습하면서 한 경험을 기술하십시오.	이 스킬을 사용한 이후 어떤 경험을 했나요?
목요일:				
금요일:				
토요일:				
일요일:				

한 주 동안 했던 지혜로운 행동을 모두 적어 보십시오. ___________________

즐거운 일에 대한 마인드풀니스 일정표

완료일: _______________________ 이름: _______________________ 시작하는 주: _______________________

즐거운 일이 일어나는 순간을 자각해 보십시오. 즐거움을 느끼게 하는 평범한 사건에 주의를 집중해 보십시오. 잠깐이더라도 그 순간을 경험하려고 노력해 보십시오. 지금 일어나고 있는 것처럼 상세한 부분까지 경험한 것을 자각하기 위해 다음의 질문을 하도록 합니다. 기록은 스킬 사용 이후에 하도록 합니다.

어떤 경험을 하였나요?	그 사건이 일어날 때 즐거운 감정이 느껴지는 것을 자각했나요?	그 경험을 하는 동안 몸에서는 어떤 변화가 느껴졌나요?	스킬을 연습하는 동안 느낀 감정과 생각을 기술하십시오.	스킬을 사용한 이후 지금 어떤 경험을 하고 있나요?
예: 초록 빛이 나는 호숫가를 산책하여 새를 바라봄	네.	얼굴에 미소가 돌았고 어깨가 내려간 것을 자각하였으며 입술 끝부분이 올라감	안도감과 기쁨이 느껴짐. "정말 좋다", "새소리가 정말 사랑스럽네", "바깥에 나오니 정말 좋다"	참 작은 것이지만 그것을 알아차리니 정말 좋다.
월요일:				
화요일:				
수요일:				

(계속)

어떤 경험을 하였나요?	그 사건이 일어날 때 즐거운 감정이 느껴지는 것을 자각했나요?	그 경험을 하는 동안 몸에서는 어떤 변화가 느껴졌나요?	스킬을 연습하는 등안 느낀 감정과 생각을 기술하십시오.	스킬을 사용한 이후 지금 어떤 경험을 하고 있나요?
목요일:				
금요일:				
토요일:				
일요일:				

한 주 동안 했던 지혜로운 행동을 모두 적어 보십시오. ________________________________

즐겁지 않은 일에 대한 마인드풀니스 일정표

완료일: _______________________   이름: _______________________   시작하는 주: _______________________

마음이 불편한 사건이 일어났을 때를 자각해 보십시오. 고통스럽거나 불쾌한 사건에 주의를 집중해 보십시오. 그 순간이 빠르게 지나가더라도 그 순간을 경험하려고 노력하십시오. 경험한 것을 지금 일어나고 있는 것처럼 상세한 부분까지 자각하기 위해 다음의 질문을 하도록 합니다. 기록은 스킬 사용 이후에 하도록 합니다.

어떤 경험을 하였나요?	그 사건이 일어나는 동안 불쾌한 감정을 자각했나요?	그 경험을 하는 동안 몸에서는 어떤 변화가 느껴졌나요?	스킬을 연습하는 동안 느낀 감정과 생각을 기술하십시오.	스킬을 사용한 이후 지금 어떤 경험을 하고 있나요?
예: 내 남자친구가 생일을 잊어버렸다.	네	두 눈에 눈물이 고이고 몸이 땅으로 꺼지는 느낌이 들었으며 얼굴과 어깨가 쳐지고 피곤한 느낌이 들었다.	상처받은 느낌과 슬픈 느낌이 들었음, "내 생일도 잊어버릴 만큼 나한테 관심이 없어", "남자친구가 나를 진짜 사랑하기는 하는 건가?", 내일까지 계속 잠만 자고 싶다는 생각이 듦.	그 사람은 자주 잊어버리는 사람이라서 내가 미리 여러 번 이야기해 줬어야 했다.
월요일:				
화요일:				
수요일:				

(계속)

마인드풀니스 워크시트 9　(p. 2 of 2)

어떤 경험을 하였나요?	그 사건이 일어나는 동안 불쾌한 감정을 자각했나요?	그 경험을 하는 동안 몸에서는 어떤 변화가 느껴졌나요?	스킬을 연습하는 동안 느낀 감정과 생각을 기술하십시오.	스킬을 사용한 이후 어떤 경험을 하고 있나요?
목요일:				
금요일:				
토요일:				
일요일:				

한 주 동안 했던 지혜로운 행동을 모두 적어 보십시오. ______________________

중도의 길 걷기:
정반대 입장에서 통합의 길 찾기

합리적인 마음 ←————— △ —————→ 감정적인 마음

이 두 마음은 행동을 조절하고 이성을 통하여 의사결정을 하게 합니다.
그리고
가치관이나 경험뿐 아니라 우리 안에서 오고 가는 강렬한 감정까지 고려하게 합니다.

동적인 마음 ←————— △ —————→ 아무것도 하지 않는
정적인 마음

이 두 마음은 그 순간에 필요한 것을 하는 것입니다
(과거의 사건을 리뷰하고 미래를 계획하는 것을 포함하여).
그리고
각 순간의 고유성을 온전히 경험하는 것입니다.

순간을 변화시키기 ←————— △ —————→ 순간을 철저하게
위한 강렬한 욕망   수용함

이 두 마음은 현재 가지고 있지 않은 것을 갖고자 하는 강렬한 욕망을 느낍니다.
그리고
현재 가지고 있는 것을 기꺼이 철저하게 수용합니다.

자기-부인 ←————— △ —————→ 자기-방종

이 두 마음은 절제를 연습시킵니다.
그리고
우리의 감각을 만족시킵니다.

기타:

__________________   ←————— △ —————→   __________________
__________________   __________________

  (마인드풀니스 자료 3, 10; pp.51, 94)

지혜로운 마음으로 가는 중도의 길 걷기

완료일: ________________________   이름: ________________________   시작하는 주: ________________________

중도의 길 걷기: 지혜로운 마음 연습하기를 할 때마다 체크하도록 하십시오.

균형을 맞추도록 노력할 것:

☐☐☐☐ 1. 지혜로운 마음에 이르기 위해 합리적 마음과 감정적 마음 균형 잡기

☐☐☐☐ 2. 지혜로운 마음에 이르기 위해 동적인 마음과 정적인 마음 균형 잡기

☐☐☐☐ 3. 지혜로운 마음에 이르기 위해 지금 이 순간을 바꾸려는 욕망과 철저한 수용의 균형 잡기

☐☐☐☐ 4. 지혜로운 마음에 이르기 위해 자기-부정과 자기-방종의 균형 잡기

☐☐☐☐ 5. 기타: ________________________

중도의 길 걷기: 중도의 길 걷기 스킬을 사용한 상황을 하나 이상 기술하고 어떻게 하였는지 기술하십시오.

____

____

이 연습이 중도의 길 걷기 스킬을 연습하는 데에 얼마나 효과적이었나요?

전혀 효과적이지 않음. 이 스킬을 1분 동안도 사용할 수 없었음. 주의분산이 되어 중단함.		약간 효과적이었음. 지혜로운 마음을 연습할 수 있었고, 약간 지혜로운 마음상태로 중심을 잡을 수 있었음.		매우 효과적이었음. 지혜로운 마음상태로 중심을 잡을 수 있었고, 자유로운 상태에서 필요한 것을 할 수 있었음.
1	**2**	**3**	**4**	**5**

중도의 길 걷기: 중도의 길 걷기 스킬을 사용한 하나 이상의 상황을 기술하고 어떻게 하였는지 기술하십시오.

____

____

이 연습이 중도의 길 걷기 스킬을 연습하는 데에 얼마나 효과적이었나요?

전혀 효과적이지 않음. 이 스킬을 1분 동안도 사용할 수 없었음. 주의분산이 되어 중단함.		약간 효과적이었음. 지혜로운 마음을 연습할 수 있었고, 약간 지혜로운 마음상태로 중심을 잡을 수 있었음.		매우 효과적이었음. 지혜로운 마음상태로 중심을 잡을 수 있었고, 자유로운 상태에서 필요한 것을 할 수 있었음.
1	**2**	**3**	**4**	**5**

한 주 동안 했던 지혜로운 행동을 모두 적어 보십시오. ________________________

____

중도의 길에서 나를 분석하기

완료일: _________________   이름: _________________   시작하는 주: _________________

1. 우리가 중도의 길에서 벗어나 양극단 사이 어디쯤에 있는지 파악해 보십시오. 아래의 지혜로운 마음 딜레마에서 우리가 머물러 있는 위치에 X로 표기하십시오. 균형이 잘 잡혀 있다고 생각하면 중간 부분에 X로 표기하십시오. 균형이 잡혀 있지 않고 한쪽으로 치우쳐 있다면 그곳에 X로 표기하십시오.

합리적인 마음 ⟷ 감정적인 마음

동적인 마음 ⟷ 아무것도 하지 않는 정적인 마음

순간을 변화시키기 위한 강렬한 욕망 ⟷ 순간을 철저한 수용함

자기-부인 ⟷ 자기-방종

2. 딜레마 하나를 선택하십시오. 먼저 너무 많이 하고 있는 것을 구체적으로 기술하고, 거의 하고 있지 않는 것을 다음으로 기술하십시오.

너무 많이   너무 적게

3. 사실을 확인하십시오. 개인적 의견이나 해석이 있는지 확인하십시오. 너무 많이 하거나 너무 적게 하고 있는 활동 목록이 사실에 정확히 부합하는지 확인해봅니다. 지혜로운 마음상태에서 자신의 가치관을 체크해 보십시오. 다른 사람의 중도의 길이 아닌 자신만의 중도의 길을 가려고 노력하십시오. 판단하고 있는지 확인하십시오. '좋은 것' 혹은 '나쁜 것'과 같은 판단적 용어를 피하십시오. 필요하다면 위의 요소들을 다시 적어보면서 그것들이 무판단적이며 사실을 기반으로 하고 있는지 확인하도록 합니다.

4. 균형을 이루기 위하여 한 주 동안 하나 혹은 두 가지의 매우 구체적인 일을 **결정**해 보십시오.

조금 적게 할 것   더 많이 해야 할 것

5. 지난 주 이후 무엇을 하였는지 **기술**하십시오: _________________

6. 이 연습이 중도의 길에서 균형을 맞추는 데에 얼마나 효과적이었나요? 스스로를 **측정해** 보십시오(1:전혀 도움이 되지 않았음, 5: 매우 효과적이었고 도움이 많이 되었음). _________________

한 주 동안 했던 지혜로운 행동을 모두 적어 보십시오. _________________

중도의 길 걷기 일정표

완료일: ______________________ 이름: ______________________ 시작하는 주: ______________________

날짜	두 가지 입장 사이의 긴장을 기술할 것		어떻게 두 가지 입장 사이의 긴장을 조절할 수 있었는지 상세하게 기술할 것
	한 쪽 입장으로 끌려감	반대 쪽 입장으로 끌려감	
예: 집 수리하기	집을 수리하기 위해 필사적으로 여러 가지 일을 함.	TV 보기, 아이스크림 먹기, 집수리를 마치지 못한 채로 집을 팔게 됨.	집을 수리하기 위해서 아주 작은 프로젝트 하나를 매일하고 중간 정도의 프로젝트를 일주일에 하나씩 하기로 결정함. 또한 적어도 한 시간 동안은 집에 대해 생각하지 않고, 걱정을 하지 않기로 하였으며, 즐거운 활동을 하기로 결정함.
월요일:			
화요일:			
수요일:			

(계속)

마인드풀니스 워크시트 10B (p. 2 of 2)

날짜	두 가지 입장 사이의 긴장을 기술할 것		어떻게 두 가지 입장 사이의 긴장을 조절할 수 있었는지 상세하게 기술할 것
	한 쪽 입장으로 끌려감	반대 쪽 입장으로 끌려감	
목요일:			
금요일:			
토요일:			
일요일:			

한 주 동안 했던 지혜로운 행동을 모두 적어 보십시오. ______________________

제 3 장

대인관계 효율성 스킬

대인관계 효율성 스킬 자료 및 워크시트

대인관계 효율성 스킬은 새로운 관계를 맺고 현재의 관계를 강화시키며 갈등 상황을 해결할 수 있도록 도와주는 스킬이다. 이 스킬은 우리에게 효과적으로 원하는 것을 요청하고, 원치 않는 요청은 거절하는 방법을 알려준다. 이 단원에서는 먼저 **대인관계 효율성 목표와 방해 요인**을 다루고 이어 세 개의 주요 DBT 대인관계 효율성 스킬 세트를 소개할 것이다. 첫 번째 세트는 '**스킬을 사용하여 대인관계 구체목표 달성하기**'에 관한 것이다. 즉, 대인관계를 잘 유지하고 자기존중감을 지키면서 다른 사람들로부터 원하는 것을 얻는 방법을 설명한다. 두 번째 세트인 '**새로운 관계를 만들고 파괴적 관계 끝내기**'는 친구를 만들고 사람들로부터 호감을 얻는 법과 관계를 잘 유지하는 법, 그리고 파괴적인 관계를 끝내는 법에 대한 것이다. 세 번째 세트는 '**중도의 길 걷기**'로 대인관계에 있어서 수용과 변화의 균형을 유지하는 것에 대한 내용을 담고있다.

주: 스킬들은 자기주장훈련(assertiveness training)을 기반으로 하고 있어 개인의 가치나 문화적 규범과 맞지 않을 수 있다. 모든 스킬을 익힌 뒤, 실제로 목표에 도달하는 데 효과적일 때 사용하는 것이 바람직하다. 만일 어떤 상황에서 대인관계 효율성 스킬을 사용하는 것이 오히려 목표에서 멀어지게 한다면, 그 상황에서는 다른 스킬들이 더 적합할 가능성이 높다.

대인관계 효율성 목표와 방해 요인

- **대인관계 효율성 자료 1: 대인관계 효율성 스킬의 목표**. 이 첫 번째 자료에서는 대인관계 효율성 모듈의 세 가지 주요 부분의 목표를 살펴볼 것이다. 주요 목표는 스킬을 적용하여 원하는 것을 효과적으로 얻는 것이다.
- **대인관계 효율성 워크시트 1: 대인관계 효율성 스킬 사용의 장점과 단점**. 이 워크시트는 대인관계 상황에서 상대방을 포기하거나 상대방에게 굴복 혹은 상대방과 파워게임을 하지 않고 스킬을 사용하도록 하기 위해 만들어졌다.
- **대인관계 효율성 자료 2: 대인관계 효율성을 방해하는 요인**. 스킬 부족은 다른 사람들과 효과적으로 지내는 것을 방해하는 주요 요인이다. 이 자료는 이 모듈을 시작할 때 뿐만 아니라 이 스킬을 사용하면서 문제 해결을 하는 후반부에도 도움이 된다. 또한 이 자료는 **대인관계 효율성 워크시트 7: 대인관계 효율성 스킬 문제 해결하기**와 **대인관계 효율성 자료 9: 문제 해결하기−스킬을 사용했으나 효과가 없을 때**와 함께 사용할 수

있다. 이 두 워크시트는 같은 주제를 다루며, 대인관계 효율성 자료 2와 같은 순서로 구조화 되어 있다.

- **대인관계 효율성 자료 2a: 대인관계 효율성에 대한 신화적 믿음.** 이 자료는 대인관계 스킬을 효율적으로 사용하는데 방해가 되는 생각이나 잘못된 믿음이 있을 때 유용하게 사용할 수 있다. 이 자료는 **대인관계 효율성 워크시트 2: 대인관계 효율성을 방해하는 신화적 믿음 바꾸기**와 같이 사용한다.

스킬을 사용하여 대인관계 구체목표 달성하기

- **대인관계 효율성 자료 3: 구체목표 스킬을 사용하여 대인관계 달성하기 개요.** 이 자료는 대인관계 효율성 구체목표를 스킬을 사용하여 달성하기에 대해서 간단히 설명하고 있다.

- **대인관계 효율성 자료 4: 대인관계 상황에서 목표 명확히 하기.** 목표를 명확히 하는 것은 대인관계 스킬에서 가장 중요하다. (1) 주어진 상황에서 정말 원하는 것이 무엇인지, 얼마나 중요한지를 파악하고 이것이 (2) 긍정적인 관계를 유지하는것과 (3) 자기존중감을 지키는 것과 비교하여 얼마나 중요한지를 파악하는 것이 핵심이다. 세 가지 목표의 상대적 중요성에 따라서 적절하게 스킬을 적용할 수 있다. 이 자료는 **대인관계 효율성 워크시트 3: 대인관계 상황에서 우선순위 명확히 하기**와 함께 사용하도록 한다. 이 워크시트에서 '촉발사건'을 기술하는 법에 대해서는 마인드풀니스의 'What' 스킬 중 기술하기를 사용하도록 한다.

- **대인관계 효율성 자료 5: 원하는 것을 얻기 위한 DEAR MAN 스킬-구체목표 효율성 가이드라인.** 이 자료는 무언가를 요청하고, 다른 사람의 요구를 거절하며, 상대의 압박에 저항하면서, 자신의 관점을 유지하기 위해 사용하는 스킬이다. DEAR MAN 스킬은 D̲escribe(기술하기), E̲xpress(표현하기), A̲ssert(주장하기), R̲einforce(보상하기)와 M̲indful(마음 중심을 잃지 않으면서), A̲ppear confident(대담한 태도로), N̲egotiate(협상 가능성 유지하기)의 두문자어로써 기억하기 쉽게 만들어졌다. 이 스킬은 아래에 있는 두 가지의 다른 워크시트를 함께 사용하도록 한다.

- **대인관계 효율성 워크시트 4: 대인관계 효율성 스크립트 쓰기.** 이 워크시트는 DEAR MAN 스킬을 연습하기 전에 어떤 말과 행동을 할지 파악하는데 유용하다. 이 워크시트는 먼저 구체목표, 관계, 그리고 자기존중감에 대한 목표를 적도록 하고 있으며 GIVE와 FAST 스킬과 함께 사용할 수 있다(아래 참고).

- **대인관계 효율성 워크시트 5: 대인관계 효율성 스킬 기록하기.** 이 워크시트는 자신의 대인관계 스킬 사용 여부를 추적하는데 사용할 수 있다. 우선순위를 적고, 우선순위 간의 갈등이 있는지 파악하도록 한다. 마지막으로 목표를 달성했는지 여부를 기록하고, 그것이 관계와 자기존중감에 어떠한 영향을 미쳤는지 기록한다. 이 워크시트는 DEAR MAN, GIVE, FAST 스킬과 함께 사용할 수 있다.

- **대인관계 효율성 자료 5a: 현재 어려운 상호관계에 DEAR MAN 스킬 적용.** 이 자료는 상대방이 능숙한 대인관계 스킬을 가지고 있는 상황에서 어떻게 해야 할지에 대한 예시를 보여준다. 또한 상대방이 합법적인 요구사항을 계속 거부하는 상황이나 거절했음에도 불구하고 계속해서 요구하는 사람을 어떻게 대해야 하는지 예시를 보여준다. 대인관계 효율성 워크시트 4, 5 모두 이 자료와 함께 사용한다(윗 부분 참고).

- **대인관계 효율성 자료 6: 좋은 관계를 유지하기 위한 GIVE 스킬-대인관계 효율성 가이드라인.** 대인관계

효율성 스킬은 상대방으로부터 원하는 것을 얻고자 노력하면서 동시에 상대방과의 관계를 증진시키거나 유지하는 것에 그 목적이 있다. GIVE라는 용어는 이 스킬을 기억하는 좋은 방법이다. 이 스킬은 (be) Gentle 친절하게, (act) Interested 호의적으로 행동하면서, Validate 수인적 태도로, (use an) Easy manner 가벼운 마음으로이다. 대인관계 워크시트 4, 5 자료 모두 함께 사용한다.

- **대인관계 효율성 자료 6a: GIVE 스킬의 V 수인하기의 확장-수인하기의 단계.** 이 자료는 수용하는 여섯 가지 방법을 보여준다(수인하기에 대한 추가 내용은 대인관계 효율성 자료 17, 18 참고할 것). 대인관계 효율성 워크시트 4, 5를 이 자료와 함께 사용하도록 한다.

- **대인관계 효율성 자료 7: 자기존중감을 유지하기 위한 FAST 스킬-자기존중감 효율성 가이드라인.** 자기존중감 효율성 스킬은 상대에게 원하는 것을 요구하면서도 자기존중감을 유지하거나 증진시키는 방법을 알려준다. FAST라는 용어는 (be) Fair 공정하게, (no) Apologies 사과하지 않기, Stick to values 가치관 지키기, (be) Truthful 진솔하게의 두문자어이다. 대인관계 워크시트 4, 5를 이 자료와 함께 사용하도록 한다.

- **대인관계 효율성 자료 8: 요구/거절할 때 강도 평가하기.** 무언가를 요구하거나 거절할지 여부, 그리고 얼마나 강하게 요구하거나 거절을 할지 결정하기 위해 이 자료를 사용한다. 이 자료에서는 결정할 때 고려해야 할 요인을 제시하고 있다. **대인관계 효율성 워크시트 6: 천원 게임-요구/거절 계산하여 정하기**-특정한 상황에서 가장 좋은 옵션이 무엇인지 파악하기 위해서 사용할 수 있다.

- **대인관계 효율성 자료 9: 문제 해결하기-스킬을 사용했으나 효과가 없을 때.** 목표를 달성하는 것은 다양한 요인들에 의해 어려워질 수 있다. 그 문제를 확인하고 나면 문제 해결을 하거나 원하는 것을 얻기 위해 더욱 효과적인 행동을 취할 수 있다. 이 자료는 자신의 대인관계 효율성을 감소시키는 요인이 무엇인지를 진단할 수 있는 여러 가지 질문을 제시한다. **대인관계 효율성 워크시트 7: 대인관계 효율성 스킬 문제 해결하기**를 이 자료와 함께 사용하도록 한다.

새로운 관계를 만들고 파괴적 관계 끝내기

- **대인관계 효율성 자료 10: 새로운 관계를 만들고 파괴적 관계 끝내기 개요.** 이 자료는 이 단원에 있는 스킬 모듈에서 배우게 될 스킬을 간략하게 설명하고 있다.

- **대인관계 효율성 자료 11: 친구를 사귀고 사람들에게 호감을 얻기.** 새로운 친구를 사귀고 사람들에게 호감을 얻기 위해서는 적극적인 노력이 필요하다. 이 자료는 사람을 사귈때 어떤 부분을 보고, 어떻게 바라보아야 하는지를 간략히 알려준다. **대인관계 효율성 워크시트 8: 친구를 사귀고 사람들에게 호감을 얻기**에 연습한 내용을 기록한다.

- **대인관계 효율성 자료 11a: 친구를 사귀고 사람들에게 호감을 얻기 위한 스킬 파악하기.** 이것은 대인관계 효율성 자료 11에 나와있는 여러 가지 정보를 퀴즈를 통해 풀어볼 수 있도록 한 자료이다.

- **대인관계 효율성 자료 12: 다른 사람에 대한 마인드풀니스.** 상대방을 마인드풀하게 대할 때 더 쉽게 우정을

쌓고 관계를 길게 유지할 수 있다. 이 자료에 설명하고 있는 세 가지 마인드풀니스 스킬은 마인드풀니스 모듈에서 배운 세 가지 핵심 마인드풀니스 'What' 스킬(관찰하기, 기술하기, 참여하기)이다. **대인관계 효율성 워크시트 9: 다른 사람에 대한 마인드풀니스**에 연습한 스킬을 기록한다.

- **대인관계 효율성 자료 12a: 다른 사람에 대한 올바른 마인드풀니스.** 이 자료에는 다른 사람을 마인드풀하게 관찰하는 스킬에 대한 간단한 퀴즈가 있다.
- **대인관계 효율성 자료 13: 파괴적인 관계 끝내기**에 기술된 스킬은 마인드풀니스(지혜로운 마음), 감정조절(문제 해결하기, 문제에 미리 대비하기, 정반대 행동하기), 대인관계 효율성(DEAR MAN, GIVE, FAST) 스킬 모듈에서 가져온 것이다. 학대적이거나 생명 위협적인 관계를 끝낼 때에는 안전을 최우선으로 하여 스킬을 적용해야 한다. 만약 파괴적인 관계를 끝내고자 한다면, 먼저 **대인관계 효율성 워크시트 10: 파괴적인 관계 끝내기**를 사용하여 계획을 짜고 중요한 요소들을 파악해야 한다. 만약 학대적이거나 위험한 관계에서 떠나려고 한다면, 먼저 가정폭력 핫라인에 전화하여야 한다. **대인관계 효율성 워크시트 1: 대인관계 효율성 스킬 사용의 장점과 단점**을 이 자료와 함께 사용할 수 있다.
- **대인관계 효율성 자료 13a: 파괴적인 관계 끝내는 방법 파악하기.** 이 자료는 파괴적 관계를 끝내는 방법에 대한 퀴즈로 구성되어 있다.

중도의 길 걷기

- **대인관계 효율성 자료 14: 중도의 길 걷기 개요-수용과 변화 균형잡기.** 이 자료는 중도의 길 걷기 모듈에 있는 다이어렉틱스, 수인하기, 행동수정 전략 스킬을 간략히 보여준다. 이 스킬을 통해 우리 자신과 우리의 대인관계를 효과적으로 다루는 방법을 배울 수 있다.
- **대인관계 효율성 자료 15: 다이어렉틱스.** 다이어렉티컬한 자세를 취하는 것은 중도의 길을 걷는 것의 핵심이며, 고립감, 갈등, 양극단에 있는 극단적인 부분을 감소시킬 수 있다. 이 자료에서는 다이어렉티컬 관점의 기본 개요를 다루고 있다.
- **대인관계 효율성 자료 16: 다이어렉티컬하게 생각하고 행동하는 방법.** 이 자료는 대인관계 효율성 자료 15를 확장한 것이며, 다이어렉티컬하게 생각하고 행동하는 것의 예시를 보여준다. 다이어렉틱스를 연습하고 기록하는 각기 다른 세 가지의 워크시트들이 있다.
- **대인관계 효율성 워크시트 11: 다이어렉틱스 연습하기, 대인관계 효율성 워크시트 11a: 다이어렉틱스 체크리스트, 대인관계 효율성 워크시트 11b: 다이어렉티컬 스킬을 사용하지 않을 때를 자각하기**는 대인관계 효율성 자료 16과 함께 사용할 수 있다. 워크시트 11은 한 주간 연습한 두 가지 상황을 기록한다. 워크시트 11a는 스킬을 복합적으로 다양하게 사용하도록 하기 위한 워크시트이다. 워크시트 11b는 다이어렉티컬한 자세를 취할 기회를 자각하는 것과, 다이어렉티컬하지 않은 태도를 가질 때의 결과를 자각하는 것을 증진시키도록 돕는다.
- **대인관계 효율성 자료 16a: 대립하는 두 입장이 모두 진리인 경우.** 다이어렉틱스는 이 우주에는 정반대의

것들이 공존하고 정반대로 보이는 두 가지 모두 진실일 수 있다는 것을 설명한다. 이 자료에는 대립하는 두 입장이 모두 진리가 될 수 있는 예시들이 나와있다.

- **대인관계 효율성 자료 16b: 대립하는 것들의 균형.** 이 자료는 우리의 삶과 일상에서 균형을 잘 유지해야 하는 대립하는 입장들을 보여준다.
- **대인관계 효율성 자료 16c: 다이어렉틱스 확인하기.** 이 자료는 간단한 퀴즈로 구성되어 있다. 가장 다이어렉티컬한 답을 찾아볼 것.
- **대인관계 효율성 자료 17: 수인하기.** 다른 사람의 감정, 신념, 경험, 행동을 수인하는 것은 신뢰감 있는 친밀한 관계를 형성하는데 필수적이다. 이 자료는 수인하기가 무엇인지, 수인하기의 중요한 점이 무엇인지, 수인하기를 기억하는 키포인트에 대해서 설명한다.
- **대인관계 효율성 자료 18: 수인하는 방법.** 이 자료는 여섯 가지 단계의 수인하기와 각각의 예를 담고 있다. 수인하기 스킬을 실제로 사용하는지 여부와 관계없이 수인하기 스킬을 사용할 기회가 있을 때마다 **대인관계 효율성 워크시트 12: 다른 사람을 수인하기**를 기록하도록 한다.
- **대인관계 효율성 자료 18a: 올바른 수인하기.** 이 자료는 수인하기에 대한 간단한 퀴즈로 구성되어 있다.
- **대인관계 효율성 자료 19: 비수인적 상황에서 벗어나기.** 비수인은 도움이 될 수도 있고 해로울 수도 있다. 하지만 대체로 두 가지 모두 우리 마음에 상처가 될 수 있다. 이 자료는 누군가가 비수인적 반응을 보였을 때 효과적으로 반응하는 방법들을 제시하고 있다. 실제로 이 스킬을 사용하는 것과 상관없이 자기-수인하기 스킬을 연습할 때마다 **대인관계 효율성 워크시트 13: 자기-수인과 자기존중**에 기록하도록 한다.
- **대인관계 효율성 자료 19a: 올바른 자기-수인.** 이 자료는 비수인에 반응하는 방식을 간단한 퀴즈를 통해 알려주고 있다.
- **대인관계 효율성 자료 20: 원하는 행동을 증진시키기 위한 전략.** 이 자료는 자신이나 다른 사람들로 하여금 원하는 행동을 더 많이 하도록 만드는 매우 효과적인 전략인 '행동 강화'와 '행동조형'을 알려준다. 행동을 효과적으로 변화시킬 수 있도록 이 전략들을 습득하여 적용해 보도록 한다. **대인관계 효율성 워크시트 14: 행동 변화를 위한 강화**에 연습한 내용을 기록하도록 한다.
- **대인관계 효율성 자료 21: 원하지 않는 행동을 중단시키거나 감소시키기 위한 전략.** 이 자료에는 원하지 않는 행동을 중지시키거나 감소시키기 위한 소거, 포만, 처벌과 같은 효과적인 전략에 대해 설명하고 있다. **대인관계 효율성 워크시트 15: 행동 변화를 위한 소거와 처벌**에 연습한 것을 기술하도록 한다.
- **대인관계 효율성 자료 22: 행동수정 전략을 효과적으로 사용하기 위한 팁.** 강화, 소거, 처벌 전략은 각각 다른 결과를 가져온다. 이 자료는 효과적인 전략을 선택하고 적용하는 것의 중요성을 간략히 설명하고 있다.
- **대인관계 효율성 자료 22a: 효과적인 행동수정 전략 파악하기.** 이 자료는 행동수정 전략에 대한 간단한 퀴즈로 구성되어 있다.

대인관계 효율성 스킬의 목표

효과적인 스킬을 사용하여 원하는 것과 필요한 것을 상대방에게서 얻기

☐ 상대방이 해 주었으면 하는 것을 실행하게 하십시오.

☐ 상대방이 의견을 진지하게 받아들이게 하십시오.

☐ 원하지 않는 요청을 하면 효과적으로 거절하십시오.

☐ 기타: ____

좋은 관계를 맺고 파괴적 관계 끝내기

☐ 현재의 관계를 강화하십시오.

　☐ 가슴 아픈 일이나 문제를 쌓아두지 않도록 하십시오.

　☐ 대인관계 스킬을 발휘해서 문제의 소지를 없애 보십시오.

　☐ 필요하다면 관계를 회복하십시오.

　☐ 갈등이 발생하면 참지 못하는 수준에 이르기 전에 해결하십시오.

☐ 새로운 관계를 맺으려고 노력하십시오.

☐ 희망이 없는 관계에 대한 미련을 버리십시오.

☐ 기타: ____

중도의 길 걷기

☐ 대인관계에서 균형을 찾고 유지하십시오.

☐ 대인관계에서 수용과 변화의 균형을 맞추도록 노력하십시오.

☐ 기타: ____

대인관계 효율성 스킬 사용의 장점과 단점

완료일: _________________________   이름: _________________________   시작하는 주: _________________________

대인관계 효율성 스킬을 사용하여 원하는 것을 얻는 것의 장점과 단점을 파악하십시오. 중요한 것은 우리가 원하는 것을 얻기 위해 가장 효과적인 방법이 무엇인지를 파악하는 것입니다. 명심할 것은 다른 사람의 목표가 아닌 우리 자신의 목표를 파악하는 것입니다.

대인관계 상황을 기술하십시오.

____

____

그 상황에서의 목표를 기술하십시오.

____

____

대인관계 효율성 스킬을 사용하여 행동하는 것의 장점과 단점 목록을 만들어 보십시오.
원하는 것을 얻기 위한 전략을 사용하는 것의 장점과 단점 목록을 만들어 보십시오.
그 상황에서 수동적으로 행동하거나 굴복해 버리는 것의 장점과 단점 목록을 만들어 보십시오.
장점과 단점을 파악하면서 사실을 확인하여 우리의 생각이 올바른 것인지 체크하십시오.
필요하다면 추가 용지를 사용하십시오.

	스킬 사용하기	과도하게 요구하기, 공격하기, 벽을 쌓고 대화하지 않기	굴복하기, 수동적으로 행동하기
장점			
단점			

이 상황에서 무엇을 하기로 결정했나요? _______________________________________

____

지혜로운 마음에서 한 최고의 결정이었나요? _______________________________________

____

대인관계 효율성을 방해하는 요인

☐ **필요한 대인관계 스킬을 모름**

원하는 것이 무엇인지 모름

☐ 스킬은 있지만, 상대방에게 원하는 것이 무엇인지 결정할 수 없을 때
☐ 내가 원하는 것과 상대방이 요청하는 것 사이의 균형을 잡는 방법을 모를 때
    ☐ 너무 많은 것을 요구하거나, 아무것도 요구하지 않습니다.
    ☐ 모든 것을 거절해 버리거나, 쉽게 져 버립니다.

부정적 감정

☐ 스킬은 있지만, 감정(분노, 자존심, 경멸, 두려움, 수치감, 죄책감)이 우리를 통제해 버립니다.

단기적 목표만 생각하고, 장기적 목표는 잊어버림

☐ 장기적 목표보다 즉각적인 충동이나 원하는 것을 우선시 할 때가 있습니다. 이 때, 미래는 우리에게서 점점 멀어집니다.

다른 사람들

☐ 스킬은 있지만, 다른 사람들이 방해를 할 때가 있습니다.
☐ 상대방이 우리보다 힘이 셀 때 그렇습니다.
☐ 상대방이 협박조로 말하거나 내가 원하는 것을 갖지 않기를 바라는 경우가 있습니다.
☐ 상대방이 내 자존감을 희생하지 않고서는 내가 원하는 것을 주지 않으려고 하거나, 최소한만 주려고 할 때 그렇습니다.

생각과 신념

☐ 원하는 것을 요청하거나 상대방의 요구를 거절했을 때 발생할 부정적인 결과에 대한 걱정 때문에 효과적으로 행동하지 못합니다.
☐ 스스로 원하는 것을 얻을 자격이 없다는 잘못된 믿음이 방해가 됩니다.
☐ 또한 상대방도 원하는 것을 얻을 자격이 없다는 잘못된 믿음이 우리를 효과적이지 않게 만듭니다.

대인관계 효율성에 대한 잘못된 믿음

구체목표 효율성을 방해하는 잘못된 믿음

☐　1. 나는 내가 원하거나 필요한 것을 얻을 자격이 없어.

☐　2. 상대방에게 요구하는 것은 나 스스로 약하다는 것을 보여주는 거야.

☐　3. 요구를 하기 전에 상대방이 긍정적으로 답할 것이라는 것을 알아야만 해.

☐　4. 내가 요구하거나 거절을 했을 때, 상대방이 나를 속상하게 한다면, 난 참을 수 없어.

☐　5. 상대방이 거절하면, 나는 도저히 견디지 못할 거야.

☐　6. 누군가에게 요구한다는 것은 강요하는(나쁜, 자기 중심적인, 이기적인 등) 일이야.

☐　7. 누군가의 요구를 거절하는 것은 이기적인 일이야.

☐　8. 다른 사람들을 위해 내가 먼저 희생하는 것이 더 바람직한 일이야.

☐　9. 내 문제를 스스로 해결하지 못한다는 것은 내가 부적격한 사람이라는 뜻이야.

☐　10. 내 생각이 잘못 된거야. 나만 다르게 생각하면, 다른 사람을 귀찮게 하지 않아도 돼.

☐　11. 내가 원하고 필요한 것을 가지지 못한다고 해도 별 차이는 없어. 난 아주 상관 없어.

☐　12. 스킬을 사용한다는 것은 약하다는 것을 보여주는 거야 .

　　기타 잘못된 믿음: ____

　　기타 잘못된 믿음: ____

대인관계 및 자기존중감 효율성을 방해하는 잘못된 믿음

☐　13. 내가 요청(거절)하지 말았어야 해. 사람들은 내가 말하지 않아도, 내가 무엇을 원하는지 알아야해(원하는 것을 해줘야해).

☐　14. 그 사람들은 자신들의 행동으로 인해 내 감정이 상했다는 것을 알고 있어야만해. 내가 직접 말을 할 필요는 없어.

☐　15. 내가 원하는 것을 얻기 위해 노력하거나 협상할 필요가 없어.

☐　16. 다른 사람들은 내가 원하는 것을 요구했을 때, 기꺼이 들어줘야 해.

☐　17. 다른 사람들은 나를 좋아하고, 인정해주고, 지지해주어야 해.

☐　18. 내가 그 사람들에게 숙련된 스킬을 사용하거나, 잘 대해줄 필요는 없어.

☐　19. 내가 원할 때 원하는 것을 얻는 것이 가장 중요해.

☐　20. 상대방이 나에게 공정하고, 친절하며, 정중하고, 존중하는 태도를 보이지 않는다면, 나도 그런 태도를 보일 필요가 없어.

☐　21. 복수를 하면 기분이 풀려. 그렇기 때문에 어떤 부정적 결과도 감수할 수 있어.

☐　22. 모든 사람은 거짓말을 해.

☐　23. 원하는 것을 얻어내는 방법보다 원하는 것을 얻는 것이 더 중요해. 과정보다 결과가 더 중요해.

☐　24. 사람들은 나의 믿음, 원하는 것, 가치를 즉시 존중해야만 해. 그렇지 않으면 그들에게 내 시간을 들일 이유가 없어.

　　기타 잘못된 믿음: ____

　　기타 잘못된 믿음: ____

대인관계 효율성을 방해하는 신화적 믿음 바꾸기

구체목표 효율성을 방해하는 신화적 믿음에 도전하기

완료일: _________________________   이름: _________________________   시작하는 주: _________________________

각각의 잘못된 믿음에 도전하는 진술을 적어 보도록 하십시오.

1. 나는 내가 원하는 것이나 필요한 것을 받을 자격이 없어.

   도전하기: ____

2. 상대방에게 요구하는 것은 나 스스로 약한 사람이라는 것을 보여주는 거야.

   도전하기: ____

3. 요구를 하기 전에 상대방이 긍정적으로 답할 것이라는 것을 알아야만 해.

   도전하기: ____

4. 내가 요구를 하거나 거절을 할 때, 상대방이 나를 속상하게 한다면, 난 참을 수가 없어.

   도전하기: ____

5. 상대방이 거절한다면, 나는 도저히 견디지 못할 거야.

   도전하기: ____

6. 누군가에게 요구한다는 강요하는(나쁜, 자기 중심적인, 기타 등등) 일이야.

   도전하기: ____

7. 누군가의 요구를 거절하는 것은 이기적인 일이야.

   도전하기: ____

8. 다른 사람을 위해 내가 먼저 희생하는 것이 더 바람직한 일이야.

   도전하기: ____

9. 내 문제를 스스로 해결하지 못한다는 것은 내가 부적격한 사람이라는 뜻이야.

   도전하기: ____

10. 내 생각이 잘못 된거야. 나만 다르게 생각하면, 다른 사람을 귀찮게 하지 않아도 돼.

    도전하기: ____

11. 내가 원하고 필요한 것을 가지지 못한다고 해도 별 차이는 없어. 난 아무 상관 없어.

    도전하기: ____

12. 스킬을 사용한다는 것은 약하다는 것을 보여주는 거야.

    도전하기: ____

    또 다른 잘못된 믿음: ____

    도전하기: ____

(계속)

대인관계와 자기존중감 효율성을 방해하는 잘못된 믿음에 도전하기

각각의 잘못된 믿음에 도전하는 진술을 적어 보도록 하십시오.

13. 내가 요구(거절)하지 말았어야 해. 사람들은 내가 말하지 않아도, 내가 무엇을 원하는지 알아야 해(원하는 것을 해줘야 해).

    도전하기: ____

14. 그 사람들은 자신들의 행동으로 인해 내 감정이 상했다는 것을 알고 있어야만 해. 내가 직접 말을 할 필요는 없어.

    도전하기: ____

15. 내가 원하는 것을 얻기 위해 노력하거나 협상할 필요는 없어.

    도전하기: ____

16. 다른 사람들은 내가 원하는 것을 요구했을 때, 기꺼이 들어줘야 해.

    도전하기: ____

17. 다른 사람들은 나를 좋아하고 인정해주고, 지지해 주어야 해.

    도전하기: ____

18. 내가 그 사람들에게 숙련된 스킬을 사용하거나, 잘 대해 줄 필요는 없어.

    도전하기: ____

19. 내가 원할 때 원하는 것을 얻는 것이 가장 중요해.

    도전하기: ____

20. 사람들이 나에게 공정하고, 친절하며, 정중하고 존중하는 태도를 보이지 않는다면, 나도 그런 태도를 보일 필요가 없어.

    도전하기: ____

21. 복수를 하면 기분이 풀려. 그렇기 때문에 어떤 부정적 결과도 감수할 수 있어.

    도전하기: ____

22. 모든 사람들은 거짓말을 해.

    도전하기: ____

23. 원하는 것을 얻어내는 방법보다 원하는 것을 얻는 것이 더 중요해. 과정보다 결과가 더 중요해.

    도전하기: ____

24. 사람들은 나의 믿음, 원하는 것, 가치를 즉시 존중해야만 해. 그렇지 않으면 그들에게 내 시간을 들일 이유가 없어.

    도전하기: ____

    또 다른 잘못된 믿음: ____
    도전하기: ____

    또 다른 잘못된 믿음: ____
    도전하기: ____
    또 다른 잘못된 믿음: ____
    도전하기: ____

    또 다른 잘못된 믿음: ____
    도전하기: ____

스킬을 사용하여 대인관계 구체목표를 달성하기 개요

우선순위를 명확하게 하기

내가 얻으려고 하는 것이나, 달성하려는 목표가 얼마나 중요한가?

관계를 유지하는 것이 얼마나 중요한가?

자기존중감을 지키고자 하는 것이 얼마나 중요한기?

구체목표 효율성: DEAR MAN

우리의 권리와 원하는 것을 효과적으로 주장하십시오.

관계 효율성: GIVE

긍정적인 관계를 유지하고, 상대방이 여러분과 그들 자신에 대해서

좋은 기분을 느끼는 방식으로 행동하십시오.

자기존중감 효율성: FAST

자기존중감을 지키는 방식으로 행동하십시오.

고려해야 할 점

얼마나 강하게 요청할지, 얼마나 단호하게 거절할지 결정하십시오.

대인관계 상황에서 목표 명확히 하기
지혜로운 마음 가치를 사용하여 대인관계 목표를 찾기

구체목표 효율성: 다른 사람으로부터 원하는 것을 얻기

- 합법적인 권리에 대한 정당성을 확보하십시오.
- 필요하다면 다른 사람들에게 부탁하십시오.
- 원하지 않거나 합리적이지 않은 요청은 거절하십시오.
- 대인관계 갈등을 해결하려고 노력하십시오.
- 자신의 의견이나 관점이 진지하게 전해질 수 있도록 하십시오.

질문을 품기

1. 이 관계에서 내가 원하는 **결과나 변화**는 무엇인가?

2. 원하는 결과를 얻기 위해서 무엇을 해야 하는가? 어떤 행동이 목표 달성에 도움이 될 것인가?

관계 효율성: 관계를 유지하고 증진시키기

- 상대방이 나를 좋아하고, 존중한다고 생각하고 행동하십시오.
- 상대방과의 관계에서 단기적인 이익을 추구하는 것과 장기적인 미래 관계에 미치는 영향을 조율하십시오.
- 우리에게 중요한 관계를 잘 유지하십시오.

질문을 품기

1. 상대방과의 만남이 끝나고(원하는 결과나 변화를 얻은 것과 관계 없이), **상대방이 나에 대해 어떻게 느끼길** 바라는가?

2. 좋은 관계를 유지하기 위해서 무엇을 해야 할까?

자기존중감 효율성: 자기존중감을 유지하거나 증진시키기

- 우리 자신의 가치관과 신념을 존중하십시오.
- 스스로 도덕적으로 느끼게 하는 행동을 해보십시오.
- 스스로 능력 있고 효과적이라고 믿고 행동하십시오.

질문을 품기

1. 상대방과의 만남이 끝나고(원하는 결과나 변화를 얻은 것과 관계 없이), **나 자신에 대해서 어떤 감정을 느끼고** 싶은가?

2. 나 자신에 대해서 그렇게 느끼려면 무엇을 해야 하는가? 어떤 행동이 효과적일까?

대인관계 상황에서 우선순위 명확히 하기

완료일: _______________________　　이름: _______________________　　시작하는 주: _______________________

이 기록지를 사용하여 문제가 있었던 상황에서 여러분의 목표와 우선순위를 파악해 보십시오. 이러한 상황의 예는 다음과 같습니다. (1) 우리의 권리와 소망이 존중받지 못할 때 (2) 다른 사람이 우리가 원하는 것을 하도록 하거나, 그 사람으로부터 무엇인가를 얻고자 할 때, 그 사람이 변화하기를 원할 때 (3) 거절하고 싶거나, 거절할 필요가 있을 때 또는 무언가를 하게 만드는 압박에 저항할 때 (4) 우리의 관점이나 입장을 진지하게 전달하고 싶을 때 (5) 다른 사람과 갈등이 있을 때 (6) 다른 사람과의 관계를 증진시키고 싶을 때.

이러한 상황에 있을 때 관찰한 것을 가능한 즉시 글로 기술하도록 하십시오. 필요하다면 추가 용지를 사용하십시오.

문제를 일으킨 촉발사건: 누가, 무엇을, 누구에게 하였나요? 무엇이 또 다른 사건으로 이어지게 했나요? 그 상황에서 문제를 일으킨 것은 무엇이었나요? **사실을 반드시 확인하십시오!**

이 상황에서 내가 원하는 것과 희망하는 것

　　　　구체목표: 어떤 **구체적인 결과**를 원하나요? 상대방이 어떤 행동을 하기를 원하나요? 상대방이 수용하거나 중단하기를 원하는 행동은 무엇인가요?

　　　　관계: **상대방과의 교류를 통해** 상대방이 나에 대하여 어떻게 느끼고 생각하기를 원하나요(상대방에게서 내가 원하는 것을 얻는 것과 관계없이)?

　　　　자기존중감: **상대방과 교류하면서** 나 자신에 대하여 어떻게 느끼고 생각하기를 원하나요(상대방에게서 내가 원하는 것을 얻는 것과 관계없이)?

이 상황에서의 우선순위: 우선순위를 측정해 보십시오. 1 (가장 중요함), 2 (2번째로 중요함), 3 (가장 적게 중요함)

　　　________ 구체목표　　　　　________ 관계　　　　　________ 자기존중감

이 상황에서 효율성을 떨어뜨리는 **우선순위의 불균형과 갈등 요인**은 무엇인가요?

원하는 것을 얻기 위한 DEAR MAN 스킬:
구체목표 효율성 가이드라인

이 스킬은 **DEAR MAN(디어맨)**이라고 부릅니다.

	Describe	기술하기
	Express	표현하기
	Assert	주장하기
	Reinforce	보상하기
(항상 유지할 것)	**M**indful	마인드풀한 마음으로
	Appear confident	대담한 태도로
	Negotiation	협상 가능성을 열어두기

Describe **기술하기** : 필요할 때마다 현재 상황을 기술하도록 하십시오. 사실 중심으로만 생각하도록 하십시오. 상대방에게 내가 왜 이렇게 반응하고 있는지를 정확하게 말하십시오.

"저녁 시간에 맞추어 온다고 말을 했는데, 당신은 밤 11시가 되어도 집에 들어오지 않았어."

Express **표현하기** : 상황에 대한 나의 감정과 의견을 표현하십시오.
상대방이 내가 느끼고 있는 것을 알고 있다고 짐작하지 마십시오.

"당신이 늦게 들어오면, 나는 너무 걱정이 돼."

단정적인 어법("너는 그래야만 해", "너는 그렇게 하면 안 돼")을 사용하는 대신에 중립적인 어법("내가 ~하고 싶은 것은", "나는 ~하고 싶지 않아")을 사용하십시오.

Assert **주장하기** : 원하는 것을 요청함으로써 자기 주장을 하십시오. 또렷하게 '아니오'라고 말하십시오. 다른 사람들이 이해해줄 것이라고 가정하지 마십시오. 다른 사람들이 나의 마음을 읽어줄 것이라고 생각하지 마십시오.

"당신이 늦게 들어올 때는 나에게 꼭 전화해줬으면 좋겠어."

Reinforce **보상하기** : 내가 원하는 것이나 필요한 것을 얻게 되면 어떤 긍정적인 결과가 나타날지에 대하여 미리 설명해 줌으로써 보상을 해보십시오. 필요하다면 원하는 것이나 필요한 것을 얻지 못하게 되면 어떤 부정적인 결과가 나타날지에 대해서도 구체적으로도 말해줍니다.

"당신이 그렇게 하면 나는 안심할 수 있고, 같이 사는 사람으로서 더 좋을 것 같아."

원하는 행동을 했을 때 보상해 주는 것도 잊지 마십시오.

(계속)

(항상 유지할 것)

Mindful 마인드풀한 마음으로: 내 목표에 항상 초점을 맞추고 있으십시오. 내 입장을 분명히 유지하고 주의분산을 막으십시오. 주제를 벗어나지 마십시오.

반복하기: 계속해서 요구하십시오. '아니오'라고 말하십시오. 나의 의견을 반복해서 표현하십시오. 같은 것을 지속적으로 반복해서 말하십시오.

공격 무시하기: 상대방이 주제를 바꾸려고 하거나, 협박 혹은 공격하려고 한다면 주의분산을 하는 발언이나 시도를 무시하십시오. 공격에 응답하지 마십시오. 주의분산 전략을 무시하십시오. 계속해서 나의 관점을 관철시키도록 유지히십시오.

"그래도 나는 당신이 전화를 해주었으면 좋겠어."

Appear confident 대담한 태도로: 능력이 있고 효율적인 것처럼 보이도록 하십시오. 자신감있는 목소리와 태도를 보이십시오. 눈을 똑바로 쳐다보십시오. 더듬으면서 말하거나 속삭이거나 땅을 쳐다보거나 원래 입장에서 후퇴하지 마십시오. "잘 모르겠는데요"와 같은 말을 하지 마십시오.

Negotiation 협상 가능성을 열어 두기: 상대방에게 줄 것은 주고, 얻을 것은 얻겠다는 태도를 가지십시오. 어떤 문제에 대해서 대안을 알고 있으면 그것을 말하고 상대방에게 대안을 요구하십시오. 너무 많이 요청하지는 않습니다. 아니라고 말하면서도 다른 제안을 제시하거나 문제를 다른 방법으로 해결할 수 있는 가능성을 제시해 보십시오. 일이 성사되기 위해 무엇을 해야 하는지에 초점을 맞추십시오.

"늦을 것 같을 때 나에게 문자를 보내주면 좋지 않을까?"

입장 바꾸기: 상대방에게 문제를 되돌려 보내십시오. 다른 대안을 요청해 보십시오.

"우리가 어떻게 해야 한다고 생각해....? 당신이 늦게 들어오면 나는 계속해서 걱정하게 돼(또는 나는 더 이상 걱정하고 싶지 않아)."

또 다른 아이디어가 있다면 적어 보도록 하십시오. ____

____

____

____

____

____

현재 어려운 상호관계에 DEAR MAN 스킬 적용

어려운 대인관계 상황에 처해 있다면 상대방의 행동에 대응하기 위한 스킬에 집중하도록 하십시오. 상대방이 너무 스킬을 잘 사용해서 합법적 요청을 계속해서 거부하거나, 원하지 않는 것을 하도록 귀찮게 할 때 DEAR MAN 스킬을 적용하십시오.

DEAR MAN 스킬 적용하기

1. 상대방과 지금 어떤 상호작용을 하고 있는지 <u>기술</u>하십시오. 반복하기와 공격을 무시하기 스킬이 통하지 않을 때에는 상대방이 어떤 동기에서 그러는지 의문을 제기하지 말고, 상대방과 우리 사이에 무슨 일이 일어나고 있는지를 기술해 보십시오.

예: "내가 여러 차례 안된다고 말을 했지만, 계속해서 요청을 하고 있네요" 또는 "한 달 동안이나 식기 세척기에 있는 식기를 비워달라고 요청하는 것은 쉬운 일이 아니에요."

하지 말아야 할 것: "넌 내가 지금 말하려고 하는 것을 분명히 듣기 싫어할거야", "당신은 나에게 관심이 없어", "내가 말하려고 하는 것이 너에게는 별로 중요하지 않구나", "너는 내가 바보라고 생각하잖아."

2. 상대방과의 교류가 잘 되지 않을 때 그 상황에 대한 불편한 감정을 <u>표현</u>할 수 있습니다.

예: "내가 당신이 원하는 것을 할 수 없어서 미안하기는 하지만, 이것에 대해서 계속 이야기 나누는 것은 정말 힘들어요" 또는 "내가 도와줄 수 있는 것이 없는데 이것에 대해서 계속 이야기하는 것이 불편해지기 시작하네요. 화가 나기 시작해요" 또는 "당신은 이 일을 하는 것에 대해 중요하게 생각하지 않는 것 같아요."

하지 말아야 할 것: "나는 네가 정말 싫어!", "매번 이 이야기할 때마다 너는 방어적으로 굴잖아", "잘난 체 좀 하지마."

3. 그 상황에서 원하는 것을 <u>자기주장적으로</u> 말하기. 상대방이 귀찮게 할 때 그 행동을 중단하라고 말할 수 있습니다. 상대방이 요청을 거절했을 때 상대방과 다음 번에 만날 때까지 대화를 중단하자고 제안할 수 있습니다. 상대방이 그것에 대하여 생각할 수 있는 기회를 주십시오.

예: "계속 이야기하지 않았으면 좋겠어. 내 답은 바뀌지 않을 거야" 또는 "좋아, 이것에 대하여 지금 논의하지 말고, 내일쯤 다시 이야기하자" 또는 "잠시 흥분을 가라앉히고, 해결방법에 대해서 같이 생각해 보자."

하지 말아야 할 것: "조용히 좀 할래?", "넌 이렇게 해야 해!", "흥분하지 말고, 네가 해야 할 도리를 지키라고."

4. <u>보상하기</u>. 마음을 바꿀 의사가 없는 상황에서 상대방이 계속 요청하는 것을 거절할 때나 상대방이 우리의 의견을 진지하게 생각하지 않을 때에는 대화를 중단할 것을 제안하십시오. 상대방이 우리가 원하는 것을 하도록 시킬 때 이후에 더 좋은 조건을 제시할 수 있다고 말해 보십시오.

예: "더 이상 이 이야기는 하지 않는 것이 좋겠어. 내 마음은 바뀌지 않을 거야. 우리 둘 다 힘들게 하는 상황이라고 생각해." 또는 "좋아, 네가 이것을 하고 싶어하지 않는다는 것은 알겠어. 네가 좀 더 기꺼이 이 일을 할 수 있는 방법을 같이 찾아보자."

하지 말아야 할 것: "네가 이것을 하지 않으면, 난 더 이상 아무것도 하지 않을거야", "나한테 계속 요구하면, 접근금지 신청할거야!, "이것을 하지 않다니 넌 정말 최악이야/어떻게 나한테 이걸 하라고 해? 넌 너무 끔찍해."

대인관계 효율성 스크립트 쓰기

완료일: _______________________   이름: _______________________   시작하는 주: _______________________

DEAR MAN, GIVE, FAST 스킬을 연습하기 전에 이 양식을 먼저 작성하십시오. 적은 것을 큰 소리로 읽고 마음속으로도 연습하십시오. 문제에 미리 대비하기 스킬을 사용하십시오(감정조절 19). 필요하면 추가 용지를 사용하십시오.

문제를 일으킨 촉발사건: 누가, 무엇을, 누구에게 하였나요? 무엇이 또 다른 사건으로 이어지게 했나요?

이 상황에서의 구체목표 (원하는 결과가 무엇인가?):

관계 문제 (상대방이 나에 대하여 어떻게 느끼기를 원하는가?):

자기존중감 문제 (나에 대해서 어떻게 느끼기를 원하는가?):

DEAR MAN, GIVE, FAST 스크립트 쓰기

1. <u>D</u>escribe 상황을 기술하십시오. _______________________

2. <u>E</u>xpress 나의 감정과 의견을 표현하십시오. _______________________

3. <u>A</u>ssert 자기주장을 하여 직접 요청하거나 거절하십시오(필요하다면 마인드풀한 마음상태에서 반복하기 스킬을 사용하도록 ○표시를 해 둘 것). _______________________

4. <u>R</u>einforce 보상하는 말을 하십시오. _______________________

5. <u>M</u>indful and <u>A</u>ppear Confident 마인드풀하고 대담한 태도로 말하십시오(필요하다면). _______________________

6. <u>N</u>egotiation 협상 가능성을 열어 두는 말과 입장 바꾸어 생각하는 말을 하십시오(필요하다면). _______________________

7. <u>V</u>alidate 수인적 말을 하십시오. _______________________

8. <u>E</u>asy Manner 가벼운 마음으로 말을 하십시오. _______________________

피하고 싶은 말이나 행동을 적어보십시오. _______________________

대인관계 효율성 스킬 기록

완료일: _______________________   이름: _______________________   시작하는 주: _______________________

대인관계 스킬을 연습했거나 연습할 기회가 있었을 때 이 기록지를 사용하도록 하십시오. 혹시 연습을 하지 못했거나 거의 하지 않았다는 생각이 들더라도 적어 보도록 합니다. 필요하다면 추가 용지를 사용하십시오.

문제를 일으킨 촉발사건: 누가, 무엇을, 누구에게 하였나요? 무엇이 또 다른 사건으로 이어지게 했나요?

이 상황에서의 구체목표 (원하는 결과가 무엇인가?):

관계 문제 (상대방이 나에 대하여 어떻게 느끼기를 원하는가?):

자기존중감 문제 (나에 대해서 어떻게 느끼기를 원하는가?):

이 상황에서 나의 우선순위 측정하기: 우선순위 1 (가장 중요함), 2 (두번째로 중요함), 3 (가장 덜 중요함)으로 측정해 보십시오.

_______구체목표   _______관계   _______자기존중감

이 상황에서 효과적이지 않게 만드는 우선순위의 불균형과 갈등을 적어 보십시오.

이 상황에서 내가 말하거나 행동한 것(아래에 체크하고 기술할 것)

DEAR MAN (내가 원하는 것을 얻기):

_______ 상황을 기술하기(Describe)?_______________

_______ 감정과 의견 표현하기(Express)?_______________

_______ 주장하기(Assert)?_______________

_______ 보상하기(Reinforce)?_______________

_______ 마인드풀하게 (Mindful)?_______________

_______ 반복하기? _______________

_______ 공격 무시하기?_______________

_______ 대담한 태도로(Appear confident)? _______________

_______ 협상 가능성을 열어두기(Negotiation)?_______________

GIVE (관계 유지하기):

_______ 친절하게(Gentle)?_______________

_______ 공격하지 않기? _______________

_______ 협박하지 않기? _______________

_______ 비판하지 않기? _______________

_______ 호의적으로 행동하면서(Interested)? _______________

_______ 수인적 태도로(Validate)? _______________

_______ 가벼운 마음으로(Easy manner)? _______________

FAST (자기존중감 유지하기):

_______ 공정하게(Fair)? _______________

_______ 사과하지 않기(No Apologies)? _______________

_______ 가치관을 지키기(Stick to values)? _______________

_______ 진솔하게(Truthful)? _______________

대인관계 상황에서 스킬을 사용하였을 때 얼마나 효과적이었나요? _______________

____

좋은 관계를 유지하기 위한 GIVE 스킬:
대인관계 효율성 가이드라인

이 스킬을 GIVE(기브) 스킬이라고 부릅니다. DEAR MAN, GIVE(디어맨, 기브)를 기억하십시오.

(Be) **G**entle	친절하게
(Act) **I**nterested	호의적으로 행동하면서
Validate	수인적 태도로
(Use an) **E**asy manner	가벼운 마음으로

(Be) Gentle

친절하게: 착하게 행동하고 예의를 갖추십시오.

공격하지 말 것: 공격적인 말과 행동을 하지 마십시오. 때리거나 주먹을 쥐는 행동을 하지 마십시오. 어떠한 형태의 괴롭힘도 하지 마십시오. 화가 날 때는 말로 직접 표현하십시오.

협박하지 말 것: 원하는 것을 얻지 못하여 고통스러운 결과를 기술해야만 할 때는 과장하지 말고 차분히 기술하십시오. 조작적인 말이나 위협적인 말들을 하지 마십시오. "~를 해주지 않으면, 죽어버릴거야"라는 말은 하지 마십시오. "안 돼"라는 상대방의 응답을 감내하십시오. 고통스럽더라도, 대화를 할 수 있는 상태를 유지하십시오. 명예롭게 퇴장하십시오.

비판하지 말 것: 도덕적으로 상대방을 비방하지 마십시오. "네가 정말 좋은 사람이면, …했을텐데"라고 말하지 마십시오. "너는 이렇게 해야만 해" 혹은 "너는 이렇게 해서는 안 돼"라는 말을 하지 마십시오. 남 탓을 하지 마십시오.

조롱하지 말 것: 비웃음이나, 눈을 굴리기, '쯧쯧쯧'하는 소리 등을 내지 마십시오. 대화를 중단해버리거나, 나가버리지 마십시오. "그건 바보나 하는 짓이야. 슬퍼하지마", "너가 뭐라고 말하던 상관없어"라고 말하지 마십시오.

(Act) Interested

호의적으로 행동하면서: 상대방의 말을 잘 경청하면서 호의적인 상태를 유지하십시오. 상대방의 관점을 잘 경청하십시오. 상대방의 얼굴을 쳐다보고, 눈을 마주치고, 그 사람과 거리를 두기보다 다가가도록 하십시오. 중간에 말을 끊거나 논쟁에서 이기려고 하지 마십시오. 상대방이 다음에 대화하자고 말하면 그 요청을 들어주는 배려를 하십시오. 인내하십시오.

Validate

수인적 태도로: 그 상황에 대하여 말과 행동으로, 상대방의 감정과 생각을 이해한다는 것을 보여주십시오. 상대방의 관점으로 세계를 바라보고, 관찰한 것을 말하고 그에 따라 행동하십시오. "그 일이 너에게 정말 힘든 것이라는 것을 알게 되었어. 그리고…", "네가 아주 바쁘다는 것을 알겠어. 그리고…" 상대방이 공공장소에서 이야기하는 것을 불편해하면 조용한 곳에 가서 이야기하도록 합니다.

(Use an) Easy manner

가벼운 마음으로: 유머를 사용하십시오. 살짝 웃으십시오. 상대방을 편하게 만들어보십시오. 명랑하게 조금은 달콤한 말을 해 보십시오. 딱딱한 사람보다는 유연한 사람으로 인식되도록 노력하십시오. 조금은 사교적으로 행동해 보십시오. 고집스러운 태도는 버리십시오.

다른 아이디어가 있다면 적어 보십시오. _______________________________

GIVE 의 V 수인하기의 확장: 수인하기 단계

1단계 ☐ 주의집중하기: 상대방에게 호의적으로 보이도록 행동하십시오. 피곤해 하거나 멀티태스킹을 하지 마십시오.

2단계 ☐ 다시 말해주기: 상대방이 말한 것을 정확히 이해한 것인지 확인하기 위해 상대방이 말하거나 행동한 것을 다시 말해 주십시오. 판단적인 목소리나 용어를 사용하지 마십시오.

3단계 ☐ 마음 읽어 주기: 상대방이 말하지 않은 것에 대해서도 배려하도록 하십시오. 상대방의 얼굴 표정, 몸짓, 일어나고 있는 일, 상대방에 대해 알고 있는 사항들에 주의집중하도록 하십시오. 말과 행동으로 상대방을 이해하는 모습을 보여주십시오. 우리가 정말로 옳은지 여러 차례 체크하십시오. 옳지 않다면, 지나가게 하십시오.

4단계 ☐ 이해하기: 상대방의 과거 경험과 현재 상황 그리고 현재의 신체적, 정신적 상태(예: 원인들)를 기초로 그 사람이 어떻게 느끼고, 생각하고, 행동하고 있는지 이해하려고 노력하십시오.

5단계 ☐ 타당한 점을 인정하기: 상대방의 감정, 생각, 행동이 현재의 사실에 부합되는 타당한 반응이거나 논리적인 반응으로 이해할 수 있는 것인지 살펴보십시오.

6단계 ☐ 평등하게 대하기: 있는 그대로의 자신으로서 행동하고, 상대보다 우위에 서지도 열등하게 굴지도 마십시오. 상대방을 동등하게 대하고, 나보다 능력이 없거나 약하다고 여기지 마십시오.

자기존중감을 유지하기 위한 FAST 스킬:
자기존중감 효율성 가이드라인

이 스킬을 FAST(패스트)라고 부릅니다. DEAR MAN, GIVE, FAST(디어맨, 기브, 패스트)를 기억하십시오.

(Be) **F**air	공정하게
(No) **A**pologies	사과하지 않기
Stick to Values	가치관을 지키기
(Be) **T**ruthful	진솔하게

(Be)
Fair

공정하게: 스스로에게 공정하십시오. 다른 사람을 공정하게 대하십시오.
다른 사람의 감정과 원하는 것을 먼저 수인하십시오.
나의 감정과 원하는 것을 수인하는 것을 잊지 마십시오.

(No)
Apologies

사과하지 않기: 과도하게 사과하지 마십시오.
요청하는 것에 대해 사과하지 마십시오. 살아있다는 것 자체에 대해 사과하지 마십시오.
특정한 의견이 있거나 반대 의견이 있다는 것에 대해 사과하지 마십시오.
눈이나 고개를 숙이거나, 몸을 아래로 숙이는 것 같은 자신을 낮추는 행동을 하지 마십시오.
타당한 것에 대하여 비수인적 태도를 보이지 마십시오.

Stick to Values

가치관을 지키기: 나의 가치관을 지키십시오.
정말로 중요한 이유가 아니라면, 나의 가치와 진실성을 버리지 마십시오.
내가 믿고 있는 것이 도덕적이며, 가치 있게 생각하고 행동하는 방식이라는 것을 분명히
하십시오. 마음을 굽히지 마십시오.

(Be)
Truthful

진솔하게: 거짓말을 하지 마십시오. 무능력하지 않으면서 무능력한 것처럼 행동하지 마십시오.
과장된 말이나 행동을 하지 말고 변명을 하지 마십시오.

다른 아이디어가 있다면 적어 보십시오. _______________________________________

____

____

____

요구나 거절할 때 강도 평가하기

무언가를 요구하거나 거절하기 전에 우리가 얼마나 이것을 원하는지에 대하여 판단해야 합니다.

상황을 수용하고 유연하게 대응할 수 있는 **매우 낮은** 강도[intensity]부터 알고 있는 모든 스킬을 사용해서 상황을 바꾸고 원하는 것을 얻겠다는 **매우 높은** 수위의 강도 사이에서 선택하도록 합니다.

선택사항

낮은 강도 (양보하고, 지나가게 할 것)

요구		거절
요구하지 마십시오. 힌트도 주지 마십시오.	1	상대방이 요구하기 전에 원하는 것을 해주십시오.
간접적인 힌트를 주되, 거절을 수용하십시오.	2	불평하지 않고 기쁜 마음으로 원하는 것을 해주십시오.
공개적으로 힌트를 주되, 거절을 받아들이십시오.	3	기쁜 마음이 들지 않더라도 원하는 것을 해주십시오.
조심스럽게 요구하되, 상대방의 거절을 받아들이십시오.	4	요구사항을 들어주십시오. 그러나 주저한다는 것을 표현하십시오.
정중하게 요구하되, 상대방의 거절을 받아들이십시오.	5	주저한다는 것을 말하되, 정중하게 원하는 것을 해주십시오.
자신있게 요구하되, 상대방의 거절을 받아들이십시오.	6	자신있게 거절하되, 다시 한번 생각해 보십시오.
자신있게 요구하고, 거절에 저항하십시오.	7	자신있게 거절하십시오. 수용하려고 하는 것에 저항하십시오.
단호하게 요구하고, 상대방의 거절에 저항하십시오.	8	단호하게 거절하십시오. 수용하려고 하는 것에 저항하십시오.
단호하게 요구하고, 주장하고, 협상하도록 하십시오.	9	단호하게 거절하고, 저항하고, 협상하도록 하십시오. 계속 시도하십시오.
요구하고 거절을 받아들이지 마십시오.	10	**절대로 상대방이 원하는 것을 하지 마십시오.**

높은 강도 (단호한 태도 유지하기)

(계속)

고려해야 할 요인들

요구하거나 거절할 때 얼마나 단호하고, 강하게 할지 다음의 사항을 고려하여 결정하십시오.

1. 나와 상대방의 **능력**

2. 나의 **우선순위**

3. 나의 행동이 **자기존중감**에 미치는 영향

4. 그 상황에서 나와 상대방의 도덕적, 법적 **권리**

5. 상대방에 대한 나의 **권한**(상대방의 나에 대한 권한)

6. 상대방과의 **관계 유형**

7. 나의 행동이 **장기** 혹은 **단기**적으로 미치는 **영향**

8. 관계에서 **주고받기**의 정도

9. 사전 준비를 위해 충분히 **숙제**를 했는지 여부

10. 요청하거나 거절하는 **시기의 적절성**

1. 능력:
- 상대방이 내가 원하는 것을 줄 수 있다면, 요구하는 강도를 높이십시오.
- 상대방이 원하는 것을 내가 가지고 있는가? 가지고 있지 않다면 거절하는 강도를 높이십시오.

2. 우선순위:
- 매우 중요한 목표라면, 강도를 높이십시오.
- 관계가 불안정하다면, 강도를 낮출 것을 생각하십시오.
- 자기존중감을 해칠 수 있다면, 자신의 가치관에 맞게 강도를 조절하십시오.

3. 자기존중감:
- 모든 일을 혼자서 다 하는 편이거나, 자신이 무력하다는 것을 보이지 않으려고 항상 조심하는 편이라면, 요구하는 강도를 높이십시오.
- 지혜로운 마음에서 생각해 보아도 거절했을 때 나 스스로에 대해 상심하게 될 것 같은가? 그렇지 않다면, 거절의 강도를 높이십시오.

4. 권리:
- 상대방이 내가 원하는 것을 도덕적, 법적 규정에 따라 들어주어야 한다면 요구의 강도를 높이십시오.
- 상대방이 요구한 것을 들어주어야 하는 책임이 나에게 있는가? 거절한다면, 나에게 요구하는 사람의 권리를 무시하는 것인가? 그렇지 않다면, 거절의 강도를 높이십시오.

5. 권한:
- 상대방에게 지시할 책임이 있거나 무엇을 하라고 말할 권한이 있다면, 요구의 강도를 높이십시오.
- 요구하는 사람이 나에게 권한을 행사할 수 있는 사람인가(예: 직장 상사, 선생님 등)? 상대방의 권한 내에서 요구하는 것인가? 그렇지 않다면, 거절의 강도를 높이십시오.

(계속)

6. 관계:

- 내가 원하는 것이 현재 상대방과의 관계에서 적절하다면 요구의 강도를 높이십시오.
- 상대방이 원하는 것이 현재 나와의 관계에서 적절한 것인가? 그렇지 않다면, 거절의 강도를 높이십시오.

7. 장기 목표와 단기 목표:

- 단기간의 평화를 유지하기 위해서 원하는 것을 요구하지 않지만, 장기적으로 더 많은 문제를 발생시킬 수 있다면, 요구의 강도를 높이십시오.
- 장기적 관계를 고려할때, 지금의 평화 유지를 위해 양보하는 것이 더 중요한가? 결국에는 거절한 것을 후회하게 될 가능성이 있는가? 그렇지 않다면, 거절의 강도를 높이십시오.

8. 주고 받기:

- 상대방에게 내가 무엇을 해 주었거나, 적어도 상대방이 요구할 만큼 무엇인가를 하는가? 상대방이 내가 원하는 것을 기꺼이 들어줄 의향이 있는가? 그렇다면, 요구의 강도를 높이십시오.
- 상대방이 내 부탁을 들어준 적이 있는가? 상대방이 나를 위해서 많은 것을 해 주었는가? 그렇지 않다면, 거절의 강도를 높이십시오.

9. 숙제:

- 사전 검토를 충분히 했거나, 요구를 정당화할 수 있는 모든 정보를 가지고 있거나, 내가 원하는 것이 분명하다면, 요구의 강도를 높이십시오.
- 상대방의 요구가 명확한가? 어떠한 요구 사항에 동의하는 것인지 스스로 잘 알고 있는가? 그렇지 않다면, 거절의 강도를 높이십시오.

10. 시기의 적절성:

- 지금이 요구하기에 좋은 시점이거나, 상대방이 내가 하는 말에 귀를 기울여 줄 기분이거나, 나의 요구를 상대가 들어주기에 좋은 시기라면, 요구의 강도를 높이십시오.
- 지금은 거절하기 좋지 않은 시기인가? 잠시 응답을 보류해야 하는가? 그렇지 않다면, 거절의 강도를 높이십시오.

기타 요인: ______________________________

____

____

____

____

천원 게임: 요구/거절 강도 계산하여 정하기

완료일: ________________ 이름: ________________ 시작하는 주: ________________

요구와 거절의 강도를 정하기 위해 아래의 지시문을 읽도록 하십시오. 해당되는 항목의 ₩1,000에 ○표 하고, 전체 액수를 합산하십시오. 그리고 목록을 다시 훑어보면서 어떤 것이 중요한 것인지 찾아보십시오. 다른 것보다 더 중요하게 여겨진 항목들이 있다면 행동하기 전에 지혜로운 마음이었는지 체크하십시오.

얼마나 강하게 요구할지를 정하십시오. 아래에 있는 질문에 '예'라는 답을 할 때마다 ₩1,000씩 저금통에 넣습니다. 돈이 많을수록 더 강하게 요구하도록 합니다. 전체 합산이 만원이 된다면, 아주 강하게 요청하십시오. 저금통에 넣을 돈이 없으면 요구하지 마십시오. 힌트도 주지 마십시오.		얼마나 강하게 거절할지를 정하십시오. 아래의 질문에 '아니오'라고 응답을 하면, ₩1,000씩 저금통에 넣으십시오. 합산을 하였을 때 돈이 많으면 그만큼 강하게 거절하도록 합니다. 전체 합산이 만원이 된다면 아주 강하게 거절하십시오. 저금통에 모아둔 돈이 없다면 상대방이 요구하기 전에 실행하십시오.	
₩1,000	상대방이 내가 원하는 것을 주거나, 해줄 수 있는가?	능력	상대방이 내가 원하는 것을 줄 수 있는가?	₩1,000
₩1,000	내가 원하는 것을 얻는 것이 이 사람과의 관계보다 더 중요한가?	우선순위	관계가 거절하는 것보다 더 중요한가?	₩1,000
₩1,000	나를 도와달라고 요청하는 것이 나에게 자기존중감과 만족감을 주는가?	자기존중	거절하는 것이 나에게 나쁜 느낌을 갖게 하는가?	₩1,000
₩1,000	이 사람이 내가 원하는 것을 주어야 할 법적, 도덕적 의무가 있는가?	권리	상대방이 내가 원하는 것을 하고, 주어야 할 법적, 도덕적 의무가 있는가? 거절하는 것이 상대방의 권리를 침해하는가?	₩1,000
₩1,000	내가 그 사람에게 무엇을 하라고 시킬 책임이 있는가?	권한	상대방이 나에게 무엇을 하라고 시킬 책임이 있는 사람인가?	₩1,000
₩1,000	내가 원하는 것이 이 사람과의 관계에서 적절한가? (내가 원하는 것을 요청하는 것이 올바른 것인가?)	관계	상대방이 나에게 요청하는 것이 그 사람과의 관계에 적절한 것인가?	₩1,000
₩1,000	요청하는 것이 장기적으로 더 중요한가?	목표	거절하면 장기적으로 후회하게 될 것인가?	₩1,000
₩1,000	내가 상대방에게 얻은 것만큼 주고 있는가?	주고 받기	이 사람에게 빚진 것이 있는가? (그 사람이 나에게 많은 것을 해주었는가?)	₩1,000
₩1,000	내가 원하는 것이 무엇인지 알고 있으며, 내 요청을 뒷받침할 수 있는 충분한 사실이 있는가?	숙제하기	내가 무엇을 거절하고 있는지 알고 있는가? (내가 무엇을 거절하는지 상대방이 명확히 알고 있는가?)	₩1,000
₩1,000	지금이 요청하기에 적기인가? (그 사람의 기분이 좋은 상태인가?)	시기의 적절성	거절하기 전에 조금 기다리는 것이 좋은가?	₩1,000
₩ ________	요구하기 총액 (지혜로운 마음 조정액 ± ₩ ________)		거절하기의 총액 (지혜로운 마음 조정액 ± ₩ ________)	₩ ________

(계속)

대인관계 효율성 워크시트 6 (p. 2 of 2)

요구하기		거절하기
요구하지 마십시오. 힌트도 주지 마십시오.	₩0 ~ ₩1,000	상대방이 요구하기 전에 원하는 것을 해주십시오.
간접적인 힌트를 주되, 거절을 수용하십시오.	₩2,000	불평하지 않고 기쁜 마음으로 원하는 것을 해주십시오.
공개적으로 힌트를 주되, 거절을 받아들이십시오.	₩3,000	기쁜 마음이 들지 않더라도 원하는 것을 해주십시오.
조심스럽게 요구하되, 상대방의 거절을 받아들이십시오.	₩4,000	요구사항을 들어주십시오. 그러나 주저한다는 것을 표현하십시오.
정중하게 요구하되, 상대방의 거절을 받아들이십시오.	₩5,000	주저한다는 것을 말하되, 정중하게 원하는 것을 해주십시오.
자신있게 요구하되, 상대방의 거절을 받아들이십시오.	₩6,000	자신있게 거절하되, 다시 한번 생각해 보십시오.
자신있게 요구하고, 거절에 저항하십시오.	₩7,000	자신있게 거절하십시오. 수용하려고 하는 것에 저항하십시오.
단호하게 요구하고, 상대방의 거절에 저항하십시오.	₩8,000	단호하게 거절하십시오. 수용하려고 하는 것에 저항하십시오.
단호하게 요구하고, 주장하고, 협상하십시오. 계속 시도하십시오.	₩9,000	단호하게 거절하고, 저항하고, 협상하십시오.
상대방의 거절을 받아들이지 마십시오.	₩10,000	절대로 상대방이 원하는 것을 하지 마십시오.

문제 해결하기:
스킬을 사용했으나 효과가 없을 때

1

내가 필요한 스킬을 습득하였는가? 스킬 사용 방법에 대한 지시문을 다시 확인하십시오.

지금까지 시도했던 것을 리뷰하도록 하십시오.

- 어떻게 스킬을 사용해야 내가 원하는 것을 얻을 수 있는지 알고 있는기?
- 내가 원하는 것을 어떻게 말할지 알고 있는가?
- 스킬 사용 방법에 대한 지시 사항을 잘 따르고 있는가?

2

사람들과 상호작용을 할 때 내가 진정으로 원하는 것을 알고 있는가?

스스로에게 질문할 것:

- 이 사람에게서 내가 정말 무엇을 원하는지 결정하지 못했는가?
- 나의 우선순위에 대하여 확신이 없는가?
- 균형을 잡는 것이 어려운가?
- 너무 많은 것을 요구하거나, 적게 요구하고 있는가?
- 모든 것을 거절하거나, 모든 것을 수락하고 있지는 않은가?
- 공포심이나 수치심 때문에 내가 정말 원하는 것이 무엇인지 알지 못하게 되는가?

3

단기적 목표가 장기적 목표를 달성하는 데 방해가 되는가?

스스로에게 질문할 것:

- 내가 미래에 진정으로 원하는 것을 얻으려고 하는 것보다 '지금, 지금, 지금' 이라는 생각이 더 앞서고 있는가?
- 감정적 마음이 지혜로운 마음에 앞서 내가 말하려고 하는 것을 통제하고 있는가?

(계속)

4

감정이 스킬 사용을 방해하는가?

<u>스스로에게 질문할 것</u>:

- 너무 화가 나서 스킬을 사용하기 어려운가?
- 감정적으로 너무 흥분이 되어 스킬을 사용하지 못할 정도의 상태인가?

5

걱정이나 가정 혹은 잘못된 믿음이 방해하고 있는가?

<u>스스로에게 질문할 것</u>:

- 나쁜 결과가 일어날 것이라는 생각이 내 행동을 막고 있는가?
  "그 사람들은 나를 좋아하지 않아", "그녀는 나를 바보라고 생각할거야."
- 어떤 것을 얻을 자격이 없다는 생각이 방해하고 있는가?
  "나는 정말 나쁜 사람이기 때문에 이것을 얻을 자격이 없어."
- 스스로를 비난하며 무언가 하는 것을 막고 있는가?
  "나는 제대로 하는 것이 없어", "나는 무너지고 말거야", "나는 정말 바보야."
- 대인관계 효율성에 대해서 잘못된 믿음을 갖고 있는가?
  "요구를 하면 나약한 사람이라는 것을 보여주는 것이 되고 말거야."

6

환경적 요인(외부 사람들)이 너무 강한가?

<u>스스로에게 질문할 것</u>:

- 내가 필요로 하거나 원하는 것을 갖고 있는 사람들이 나보다 더 강한가?
- 다른 사람들이 나보다 더 상황에 대한 통제권을 가지고 있는가?
- 내가 원하는 것을 갖게 되면 상대방이 위협을 느끼게 될 것인가?
- 내가 원하는 것을 갖게 되면 상대방이 나를 좋아하지 않게 될 이유가 있는가?

7

추가적으로 고려할 것이 있으면 적어보십시오.

대인관계 효율성 스킬 문제 해결하기

완료일: ______________________　이름: ______________________　시작하는 주: ______________________

대인관계 스킬을 연습했거나 연습할 기회가 있었을 때 이 기록지를 사용하도록 하십시오. 혹시 연습을 하지 못했거나 거의 하지 않았다는 생각이 들더라도 적어 보도록 합니다. 필요하다면 추가 용지를 사용하십시오.

필요한 스킬을 습득하였는가? 아래 지시문을 확인하십시오.

1 지금까지 시도한 스킬을 리뷰하십시오.
- 내가 원하는 것을 얻기 위해 얼마나 스킬을 사용하였는지 알고 있나요?
- 내가 원하는 것을 어떻게 말해야 할지 알고 있나요?
- 스킬을 사용하기 위해 지시문을 정확하게 따랐나요?

☐ **확신이 없음:**
- ☐ 먼저 원하는 것을 말하기 전에 적어 보십시오.
- ☐ 지시문을 다시 읽어보십시오.
- ☐ 믿을 수 있는 사람에게 자문을 받으십시오.
- ☐ 친구에게 혹은 거울 앞에서 연습하십시오.
  - **이것이 다음 번 스킬 사용 시 도움이 되었나요?** ☐네 (정말 도움이 되었어요) ☐아니오 (계속하고 있는 중이에요) ☐다시 시도하지는 않았어요

☐ **예:**

대인관계 상황에서 내가 원하는 것이 무엇인지 정확하게 알고 있나요?

2 질문할 것:
- 이 사람과의 관계에서 내가 진정으로 원하는 것을 정하지 못하고 있나요?
- 우선순위에 대하여 모호한 상태인가요?
- 균형잡기에 문제가 있나요?
  - 너무나 많은 것을 요청하거나, 아무것도 요청하지 않고 있나요?
  - 많은 것을 거절하거나 양보해버렸나요?
- 수치심이나 두려움이 내가 정말로 원하는 것을 아는 것을 방해하고 있나요?

☐ **확신이 없음:**
- ☐ 서로 다른 구체목표의 장점과 단점을 비교해보았나요?
- ☐ 두려움이나 수치심을 낮출 수 있는 감정조절 스킬을 사용하였나요?
  - **이것이 다음 번 스킬 사용 시 도움이 되었나요?** ☐네 (정말 도움이 되었어요) ☐아니오 (계속하고 있는 중이에요) ☐다시 시도하지는 않았어요

☐ **예:**

나의 단기 목표가 장기 목표를 달성하는 것을 방해하고 있나요?

3 질문할 것:
- '지금, 지금, 지금'이라는 태도가 내가 진정으로 장기적으로 원하는 것을 얻는 것보다 우선시되고 있나요?
- 지혜로운 마음이 아니라 감정적인 마음이 내가 말하고 행동하는 것을 통제하고 있나요?

☐ **예:**
- ☐ 장기 목표의 장점과 단점 비교하기를 하였나요?
- ☐ 감정적 마음상태가 아닐 때까지 기다렸나요?
  - **이것이 다음 번 스킬 사용 시 도움이 되었나요?** ☐네 (정말 도움이 되었어요) ☐아니오 (계속하고 있는 중이에요) ☐다시 시도하지는 않았어요

☐ **아니오:**
____

(계속)

감정이 스킬 사용을 방해하고 있나요?

4 질문할 것:
- 스킬을 사용하기에는 너무 화가 나 있었나요?
- 감정적으로 너무 흥분된 상태가 되어 스킬 사용이 불가능했나요?

☐ 예:
- ☐ TIP 스킬을 사용했나요?
- ☐ 스스로 차분해지기 위해서 상대방을 대하기 전에 위기생존 스킬을 사용했나요?
- ☐ 현재 감정에 대한 마인드풀니스를 사용했나요? (감정조절 자료 22)
- ☐ 현재의 구체목표에 온전히 주의집중했나요?
  이것이 다음 번 스킬 사용 시 도움이 되었나요? ☐네 (정말 도움이 되었어요) ☐아니오 (계속하고 있는 중이에요) ☐다시 시도하지는 않았어요

☐ 아니오:

걱정이나 가정 혹은 잘못된 믿음이 방해 요인인가요?

5 질문할 것:
- 나쁜 결과에 대한 생각이 내 행동을 막고 있나요?
  "그 사람은 나를 좋아하지 않아", "그녀는 나를 바보라고 생각할거야."
- 스스로 원하는 것을 가질 자격이 없다고 생각을 하나요?
  "나는 나쁜 사람이라서 이런 것을 가질 자격이 없어."
- 스스로를 자학하는 말이 무언가를 하는 것을 막고 있나요?
  "나는 제대로 하는 것이 하나도 없어", "나는 무너져 버릴거야", "나는 바보야."
- 효과적인 대인관계에 대한 신화적 믿음이 있나요?
  "요청을 하면 내가 약한 사람이라는 것을 보여주는거야"

☐ 예:
- ☐ 신화적 믿음에 도전했나요?
- ☐ 사실을 확인했나요?
- ☐ 정반대 행동하기를 계속해서 했었나요?
  이것이 다음 번 스킬 사용 시 도움이 되었나요? ☐네 (정말 도움이 되었어요) ☐아니오 (계속하고 있는 중이에요) ☐다시 시도하지는 않았어요

☐ 아니오:

환경적인 요인들이 너무나 강한가요?

6 질문할 것:
- 내가 원하거나 필요로 하는 것을 가지고 있는 사람이 나보다 훨씬 강한 사람인가요?
- 나에게 명령하는 사람이 더 많은 권한과 통제를 하고 있나요?
- 내가 원하는 것을 얻게 되면 다른 사람들이 위협을 느끼나요?
- 내가 원하는 것을 갖게 되면 다른 사람들이 나를 좋아하지 않을 가능성이 있나요?

☐ 예:
- ☐ 문제 해결을 시도했나요?
- ☐ 강력한 내 편이 있나요?
- ☐ 철저한 수용을 연습했나요?
  이것이 다음 번 스킬 사용 시 도움이 되었나요? ☐네 (정말 도움이 되었어요) ☐아니오 (계속하고 있는 중이에요) ☐다시 시도하지는 않았어요

☐ 아니오:

새로운 관계를 만들고 파괴적 관계 끝내기 개요

친구를 사귀고 사람들에게 호감을 얻기

근접성, 유사성, 대화의 스킬, 호감도 표현, 그룹에 참여하기

다른 사람에 대한 마인드풀니스

다른 사람에 대한 마인드풀니스를 사용하여 친밀한 관계를 형성하기

파괴적이고, 방해가 되는 관계 끝내기

지혜로운 마음상태 유지하기

스킬 사용하기

안전을 최우선으로 할 것

친구를 사귀고 사람들에게 호감을 얻기

인간은 <u>모두</u> 사랑할 만한 존재라는 것을 기억하십시오.

그러나 친구를 만나려면 노력을 해야 합니다.

자신과 가까이 있는 사람을 찾으십시오.

익숙함은 좋아하거나 사랑하는 마음으로 이어질 수 있습니다.

자신을 좋아할 만한 사람이나, 자신이 좋아할 사람을 찾기 위해서는 사람들이 있는 곳에 자주 가는 것이 매우 중요합니다.
많은 사람들은 같은 반이나, 같이 참여한 그룹에서 또는 같은 장소에 가거나 같은 일을 하면서 친구를 찾게 됩니다.

자신과 비슷한 사람을 찾으십시오.

비슷한 관심사나 사고방식을 나눌 수 있는 사람들과 친구가 될 수 있습니다.

같은 의견을 가지고 있는 사람들에게만 매력을 느끼는 것은 아니지만, 많은 사람들은 중요한 관심사와 사고방식,
예를 들어 정치, 라이프 스타일, 도덕관 등을 함께 나눌 수 있는 사람에게 매력을 느낍니다.

대화 스킬을 증진시키십시오.

질문을 하거나 질문에 응답할 것: 요청한 것보다 조금 더 많은 정보를 가지고 응답하십시오.

잡담하기: 잡담의 가치를 평가 절하해서는 안됩니다.

효과적인 자기공개 하기: 자기 공개를 할 때는 상대방의 자기 공개 수위와 비슷한 정도를 유지하십시오.

끼어들지 않기: 누군가가 말을 하고 있으면 그 사람이 말하기 직전과 직후에 바로 말하려고 하지 마십시오.

무엇에 관하여 말할지를 배울 것: 다른 사람을 관찰하십시오. 독서하십시오. 활동과 경험을 증진시키십시오.

좋아한다는 것을 표현하십시오(선택적으로).

우리는 자신을 좋아한다고 생각하는 사람을 좋아하게 됩니다.

상대방을 좋아하는 것을 진정으로 표현하십시오. 그러나 상대방의 비위를 맞추려고 하거나 굽신거리지는 마십시오.
명백한 것이 아니더라도 칭찬할 거리를 찾아보십시오. 칭찬을 지나치게 많이 하거나 너무 자주 하지 마십시오.
상대방에게 무언가를 요구하기 위하여 칭찬하지 마십시오.

(계속)

여러 사람이 같이 이야기하고 있으면 그 그룹에 참여해 보십시오.

사람들이 우리에게 접근할 때까지 기다리기만 한다면 우리는 친구를 절대 사귈 수 없습니다.

친구를 찾기 위해서는 먼저 다가가야 할 때도 있습니다. 그 그룹이 열려있는 그룹인지 그렇지 않은지에 대해서 먼저 알아야 합니다. 열려있는 그룹이라면 어떻게 접근하고 참여할 수 있는지 알아야 합니다.

그룹이 열려있는지 닫혀있는지 파악하기

열려있는 그룹은 새로운 사람을 환영합니다.

닫혀있는 그룹은 새로운 사람을 환영하지 않습니다.

열려있는 그룹	닫혀있는 그룹
● 모든 사람이 서서 약간씩 떨어져있다.	● 모든 사람들이 서로 가까이 서있다.
● 사람들이 방 여기저기를 살핀다.	● 그룹에 있는 사람에게만 주의를 집중하고 있다.
● 대화가 잠시 중단될 때가 있다.	● 대화가 매우 활기차고, 대화가 거의 중단되지않는다.
● 사람들이 일반적인 주제로 대화한다.	● 둘씩 짝을 이루기 시작하는 것 같다.

열려있는 그룹에서 대화에 참여하는 방법

열려있는 그룹에 참여하는 방법	잠재적으로 발생할 수 있는 문제
그룹에 천천히 다가간다.	천천히 다가가는 것이 그룹에 참여하려고 하는 것인지 확인이 잘 안될 수 있다. 자칫하면 몰래 다가가 엿듣는 것처럼 보일 수도 있다.
다른 사람들의 잔을 채워주거나, 음식을 가져다준다.	과도한 행동으로 비칠 수 있다. 사람들에게 음식이나 술을 가져다주었는데 거절하면 어떻게 할 것인가? 그 그룹에 정말 참여하기를 원하는가?
그룹 옆에 서서 대화에 조금씩 참여한다.	자칫 무례한 행동이 될 수 있다. 사람들이 나를 초대하고싶지 않을 수 있다. 또한 참여할 때 구체적으로 어떤 말을 할 것인가?
다가가서 자기 소개를 한다.	지나치게 격식을 차린 것은 아닐까? 소개를 한 다음 어떤 말을 할 것인가? 그룹의 사람들이 자신들을 소개할 것인가? 이 행동이 대화에 방해가 되는 것은 아닐까?
대화가 잠깐 중단될 때까지 기다리고, 친절해 보이는 사람 옆에 서서 "제가 같이 이야기 나눠도 괜찮을까요?"라고 묻는다.	이러한 행동은 의도를 명확하게 알릴 수 있고, 무례하지 않으며, 대화를 방해하지 않는다. 또한 그룹원들은 자신을 소개할지 여부를 선택할 수 있다.

친구를 사귀고 사람들에게 호감을 얻기 위한 스킬 파악하기

A와 B 중에서 더 효과적인 반응이 무엇인지 체크해 보십시오.

- [ ] **1A.** 좋은 관계는 내가 어떻게 하는가에 달려있다고 생각함
- [ ] **1B.** 대인관계는 모호하거나 추상적인 것이라고 생각함

- [ ] **2A.** 사람들이 나에게 다가와 주기를 기대함
- [ ] **2B.** 사람들과 정기적으로 만날 수 있는 기회를 만들고, 그 기회를 잘 활용함

- [ ] **3A.** 관심사와 생각을 함께 나눌 수 있는 사람과 같이 어울림
- [ ] **3B.** 나와 관심사가 비슷하지 않은 사람들과 어울림

- [ ] **4A.** 전반적으로 나 자신과 삶에 대해 긍정적으로 반응하는 사람들과 어울림
- [ ] **4B.** 냉소적이고 비관적인 사람과 어울림

- [ ] **5A.** 나의 의견과 생각을 표현하여 다른 사람이 나와 유사한 점을 찾아낼 수 있도록 함
- [ ] **5B.** 나의 의견과 사고 방식을 공개하지 않음

- [ ] **6A.** 질문에 대한 답을 아주 짧게 하고, 물어보거나 응대하지 않음
- [ ] **6B.** 질문을 함으로써 다른 사람에게 관심을 보임

- [ ] **7A.** 다른 사람들이 대화할 때, 대화에 참여하지 않는 것이 그들을 존중하는 태도라고 생각함
- [ ] **7B.** 대화에 함께 해도 되는지 정중하게 물어봄으로써 더 많은 사람을 만날 수 있게 됨

- [ ] **8A.** 다른 사람이 공개하는 수위와 관계없이 나에 대한 이야기를 많이 하거나 전혀 말하지 않음
- [ ] **8B.** 다른 사람이 나에게 자기 공개를 하는 만큼 내 개인 정보를 공개함

- [ ] **9A.** 다른 사람에 대해 좋은 의견을 가지고 있는 것을 말하지 않음
- [ ] **9B.** 내가 다른 사람을 좋아하면 그 사람이 알 수 있도록 표현함

- [ ] **10A.** 누가 보아도 확실한 의견에 대해서만 말을 하며, 스스로를 보호함
- [ ] **10B.** 좋아하는 의견을 분별없이 함부로 표현하지 않음

- [ ] **11A.** 원하는 것을 얻기 위해 가능하다면 아부하듯이 말함
- [ ] **11B.** 다른 사람에게 영향을 끼치기 위해 아부하듯이 말하지 않음

- [ ] **12A.** 새 그룹에서 친절해 보이는 사람 옆에 서서 대화가 잦아들 때까지 기다린 후, 그 그룹에 함께 참여해도 되는지 물어봄
- [ ] **12B.** 새로운 사람이 있는 그룹에 가까이 서서 나의 의견이나 발언이 확실히 전달되었는지 확인함

친구를 사귀고 사람들에게 호감을 얻기

완료일: _______________________   이름: _______________________   시작하는 주: _______________________

친구를 사귀는 연습을 하거나 연습할 기회가 있을 때 이 기록지를 작성하도록 하십시오. 연습을 못했거나 거의 하지 않았더라도 작성하도록 합니다. 필요하면 추가 용지를 사용하도록 하십시오.

정기적으로 사람들과 가볍게 만날 수 있는 두 가지 방법을 적어 보십시오.

1. ____

2. ____

우리와 비슷한 사고방식을 갖고 있는 사람을 찾는 두 가지 방법을 적어 보십시오.

1. ____

2. ____

대화에 참여하여 질문을 하거나 응답을 하고, 칭찬을 해주거나 상대방에게 호감을 전할 수 있는 두 가지 방법을 적어 보십시오.

1. ____

2. ____

그룹 대화에 참여하는 연습을 한 것을 적어 보십시오. (어떻게 그 그룹을 찾았나요?)

1. ____

2. ____

사실을 확인하고 새로운 친구를 만날 수 있는 방법을 적어 보십시오. 필요하면 더 많은 방법을 추가하거나 친구나 가족에게 물어보십시오.

새로운 친구를 사귀고 사람들에게 호감을 갖도록 한 일 하나를 선택하여 기술하십시오. _______________________

____

사용한 스킬을 체크하고 기술하십시오.

_______ 근접성   _______ 유사성   _______ 대화의 스킬   _______ 호감을 표현함

____

그룹 대화에 참여하기 위해서 한 노력을 기술하십시오. _______________________________________

____

다른 사람과 대화하는 스킬을 사용하기 위해 어떤 노력을 했는지 기술하십시오. _______________________

____

얼마나 효과적이었나요? ____

다른 사람에 대한 마인드풀니스

마인드풀한 마음을 갖고 있을 때 오랫동안 우정을 유지할 수 있습니다.

관찰하기

❏ 우리 주변에 있는 사람들에게 호기심을 갖고 관심을 기울여 보십시오.

❏ 멀티태스킹을 하지 마십시오. 지금 함께 있는 사람에게 주의를 집중하십시오.

❏ 다음에 무슨 말을 할지 계획하지 말고, 현재에 머물러 보십시오.

❏ 우리 자신에게 주의집중하는 마음을 지나가게 하고, 주변에 있는 사람들에게 주의를 집중해 보십시오.

❏ 다른 사람에게 새로운 면이 있는지 열린 마음으로 바라보십시오.

❏ 다른 사람에 대한 판단적인 생각을 알아차리고 지나가게 하십시오.

❏ 언제나 옳아야한다는 생각에 집착하지 마십시오.

기술하기

❏ 판단적인 말을 기술하는 말로 바꾸어 보십시오.

❏ 사실을 확인하지 않은 상태에서 가정하는 것을 피하고, 다른 사람이 나에 대해서 어떻게 생각할지 해석하지 마십시오 (어느 누구도 다른 사람의 생각이나 동기, 의도, 감정, 느낌, 욕망, 경험을 관찰할 수는 없습니다).

❏ 상대방이 어떤 동기를 가지고 있는지 질문하지 마십시오(그렇게 할 만한 충분한 이유가 없다면).

❏ 상대방이 선의를 가지고 있다고 해석하십시오.

참여하기

❏ 다른 사람과 교류할 때에는 온전히 몰입하십시오.

❏ 흐름을 그대로 따르되, 흐름을 통제하려고 하지 마십시오.

❏ 그룹 활동이나 그룹 대화에 온전히 참여하여 하나가 되어 보십시오.

다른 사람에 대한 올바른 마인드풀니스

A와 B 중에서 더 효과적인 반응이 무엇인지 체크해 보십시오.

□ **1A.** 멀티태스킹을 하고 다른 사람이 이에 대해 이해해 주기를 기대함

□ **1B.** 함께 있는 사람에게 온전히 주의를 집중함

□ **2A.** 어느 정도 친분이 있는 사람이라면 그 사람에게 깊은 관심을 주지 않아도 괜찮음

□ **2B.** 우리가 아끼는 누군가에 대해 더 많이 알려고 노력하고 관심을 기울일 때 그들과 가까워 질 수 있다고 인식함

□ **3A.** "너의 행동 때문에 내가 마음이 너무 상해서, 네가 날 싫어한다는 생각이 들었어. 정말 날 싫어하는 것은 아니라는 것을 물론 알지만, 너도 내 입장이라면 그렇게 느끼지 않겠니?"

□ **3B.** "너는 날 싫어하잖아. 그렇지 않고서는 나한테 그런 행동을 할 수는 없지. 더 이상 말할 필요 없어."

□ **4A.** 사회적 상황에서 자신이 교류하고 있는 상대방에게 온전히 몰입함

□ **4B.** 실수를 하지 않기 위해서 말을 자제하고, 사람들이 서로 어울리는 것을 지켜봄

□ **5A.** 비슷한 가치관을 가진 사람을 찾으려고 함

□ **5B.** 친구 관계에 끌려 다니지 않기 위해, 부도덕한 일은 최대한 하지 않음

□ **6A.** 어떤 것에 대한 사람들의 신념, 감정, 마음이 바뀔 수 있다는, 열려 있는 태도를 보임

□ **6B.** 사람들이 자신의 마음을 바꾸면, 믿을 수 없는 사람이라고 단정함

□ **7A.** 다른 사람의 행동과 생각을 틀렸다고 평가했을 때는 틀렸다고 말해 주거나, 또는 우리가 옳다고 판단했을 때는 상대방에게 틀린 것이 분명하다고 말해 줌

□ **7B.** 다른 사람이 생각하거나 행동하는 것이 내가 동의할 수 없고 인정할 수 없다고 하더라도, 그 사람의 생각과 행동의 원인을 안다면 이해할 수도 있다고 생각함

□ **8A.** "그 행동을 해서는 안돼."

□ **8B.** "그 행동을 그만했으면 좋겠어."

□ **9A.** "너는 게을러서 포기한 거야."

□ **9B.** "네가 포기했을까봐 걱정돼."

□ **10A.** "나는 그것이 옳다고 생각하지 않아."

□ **10B.** "어떻게 그런 생각을 할 수가 있어?"

□ **11A.** 통제 가능한 상태를 유지하면서 원하는 방향으로 관계를 형성함

□ **11B.** 친구들과 함께 있을 때에는 대부분 그 흐름에 따라 어울림

□ **12A.** 상대방을 좋아한다는 확신이 있을 때까지 대화에 참여하지 않음

□ **12B.** 상대방이 싫어한다는 확신이 있을 때까지는 대화에 온전히 참여함

다른 사람에 대한 마인드풀니스

완료일: ___________________ 이름: ___________________ 시작하는 주: ___________________

다른 사람에 대한 마인드풀니스 연습을 하거나 연습할 기회가 있었을 때 이 기록지를 사용하십시오. 혹시 연습을 하지 못했거나 거의 하지 않았더라도 작성해 보십시오. 필요하면 추가 용지를 사용하십시오.

아래 항목 중 연습한 것에 모두 체크하십시오.
- ☐ 주변에 있는 사람들에게 관심과 호기심을 보였음
- ☐ 나에게만 주의집중하는 것을 버리고 나와 함께 있는 사람들에게 주의집중을 했음
- ☐ 다른 사람에 대한 판단적 생각을 자각하고, 그런 생각을 지나가게 했음
- ☐ 현재에 머물러 경청했음(다음에 무슨 말을 할지 계획하기보다는)
- ☐ 다른 사람에게 온전히 주의집중하고, 멀티 태스킹을 하지 않았음
- ☐ 내가 옳다는 생각을 포기했음
- ☐ 기타: ___________________

- ☐ 관찰한 것을 사실대로 기술했음
- ☐ 판단적으로 서술하는 것을 있는 그대로 기술하는 것으로 바꾸었음
- ☐ 다른 사람에 대해 해석하거나 가정하지 않고, 관찰한 것을 기술했음
- ☐ 다른 사람의 동기에 대해 의혹을 제기하지 않았음
- ☐ 기타: ___________________

- ☐ 다른 사람과 교류할 때 온전히 몰입하였음
- ☐ 모든 것을 통제하기보다는 흐름에 맡기려 했음
- ☐ 참여하고 있는 대화에 온전히 하나가 되려고 노력했음
- ☐ 기타: ___________________

한 주 동안 다른 사람에 대한 마인드풀니스를 사용한 상황을 기술하십시오. ___________________

____

누구와 함께 있었나요? ___________________

얼마나 정확히 마인드풀니스를 연습하였나요? ___________________

그 결과는 어땠나요? ___________________

____

그 이후 어떻게 느꼈나요? ___________________

마인드풀한 상태로 있을 때 차이가 있었나요? 그렇다면, 어떤 차이가 있었는지 기술하십시오. ___________________

____

파괴적인 관계 끝내기

파괴적인 관계는 우리의 몸과 안전을 망가트리고 사회적 관계의 질과 자존감과 고결성, 행복과 평화로운 마음, 다른 사람을 돌보는 마음을 완전히 파괴합니다.

방해가 되는 관계는 우리가 중요한 목표를 추구하는 것을 어렵게 하거나 막는 관계입니다. 삶을 즐기지 못하게 하고, 우리가 좋아하는 것을 하지 못하게 합니다. 또 다른 사람과의 관계와 사랑하는 사람의 안녕을 깨뜨립니다.

> 지혜로운 마음상태에서 관계를 끝내는 것이 바람직한지를 결정하도록 하십시오.
> 절대로 감정적 마음에서 결정해서는 안됩니다.

> 현재의 관계가 중요하고 파괴적이지 않으며 그 관계를 증진시킬 수 있다면
> 리페어repair를 통해 문제를 해결하십시오.

> 관계를 끝내는 것을 미리 연습하고, 문제 해결을 위해 미리 대비하십시오.

> 직접적으로 말하십시오.
> DEAR MAN, GIVE, FAST 대인관계 스킬을 사용하십시오.

> 나와는 맞지 않는 사람을 사랑했다는 것을 알아차렸다면,
> 사랑의 감정에 정반대되는 행동을 연습하십시오.

> 안전을 최우선으로 하십시오!
> 학대적이고 생명위협적인 관계를 떠나기 전에 먼저 지역 가정폭력 콜센터나
> 상담센터에 연락하여 안전 조치를 취하고,
> 필요하면 전문가의 도움을 받으십시오.

파괴적인 관계 끝내는 방법 파악하기

A와 B 중에 더 효과적인 반응이 무엇인지 체크해 보십시오.

☐ **1A.** 현재의 관계가 나의 인격과 신체적 안녕에 위협이 된다면, 이는 내 잘못으로 인해 생긴 것이기 때문에 치료를 받아야 한다.

☐ **1B.** 나의 인격과 신체적 안녕을 위협하는 관계는 파괴적이기 때문에 그 관계에서 빠져 나와야 한다.

논쟁을 하는 과정에서 상대방에게 너무 화가 나서 더 이상 그 사람과 아무것도 같이 하고 싶지 않은 경우에

☐ **5A.** 그 사람과 즉시 관계를 끝내야한다! 시간을 지체하면 그 사람이 나를 얼마나 화나게 했는지 잊어버리기 때문이다.

☐ **5B.** 감정적 마음에서 벗어나 지혜로운 마음의 상태를 유지하며, 관계를 지속할지 아니면 끝낼지 여부를 평가한다.

☐ **2A.** 관계는 평안해야 한다. 그 관계를 유지하기가 너무 힘들다면, 그만한 가치가 있는 것이 아니므로 관계를 끝내야 한다.

☐ **2B.** 대부분의 대인관계는 노력을 통해 문제를 해결해야 할 필요가 있다.

☐ **6A.** 파괴적 관계를 끝내는 것이 어렵다면, 같이 사는 방법이 가장 좋은 방법이다.

☐ **6B.** 파괴적 관계를 끝내는 것이 어렵다면, 문제에 미리 대비하기가 가장 효과적인 방법이다.

☐ **3A.** 나를 좋아하지 않는 사람을 짝사랑하고 있다면, DEAR MAN 스킬을 사용해서 그 사람이 나를 사랑하도록 만들어야 한다.

☐ **3B.** 나를 좋아하지 않는 사람을 짝사랑하고 있다면, 사랑의 감정에 정반대되는 행동을 연습한다.

☐ **7A.** 학대적 관계에서 상대방에게 폭력을 당했다면, 대인관계 스킬을 사용해서 관계를 끝낼 것이라고 말해야 한다.

☐ **7B.** 학대적 관계를 끝내기 위해서는 전문가의 도움을 받아야 한다.

☐ **4A.** 관계를 끝낼 것인가를 결정할 때에는 장점과 단점 비교하기를 한다.

☐ **4B.** 관계를 끝내는 것을 결정하기 위해서는 GIVE 스킬을 사용한다.

☐ **8A.** 누군가와의 관계에서 지속적으로 비수인적인 느낌이 들면, 그것은 아마도 나의 책임일 것이다.

☐ **8B.** 누군가와의 관계에서 지속적으로 비수인받고 있다면, 그 관계는 파괴적일 가능성이 높다.

파괴적인 관계 끝내기

완료일: _________________   이름: _________________   시작하는 주: _________________

원하지 않는 관계를 끝내기 위한 방법을 정리할 때 이 기록지를 사용하십시오. 학대적 관계에 놓여 있다면 먼저 지역에 있는 폭력예방센터에 연락을 취하십시오. 필요하면 추가 용지를 사용하십시오.

관계 문제: 그 관계가 우리의 삶을 얼마나 방해하며, 파괴하고 있는시 기술하십시오.

____

____

지혜로운 마음상태에서 관계를 끝내는 것의 **장점**과 **단점**을 적어 보십시오.

장점: ____

____

단점: ____

____

관계를 끝내기 위한 DEAR MAN, GIVE, FAST 스크립트 적기

1. **기술하기(Describe):** 관계를 끝내고 싶어하는 주요 이유들과 상황을 기술하십시오.

2. **표현하기(Express):** 왜 그 관계를 끝내야 하는지에 대한 의견과 감정을 표현하십시오.

3. **주장하기(Assert):** 관계를 끝내야겠다는 결정을 직접 자기주장적으로 말하십시오. 필요하다면 마인드풀한 마음상태를 유지하며, 반복하기 스킬에 ○표를 하고 준비하십시오 .

4. **보상하기(Reinforce):** 관계를 끝내게 되면 두 사람 모두에게 긍정적 결과가 있을 것이라고 강화하는 언급을 하십시오.

(계속)

5. **마인드풀하고 대담한 태도로(Mindful and Appear confident)**: 언제, 어떻게 끝낼 것인지에 대하여 마인드풀하고 대담한 태도로 말하십시오(필요하다면).

6. **협상 가능성을 열어두기(Negotiation)**: 주제에서 벗어나거나 모욕 혹은 주의를 분산시키려는 전략에 반응하지 않도록 협상 가능한 말과 **입장을 바꾸어** 생각하는 말들을 하십시오(필요하다면).

7. **수인적 태도로(Validate)**: 상대방과의 이전 관계와 상대방의 소망이나 감정에 대하여 수인하는 말을 하십시오.

8. **가벼운 마음으로(Easy manner)** 말하십시오.

9. **공정하게(Fair)** 말하십시오.

사랑의 감정에 대응하는 정반대 행동을 하고 있는지 아래의 항목에 체크해 보십시오.

☐ 1. 사랑의 감정이 정당화될 수 없다는 점을 떠올리기

☐ 2. 사랑하는 감정충동의 정반대 행동하기

☐ 3. 사랑했던 사람을 떠올릴 수 있는 것과의 접촉 피하기

☐ 4. 기타: _______________________________________

중도의 길 걷기 개요:

수용과 변화 균형잡기

다이어렉틱스

'긍정과 부정', '진리와 비진리'라는 역설paradox에 들어가,

대립하는 깃들의 균형을 집도록 하십시오.

수인하기

나와 다른 사람이 이해할 수 있고 타당한 것을 수인하십시오.

비수인성으로부터 벗어나기

방어적이지 않은 태도를 취하면서, 수인할 것이 있는지 찾고,
비수인적 요인이 있으면 그것을 인정하며, 철저하게 우리 자신을 수용하십시오.

행동 변화를 위한 전략

행동주의적 기본 원리를 이용하여 원하는 행동은 증진시키고,

원하지 않는 행동은 감소시키십시오.

---

* 이 스킬은 저작권사인 출판사의 승인을 받아 아래 자료에서 발췌하여 수정하였음. Miller, A. L., Rathus, J. H., & Linehan, M. M. (2007). *Dialectical behavior therapy with suicidal adolescents*. New York: Guilford Press. Copyright © 2007 The Guilford Press.

다이어렉틱스

다이어렉틱스란 무엇인가?

1. 이 세상에는 대립하는 힘과, 대립하는 입장(편)들로 가득 차 있습니다.

상황을 바라보는 시각은 하나 이상 있으며, 문제를 해결하는 방식도 하나 이상 존재합니다.

대립하는 것 같아 보이는 두 개의 입장이 모두 진리일 수 있습니다.

2. 모든 사물과 사람은 서로 다양한 형태로 연결되어 있습니다.

바다와 파도는 하나입니다.

나비의 작은 움직임이 멀리 떨어져 있는 별에도 영향을 줄 수 있습니다.

3. 변화는 피할 수 없는 것입니다.

진리와 의미는 시간에 따라 진화합니다.

모든 순간은 새로운 것이며, 현실도 매 순간 변화합니다.

4. 변화는 상호교류적입니다.

우리의 행동은 우리 환경과 다른 사람에게 영향을 줍니다.

환경과 다른 사람들 역시 우리에게 영향을 줍니다.

다이어렉티컬하게 생각하고 행동하는 방법

☐ 1. 세상에 있는 모든 것에는 하나 이상의 입장이 있으며, 양쪽의 입장을 모두 살펴보아야 합니다.

   ☐ **지혜로운 마음에 물어보십시오.** "혹시 내가 빠뜨린 것이 있지 않은가?", "다른 입장으로 볼 때 진실의 또 다른 측면은 무엇일까?"

   ☐ **극단적인 것을 내려 놓으십시오.** '이것' 아니면 '저것'에서 '두 가지 모두 다', '항상' 이나 '전혀 아닌'에서 '때로는'으로 바꿔 보십시오.

   ☐ **대립하는 것들 사이의 균형을 맞추어 보십시오.** 동의가 되지 않을 때, 양쪽의 입장을 수인하고 현실을 수용하며 변화하려 노력해 보십시오.

   ☐ **레몬에서 레모네이드를 만들어 보십시오.**

   ☐ **혼돈 자체를 포용해 보십시오.** 긍정과 부정, 진리와 비진리의 역설로 들어가 보십시오.

   ☐ **의도적으로 반대의 입장을 취해 보십시오.** 반대 입장을 열의를 다해 변호해 보십시오.

   ☐ **마음을 자유롭게 하기 위하여 은유나 우화를 사용하십시오.**

   ☐ 상황의 모든 측면을 보기 위한 다른 방법들을 적어 보십시오. ___________________

☐ 2. 우리가 연결되어 있다는 것을 자각해 보십시오.

   ☐ **다른 사람들을 대할 때, 그들이 우리를 대해 주기를 바라는 방식으로 대하십시오.**

   ☐ **사람들에게서 차이점을 발견하려고 하기보다는 공통점을 발견하려고 하십시오.**

   ☐ **모든 사물의 물리적인 연결성을 자각해 보십시오.**

   ☐ 연결성을 자각하기 위한 다른 방법을 찾아 보십시오. ___________________

☐ 3. 변화를 포용하기

   ☐ **변화에 우리 자신을 몰입시켜 보십시오.** 받아들이고 포용하십시오.

   ☐ **변화를 철저히 수용하는 연습을 하십시오.**

   규칙이나 사람, 상황이 우리가 좋아하지 않는 방식으로 바뀌더라도 변화에 익숙해지는 연습을 하십시오.

   ☐ **이것을 연습하기 위해 작은 변화를 만들어 보십시오**(예: 의도적으로 앉는 위치나 대화 상대, 익숙한 길을 바꿔 보십시오).

   ☐ 변화를 포용할 수 있는 다른 방법을 찾아 보십시오. ___________________

☐ 4. 변화는 상호교류적입니다. 우리가 환경에 영향을 주고, 환경 역시 우리에게 영향을 줍니다.

   ☐ **우리가 다른 사람에게 미치는 영향을 살펴보십시오.** 그리고 그 사람들이 우리에게 어떤 영향을 주는지 살펴보십시오.

   ☐ **우리 자신과 다른 사람들의 행동이 오랜 기간의 상호작용에 의해 생겨났는지 찾아보고, 비난하는 마음을 내려놓는 연습을 하십시오.**

   ☐ **모든 행동, 모든 것들은 인과에 의해 생겨난다는 것을 기억하십시오.**

   ☐ 상호교류를 확인할 수 있는 다른 방법을 적어 보십시오. ___________________

* 이 스킬은 저작권사인 출판사의 승인을 받아 아래 자료에서 발췌하여 수정하였음. Miller, A. L., Rathus, J. H., & Linehan, M. M. (2007). *Dialectical behavior therapy with suicidal adolescents*. New York: Guilford Press. Copyright © 2007 The Guilford Press.

대립하는 두 입장이 모두 진리인 경우

☐ 1. 나는 변화하고 싶고, 최선을 다하고 있을 수 있다. **그리고** 아직 더 나아질 필요가 있고, 더 열심히 노력해야하며, 변화하기 위해 더 동기유발을 해야 한다.

☐ 2. 나는 강하다. **그리고** 나는 부드럽다.

☐ 3. 나는 독립적인 사람이 될 수 있다. **그리고** 나는 도움을 청할 수도 있다(나는 다른 사람이 독립적인 것을 허용할 수 있다. **그리고** 그 사람을 도와줄 수도 있다).

☐ 4. 나는 혼자 있고 싶은 경우가 있다. **그리고** 나는 다른 사람과 연결되어 있기를 원한다.

☐ 5. 나는 다른 사람과 무언가를 나눌 수 있다. **그리고** 어떤 것들은 개인적인 것으로 남길 수 있다.

☐ 6. 나는 혼자 있을 수 있다. **그리고** 다른 사람과 연결되어 있을 수도 있다.

☐ 7. 나는 다른 사람과 함께 있을 수 있다. **그리고** 나는 외로움을 느낄 수 있다.

☐ 8. 나는 어떤 그룹에서는 잘 어울리지 못할 때가 있다. **그리고** 또 다른 그룹에는 아주 잘 어울릴 수 있다(장미정원에 있는 튤립도 튤립정원에 있는 튤립이 될 수 있다).

☐ 9. 나는 나 자신을 있는 그대로 수용할 수 있다. **그리고** 변화하기를 원할 수도 있다(나는 다른 사람을 있는 그대로 수용할 수 있다. **그리고** 그 사람들이 변화하기를 원할 수도 있다).

☐ 10. 나는 때로는 내 감정을 통제할 필요가 있다. **그리고** 감내할 필요도 있다.

☐ 11. 나는 내가 믿고자 하는 것을 믿을 타당한 이유가 있다. **그리고** 나는 틀리거나 부정확할 수도 있다.

☐ 12. 어떤 사람이 나에게 타당한 이유를 들며 무언가를 원할 수 있다. **그리고** 나에게는 그 요청을 거절할 타당한 이유가 있을 수 있다.

☐ 13. 날이 화창할 수 있다. **그리고** 비가 올 수도 있다.

☐ 14. 나는 누군가에게 화를 낼 수도 있다. **그리고** 그 사람을 존중하고 사랑할 수도 있다.

☐ 15. 나는 나 스스로에게 화가 날 수 있다. **그리고** 나를 존중하고 사랑할 수도 있다.

☐ 16. 나는 어떤 사람과 의견이 맞지 않을 수 있다. **그리고** 친구가 될 수 있다.

☐ 17. 나는 그 규칙에 동의하지 않을 수 있다. **그리고** 그 규칙에 따를 수도 있다.

☐ 18. 나는 어떤 사람이 느끼고 행동하는 특정한 방식을 이해할 수 있다. **그리고** 그 행동에 동의하지 않을 때는 변화를 요청할 수도 있다.

☐ 19. 기타:____

대립하는 것들의 균형

☐　1. 현실 수용하기 **그리고** 변화시키려고 하기

☐　2. 나와 다른 사람을 수인하기 **그리고** 실수 인정하기

☐　3. 일하기 **그리고** 휴식하기

☐　4. 해야할 일을 하기 **그리고** 내가 원하는 것을 하기

☐　5. 나를 증진시키려고 노력하기 **그리고** 나를 있는 그대로 수용아기

☐　6. 문제 해결하기 **그리고** 문제 수용하기

☐　7. 감정조절하기 **그리고** 감정 수용하기

☐　8. 혼자서 무언가를 숙련하기 **그리고** 다른 사람에게 도움 요청하기

☐　9. 독립성 **그리고** 의존성

☐　10. 개방적 태도 **그리고** 사생활 보호

☐　11. 신뢰 **그리고** 의심

☐　12. 바라보며 관찰하기 **그리고** 참여하기

☐　13. 다른 사람에게서 얻기 **그리고** 다른 사람에게 주기

☐　14. 나 자신에게 초점을 맞추기 **그리고** 다른 사람에게 초점을 맞추기

☐　15. 기타:＿＿＿＿＿＿＿＿＿＿＿＿＿＿＿＿＿＿＿＿＿＿＿＿＿＿＿＿＿＿＿＿＿＿

＿＿＿＿＿＿＿＿＿＿＿＿＿＿＿＿＿＿＿＿＿＿＿＿＿＿＿＿＿＿＿＿＿＿＿＿＿＿＿

☐　16. 기타:＿＿＿＿＿＿＿＿＿＿＿＿＿＿＿＿＿＿＿＿＿＿＿＿＿＿＿＿＿＿＿＿＿＿

＿＿＿＿＿＿＿＿＿＿＿＿＿＿＿＿＿＿＿＿＿＿＿＿＿＿＿＿＿＿＿＿＿＿＿＿＿＿＿

☐　17. 기타:＿＿＿＿＿＿＿＿＿＿＿＿＿＿＿＿＿＿＿＿＿＿＿＿＿＿＿＿＿＿＿＿＿＿

＿＿＿＿＿＿＿＿＿＿＿＿＿＿＿＿＿＿＿＿＿＿＿＿＿＿＿＿＿＿＿＿＿＿＿＿＿＿＿

다이어렉틱스 확인하기

각 그룹에서 가장 다이어렉티컬한 반응에 체크하십시오.

- ☐ **1A.** 우리가 다른 사람에게 미치는 영향을 살펴봄
- ☐ **1B.** 우리에 대한 다른 사람의 반응이 내가 다른 사람을 대하는 방식과는 관련이 없다고 가정함

- ☐ **5A.** 시간이 지나면서 어떤 사람과 관계에 문제가 쌓여갈 때는 이 문제가 어떻게 발생했는지 살펴봄
- ☐ **5B.** 관계에 있어서 모든 문제는 전적으로 나 또는 상대방에게 원인이 있다고 가정함

- ☐ **2A.** "분명히 내 생각이 옳아."
- ☐ **2B.** "내가 그 의견에 동의할 수 없지만, 네가 어떤 관점을 가지고 있는지 알겠어."
- ☐ **2C.** "네가 왜 그렇게 생각하는지 전혀 이해가 안돼."

- ☐ **6A.** "희망이 없어. 나는 못해."
- ☐ **6B.** "누구나 이 정도 일은 다 겪어. 아무 문제 없어."
- ☐ **6C.** "이건 정말 너무 힘든 일이야. 그리고 나는 계속 노력을 해 나갈 거야."

- ☐ **3A.** "모든 사람이 나를 불공평하게 대해."
- ☐ **3B.** "코치는 나를 팀에서 제외한 결정에 대해 다시 생각해야만 해."
- ☐ **3C.** "코치들은 팀에 누가 남고 누가 나가야 하는지 가장 잘 아는 사람이야."

- ☐ **7A.** 어떤 사람과 의견이 다를 때, 우리의 관점을 명확하고 확실하게 해야 함
- ☐ **7B.** 어떤 사람과 의견이 다를 때, 그 사람의 입장을 알려고 노력함

- ☐ **4A.** 그 친구가 내가 원하는 방식대로 변화하지 않으면 나에게 관심이 없고 성실하지 않은 것이라고 판단함
- ☐ **4B.** 관심사가 바뀔 수 있다는 것을 받아들임

- ☐ **8A.** 변화하지 않고, 안정된 상태의 관계를 유지할 것을 요구함
- ☐ **8B.** 변화가 불가피하다는 것을 알고 포용함

다이어렉틱스 연습하기

완료일: _______________________   이름: _______________________   시작하는 주: _______________________

다이어렉틱스 연습을 시작하게 된 두 가지의 상황을 기술하십시오.

상황 1

상황 (누가, 무엇을, 언제, 어디서):

☐ 양쪽 측면을 모두 고려하기
☐ 연결성을 자각하기
☐ 변화를 포용하기
☐ 내가 다른 사람에게 영향을
　 주고, 다른 사람도 나에게
　 영향을 준다는 것을 명심하기

왼쪽에 있는 스킬 중 사용한 스킬에 체크하고, 무엇을 하였는지 이곳에 기술하도록 하십시오.

스킬을 사용한 경험을 기술하십시오.

다이어렉틱스 스킬을 연습했을 때 조금이라도 아래에 있는 항목에 영향을 주었다면 체크하십시오.

__ 괴로움 감소　　　　　__ 행복감 증진　　　　　__ 다른 사람과의 마찰 감소
__ 반응성 감소　　　　　__ 지혜의 증진　　　　　__ 관계 증진
__ 연결감 증진　　　　　__ 자기 수인감 증진

__ 기타 결과: _______________________

상황 2

상황 (누가, 무엇을, 언제, 어디서):

☐ 양쪽 측면을 모두 고려하기
☐ 연결성을 자각하기
☐ 변화를 포용하기
☐ 내가 다른 사람에게 영향을
　 주고, 다른 사람도 나에게
　 영향을 준다는 것을 명심하기

왼쪽에 있는 스킬 중 사용한 스킬에 체크하고, 무엇을 하였는지 이곳에 기술하도록 하십시오.

스킬을 사용한 경험을 기술하십시오.

다이어렉틱스 스킬을 연습했을 때 조금이라도 아래에 있는 항목에 영향을 주었다면 체크하십시오.

__ 괴로움 감소　　　　　__ 행복감 증진　　　　　__ 다른 사람과의 마찰 감소
__ 반응성 감소　　　　　__ 지혜의 증진　　　　　__ 관계 증진
__ 연결감 증진　　　　　__ 자기 수인감 증진

__ 기타 결과: _______________________

다이어렉틱스 체크리스트

완료일: _________________________　이름: _____________________　시작하는 주: _________________

일상적인 다이어렉틱스 연습: 다이어렉틱스 연습을 할 때마다 아래 항목에 체크하도록 하십시오. 각 스킬을 연습할 때마다 그 스킬이 얼마나 효과적이었는지, 또 그 스킬이 우리의 개인적 목표와 대인관계 목표를 달성하는데 효과적이었는지 측정하십시오. 1 (전혀 효과가 없었음)에서 5 (매우 효과적이었음) 중에 선택하여 평가하십시오.

양쪽의 측면을 모두 고려하기:　　　　　　　　　　　　　　　　　　　　　　　　　　　　　　　**평가(1-5)**

☐☐☐☐　1. 지혜로운 마음에 "내가 지금 무엇을 빠트렸을까?"라고 물어본다.　　　　　　_________

☐☐☐☐　2. 다른 사람의 관점에서 진실의 일면을 찾아본다.　　　　　　_________

☐☐☐☐　3. 극단적인 생각으로부터(예: '항상' 또는 '절대') 떨어져서 생각하고 말한다. _____________　_________

☐☐☐☐　4. 우리의 삶에서 대립하는 것들의 균형잡기: ☐ 나 자신과 나와 의견이 다른 상대방을 모두 수인하기　_________
　　　　　☐ 현실을 수용하기와 현실을 바꾸려고 노력하기　☐ 집착하기와 내려 놓기　☐ 기타 (기술하기): _________

☐☐☐☐　5. 레몬에서 레몬에이드 만들기 (기술하기): _________________________________　_________
　　　　　____

☐☐☐☐　6. 혼돈감을 포용하기 (기술하기): ___________________________________　_________

☐☐☐☐　7. 내 입장과 상대편의 입장을 고려하여 논쟁하기 (기술하기): _____________________
　　　　　____

☐☐☐☐　8. 내 관점을 기술할 때 은유나 비유를 사용하기: _______________________________　_________
　　　　　____

☐☐☐☐　9. 동적인 마음상태의 속도를 줄이기 위해 3분 동안 지혜로운 마음갖기　_________

☐☐☐☐ 10. 기타 (기술하기): ____　_________

연결성 자각하기:

☐☐☐☐ 11. 내가 대접받고 싶은 것처럼 다른 사람 대접하기(기술하기): _______________________　_________

☐☐☐☐ 12. 나와 다른 사람들 간의 유사성 찾기 (기술하기): _______________________________　_________

☐☐☐☐ 13. 존재들 간의 물리적 연결성 자각하기 (기술하기): _____________________________　_________

☐☐☐☐ 14. 기타 (기술하기): ____　_________

변화를 포용하기:

☐☐☐☐ 15. 변화를 철저하게 수용하는 연습하기 (기술하기): _____________________________　_________

☐☐☐☐ 16. 변화에 익숙해지기 위해서 작은 변화를 의도적으로 만들어 보기 (기술하기): _______________
　　　　　____

☐☐☐☐ 17. 기타 (기술하기): ____　_________

변화는 상호 교류적이라는 것을 명심하기:

☐☐☐☐ 18. 내가 다른 사람에게 미치는 영향에 유의하기 (기술하기): ___________________________　_________

☐☐☐☐ 19. 다른 사람이 나에게 미치는 영향을 유의하기 (기술하기): ___________________________　_________

☐☐☐☐ 20. 비난하는 것을 버리는 연습을 하기 (기술하기): _______________________________　_________

☐☐☐☐ 21. 행동을 포함하는 모든 것들에는 원인이 있다는 점을 떠올리기: _______________________　_________

☐☐☐☐ 22. 기타 (기술하기): ____　_________

다이어렉틱스 스킬을 사용하지 않을 때를 자각하기

완료일: _______________________　　이름: _______________________　　시작하는 주: _______________________

한 주 동안 다이어렉틱스 스킬을 사용하지 않았을 때를 파악하고 그 상황을 간략하게 기술하십시오.

상황 1

상황 (누가, 무엇을, 언제, 어디서)

☐ 양쪽 측면을 모두 고려하기 ☐ 연결성을 자각하기 ☐ 변화를 포용하기 ☐ 내가 다른 사람에게 영향을 　　주고, 다른 사람도 나에게 　　영향을 준다는 것을 명심하기	왼쪽 항목에 사용해야 했지만 하지 않은 스킬에 표기하고, 스킬을 사용하지 않았을 때의 경험을 기술하도록 하십시오.

스킬을 사용한 경험을 기술하십시오.

다이어렉틱스 스킬을 연습하지 않은 것이 조금이라도 아래에 있는 항목에 영향을 주었다면 체크하십시오:

__ 괴로움 증가　　　　　　__ 행복감 감소　　　　　　__ 다른 사람과의 마찰 증가
__ 반응성 증가　　　　　　__ 지혜로움 감소　　　　　　__ 관계 훼손
__ 연결감 감소　　　　　　__ 기타 결과: _______________________

상황 2

상황 (누가, 무엇을, 언제, 어디서):

☐ 양쪽 측면을 모두 고려하기 ☐ 연결성을 자각하기 ☐ 변화를 포용하기 ☐ 내가 다른 사람에게 영향을 　　주고, 다른 사람도 나에게 　　영향을 준다는 것을 명심하기	왼쪽 항목에 사용해야 했지만 하지 않은 스킬에 표기하고, 스킬을 사용하지 않았을 때의 경험을 기술하도록 하십시오.

스킬을 사용한 경험을 기술하십시오.

다이어렉틱스 스킬을 연습하지 않은 것이 조금이라도 아래에 있는 항목에 영향을 주었다면 체크하십시오.

__ 괴로움 증가　　　　　　__ 행복감 감소　　　　　　__ 다른 사람과의 마찰 증가
__ 반응성 증가　　　　　　__ 지혜로움 감소　　　　　　__ 관계 훼손
__ 연결감 감소　　　　　　__ 기타 결과: _______________________

수인하기

수인하기란,

- 상대방의 관점이나 상황에서 진실의 일면을 찾는 것입니다. 특정 상황과 연관된 사실들을 확인하는 것입니다.
- 어떤 사람의 감정, 생각, 행동에는 원인이 있으며, 이해할 만한 점이 있다는 것을 인식하는 것입니다.
- 그 사람의 의견에 꼭 동의해야 하는 것은 아닙니다.
- 실제로 타당하지 않은 것은 수인하지 않아도 됩니다.

왜 수인해야 할까?

- 우리가 상대방을 이해하고 경청하는 것을 보여줌으로써 관계를 증진시키기 때문입니다.
- 아래의 요인을 낮추면 대인관계 효율성이 증진됩니다.
    1. 누가 옳은지 증명해 내려는 압박
    2. 부정적 반응성
    3. 분노
- 수인하기는 문제를 해결하고, 친밀하게 하며, 사회적 지지를 얻을 수 있도록 돕습니다.
- 비수인적 태도[Invalidation]는 상처를 줍니다.

수인할 수 있는 것들

- 타당한 것(수인할 만한 것들)
- 어떤 상황과 연관된 사실들
- 그 사람의 경험, 느낌/감정, 신념, 의견, 어떤 것에 대한 생각
- 괴로움과 어려움

기억할 것!

- 모든 비수인적 반응은 어떤 면에서는 이해할 수 있습니다.
- 수인하기는 동의하는 것을 의미하지 않습니다.
- 수인한다고 해서 우리가 그것을 좋아하는 것을 의미하지는 않습니다.
- 타당한 것만 수인하도록 하십시오!

수인하는 방법

1. ☐ **주의집중하기:**

   관심을 보이며 경청하고 관찰하십시오. 멀티태스킹을 하지 마십시오. 눈을 마주치십시오. 주의집중을 하십시오. 가끔씩 고개를 끄떡이십시오. 표정으로 반응하십시오(예: 재미있는 말을 할 때 미소짓기, 고통스러운 이야기를 들을 때에는 걱정하는 표정).

2. ☐ **다시 말해주기:**

   상대방의 말을 이해했다는 것을 알려주기 위해 들은 것과 관찰한 것을 다시 말해 주십시오. 판단적인 목소리나 용어를 사용하지 마십시오! 다른 사람이 느끼고, 생각하는 것에 다가가려고 노력하십시오. 열려있는 마음을 가지십시오(의견에 무조건 반대나 비판, 상대방의 마음이나 목표를 바꾸려고 시도하지 마십시오). 상대방이 우리의 단점을 지적하면 이를 수용하는 목소리 톤을 유지하고, 사실을 확인하십시오.

   예: "그래서 내가 너에게 복수하려고 거짓말했다고 생각하기 때문에 나에게 화가 났다는 말이구나? 내가 한 말이 맞아?"

3. ☐ **마음 읽어주기:**

   상대방이 말하지 않은 부분을 세심하게 살피십시오. 얼굴, 표정, 몸짓, 일어나고 있는 일들, 그 사람에 대해 알고 있는 것들에 관심을 기울여 주십시오. 언어나 행동으로 상대방을 이해한다는 것을 보여 주십시오. 수정하는 것에 대해 열려 있는 마음을 가지십시오.

   예: 긴 하루를 마치고 친구에게 차를 태워 달라고 부탁했을 때 친구가 기운이 없어보이면, "네가 너무 피곤해 보여. 다른 사람에게 물어보는 게 나을 거 같아" 라고 말해 보십시오.

4. ☐ **이해하기:**

   다른 사람이 느끼고, 생각하는 것 또는 그 사람이 말한 것이 상대방의 개인적 경험들과 그 사람의 몸과 마음의 상태, 현재의 사건(원인들)을 고려할 때 이해가 되는지 찾아보십시오. 우리가 상대방의 행동을 용인하지 못하더라도, 혹은 상대방의 신념이 틀렸더라도 "네가 …때문에 …한다는 것이 이해가 가"라고 말해보십시오.

   예: 초대장을 잘못된 주소지로 발송했다는 것을 알게 되었을 때, "내가 왜 너를 의도적으로 배제시키려고 했다고 생각했는지 알겠어."

5. ☐ **타당한 점 인정하기:**

   상대방의 생각, 감정, 행동이 현실과 사실을 고려했을 때 타당하다는 것을 알고 있음을 전달하십시오. 상대방의 행동이 타당하다고 느끼게 행동하십시오.

   예: 만일 오늘 쓰레기를 버리지 않은 것에 대해서 비판을 받으면, 책임을 지고 쓰레기를 버리지 않은 것에 대한 비판을 수용하십시오. 어떤 사람이 문제에 봉착해 있으면 그 문제를 해결하기 위해 도와주십시오(만일 그 사람이 자신의 말을 들어주는 것만 원하는 것이 아니라면). 어떤 사람이 배고파하면 음식을 주십시오. 어떤 사람이 노력을 기울이는 것을 인정해 주십시오.

6. ☐ **평등하게 대하기:**

   있는 그대로의 자신으로 행동하고, 상대보다 우위에 서지도 열등하게 굴지도 마십시오. 다른 사람을 동등하게 대하고, 능력이 없거나 약하다고 여기지 마십시오.

   예: 실수를 기꺼이 인정하십시오. 어떤 사람이 여러분을 편안하게 소개하면, 여러분도 편안하게 소개하십시오. 사람들에게 자신의 의견을 말하도록 요청해 보십시오. 방어적이지 않도록 하십시오. 상대방이 묻지 않거나 꼭 그렇게 할 필요가 없을 때에는 어떻게 하라고 말을 해 주거나 충고를 하는 것에 주의를 해야 합니다. 설사 그렇게 하더라도 여러분이 틀릴 수 있다는 것을 기억하십시오.

* 이 스킬은 저작권사인 출판사의 승인을 받아 아래 자료에서 발췌하여 수정하였음. Linehan, M. M. (1997). Validation and psychotherapy. In A. Bohart & L. Greenberg (Eds.), *Empathy reconsidered: New directions in psychotherapy* (pp. 353–392). Washington DC: American Psychological Association. Copyright ©1997 by the American Psychological Association.

올바른 수인하기

A와 B 중에서 더 효과적인 반응이 무엇인지 체크해 보십시오.

☐ **1A.** 상대방이 자신의 하루가 어땠는지 말할 때, 나도 하루를 어떻게 보냈는지 생각해 본다.

☐ **1B.** 상대방이 하루를 어떻게 보냈는지에 대해서 온전히 몰입하여 경청한다.

☐ **2A.** 상대방의 생각과 감정에 대해서 잘 모르겠다면, 상대방에게 어떻게 느끼고 생각했는지 물어보거나, 그 상황에 있을 때 내가 어떨지를 상상해 본다.

☐ **2B.** 사람들이 자신의 생각과 느낌에 대해 우리가 알기를 원하면, 그들이 직접 말할 것이라고 가정한다.

☐ **3A.** 사회적 상황에서 무슨 일이 일어나고 있는지에 대해 아주 잠시라도 관찰한다.

☐ **3B.** 사람들이 말하는 것만 관찰하고, 비언어적인 신호들은 무시한다.

☐ **4A.** 사람들이 한 말이 어떤 의미인지 바로 결론을 내린다.

☐ **4B.** 같은 행동에는 여러 가지 의미가 있을 수 있다는 것을 알아차린다.

☐ **5A.** 사람들의 생각과 감정, 행동이 항상 일치하는 것은 아니란 점을 명심한다. 사실을 확인한다.

☐ **5B.** 상대방이 무슨 생각을 하고 어떻게 느끼는지에 대해 자신이 정확히 알고 있다고 가정한다.

☐ **6A.** 다른 사람의 행동이나 생각을 평가한 후, 내가 옳다는 느낌이 확실하면 그들의 생각이 틀렸다고 말하거나, 달라져야 한다고 말해준다.

☐ **6B.** 상대방의 생각과 행동에 동의가 되지 않을 때도 상대방을 이해하려고 노력한다.

☐ **7A.** 어떤 사람에게 그 사람의 요청이 이해가 된다고 말했다면, 그 사람을 수인한 것으로 보아야 한다.

☐ **7B.** 어떤 사람이 무언가를 요청했다면, 그 요청을 들어주는 것이 수인하기이다.

☐ **8A.** 상대방이 우리에게 한 반응은 내가 그 사람들에게 한 반응과는 아무 관련이 없다고 생각한다.

☐ **8B.** 상대방을 평등하게 그리고 존중하면서 대한다.

다른 사람을 수인하기

완료일: _______________________ 이름: _______________________ 시작하는 주: _______________________

수인하기 스킬을 연습했거나, 거의 하지는 못했지만 연습할 기회가 있었을 때 이 기록지를 작성하십시오. 필요하면 추가 용지를 사용하십시오.

아래에 있는 수인하기 유형 중에 다른 사람에게 의도적으로 수인하기 연습을 하였으면 표기하십시오.

- ❑ 1. 주의집중하기
- ❑ 2. 상대방이 말한 것 혹은 행동한 것을 다시 말해주기, 열린 마음으로 상대방의 변화에 대한 요청을 받아들이기
- ❑ 3. 말하지 않은 깃들도 세심하게 배려히기
- ❑ 4. 원인(상황)을 고려하였을 때 상대방이 지금 느끼고, 행동하고, 말하는 것이 이해가 된다는 점을 표현하기
- ❑ 5. 상대방이 타당하게 행동하고 있다는 점을 인정하기
- ❑ 6. 평등하고 진정성있게 행동하기

다른 사람에게 했던 비수인적인 말 하나와 수인적인 말 두 가지를 적기

1. ____
2. ____
3. ____

한 주 동안 다른 사람을 무판단적으로 대했던 상황을 하나 선택하여 기술하십시오.

____

____

____

한 주 동안 수인하기를 했던 상황 하나를 기술하십시오.

____

____

____

수인했던 사람은 누구였습니까? ____

그 사람을 수인하기 위해 어떤 행동과 말을 하였습니까? _______________________

____

____

결과는 어떻게 되었습니까? ____

____

____

그 이후 어떻게 느꼈나요? ____

다음 번에는 조금 다른 행동이나 다른 말을 하고 싶은가요? 그렇다면 그 이유는 무엇인가요? _______________

____

비수인적 상황에서 벗어나기

비수인적 반응은 고통스러울 수 있지만, 도움이 되기도 한다는 점을 자각하십시오

비수인적 반응은 다음의 상황일 때 도움이 될 수 있습니다.

1. 비수인적 반응은 중요한 실수를 교정하게 합니다(우리가 알고 있는 사실이 틀릴 수 있습니다).

2. 비수인적 반응의 관점을 잘 경청하면 개인적인 성장과 함께 지적인 성장을 할 수 있습니다.

3. 기타: ____

비수인적 반응은 다음의 상황일 때 고통스럽습니다.

1. 무시당할 때

2. 반복적으로 오해를 받을 때

3. 사람들이 나에 대해 잘못 알고 있을 때

4. 사람들이 나에 대해 잘못 이해할 때

5. 상대방이 내 삶에 있어서 중요한 부분들을 무시하거나 인정하지 않을 때

6. 불평등한 취급을 받을 때

7. 진솔하게 말했지만 믿지 않을 때

8. 나의 개인적 경험을 하찮게 여기거나 인정하지 않을 때

9. 나의 존재나 특성으로 인해 무시당하거나, 인정받지 못하거나, 폄하당할 때

10. 기타: ____

(계속)

방어적인 태도를 보이지 않도록 하고, 사실을 확인하십시오

❑ 나의 관점이 타당한지 그렇지 않은지 모든 사실을 확인하십시오.
타당한 것을 수인해줄 수 있는 사람에게 다시 확인을 받아보십시오.

❑ 우리의 반응이 이해되지 않거나 타당하지 않을 수 있다는 것을 인정하십시오.

❑ 타당하지 않은 생각이나 발언, 행동 등을 바꾸려고 노력하십시오(비난하지 마십시오. 비난은 대부분 상황을 좋지 않게 만듭니다).

❑ 판단적인 자기 진술을 버리십시오(정반대 행동 연습하기).

❑ 모든 행동에는 원인이 있으며 우리는 최선을 다하고 있다는 것을 명심하십시오. 다른 사람에게 긍정적 태도를 갖도록 하십시오.

❑ 자기위안하기를 연습하십시오.

❑ 다른 사람들이 옳다 하더라도 그들이 나에게 비수인적인 반응을 하면 상처를 받을 수 있다는 것을 수용하십시오.

❑ 우리의 반응이 그 상황에서 타당할 수 있고, 이해가 될 수 있다는 것을 인정하십시오.

❑ 우리의 반응이 실제로 타당함에도 불구하고, 사람들이 비수인적인 반응을 보일 때, 이것을 최악의 상황이라고 생각하지 마십시오.

❑ 지지적 환경에서 우리의 경험과 행동을 기술하십시오.

❑ 트라우마가 되는 심각한 비수인적 반응과 그 반응이 만들어 낸 피해에 대해 슬픔을 느끼는 것을 피하지 마십시오.

❑ 비수인적인 사람을 철저하게 수용하는 연습을 하십시오.

우리가 다른 사람을 수인하는 방식과 똑같이 우리 자신을 수인하도록 하십시오.

올바른 자기 수인

A와 B 중에서 다른 사람이 비수인적 행동을 보일 때 더 효과적인 반응이 무엇인지 체크해 보십시오.

☐ **1A.** 나의 경험과 감정, 행동, 관점을 사실 중심으로 기술하도록 한다.

☐ **1B.** "나는 어쩌면 이렇게 바보 같을까?"라고 말하거나, 내가 한 반응에 대해서 스스로 깎아내리는 말을 한다.

☐ **4A.** 슬픔과 외로움이 느껴지기 시작하면, 곧장 화를 내거나 자신을 비난한다.

☐ **4B.** 상대방이 나에게 비수인적인 반응을 하면, 상처받거나 고통스러울 수 있다는 점을 수용한다.

☐ **2A.** 내가 틀렸더라도 다른 사람에게 화를 내며 내 관점을 피력한다.

☐ **2B.** 내가 생각하고 행동하는 것에 어떤 사람이 동의하지 않으면, 내가 틀릴 수도 있다는 가능성을 열어두고 '그래도 괜찮다'라는 마음의 상태가 되었을 때 사실을 확인한다.

☐ **5A.** 실수를 했을 때, 나는 그저 불완전한 인간일 뿐이고, 모든 인간은 실수를 한다는 점을 떠올린다.

☐ **5B.** 잘못한 점에 대해서 스스로를 비난하고 처벌한다. 나의 잘못을 알고 있는 사람은 되도록 피한다.

☐ **3A.** 사실을 확인할 때(마음 속에서만 할 것) 내가 옳거나 나의 반응이 합리적이라면 당당하게 맞서도록 한다.

☐ **3B.** 사실에 대한 인식이 틀릴 수도 있다고 가정한다. 포기하거나 양보해 버린다. 나를 비수인적으로 대한 사람과 나 자신에 대해 판단한다.

☐ **6A.** 스스로를 엉망진창에 하자가 있는 사람이라고 여기고, 수치심이나 비참한 감정을 받아들인다.

☐ **6B.** 나 자신에게 동정심과 이해심을 가지고 반응한다. 나의 모든 반응에는 나름의 이유가 있으며, 그 이유를 충분히 탐색해보면 이해할 수 있다는 점을 떠올린다.

자기 수인과 자기존중

완료일: _______________________ 이름: _______________________ 시작하는 주: _______________________

수인하기 스킬을 연습하거나, 연습할 기회가 있을 때마다 이 기록지를 작성하십시오. 필요하면 추가 용지를 사용하십시오.

나 자신에 대한 비수인적인 진술 하나와 자기 수인적인 진술 두 가지를 적어보십시오.

1. ____
2. ____
3. ____

한 주 동안 비수인적으로 느꼈던 상황을 기술하여 보십시오. ____

____

____

아래에 있는 수인하기 유형 중에 다른 사람에게 의식적으로 수인하기 스킬을 연습한 것을 표기하십시오.

☐ 내 반응이 수인적인지 비수인적인지를 알 수 있는 모든 사실을 확인하였음

☐ 아는 사람에게 내가 타당한 것을 수인하고 있는지에 대해 점검을 받음

☐ 내가 했던 반응이 이해되기 어렵고, 정당하지 않다는 것을 인정함

☐ 비수인적 생각과 말 그리고 행동을 변화시키려고 함(비난하기를 중단)

☐ 판단적 자기 진술을 버림(정반대 행동하기를 연습함)

☐ 모든 행동에는 원인이 있으며, 나는 최선을 다하고 있다는 것을 떠올림

☐ 나에게 동정심을 갖고 자기위안하기 스킬을 연습함

☐ 다른 사람들이 옳다 하더라도 그들이 나에게 비수인적인 반응을 하면 상처받을 수 있다는 것을 수용함

☐ 내 반응이 이해가 될 수 있고 납득이 되며 그 상황에서 정당한 것이라는 것을 인정함

☐ 우리의 반응이 실제로 타당함에도 불구하고, 사람들이 비수인적인 반응을 보일 때 이것을 최악의 상황이라고 생각하지 않음

☐ 나의 경험과 행동을 지지적인 환경에서 기술함

☐ 트라우마가 되는 심각한 비수인적 반응과 그 반응이 만들어낸 피해에 대해 슬픔을 느끼는 것을 피하지 않음

☐ 비수인적 사람을 철저하게 수용하는 연습을 함

☐ 결과가 어땠나요? ____

____

____

원하는 행동을 증진시키기 위한 전략

나 또는 다른 사람이 즉시 시작하기를 원하거나 증진시키기를 원하는 행동을 기술하십시오.

강화물^{reinforcer} = 특정 행동의 빈도수를 증가시키기 위한 결과물

정적 강화^{positive reinforcement} = 정적 결과물(예: 보상)

우리가 원하거나, 좋아하거나, 얻고자 하는 결과물을 통해 특정 행동을 증가시킴.

예: ____

부적 강화^{negative reinforcement} = 부정적 사건의 제거(예: 안심)

부정적인 것을 중단하거나, 줄이는 형태의 결과물을 통해 특정 행동을 증가시킴.

예: ____

행동조형^{shaping} = 원하는 행동을 하게 만들기 위해 작은 단계들을 강화하는 것

- 목표를 향해 갈 수 있는 작은 단계를 강화하십시오.
- 작은 단계의 행동이 안정화 되면, 강화물을 주기 전에 조금 더 요구하십시오.
- 목표 행동에 이를 때까지 지속하십시오.

목표 행동을 달성하기 위한 단계의 예: ______________________________

시기의 적절성

- 원하는 행동이 나타나면 즉시 보상하도록 하십시오.
- 새로운 행동을 조형할 때에는 그 행동이 일어날 때마다 강화해야 합니다.
- 한 가지 특정 행동이 잘 습득되었다면, 그 행동은 가끔씩만 강화하도록 하십시오.

주의사항: 일관된 보상을 하지 않으면, 문제행동을 중단시키는 것은 매우 어렵습니다.

행동 변화를 위한 강화

완료일: _________________________   이름: _________________________   시작하는 주: _________________________

강화하기를 통해 우리와 다른 사람의 특정 행동을 증가시키려고 할 때 이 기록지를 작성하십시오. 행동을 강화할 수 있는 기회를 잘 살피십시오(강화할 기회는 항상 있습니다). 필요하다면 추가 용지를 사용하십시오.

1. 증가시키려는 행동을 미리 파악하고, 사용할 강화물을 파악하십시오.

    a. 나 자신

      증가시키고 싶은 행동: _________________________________

      강화물: _________________________________

    b. 다른 사람

      증가시키고 싶은 행동: _________________________________

      강화물: _________________________________

2. 강화하기를 사용한 상황을 기술하십시오.

    a. 나 자신에게: _________________________________

    b. 다른 사람에게: _________________________________

3. 결과가 어땠나요? 무엇을 관찰하였나요?

    a. 나 자신: _________________________________

____

    b. 다른 사람: _________________________________

____

____

4. 그 이후 어떻게 느꼈나요? _________________________________

____

5. 다음 번에는 다르게 말하거나 행동하고 싶은가요? 그렇다면 그 이유는 무엇인가요? _____________

____

원하지 않는 행동을 중단시키거나 감소시키기 위한 전략

소거^{extinction} = 특정 행동에 대한 지속적 강화를 중단하기

소거를 하면 초기에는 문제행동이 폭발적으로 증가하다가, 그 행동이 점차 감소하게 됩니다.

예: ____

포화^{satiation} = 안도감을 주거나, 특정 행동이 일어나기 전에 원하는 것을 주기

포화는 행동의 동기를 약화시킴으로써 원하지 않는 행동의 빈도수를 줄이는 것입니다.

예: ____

처벌^{punishment} = 특정 행동을 감소시키기 위해 혐오감을 주는 결과물을 제시하기

싫어하거나 피하고자 하는 결과물을 통해 특정 행동을 감소시킴

예: ____

무언가 긍정적인 것을 중단하거나 줄이는 결과물을 통해 특정 행동을 감소시킴

예: ____

문제행동의 해로운 부분이 수정되거나 과잉수정이 될 때까지 원하는 것을 주지 않고 보류함으로써 특정 행동을 감소시킴

예: ____

- 처벌은 구체적이고, 시간 제한적이어야 하며, 문제행동의 심각성 정도에 따라 다르게 정해져야 한다는 것을 명심하십시오.
- 처벌적 목소리를 피하십시오. 처벌적 결과 자체가 역할을 하게 내버려 두십시오.
- 자연스러운 처벌이 일어나면, 그것을 해결해 주려고 하지 마십시오. 임의로 처벌을 추가하지 마십시오.

중단시키고자 하는 행동을 대체하기 위한 대안적 행동을 강화하십시오.

- 소거와 처벌은 행동을 약화시키거나 억제하지만, 제거하지는 않습니다.
- 소거와 처벌을 통해 새로운 행동을 가르칠 수는 없습니다.
- 문제행동이 다시 나타나지 않도록 하기 위해서는 대체행동을 강화해야 합니다.
- 처벌은 처벌자가 있거나 있을 것으로 예상되는 상황에서만 작동합니다.
- 처벌은 처벌하는 사람을 회피하게 만듭니다.

행동 변화를 위한 소거와 처벌

완료일: _________________________   이름: _________________________   시작하는 주: _________________________

우리와 다른 사람의 특정 행동을 소거하기와 처벌하기를 사용하여 감소시킬 때마다 이 기록지를 작성하십시오. 행동을 감소시킬 기회가 있는지 항상 살피십시오. 필요하다면 추가 용지를 사용하십시오.

1. **감소시키고자 하는 행동을 미리 파악하고 강화물을 없앰으로써 소거를 할 것인지, 아니면 처벌을 통해 그 행동을 중단시킬 것인지 정하도록 하십시오**(사용할 필요가 없을 때는 넘어갈 것).

   처벌을 사용하였다면, 그 결과를 확인하십시오. 또한 강화하려는 새로운 대체행동을 정하고, 감소시키려는 행동에 대한 대체행동을 증가시키기 위해 강화물을 정하십시오.

   a. 나 자신

   감소시키려는 행동: ____

   제거하려는 강화물: ____

   추가하려는 처벌적 결과물: ____

   새로운 행동과 강화물: ____

   b. 다른 사람

   감소시키려는 행동: ____

   제거하려는 강화물: ____

   추가하려는 처벌적 결과물: ____

   새로운 행동과 강화물: ____

2. **소거 또는 처벌을 사용한 상황을 기술하십시오(소거와 처벌 중 무엇을 사용하였는지 ○표 하십시오).**

   a. 나 자신에게: ____

   b. 다른 사람에게: ____

3. **결과가 어땠나요? 무엇을 관찰하였나요?**

   a. 나 자신: ____

   ____

   b. 다른 사람: ____

   ____

4. **그 이후 어떻게 느꼈나요?** ____

5. **다음 번에는 다르게 말하거나 행동하고 싶은가요? 그렇다면 그 이유는 무엇인가요?** ____

   ____

행동수정 전략을 효과적으로 사용하기 위한 팁

요약

목표		결과물
행동을 증진시키기	보상^{reinforce}	• 긍정적 결과를 추가한다. • 혐오감을 주는 결과를 제거한다.
행동을 약화시키기	소거^{extinguish}	• 강화물을 제거한다. • 원하지 않는 행동을 하기 전에 안도감을 준다.
행동을 억제시키기	처벌^{punish}	• 혐오감을 주는 결과를 추가한다. • 긍정적 결과물을 제거한다.

모든 결과물이 다 똑같은 결과를 만들지는 않습니다.

"어떤 사람에게는 독이 되는 것이 다른 사람에게는 약이 될 수 있습니다."

맥락이 중요합니다. 어떤 상황에서는 보상으로 역할을 하던 것이 다른 상황에서는 처벌이 될 수 있습니다.

보상의 양이 중요합니다. 보상이 너무 적거나 너무 많으면 효과적이지 않습니다.

자연스러운 결과가 가장 좋습니다. 가능하다면 자연스러운 결과물로 행동 변화를 일으키도록 하십시오.

상대방에게 무슨 결과물을 얻고 싶은지(강화물) 혹은 피하고 싶은지(처벌) 물어보십시오.

결과물이 주어졌을 때 행동의 변화를 관찰하십시오.

어떤 행동을 특정 상황에서 습득했다고 하더라도
상황이 달라지면 습득한 행동이 그대로 나타나지 않을 수 있습니다.

효과적인 행동수정 전략 파악하기

A와 B 중에서 더 효과적인 반응이 무엇인지 체크해 보십시오.

☐ **1A.** 어떤 행동을 증가시키려고 할 때 원하는 행동을 완전히 했을 때에만 강화물을 주고, 원하는 행동을 절반만 했을 때에는 강화물을 받을 수 없다고 생각하게 만드는 것이 가장 효과적이다.

☐ **1B.** 특정 행동을 증가시키려면 조금이라도 증진된 행동이 보일 때 강화하는 것이 가장 효과적이며, 그렇게 하지 않으면 그 사람은 지속적으로 증진하려는 노력을 하지 않을 것이다.

☐ **2A.** 가장 효과적인 처벌은 심하게 화를 내고, 즉시 언어적으로 비판하는 것이다.

☐ **2B.** 가장 효과적인 처벌은 그 문제행동의 심각성에 맞는 처벌을 하는 것이다.

☐ **3A.** 특정 행동이 일어났을 때 즉시 강화하는 것이 가장 효과적이다.

☐ **3B.** 특정 행동의 보상은 그 행동을 한 뒤 일정 시간이 지난 다음에 하는 것이 가장 효과적이다. 그렇게 함으로써 보상은 항상 제공되는 것이 아니라는 점을 알게 해야 한다.

☐ **4A.** 사람들은 부지불식간에 다른 사람의 문제행동을 보상해주곤 한다.

☐ **4B.** 사람들은 다른 사람들의 문제행동을 보상하는 바보스러운 일은 하지 않는다.

☐ **5A.** 어떤 사람의 문제행동이 그 사람이 원하는 것을 얻기 위한 것이라면 그 행동을 중단시키기 위하여 처벌하는 것이 가장 효과적이다.

☐ **5B.** 어떤 사람의 문제행동이 그 사람이 원하는 것을 얻기 위한 것이라면 그 행동에 대한 강화를 중단하는 것이 가장 효과적이고, 대신 그 사람이 원하는 것 혹은 필요로 하는 것을 얻기 위해 스킬을 사용하는 전략을 더 많이 했을 때 보상을 해 주도록 한다.

☐ **6A.** 처벌을 할 때에는 구체적이지 않은 처벌을 하는 것이 훨씬 효과적인데, 그렇게 해야 처벌을 피할 수 없기 때문이다.

☐ **6B.** 처벌은 구체적이고, 시간 제한적이며, 행동 감소를 위한 부정적 결과물을 사용하도록 한다.

☐ **7A.** 어떤 사람의 심술궂은 행동이 우리에게 상처를 주었다면, 그 사람에게 이전에 주었던 선물을 빼앗아 오는 형태의 처벌이 가장 효과적이다.

☐ **7B.** 어떤 사람의 심술궂은 행동이 우리에게 상처를 주었다면, 그 사람의 행동이 증진될 때까지 그 사람이 원하는 것을 들어주지 않는 형태의 행동으로 처벌하는 것이 가장 효과적이다.

☐ **8A.** 처벌했던 문제행동이 중단된 이후에는 우리가 원하는 대체행동을 보상하는 것이 가장 효과적이다.

☐ **8B.** 처벌했던 문제행동이 중단된 이후에는 처벌을 지속하여 그 문제행동이 수용될 수 없다는 명확한 메시지를 전달하는 것이 가장 효과적이다.

제 4 장

감정조절스킬

감정조절 스킬 자료 및 워크시트

감정조절의 목표는 우리의 정서적 괴로움을 감소시키는 것이다. 감정은 우리가 살아가는데 중요한 기능을 하기 때문에 감정을 없애 버리는 것이 감정조절의 목표가 되어서는 안된다. 감정조절 스킬은 감정을 변화시키고, 감정의 강도를 줄이는데 도움을 주는 스킬이다. 감정조절 스킬을 통해 우리는 극단적인 감정 상태나 고통을 유발하는 유약성을 줄일 수 있으며 감정적 회복탄력성을 증진시킬 수 있다. 감정조절을 위해서는 현재 감정상태에 대한 무판단적인 관찰과 기술하기와 같은 마인드풀니스 스킬을 사용해야 한다. 그리고 효과적으로 감정을 조절하기 위해 먼저 감정이 무엇인지와 우리에게 어떤 기능과 역할을 하는지 알아야 한다.

감정조절 스킬에는 다음 네 가지 세트의 자료와 워크시트가 있다. **감정을 이해하고 감정에 이름 붙이기, 감정적 반응 변화시키기, 감정적 마음으로 가는 유약성 줄이기, 힘든 감정 관리하기.**

- **감정조절 자료 1: 감정조절 스킬의 목표.** 이 자료에는 감정조절 스킬 모듈에서 가르치는 스킬들의 목표가 간단하게 소개되어있다. **감정조절 워크시트 1: 감정 변화시키기의 장점과 단점**과 함께 사용할 수 있다.

감정을 이해하고 감정에 이름 붙이기

- **감정조절 자료 2: 감정을 이해하고 감정에 이름 붙이기 개요.** 감정이 우리에게 어떠한 영향을 주는지 이해하지 못하면 감정을 조절하는 것은 매우 어렵다. 아는 것이 곧 힘이다. 이 자료는 감정을 이해하고 이름 붙이기 부분에서 배우게 될 스킬을 설명한다.
- **감정조절 자료 3: 감정의 기능 이해하기.** 인간(과 다른 동물들)이 감정을 가지고 있는 데에는 여러 이유가 있다. 그 중에는 우리에게 꼭 필요한 중요한 세 가지의 기능이 있다. 이 감정조절 모듈을 한 번 이상 배웠던 경우에는 다음에 나오는 워크시트를 유용하게 사용할 수 있을 것이다. 만약 감정조절 스킬을 처음 배우는 경우라면 아래의 워크시트는 나중에 사용한다.
- **감정조절 워크시트 2: 감정의 기능 이해하기.** 이 워크시트는 감정조절 자료 3과 함께 사용할 수 있다. **감정조절 워크시트 2a: 감정의 기능 이해하기 예시**에는 워크시트 2의 예가 담겨 있다.

- **감정조절 워크시트 2b: 감정 일기.** 이 워크시트는 자료 3과 함께 사용할 수 있는 조금 다른 형식의 자료이고, 감정이 시간이 지나면서 어떤 기능을 하게 되는지 파악하는데 도움을 준다. **감정조절 워크시트 2c: 감정 일기 예시**는 워크시트 2c의 예시이다.

- **감정조절 자료 4: 감정조절이 어려운 이유 파악하기.** 감정을 조절하는 것은 매우 어렵다. 생물학적 요소, 스킬 부족, 감정적 반응에 대한 강화, 기분 변화, 감정적 과부하, 감정에 대한 잘못된 믿음 등 이 모든 것들이 감정조절을 어렵게 만들 수 있다.

- **감정조절 자료 4a: 감정에 대한 신화적 믿음.** 이 자료에 있는 감정에 대한 잘못된 믿음 중에 진실이라고 여겨지는 것이 있는가? 감정에 대한 잘못된 믿음에 도전하기 위해 **감정조절 워크시트 3: 감정에 대한 신화적 믿음**을 사용한다.

- **감정조절 자료 5: 감정기술 모델.** 감정은 동시에 발생하는 여러 요소로 구성되어 있고 상당히 복잡하다. 하지만 감정적 반응 체계의 일부를 바꾸는 것만으로 전체적인 감정적 반응을 바꿀 수 있다. 감정을 이루고 있는 요소에 대해서 잘 아는 것은 감정을 변화시키는데 도움이 된다. 이 자료는 감정을 이루고 있는 요소에 대해 상당히 자세하게 설명하고 있다.

- **감정조절 자료 6: 감정을 기술하는 방법.** 이 자료에서는 10가지의 구체적인 감정(분노, 혐오감, 부러움, 두려움, 행복, 질투, 사랑, 슬픔, 수치감, 그리고 죄책감)과 일반적 요소들에 대해 설명하고 있다. 이 자료에서 기술하는 내용은 감정조절 자료 5에서 그림으로 설명한 요소들과 대부분 일치한다. 자료 6에 제시된 감정의 특징은 각 감정에 꼭 필요한 것은 아니며, 사람들마다 차이가 있을 수 있다.

  감정조절 워크시트 4 또는 4a: 감정 관찰하고 기술하기에 연습한 것을 기록할 것. 이 두 개의 워크시트는 형식은 다르지만 동일한 정보를 기록하도록 구성되어 있다. 워크시트 4는 감정기술 모델(자료 5)과 같이 순서도의 형식을 갖추고 있는 반면, 워크시트 4a는 나열하는 형식을 갖추고 있다. 감정을 기술하거나 식별하기 어렵다면 자료 6을 참고한다. '촉발사건'은 감정이 일어나기 직전에 발생하는 것임을 주목한다. 촉발사건으로 이어지게 하는 그 이전의 상황들은 '유약성 요인' 이라고 부른다. 촉발사건 전 24시간 동안 신체적 질병이나 통증, 술과 약물사용, 수면부족, 과식 또는 적은 식사량, 그리고 스트레스가 되는 사건이 있었는지 잘 기억하도록 한다. 감정의 강도를 측정하기 위해서는 0-100 척도를 사용한다. 0은 감정이 없는 상태를 말하고, 100은 극단적인 감정상태를 말한다.

감정적 반응 변화시키기

- **감정조절 자료 7: 감정적 반응 변화시키기 개요.** 이 자료는 감정을 바꾸기 위한 세 가지 스킬을 담고 있다. 사실 확인하기, 정반대 행동하기, 문제 해결하기.

- **감정조절 자료 8: 사실 확인하기.** 우리는 어떤 사건의 사실보다는 그 사건에 대한 생각과 행동에 반응하는 경우가 더 많다. 사건에 대한 우리의 신념이나 가정, 해석을 사실에 부합하게 변화시킴으로써 감정적

반응을 변화시킬 수 있다. **감정조절 워크시트 5: 사실 확인하기**에 이 스킬을 연습하고 기록하도록 한다. 이 워크시트에는 상황을 기술하고(2단계), 감정을 일으키는 해석과 생각에 대해 기술하도록 하는 칸이 있다(3단계). 각 단계마다 '사실 확인하기'를 하여 빈칸에 적고 이곳에 상황에 대한 대안적인 해석과 설명을 적는다. 이 워크시트 상단에는 사실 확인을 하기 전과 후의 감정의 강도(0=감정이 느껴지지 않음, 100=최대 강도)를 측정하도록 하고 있다.

- **감정조절 자료 8a: 사실에 부합하는 감정 반응의 예.** 원치 않는 감정이 사실에 부합할 때는 사실을 확인한다고 해서 감정이 바뀌지 않을 것이다. 이 자료는 사실에 부합하는 감정의 예시들을 담고 있다. 이러한 감정을 바꾸기 위해서는 정반대 행동하기나 문제 해결하기 스킬이 필요하다.

- **감정조절 자료 9: 정반대 행동과 문제 해결하기−어떤 스킬을 사용할지에 대한 결정.** 감정이 사실에 부합하다면 문제 해결을 통해 상황을 변화시키는 것이 가장 효과적으로 감정상태를 바꾸는 방법이다. 정반대 행동을 통해서 상황에 대한 우리의 감정을 변화시키는 것 역시 좋은 방법이 될 수 있다. 이 자료에 있는 순서도^{flow} ^{chart}는 원치 않는 감정을 바꾸기 위해 어떤 스킬을 사용하는 것이 좋을지 파악하는데 도움이 된다. **감정조절 워크시트 6: 원치 않는 감정을 바꾸는 방법 파악하기**를 사용하여 어떤 스킬을 사용하는 것이 좋을지 파악한다. 이 워크시트는 자료 9와 같이 순서도 양식을 갖추고 있다.

- **감정조절 자료 10: 정반대 행동하기**와 **감정조절 자료 11: 정반대 행동 이해하기.** 정반대 행동하기는 무언가를 하거나 말하고자 하는 감정적 충동에 대응하여 정반대 행동을 하는 것을 말한다. 이 정반대 행동은 원치 않는 감정을 바꾸거나 줄이는데 상당히 효과적인 방법이다. 행동충동은 감정의 요소 중 하나로써(감정조절 자료 5 참고), 각각의 감정은 특정한 행동충동과 연결되어 있다(감정조절 자료 6 참고). 자료 10은 정반대 행동을 하는 방법의 단계들을 소개하고 있다. 자료 11은 9가지 구체적인 감정의 정반대 행동을 확인하는 안내 자료이다. 그러나 자료 11에 있는 정반대 행동은 제안일 뿐이며, 우리 자신의 행동충동을 식별하고, 그 충동에 대한 정반대 행동을 찾아 이해하는 것이 중요하다. 정반대 행동을 연습하고 기록하기 위해서 **감정조절 워크시트 7: 감정을 바꾸기 위한 정반대 행동하기**를 사용한다. 정반대 행동하기 연습을 하기 '전'과 '후'의 감정의 강도를 측정하여 기록한다. 우리의 감정이 정당한지 여부를 분석할 때에는(예: 사실에 부합하는지 여부), 감정의 촉발사건에 초점을 맞추도록 한다.

- **감정조절 자료 12: 문제 해결하기.** 어떤 상황에서 감정이 사실에 부합할 때는 그 상황을 피하거나 바꾸는 것이 감정을 변화시키는데 가장 좋은 방법일 수 있다. 문제 해결하기는 다루기 어려운 상황을 변화시키기 위한 첫 번째 단계이며, 이 자료에는 문제 해결하기의 단계가 나열되어 있다. 이 스킬을 연습하고 기록하기 위해 **감정조절 워크시트 8: 감정을 바꾸기 위한 문제 해결하기**를 사용한다. 실제로 감정을 변화시키는데 문제 해결하기(예: 워크시트의 6단계와 7단계)가 가장 중요하지만, 이 워크시트를 기록하는 것 자체만으로도 문제를 이해하고 해결하는데 도움이 될 수 있다. 이 해결방법을 적용하기 '전'과 '후' 감정의 강도를 모두 측정한다(0-100).

- **감정조절 자료 13: 정반대 행동하기와 문제 해결하기 리뷰.** 정반대 행동하기나 문제 해결하기를 언제 사용해야 할지 파악하는 것과 함께, 실제로 두 가지 스킬을 어떻게 다르게 적용할지 아는 것도 중요하다. 첫 번째 열에는 각각의 기본 감정에 대한 정당한 사건의 예(예: 상황이 사실에 부합할 때)가 요약되어 있다. 두 번째 열에는 정반대

행동의 예시가 있다. 이 스킬은 우리가 어떤 감정을 느낄 때 해당 감정에 대하여 효과적인 행동을 하지 못할 때 사용할 수 있는데, 정당하지 않은 감정 혹은 정당한 감정에 모두 적용 가능하다. 세 번째 열에는 문제 해결하기나 회피와 같이 정당한 감정에 따라 행동충동을 따르는 것의 예가 소개되어 있다. 자료 13에 나와있는 사건의 정당화는 **감정조절 자료 6: 감정을 기술하는 방법**의 촉발사건과 동일하다. 자료 13에 있는 정당한 사건과 정반대 행동하기 모두 **감정조절 자료 11: 정반대 행동 이해하기**의 축약된 버전이다.

감정적 마음으로 가는 유약성 줄이기

- **감정조절 자료 14: 감정적 마음으로 가는 유약성 줄이기 개요.** 정서적 고통과 번뇌는 부정적인 감정과 기분상태에 대한 유약성 요인을 줄임으로써 감소시킬 수 있다. 이 자료에서는 ABC PLEASE라고 불리는 감정적 마음으로 가는 유약성 줄이기 부분의 스킬들을 간단하게 설명하고 있다. Accumulate positive emotions(긍정 감정 쌓기), Build mastery(숙련감 쌓기), Cope ahead of time with emotional situations(감정적 상황에 미리 대비하기), 우리 몸을 먼저 돌보기(PLEASE 스킬). **감정조절 워크시트 9: 감정적 마음으로 가는 유약성 줄이기 단계**는 ABC PLEASE 스킬의 요약본이며, 이 스킬 전체 혹은 일부를 연습할 때 사용할 수 있다.
- **감정조절 자료 15: 단기적 긍정 감정 쌓기, 감정조절 자료 16: 즐거운 활동 리스트.** 자료 15는 즐거운 사건과 경험을 증진시킴으로써 긍정적인 경험을 쌓아 나가도록 하는 스킬에 대한 개요이다. 자료 16에는 즐거운 활동 리스트가 있다. 이 리스트에는 어떠한 활동이 우리에게 즐거운 활동이 될 수 있는지 선택하게 한다. 처음에는 효과가 적은 것처럼 보이더라도, 우리 자신을 행복하거나 기쁘게 만들 수 있는 활동을 최대한 많이 해보는 것이 좋다. **감정조절 워크시트 10: 즐거운 활동 일기**는 매일 작성하도록 만들어졌다. 한 주간의 계획을 적고 실제로 했던 즐거운 활동을 기록하며, 얼마나 마인드풀하게 그 활동에 참여했는지 측정한다(예: 그 순간에 얼마나 집중했는지, 얼마나 참여했는지). 마지막으로 얼마나 즐거운 경험을 했는지 아니면 마인드풀하지 않게 참여하며 걱정을 했는지 기록한다. 감정조절 워크시트 9와 13 역시 다른 ABC PLEASE 스킬과 함께 즐거운 활동을 간단하게 적도록 되어 있다.
- **감정조절 자료 17: 장기적 긍정 감정 쌓기와 감정조절 자료 18: 가치와 우선순위 리스트.** 살아야 할 가치가 있는 삶을 살고 있지 않다면 행복감을 느끼는 것은 매우 어렵다. 살아야 할 가치가 있는 삶을 만들어 가기 위해서는 자신의 가치와 삶의 우선순위에 주의를 기울여야 한다. 그리고 이를 위해서는 시간과 인내와 끈기가 필요하다. 자료 17에는 가치 있는 삶을 만들어 가기 위한 7가지 단계와 그 과정을 설명하고 있다. 자료 18에는 58개의 가치들을 13가지 범주로 나누었으며 이를 활용하여 2단계인 '자신에게 중요한 가치를 식별하기'를 진행하도록 하고 있다. 우리는 이 리스트에서 일반적인 가치, 구체적인 가치, 이 둘의 혼합 혹은 리스트에 나와 있지 않은 가치를 선택할 수 있다.
- **감정조절 워크시트 11, 11a: 가치로운 삶을 만들기 위한 구체적인 실행 단계.** 두 개의 워크시트는 모두 우리가

원하는 삶을 만들기 위해 필요한 단계가 무엇인지 확인할 수 있도록 만들어졌다. 워크시트 11에는 추가적으로 적을 수 있는 빈 공간이 있으며 관계를 살피는 것의 가치를 강조하고 있다.

- **감정조절 워크시트 11b: 가치로운 삶을 만들기 위한 실행 일기.** 이 워크시트는 삶의 목표와 가치에 따라 취하게 되는 행동들을 추적하기 위한 숙련자용 워크시트이다. 이 워크시트는 처음 스킬훈련을 시작하는 사람들보다는 DBT 스킬을 이미 경험한 사람들을 위해 만들어졌다.

- **감정조절 자료 19: 숙련감 쌓기와 문제에 미리 대비하기.** 힘든 상황에서도 자신감을 잃지 않은 상태로 적절한 준비가 되어 있다면, 부정적인 감정으로 가는 유약성은 줄고 숙련된 행동이 증진된다. 이 자료는 숙련감 쌓기와 감정적 상황에 미리 대비하기 스킬의 여러 단계에 대해 설명하고 있다. **감정조절 워크시트 12: 숙련감 쌓기와 문제에 미리 대비하기**를 사용하여 성취감을 쌓을 수 있는 활동을 미리 계획하고, 실제로 그 행동을 했는지 기록하도록 한다. 이 워크시트에 두 가지의 '문제에 미리 대비하기' 연습을 기록하도록 한다.

- **감정조절 워크시트 13: 매일 ABC 스킬 연습하기.** 이 워크시트에서는 <u>A</u>ccumulate positive emotions(긍정 감정 쌓기), <u>B</u>uild mastery(숙련감 쌓기), <u>C</u>ope ahead of time with emotional situations(감정적 상황에 미리 대비하기) 연습을 추적하도록 하고 있다.

- **감정조절 자료 20: 우리 몸을 먼저 돌보기.** 균형이 깨진 신체는 부정적인 감정과 부정적인 마음으로 가는 유약성을 증가시킨다. 우리의 몸을 돌보는 것은 감정에 대한 회복탄력성을 증가시킨다. 이 자료에서는 PLEASE 스킬인 treating <u>P</u>hysica<u>L</u> illness(신체질병 치료하기), balancing <u>E</u>ating(균형잡힌 식사), avoiding mood-<u>A</u>ltering substances(기분을 인위적으로 바꾸는 약물 피하기), balancing <u>S</u>leep(균형잡힌 수면), getting <u>E</u>xercise(적절한 운동)에 대해 다룬다. **감정조절 워크시트 14: PLEASE 스킬 연습하기**는 한 주 동안 이 스킬들을 연습하여 기록하도록 구성되었다. 매일 한 줄씩 작성하되 하루 동안 PLEASE 스킬을 어떻게 연습했는지 기록한다. 각 열의 마지막 부분에 있는 칸은 한 주 동안 특정 스킬이 어떻게 도움이 되었는지를 체크하는 용도로 사용한다.

- **감정조절 자료 20a: 악몽 프로토콜, Step-by-Step.** 악몽이 수면을 방해한다면, 이 자료에 나와 있는 단계를 따르도록 한다. **감정조절 워크시트 14a: 악몽 기록하기** 양식을 사용하여 자료 20a의 프로토콜을 따라 기록한다. 이 워크시트는 3가지 양식, 즉 악몽 기록지, 변화된 꿈 기록지, 그리고 꿈 시연하기 및 이완 기록지로 구성되어 있다. 어떤 경우에는 두 번째 양식부터 시작하는 것이 더 쉬울 수도 있다.

- **감정조절 자료 20b: 수면 위생 프로토콜.** 걱정이 수면을 방해한다면 이 자료에 있는 단계를 따라가도록 한다. **감정조절 워크시트 14b: 수면 위생 연습하기** 양식을 사용해서 자신의 경험을 기록하도록 한다.

힘든 감정 관리하기

- **감정조절 자료 21: 힘든 감정 관리하기 개요.** 부정적 감정의 강도가 너무 높을 때에는 이를 다루기 위해 특별한 스킬이 필요할 때가 있다. 이 자료는 힘겨운 감정 관리하기 스킬의 개요이다.

- **감정조절 자료 22: 현재 감정에 대한 마인드풀니스-감정적 괴로움을 지나가게 하기.** 현재 감정에 대한

마인드풀니스란 현재의 감정을 판단하거나 바꾸려고 하는 것, 또는 막거나 주의분산시키려고 하지 않고 '용인하고allowing' 그 감정을 관찰하고 기술하는 것을 말한다. 감정을 피하거나 억압하면 오히려 괴로움이 증가하게 된다. 현재 감정에 대한 마인드풀니스는 감정적인 자유로움으로 가는 길이다. 이것은 DBT에 있는 많은 스킬들을 뒷받침하는 대단히 중요한 스킬이다. 감정을 회피하면 이 모듈에 있는 대부분의 스킬을 사용하는데 방해가 된다. 이 스킬을 연습하고 기록하기 위해서 **감정조절 워크시트 15: 현재 감정에 대한 마인드풀니스**를 사용하도록 한다. 이는 우리가 어떤 스킬을 사용했는지 체크하게 도와준다. 만약 우리가 느끼고 있는 감정을 식별하는데 어려움이 있다면, **감정조절 자료 6: 감정을 기술하는 방법**을 다시 살펴보는 것이 좋다. 워크시트 15에서는 현재 감정에 대한 마인드풀니스를 연습하기 '전'과 '후', 감정의 정도를 측정하도록 하고 있다.

- **감정조절 자료 23: 극단적 감정 관리하기.** 감정적으로 매우 흥분되어 있을 때, 스킬을 사용하는 능력에 문제가 생길 수 있다. 이러한 상황에서 왜 스킬 사용에 실패하였는지 그 원인을 파악하는 것은 매우 중요하다. 이러한 상태는 위기생존 스킬(고통감내 스킬 모듈)을 먼저 사용할 필요가 있다는 신호이기도 하다. 이 자료는 스킬 적용 능력에 문제가 생기는 지점이 어디인지 식별하는 방법을 알려준다.

- **감정조절 자료 24: 감정조절 스킬 문제 해결 ─ 스킬을 사용해도 나아가지 않을때.** 한 가지 이상의 감정조절 스킬을 사용하였지만 별로 효과가 없다고 해서 스킬을 사용하는 것을 포기해서는 안 된다. 오히려 스킬 적용 방식의 문제를 해결하는 것이 중요하다. 이 자료는 힘겹거나 효과적이지 않은 감정을 관리하기 위해 노력했지만 잘 되지 않을때, 무엇이 방해하는 요인인지를 파악하게 한다. **감정조절 워크시트 16: 문제 해결하기**는 이러한 문제를 파악하고 해결하기 위한 워크시트이다.

- **감정조절 자료 25: 감정조절 스킬 리뷰.** 이 자료는 감정조절 모듈에서 배운 내용을 요약한 것이다. 감정조절 스킬을 떠올릴 수 있도록 눈에 잘 띄는 곳에 붙여두어도 좋다. 또한 어떤 스킬을 사용할지 결정하는 데 도움이 되는 흐름도로 활용할 수 있다.

감정조절 자료 및 워크시트

I

감정조절 스킬의 목표

감정을 이해하고 감정에 이름 붙이기

❏ 감정을 식별하십시오(관찰하기와 기술하기).

❏ 감정이 나를 위해 어떤 기능을 하는지 이해하십시오.

❏ 기타: ____

원치 않는 감정의 빈도를 줄이기

❏ 원치 않는 감정이 생겨나지 않도록 막으십시오.

❏ 원치 않는 감정이 일단 시작되었다면 바꿔 보십시오.

❏ 기타: ____

감정적 유약성 줄이기

❏ 감정적 마음으로 가는 유약성을 줄여 나가십시오.

❏ 감정에 대한 회복탄력성, 어려운 일에 대처하는 능력, 그리고 긍정적인 감정을 증가시키십시오.

❏ 기타: ____

정서적 고통 줄이기

❏ 고통스러운 감정이 우리를 압도하더라도 괴로움을 줄여 보십시오.

❏ 극단적인 감정을 관리하여 상황이 악화되지 않도록 하십시오.

❏ 기타: ____

감정 변화시키기의 장점과 단점

완료일: ＿＿＿＿＿＿＿＿＿＿＿＿＿＿　　이름: ＿＿＿＿＿＿＿＿＿＿＿＿　　시작하는 주: ＿＿＿＿＿＿＿＿＿＿

감정의 이름: ＿＿＿＿＿＿＿＿＿＿＿＿＿＿＿＿＿　감정의 강도(0-100) 사전: ＿＿＿＿＿＿＿　**사후:** ＿＿＿＿＿

다음과 같은 어려움을 겪을 때 이 워크시트를 작성하도록 하십시오.

- 효과적이지 않은 감정을 변화시켜야 하는지 여부를 결정할 때
- 감정적 마음상태를 지나가게 하려는 것에 대해 고집스러운 느낌이나 거부하고 싶은 마음이 들 때
- 특정한 사건에 대한 감정적 반응을 감소시키려는 노력을 할지 결정할 때
- 감정을 내려 놓으려고 할 때마다 위협받는 듯한 느낌을 받을 때
- 효과적인 태도를 취하고 싶은 기분이 아닐 때

이 워크시트를 작성하면서 자신에게 다음의 질문을 하십시오.

- 감정적 마음상태로 살아가는 것이 나에게 가장 이득이 되고 효과적인가? 아니면 이득이 되지 않고 효과적이지 않은가?
- 감정조절을 거부할 때, 새로운 문제가 발생했는가?
- 강렬한 감정을 낮추면 자율성이 증가되는가? 아니면 감소되는가?
- 특정 상황에서 감정에 집착하는 것이 효율적인가? 아니면 그렇지 않은가?
- 감정적 상태를 낮추기 위해 너무나 많은 노력을 해야 하는가?

다루기 어려운 **감정을 변화시키는 것**의 장점과 단점 목록을 만들어 보십시오.
감정을 변화시키지 않는 것의 장점과 단점 목록을 만들어 보십시오.

	감정적 마음상태에 머물러 있고, 감정적으로 행동함	감정과 감정적 행동을 조절함
장점	＿＿＿＿＿＿＿＿＿＿＿＿＿＿＿＿＿＿＿＿＿＿＿	＿＿＿＿＿＿＿＿＿＿＿＿＿＿＿＿＿＿＿＿
단점	＿＿＿＿＿＿＿＿＿＿＿＿＿＿＿＿＿＿＿＿＿＿＿	＿＿＿＿＿＿＿＿＿＿＿＿＿＿＿＿＿＿＿＿

감정에 대해 어떻게 반응하기로 결정했나요? ＿＿＿＿＿＿＿＿＿＿＿＿＿＿＿＿＿＿＿＿＿＿＿＿＿＿＿＿＿

지혜로운 마음상태에서 최선의 결정을 했나요? ＿＿＿＿＿＿＿＿＿＿＿＿＿＿＿＿＿＿＿＿＿＿＿＿＿＿

　(감정조절 워크시트 2-4a, 16; pp.189-192, 195-196, 208-209, 275)

감정을 이해하고 감정에 이름 붙이기 개요

감정의 기능

우리에게 감정이 있는 이유에는 여러 가지가 있습니다.
우리는 감정이 필요합니다!

감정조절을 어렵게 만드는 요인

스킬 부족, 감정적 반응의 강화, 기분상태의 잦은 변화, 골몰하거나 걱정하기,
감정에 대한 잘못된 믿음, 생물학적 요인들이
감정을 변화시키는데 방해가 될 수 있습니다.

감정 기술 모델

감정은 복합적인 반응입니다.
감정 체계의 일부분을 바꾸는 것만으로도
전체 감정 반응을 바꿀 수 있습니다.

감정을 기술하는 방법

관찰하기와 기술하기, 감정에 이름 붙이기를 배우는 것은
감정을 조절하는데 도움이 됩니다.

감정의 기능 이해하기

감정은 우리가 어떤 행동을 하도록 동기를 부여(조직화)합니다

- 감정은 우리의 행동에 동기를 부여합니다. 감정은 어떤 행동을 하기 전에 우리를 준비시킵니다. 특정 감정과 연결되어 있는 행동충동은 생물학적으로 내재화된 것입니다.
- 감정은 중요한 상황에서 즉각적으로 어떤 행동을 하게 함으로써 시간을 절약시켜줍니다.
  감정은 우리가 충분히 생각할 만한 시간이 없을 때 특히 중요한 역할을 합니다.
- 강렬한 감정은 우리의 마음 속에 있는 장애물이나 외부 환경의 장애물을 헤쳐나갈 수 있도록 합니다.

감정은 의사소통 기능을 가지고 다른 사람에게 영향을 줍니다

- 얼굴 표정은 감정의 가장 원초적인 부분입니다.
  얼굴 표정은 언어보다 빠른 의사소통 수단입니다.
- 바디랭귀지와 목소리톤 역시 생물학적으로 내재화되어 있습니다.
  우리가 원하든 원치 않든, 이러한 것들이 타인에게 우리의 감정을 전달하여 의사소통을 하게 됩니다.
- 상대방과 중요한 의사소통을 하거나 의사를 전달해야 하는 경우에는, 감정을 변화시키는 것이 매우 어렵습니다.
- 의도와 상관없이 감정적 의사소통은 다른 사람에게 영향을 미칩니다.

감정은 우리 자신과 의사소통합니다

- 감정적 반응은 그 자체로 상황에 대한 중요한 정보를 제공합니다.
  감정은 무언가 일어나고 있다는 신호와 경고의 역할을 하기도 합니다.
- 직감은 어떤 상황에 대한 중요한 부분을 찾아내어 반응할 수 있게 합니다. 직감이 우리 감정에 영향을 주어서 사실을 확인하게 한다면 도움이 될 수 있습니다.
- **주의**: 우리는 감정을 하나의 사실로 받아들이기도 합니다. 감정이 강하면 강할 수록 감정이 사실에 기반한다는 믿음을 갖게 됩니다(예: "나는 불안하니까, 무능한 게 틀림없어", "너무 외로워서 나는 절대 혼자 있을 수 없어", "어떤 것에 대해 확신이 들면, 그것은 반드시 옳은 거야", "무서운 느낌이 들면, 분명 위험한 무언가가 있는 거야", "내가 그 사람을 사랑하니까, 그 사람은 분명히 괜찮은 사람일 거야").
- 어떤 감정이 사실이라고 판단해 버리면 우리는 이 감정을 잘못 사용하여 우리의 생각이나 행동을 정당화할 수 있습니다.
  만일 우리 감정이 사실을 무시해 버리면 문제가 발생할 수 있습니다.

감정의 기능 이해하기

완료일: _______________________　　이름: _______________________　　시작하는 주: _______________________

현재 또는 최근에 경험한 감정적 반응을 하나 선택하고 워크시트를 작성하십시오. 만일 선택한 감정을 일으킨 촉발사건이 먼저 일어났던 또 다른 감정이라면(예를 들어 두려운 감정이 나에 대한 분노를 촉발시킴) 그 감정에 대한 워크시트를 따로 작성하십시오. 필요하다면 추가 용지를 사용하십시오. 각 질문에 답을 할 때 기술하기 스킬을 사용하십시오.

감정의 이름: _______________________　　**강도(0-100) :** _______________________

촉발사건을 기술하십시오.

무엇이 그 감정을 촉발시켰나요?

행동의 동기를 기술하십시오.

이 감정이 어떤 행동에 동기를 부여하고, 우리를 어떻게 준비시키나요? (감정이 우리로 하여금 어떤 문제를 해결하거나, 극복하거나, 피하도록 만드나요?) 이 감정의 기능과 목표는 무엇인가요?

다른 사람과의 의사소통에 대해 기술하십시오.

자신이 어떤 얼굴 표정, 자세, 몸짓, 말, 행동을 하고 있는지 자세히 기술하십시오.

이 감정이 다른 사람에게 어떤 메시지를 전하고 있나요(내가 그 메시지를 전달하려는 의도가 없더라도)?

이 감정이 다른 사람에게 어떠한 영향을 끼치고 있나요(내가 영향을 끼치려는 의도가 없다고 하더라도)? 나의 감정적 반응과 행동으로 인해 다른 사람들이 무슨 말을 했고 무슨 반응을 했나요?

나 자신과의 의사소통에 대해 기술하십시오.

내 감정이 어떤 말을 하고 있나요?

이 감정이 나에게 전달하는 메시지가 올바른 것인지 알기 위해서는 어떤 사실을 확인해야 하나요?

어떤 사실을 확인했나요?

감정의 기능 이해하기 예시

완료일: ______________________   이름: ______________________   시작하는 주: ______________________

현재 또는 최근에 경험한 감정적 반응을 하나 선택하고 워크시트를 작성하십시오. 만일 선택한 감정을 일으킨 촉발사건이 먼저 일어났던 또 다른 감정이라면(예를 들어 두려운 감정이 나에 대한 분노를 촉발시킴) 그 감정에 대한 워크시트를 따로 작성하십시오. 필요하다면 추가 용지를 사용하십시오. 각 질문에 답을 할 때 기술하기 스킬을 사용하십시오.

감정의 이름: ___수치심과 죄책감___________________________________   강도(0-100) : ___80___

촉발사건을 기술하십시오.
무엇이 그 감정을 촉발시켰나요?

> 룸메이트의 냄비를 가스레인지 위에 올려둔 것을 잊어버려서 다 타버렸다. 나는 룸메이트에게 말하지 않고 냄비를 버렸다.

행동의 동기를 기술하십시오.
이 감정이 어떤 행동에 동기를 부여하고, 우리를 어떻게 준비시키나요? (감정이 우리로 하여금 어떤 문제를 해결하거나, 극복하거나, 피하도록 만드나요?) 이 감정의 기능과 목표는 무엇인가요?

> 수치심과 죄책감은 친구를 피하고, 숨고 싶은 행동에 동기를 부여하였다. 그 감정의 기능은 내 행동을 변화시키려고 했을 것이다. 또한 그 감정은 룸메이트의 냄비를 망가뜨렸다는 것을 숨기려고 하는 기능을 한다. 이 감정은 친구가 나에게 화를 내려는 것을 막게 하려는 목적이 있다.

다른 사람과의 의사소통에 대해 기술하십시오.
자신이 어떤 얼굴 표정, 자세, 몸짓, 말, 행동을 하고 있는지 자세히 기술하십시오.

> 두 눈은 아래를 쳐다보고, 입술은 아래로 쳐져 있다. 구부정한 자세로 친구를 외면하였다. 나는 아무 말도 하지 않고 손을 이마에 가져다 댔다.

이 감정이 다른 사람에게 어떤 메시지를 전하고 있나요(내가 그 메시지를 전달하려는 의도가 없더라도)?

> 친구는 내가 기분이 좋지 않다고 생각했을 것이다.

이 감정이 다른 사람에게 어떠한 영향을 끼치고 있나요(내가 영향을 끼치려는 의도가 없다고 하더라도)? 나의 감정적 반응과 행동으로 인해 다른 사람들이 무슨 말을 했고 무슨 반응을 했나요?

> 친구는 나와 이야기 하려고 시도했다. 이 감정은 룸메이트가 화가 나서 나에게 소리 지르는 것을 막고 착하게 대하는데 영향을 주었을 것이다.

나 자신과의 의사소통에 대해 기술하십시오.
내 감정이 어떤 말을 하고 있나요?

> 내가 한 일은 잘못된 것이다. 내가 친구의 기분을 상하게 했다는 것 때문에 기분이 좋지 않았다. 내가 다 망쳐버렸고, 룸메이트는 나를 더 이상 믿지 못할 것이다.

이 감정이 나에게 전달하는 메시지가 올바른 것인지 알기 위해서는 어떤 사실을 확인해야 하나요?

> 내가 한 행동으로 인해 집에서 나가야 하거나, 친구 관계가 끊어질 수 있는지 스스로에게 물어볼 수 있다. 또한 지혜로운 정결한 마음이나 도덕적 규율, 가치관을 훼손하는 행동이었는지 생각해볼 수 있다. 또한 룸메이트에게 내가 친구 관계를 망가지게 한 것인지 묻거나, 나를 집에서 나가게 할 것인지, 나와 더 이상 시간을 같이 보내지 않을 것인지 물어볼 수 있다. 친구가 나를 다시 믿을 수 있도록 하려면 어떻게 해야 하는지 물어볼 수 있다.

어떤 사실을 확인했나요?

> 룸메이트의 냄비를 태운 것 때문에 기분이 상했지만 내가 한 일을 숨기려고 하기 전까지는 도덕적이거나 가치관의 문제가 아니었다. 나의 행동은 지혜로운 마음과 어긋나는 행동이었다. 나는 룸메이트에게 내가 미워졌는지 물어보았고, 룸메이트는 아니라고 했다. 또 룸메이트에게 이 상황을 바꾸기 위해 무엇을 해야 하는지 물어보았고, 새 냄비를 사달라고 해서 그렇게 했다.

감정 일기

완료일: _______________ 이름: _______________ 시작하는 주: _______________

한 가지 감정을 기록하십시오(하루 동안 가장 강렬했던 감정, 오래 지속됐던 감정, 가장 고통스러웠거나 가장 다루기 어려웠던 감정). 그 감정을 분석하십시오. 이 감정 일기 워크시트와 필요하다면 **감정 관찰하고 기술하기 워크시트**(감정조절 워크시트 4, 4a)를 작성하십시오.

감정	동기	다른 사람과의 의사소통 기능			나 자신과의 의사소통 기능	
감정의 이름	내 감정이 어떤 행동을 하도록 동기부여를 하였는가(예: 그 감정의 기능은 무엇인가)?	다른 사람에게 그 감정을 어떻게 표현 하였는가(비언어적 모습, 언어, 행동)?	그 감정이 다른 사람에게 어떤 메세지를 전하였는가?	그 감정이 다른 사람에게 어떤 영향을 끼쳤는가?	그 감정이 나에게 어떤 메시지를 전하고 있는가?	어떻게 사실을 확인할 수 있는가?

감정 일기 예시

완료일: _______________________   이름: _______________________   시작하는 주: _______________________

한 가지 감정을 기록하십시오(하루 동안 가장 강렬했던 감정, 오래 지속됐던 감정, 가장 고통스러웠거나 가장 다루기 어려웠던 감정). 그 감정을 분석하십시오. 이 감정 일기 워크시트와 필요하다면 **감정 관찰하고 기술하기 워크시트**(감정조절 워크시트 4, 4a)를 작성하십시오.

감정	동기	다른 사람과의 의사소통 기능			나 자신과의 의사소통 기능	
감정의 이름	내 감정이 어떤 행동을 하도록 동기부여를 하였는가(예: 그 감정의 기능은 무엇인가)?	다른 사람에게 그 감정을 어떻게 표현 하였는가(비언어적 모습, 언어, 행동)?	그 감정이 다른 사람에게 어떤 메세지를 전하였는가?	그 감정이 다른 사람에게 어떤 영향을 끼쳤는가?	그 감정이 나에게 어떤 메세지를 전하고 있는가?	어떻게 사실을 확인할 수 있는가?
공포/불안	스킬훈련그룹에 결석함.	스킬훈련 회기에 가지 않았다.	그 그룹은 나에게 중요하지 않아.	(1) 치료자들이 내가 올 수 있도록 격려 전화를 하였다. (2) 치료자들은 내가 DBT 치료에 전념하고 있는지 염려하고 있었다. (3) 치료자들이 걱정하고 있는 것 같다.	나는 스킬훈련그룹이 안전하다고 느끼지 않는다.	나는 사실 확인을 하지 않았다. 나의 삶이나 건강이 위험한 상황은 아닌지 평가했어야 한다. 스킬훈련그룹에 가는 것의 장점과 단점을 비교했어야 한다.
수치심	혼자 있고 싶고, 다른 사람에 눈에 띄고 싶지 않았다. 회사 회식에 참여하지 않고 집에 오고 싶었다.	말을 많이 하거나 대화를 시도하지 않았고, 다른 사람의 주의를 끌려고 하지 않았다.	(1) 나는 혼자 있고 싶다. (2) 나는 아주 기분이 좋지 않다.	직장의 모든 사람들이 나에게는 관심을 두지 않는다. 한 사람이 나에게 다가왔지만 금방 떠났다.	나는 다른 사람이 흥미를 느낄만한 사람이 아니다. 나는 아무것도 기여할 수 없는 사람이야.	사람들이 내 말에 귀를 기울였던 때를 기억해냈다. 다른 사람들과 이야기를 하려고 시도했고, 사람들이 내 말에 흥미로워 하는 것을 발견했다.
슬픔	침잠함. 격리됨. 울음	우울하고 말을 거의 하지 않았다. 눈물이 났고, 사람들에게 슬프다고 말했다.	나는 슬프다.	(1) 남자친구가 나에게 위로를 하고 와서 앉으라고 말했다. (2) 몇몇 사람은 나를 피했다.	나는 너무 슬프다. 나는 혼자다. 아무도 나에게 관심이 없다.	나는 사람들에게 다가갔고 몇몇 사람이 반응해주었다. 나는 슬프지 않았을 때를 생각해냈다.

감정조절이 어려운 이유 파악하기

생물학적 요인

☐ 생물학적 요인은 감정을 조절하기 어렵게 만들 수 있습니다.

스킬 부족

☐ 감정을 조절하기 위해 무엇을 해야 할지 모릅니다.

감정적 반응 강화

☐ 우리가 과도하게 삼성적인 반응을 할 때, 주변 환경이 이를 강화할 수 있습니다

기분상태의 잦은 변화

☐ 지혜로운 마음상태가 아니라 현재의 감정이 우리를 통제합니다.

☐ 감정을 조절하기 위해 시간과 노력을 들이고 싶지 않을 수 있습니다.

감정적 과부하

☐ 심각한 감정적 흥분 상태에서는 스킬을 사용하기 어렵습니다. 스킬의 지시문을 따를 수 없거나, 무엇을 해야 하는지 모를 수 있습니다.

감정에 대한 잘못된 믿음

☐ 감정에 대한 잘못된 믿음(예: 왜곡된 믿음)은 감정조절을 방해합니다.
　☐ "감정은 나쁜 것이다" 또는 "감정은 약한 것이다"라는 잘못된 믿음은 감정을 회피하게 만듭니다.
　☐ 극단적인 감정이 필요하거나, 극단적인 감정이 우리 자신의 일부분이라고 생각하는 잘못된 믿음은 감정조절을 시도조차 하지 않게 만듭니다.

감정에 관한 신화적 믿음 myths about emotions

1. 모든 상황에는 느껴야 하는 적절한 감정이 있다.
   도전: ____
2. 다른 사람에게 기분이 좋지 않다는 사실을 알리는 것은 내 약점을 노출시키는 일이다.
   도전: ____
3. 부정적인 감정은 나쁘고 파괴적이다.
   도전: ____
4. 감정적이라는 말은 감정을 통제하지 못한다는 뜻이다.
   도전: ____
5. 어떤 감정들은 바보스럽다.
   도전: ____
6. 내가 적대적인 태도를 보이지 않으면 괴로운 감정은 줄어들 것이다.
   도전: ____
7. 다른 사람들이 내 기분을 이해하지 못하는 이유는 내가 무언가를 잘못 느끼고 있기 때문이다.
   도전: ____
8. 다른 사람들이 내가 어떻게 느끼는지 나보다 더 잘 안다.
   도전: ____
9. 괴로운 감정은 중요한 것이 아니므로 무시해도 괜찮다.
   도전: ____
10. 감정을 조절해서 얻을 수 있는 것보다, 극단적인 감정을 표출함으로써 얻을 수 있는 것이 더 많다.
    도전: ____
11. 창의성은 강렬한 감정을 필요로 하기 때문에 창의성을 발휘하기 위해서는 감정을 통제하지 않아도 된다.
    도전: ____
12. 드라마같은 극적인 요소가 있는 삶이야말로 멋진 삶이다.
    도전: ____
13. 감정을 변화시키는 것은 가식적이다.
    도전: ____
14. 중요한 것은 사실적 진실이 아니라 감정적 진실이다.
    도전: ____
15. 사람은 하고 싶은 것이 있다면 무엇이든 해야 한다.
    도전: ____
16. 감정에 따라 행동하는 사람이 진정으로 자유로운 사람이다.
    도전: ____
17. 나의 감정은 곧 나 자신이다.
    도전: ____
18. 나의 감정적인 부분은 사람들에게 호감을 산다.
    도전: ____
19. 감정은 아무런 이유없이 생겨날 때도 있다.
    도전: ____
20. 우리는 언제나 감정을 믿어야 한다.
    도전: ____
21. 신화적 믿음:
    도전: ____

감정에 관한 신화적 믿음

완료일: ________________   이름: ________________   시작하는 주: ________________

감정에 대한 잘못된 믿음에 도전하는 생각을 적어보십시오. 기록되어 있는 도전 내용이 충분히 설득력이 있더라도, 스스로 도전하는 생각을 만들어 적어 보십시오.

1. 모든 상황에는 느껴야 하는 적절한 감정이 있다.

     도전: 모든 사람들은 특정 상황에 다르게 반응한다. 정답이나 적절한 감정이 정해져 있는 것은 아니다.

     나의 도전: ________________

2. 다른 사람에게 내 기분이 좋지 않다는 사실을 알리는 것은 내 약점을 노출시키는 일이다.

     도전: 내 기분이 좋지 않다는 것을 다른 사람이 알게 하는 것은 건강한 형태의 의사소통 방식이다.

     나의 도전: ________________

3. 부정적인 감정은 나쁘고 파괴적이다.

     도전: 부정적 감정은 자연스러운 반응이다. 부정적 감정은 특정 상황을 잘 이해하도록 돕는다.

     나의 도전: ________________

4. 감정적이라는 말은 통감정을 통제하지 못한다는 뜻이다.

     도전: 감정적이라는 것은 정상적인 인간임을 뜻한다.

     나의 도전: ________________

5. 어떤 감정들은 바보스럽다.

     도전: 감정은 특정 상황에서 내가 어떻게 느끼는지를 표현하는 것이다. 모든 감정은 내가 경험하고 있는 것을 이해하는데 도움을 준다.

     나의 도전: ________________

6. 내가 적대적인 태도를 보이지 않으면 괴로운 감정은 줄어들 것이다.

     도전: 모든 고통스러운 감정은 무언가에 대한 자연스러운 반응이다.

     나의 도전: ________________

7. 다른 사람들이 내 기분을 이해하지 못하는 이유는 내가 무언가 잘못 느끼고 있기 때문이다.

     도전: 다른 사람이 어떻게 생각하는지와 관계 없이 나는 내 방식대로 느낄 권리가 있다.

     나의 도전: ________________

8. 다른 사람들이 내가 어떻게 느끼는지 나보다 더 잘 안다.

     도전: 내가 어떻게 느끼는지에 대한 판단을 가장 잘하는 사람은 나 자신이다. 다른 사람은 내가 어떻게 느끼는지 추측만 할 수 있다.

     나의 도전: ________________

9. 괴로운 감정은 중요한 것이 아니므로 무시해도 괜찮다.

     도전: 고통스러운 감정은 특정 상황이 좋지 않다는 것을 말해주는 경고일 수 있다.

     나의 도전: ________________

10. 감정을 조절해서 얻을 수 있는 것보다, 극단적인 감정을 표출함으로써 얻을 수 있는 것이 더 많다.

     도전: 극단적 감정은 나와 다른 사람들을 곤경에 빠트릴 수 있다. 감정이 효과적이지 않으면 감정조절 스킬을 사용하는 것이 좋은 방법이다.

     나의 도전: ________________

________________   (계속)

11. 창의성은 강렬한 감정을 필요로 하기 때문에 창의성을 발휘하기 위해서는 감정을 통제하지 않아도 된다.

    도전: 나는 내 감정을 통제하면서도 창의적일 수 있다.

    나의 도전: ____

12. 드라마같은 극적인 요소가 있는 삶이야말로 멋진 삶이다.

    도전: 나는 드라마틱할 수 있고 동시에 내 감정을 조절할 수도 있다.

    나의 도전: ____

13. 감정을 변화시키려고 하는 것은 가식적이다.

    도전: 변한다는 것 그 자체가 진실한 것이다. 변화는 삶의 일부이다.

    나의 도전: ____

14. 중요한 것은 사실적 진실이 아니라 감정적 진실이다.

    도전: 감정적 사실과 느낌 두 가지 모두 중요하다.

    나의 도전: ____

15. 사람들은 하고 싶은 것이 있다면 무엇이든 해야 한다.

    도전: 내가 하고 싶은 대로 하는 것은 효과적이지 않다.

    나의 도전: ____

16. 감정에 따라 행동하는 사람이 진정으로 자유로운 사람이다.

    도전: 진정으로 자유로운 사람은 감정을 조절할 수 있다.

    나의 도전: ____

17. 나의 감정은 곧 나 자신이다.

    도전: 감정은 나의 일부분이지 나의 전부가 아니다.

    나의 도전: ____

18. 나의 감정적인 부분은 사람들에게 호감을 산다.

    도전: 감정을 조절하더라도 사람들은 나에게 호감을 느낄 것이다.

    나의 도전: ____

19. 감정은 아무런 이유 없이 생겨날 때도 있다.

    도전: 이 우주에 있는 모든 것에는 원인이 있다.

    나의 도전: ____

20. 우리는 언제나 감정을 믿어야 한다.

    도전: 감정은 때로 믿을 수 있는 것이다.

    나의 도전: ____

21. 신화적 믿음:

    도전: ____

    나의 도전: ____

감정기술 모델

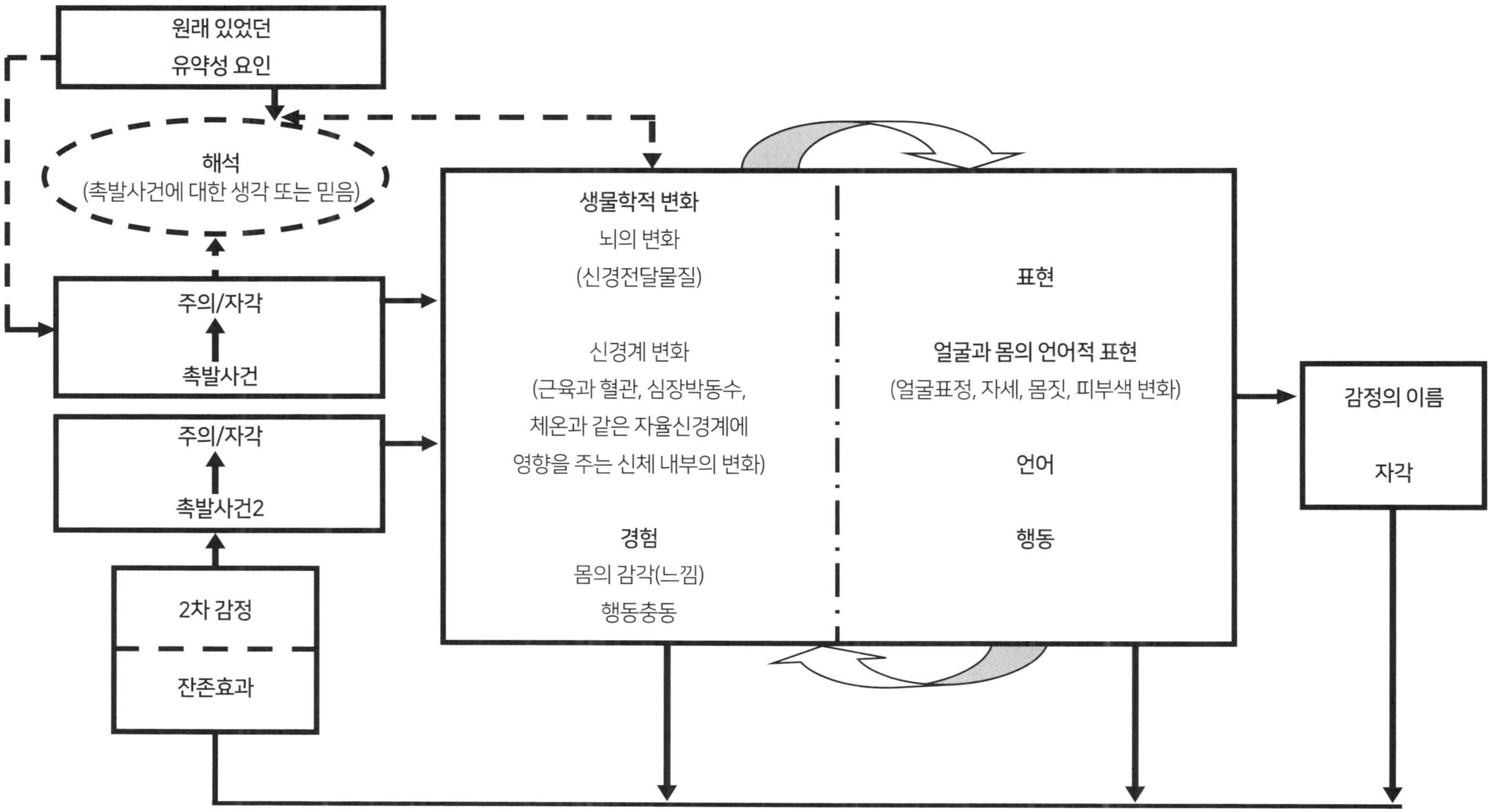

이 자료는 DBT® 다이어렉티컬 행동치료 워크북 개정판(저자 Marsha M. Linehan, 역자 조용범, 2025)의 일부입니다. 원 저작권은 Marsha M. Linehan에게 있으며 한국어 판권은 더트리그룹에 있습니다. 자세한 사항은 본서 저작권 관련 정보 페이지를 참고하십시오.

감정을 기술하는 방법

분노의 언어

화남	비통함	격분	분개	복수심	심술이 남
속상함	토라짐	짜증	노여움	안달이 남	잔인함
언짢음	격노	약오름	불만족함	적대감	악의에 참

분노 감정을 일으키는 촉발사건

- 중요한 목표 달성이 저지됐을 때
- 권력을 잃어버리거나 존중받지 못할 때
- 자신이나 우리가 아끼는 사람이 다른 사람으로부터 공격 받거나 위협을 당했을 때
- 기대한 만큼 일이 제대로 되지 않을 때
- 신체적, 정서적인 고통을 겪을 때
- 기타: _______________________

분노 감정을 일으키는 사건에 대한 해석

- 부당한 대우를 받았다고 생각함
- 비난함
- 중요한 목표가 중단되거나 저지됐다고 생각함
- 일이 다르게 "되었어야" 한다고 생각함
- "내가 옳아"라고 완고하게 생각함
- 상황이 불법적이거나 부당하다고 판단함
- 분노를 일으킨 원인이나 과거의 사건에 대해 골몰함
- 기타: _______________________

분노 감정이 일으킨 생물학적 변화와 경험

- 근육이 긴장됨
- 이를 꽉 묾
- 주먹을 꽉 쥠
- 얼굴이 빨갛게 달아오르거나 뜨거움을 느낌
- 폭발할 것 같은 느낌이 듦
- 울음을 그칠 수 없음
- 누군가를 때리거나, 벽을 치거나, 던지고 싶은 느낌
- 누군가를 해치고 싶음
- 기타: _______________________

분노 감정의 표현과 행동

- 신체적, 언어적으로 공격함
- 공격적이거나 위협적인 몸짓을 함
- 무엇인가를 치고, 물건을 던지거나, 망가뜨림
- 쿵쿵 발소리를 내면서 걷거나, 문을 세게 닫음
- 밖으로 나가버림
- 목소리를 높이고, 시비를 걸거나 비꼬면서 말함
- 욕을 함
- 비난하거나 불평함
- 손이나 주먹을 꽉 움켜쥠
- 얼굴을 찡그리거나, 미소를 짓지 않고 불쾌한 표정을 함
- 다른 사람과 접촉을 피하거나 혼자 골몰함
- 울기
- 비웃음
- 얼굴이 빨갛게 달아오르거나 상기됨
- 노려봄, 눈 주변 근육이 바짝 긴장됨
- 기타: _______________________

분노의 잔존효과

- 주의력 폭이 좁아짐(인지협착)
- 화나게 만든 상황에만 집중함
- 화나게 만든 상황이나 과거에 화났던 상황에 골몰함
- 화가 날 미래의 상황에 대해 상상함
- 이인적 경험, 해리적 경험, 무감각함
- 기타: _______________________

(계속)

혐오감의 언어

역겨움	혐오	싫어함	불쾌함	반감	분함	구역질이 남
질색함	생색냄	조롱	증오	섬뜩함	저항감	앙심
악감정	경멸	무시	질색	지긋지긋함	멸시	극도로 불쾌함

혐오감을 일으키는 촉발사건

- 사람이나 동물의 배설물을 보거나 냄새를 맡을 때
- 더럽거나, 끈적거리거나, 지저분한 사람이나 동물이 가까이 다가올 때
- 믹고 싶지 않은 깃을 맛보거나 삼키도록 강요받을 때
- 시신을 보거나 가까이할 때
- 낯선 사람이나 사망한 사람, 좋아하지 않는 사람이 입었거나 가지고 있던 물건을 만질 때
- 비굴한 태도를 취한 사람이나 다른 사람의 존엄성을 짓밟는 사람을 보거나, 그에 대한 이야기를 들을 때

- 피를 보거나, 채혈할 때
- 심하게 위선적이거나 아첨하는 사람을 보거나, 그에 대한 이야기를 들을 때
- 배신히거나 아동을 학대하거나, 인종차별을 하거나 잔혹한 행동들을 보거나, 그에 대한 이야기를 들을 때
- 지혜로운 마음의 가치관을 심각하게 침해하는 무언가를 보도록 강요받을 때
- 지혜로운 마음의 가치관을 심각하게 위반하는 누군가와 대면할 때
- 원치 않는 성적 접촉을 하거나, 그 장면을 보도록 강요받을 때
- 기타: ___________________________

혐오감을 일으키는 사건에 대한 해석

- 아래의 생각을 믿음
    - 독성 물질을 삼켰다고 생각함
    - 피부나 마음이 오염됐다고 믿음
    - 신체의 일부가 추하다고 믿음
    - 다른 사람이 악하거나 '쓰레기'같다고 믿음. 다른 사람이 권위 있는 사람이나 그룹을 존중하지 않는다고 믿음

- 상대방보다 자신이 도덕적으로 우월하다는 느끼고 상대방을 인정하지 않음
- 나 자신의 감정, 생각, 행동에 대해 극단적으로 반감을 가짐
- 매우 부도덕하거나 범죄를 저질렀거나 자연의 섭리를 침해하는 사람에 대하여 판단함
- 다른 사람의 몸이 아주 못생겼다고 판단함
- 기타: ___________________________

혐오 감정이 일으킨 생물학적 변화와 경험

- 메스꺼움, 역겨운 느낌
- 구역질, 구토, 질식할 것 같음
- 목에 덩어리가 느껴짐
- 무언가를 마시거나 먹는 것에 혐오감이 느껴짐
- 무언가를 파괴하거나 제거하고 싶은 강렬한 충동

- 샤워를 하고 싶은 충동
- 도망가거나 밀쳐내고 싶은 충동
- 오염됐거나, 더럽거나, 불결하다는 느낌
- 정신적으로 더럽혀졌다고 느낌
- 기절함
- 기타: ___________________________

혐오 감정의 표현과 행동

- 구토, 침 뱉기
- 눈을 감기, 눈길을 돌리기
- 씻기, 문질러 세척하기, 목욕하기
- 옷을 갈아입기, 청소하기
- 무언가를 먹거나 마시는 것을 피하기
- 밀쳐내거나 차버리기, 멀리 달아나기
- 업신여기거나 존중하지 않는 태도 취하기
- 상대를 짓밟기, 다른 사람을 몰아내기

- 혐오감을 느끼게 하는 원인을 물리적으로 공격하기
- 욕설을 하거나 저주를 퍼붓기
- 손이나 주먹을 꽉 움켜쥐기
- 얼굴을 찡그리거나 미소짓지 않기
- 불쾌하고 비열한 얼굴 표정 하기
- 비꼬는 목소리로 말함
- 코와 입술이 긴장됨, 히죽거리며 웃음
- 기타: ___________________________

혐오감의 잔존효과

- 주의력 폭이 좁아짐
- 혐오감을 준 사건에 대해 골몰함

- 더러움에 대해 과민해짐
- 기타: ___________________________

(계속)

부러움의 언어

부러움	열망	불쾌함	탐욕	옹졸함	씁쓸함	불만족함	못마땅함
시기	분함	탐냄	언짢음	낙담	가지고 싶어함		

부러운 감정을 일으키는 촉발사건

- 가지고 싶거나, 필요하지만 갖고 있지 않은 것, 혹은 가질 수 없는 무언가를 누군가 가지고 있을 때
- 어떤 그룹에 속해 있지 않을 때
- 모든 것을 다 가진 듯한 사람을 볼 때
- 다른 사람이 즐거운 시간을 보내는 동안 혼자 있을 때
- 내가 한 일로 다른 사람이 인정받을 때

- 어떤 일에 대해 다른 사람은 긍정적으로 인정받고, 나는 인정받지 못할 때
- 진정으로 원하지만 얻을 수 없는 무언가를 다른 사람이 얻게 될 때
- 내가 가진 것보다 더 많은 것을 가진 사람들과 함께 있을 때
- 중요하다고 여기는 영역에서 나와 경쟁하고 있는 누군가가 나보다 더 성공적일 때
- 기타: ______________________

부러운 감정을 일으키는 사건에 대한 해석

- 다른 사람이 가지고 있는 것을 나도 가질 자격이 있다고 생각함
- 나보다 더 많은 것을 가진 사람들을 생각함
- 다른 사람들에 비해서 운이 나쁘고 불공평하다고 생각함
- 살아가면서 부당하게 대우받았던 것에 대해 생각함
- 불행하다고 생각함

- 열등하거나, 실패했거나, 닮고 싶은 누군가와 비교해서 평범하다고 생각함
- 나보다 더 많은 것을 가진 사람과 자신을 비교함
- 내가 가지고 싶어하는 성격을 가진 사람과 나 자신을 비교함
- 인정받지 못한다고 생각함
- 기타: ______________________

부러운 감정이 일으키는 생물학적 변화와 경험

- 근육이 긴장됨
- 이를 강하게 물고 입을 꽉 닫음
- 얼굴이 상기되거나 뜨거워짐
- 몸이 경직되는 것이 느껴짐
- 가슴 깊은 곳에 통증이 느껴짐
- 되갚아 주고 싶은 충동을 느낌
- 다른 사람을 증오함

- 부러움을 느끼는 사람을 해치고 싶은 마음이 듦
- 부러움을 느끼게 만든 사람들이 자신의 것을 잃어버리거나, 그들에게 불행이 닥치거나, 상처받기를 원함
- 다른 사람이 실패하거나 가진 것을 잃을 때 기쁨을 느낌
- 다른 사람에게 좋은 일이 생길때, 불행함을 느낌
- 스스로를 향상시키고자 하는 동기가 느껴짐
- 기타: ______________________

부러운 감정의 표현과 행동

- 다른 사람이 가지고 있는 것을 얻기 위해 자신이 할 수 있는 모든 것을 함
- 원하는 것을 얻기 위해 전보다 더 열심히 일함
- 나 자신과 내가 처한 상황을 더 나아지게 하려고 노력함
- 다른 사람이 가진 것을 빼앗거나 망쳐버림
- 다른 사람을 공격하거나 비판함
- 되갚아 주는 행동을 함

- 다른 사람이 실패하거나 그들이 가지고 있는 것을 잃어버리게 만듦
- 상대방에 대해서 비열한 말을 하거나 그 사람을 다른 사람에게 나빠 보이게 만듦
- 다른 사람을 곤란하게 하여 당황스럽게 만들거나, 다른 사람보다 더 나아 보이려고 노력함
- 내가 원하는 것을 가지고 있는 사람을 피함
- 기타: ______________________

부러움의 잔존효과

- 주의력의 폭이 좁아짐
- 내가 가지지 못한 것을 가지고 있는 사람에게만 주의가 집중됨
- 나보다 다른 사람이 더 많은 것을 가졌을 때를 회상하고 계속 그것을 생각함

- 내가 가진 것을 가치 없는 것으로 치부함, 내가 가진 것이나 다른 사람이 나를 위해 한 일에 대해 고마워하지 않음
- 내가 가지지 못한 것에 대해서 골몰함
- 변화를 위한 해결책을 만듦
- 기타: ______________________

(계속)

두려움의 언어

공포	두려움	경악	겁이 남	충격	거북함	불안	초조함	히스테리 상태
압도됨	긴장됨	걱정	우려	놀람	조마조마함	공황	무서움	

두려운 감정을 일으키는 촉발사건

- 나의 삶, 건강 또는 행복이 위협받을 때
- 예전에 위협을 당했거나 상해를 입었거나 고통스러운 일이 벌어졌던 것과 같은 상황(비슷한 상황)일 때
- 플래쉬백이 일어날 때
- 「라른 사람이 위협을 받거나 상해 입는 것을 보았던 상황에 처했을 때
- 적막함
- 새롭거나 익숙하지 않은 상황일 때

- 혼자일 때(혼자 걷거나, 집에 혼자 있거나, 혼자 살 때)
- 어두운 곳에 있을 때
- 많은 사람들 가운데 있을 때
- 집을 떠날 때
- 다른 사람 앞에서 무언가를 수행해야 할 때
- 꿈을 이루려고 할 때
- 기타: ___________________________________

두려운 감정을 일으키는 사건에 대한 해석

- 죽을지도 모른다고 믿거나, 곧 죽게 될 것이라고 믿음
- 상해를 입거나 다칠 것이라고 믿음
- 중요한 무언가를 잊어버리게 될 것이라고 믿음
- 누군가가 나를 거절하거나, 비난하거나, 좋아하지 않는다고 믿음
- 나 자신이 창피하다고 믿음
- 실패할 것이라고 믿거나 실패를 기대함
- 필요할 때 누군가가 도와주지 않을 것이라고 믿음

- 현재 내가 받고 있는 도움을 상실할 것이라고 믿음
- 중요한 누군가를 잃게 될 것이라고 믿음
- 내가 원하는 무언가를 잃을 것이라고 믿음
- 스스로 무력하다고 믿거나, 통제감을 상실했다고 믿음
- 숙련감이나 자신감을 상실했다고 믿음
- 기타: ___________________________________

두려운 감정이 일으키는 생물학적 변화와 경험

- 숨이 참
- 심장박동이 빨라짐
- 숨이 막히는 느낌, 목에 무언가 있는 느낌
- 근육 긴장, 경련
- 이를 꽉 물기
- 소리지르거나 도움을 청하고 싶은 충동

- 구역질이 남
- 몸이 차가워지는 느낌, 축축한 느낌
- 머리카락이 곤두서는 느낌
- 안절부절 못하는 느낌
- 도망가거나 회피하고 싶음
- 기타: ___________________________________

두려운 감정의 표현과 행동

- 도망감, 멀리 달아남
- 뛰거나 서둘러 걸음
- 두려움을 느끼는 것으로부터 숨거나 피함
- 초조하거나 두려워하며 말함
- 애원하거나 도움을 청함
- 말수가 줄어들거나 말을 못하게 됨
- 소리지르거나 울부짖고, 악을 쓰며 고함을 침
- 동공이 빠르게 움직이거나 주변을 빠르게 살핌
- 냉담한 시선

- 두려워 하지 않도록 자신을 설득함
- 몸이 얼어붙거나 움직이지 않으려고 함
- 울거나 훌쩍임
- 동요함, 흔들림
- 떨리는 목소리
- 식은땀이 나거나 땀을 흘림
- 설사, 구토
- 머리카락이 곤두섬
- 기타: ___________________________________

두려움의 잔존효과

- 주의력이 좁아짐
- 위험을 과하게 경계함
- 집중력을 잃어버리거나 방향 감각을 상실하거나 멍해짐
- 통제감을 상실함

- 더 많은 것을 상실하거나 실패할 것에 대해 상상함
- 자기 자신을 고립시킴
- 위협적으로 느꼈던 이전 기억을 회상하고 골몰함
- 기타: ___________________________________

(계속)

행복의 언어

행복	만족	즐거움	유쾌함	황홀경	기쁨	축복
승리감	낙천적임	반가움	흥미	열광	귀여움	열정
자긍심	안도감	명랑함	흥분	열의	의기양양함	재미
설렘	환희	흥겨움	신남	매혹	흥취	엉뚱함
편안함	황홀함	희망	희열	발랄함	열성	

행복한 감정을 일으키는 촉발사건

- 깜짝 놀랄만한 일이 생겼을 때
- 기대 이상의 결과를 얻었을 때
- 원하는 것을 얻었을 때
- 열심히 노력해서 무언가를 얻었을 때, 걱정했던 문제가 해결되었을 때
- 생각했던 것보다 일이 잘 풀렸을 때
- 성공적으로 업무를 수행했을 때
- 원하는 결과를 얻었을 때
- 존경이나 존중, 칭찬을 받았을 때
- 사람들이 나를 사랑하고, 좋아하고, 나에게 애정을 쏟을 때
- 다른 사람들이 나에게 수용적인 태도를 보였을 때
- 어딘가에 소속되거나 누군가 또는 그룹에 속해 있을 때
- 내가 좋아하거나 사랑하는 사람과 함께 있거나 연락을 할 때
- 매우 즐거운 감각적 경험을 할 때
- 즐거운 감각적 경험을 만들거나 가져다 주는 일을 할 때
- 기타: _______________________

행복한 감정을 일으키는 사건에 대한 해석

- 기쁨을 주는 사건을 있는 그대로 가감없이 해석함
- 기타: _______________________

행복감의 생물학적 변화와 경험

- 흥분된 느낌
- 에너지가 넘치고 활동적인 느낌
- 키득거리거나 웃고 싶은 느낌
- 얼굴이 빨개질 것 같은 느낌
- 완벽하게 차분한 느낌
- 행복감과 연관된 일을 계속 하고 싶은 충동
- 평화로운 느낌
- 마음이 열리거나 확장되는 느낌
- 기타: _______________________

행복한 감정의 표현과 행동

- 미소지음
- 환하게 빛나는 얼굴을 함
- 매우 즐겁거나 쾌활해짐
- 좋은 감정에 대해서 말함
- 좋은 느낌을 나눔
- 유치해짐
- 사람들을 안아줌
- 펄쩍펄쩍 뜀
- 긍정적인 것들에 대해 말함
- 열정적이거나 흥분된 목소리로 말함
- 수다스럽고 말이 많아짐
- 기타: _______________________

행복감의 잔존효과

- 다른 사람에게 예의 바르고 친절하게 대함
- 다른 사람에게 착한 일을 함
- 긍정적인 태도를 가지고 밝은 쪽을 바라봄
- 걱정이나 짜증을 참게 됨
- 기쁜 느낌을 가졌던 시간을 회상하거나 상상함
- 다음에도 기쁜 감정을 느낄 것이라고 기대함
- 기타: _______________________

(계속)

질투의 언어

질투	집착	누군가/무언가를 잃어버릴 것에 대한 두려움	경쟁심	경계심
조심함	방어적인 태도	의심　　주시함　　매달림　　불신	소유욕이 강함	자기보호적임

질투 감정을 일으키는 촉발사건

- 중요하게 여기는 관계가 위협을 받거나 위험에 처했거나 관계가 깨질 위험에 놓였을 때
- 잠재적인 경쟁자가 내가 사랑하는 사람에게 관심을 줄 때
- 누군가가 내가 중요하게 생각하는 것을 가져갈 것이라고 위협할 때
- 누군가가 내가 좋아하는 사람과 사귈 때
- 누군가가 나의 친구와 대화하는 동안 나를 무시할 때
- 누군가가 나보다 더 매력적이거나, 사교적이거나, 자신감이 많아 보일 때

- 가까워지고자 하는 사람이 나를 별로 중요하지 않게 여길 때
- 나의 파트너가 혼자 더 많은 시간을 보내고 싶다고 말할 때
- 나의 파트너가 다른 사람에게 추파를 던질 때
- 나와 사귀고 있는 사람이 다른 사람을 바라볼 때
- 내가 사랑하는 사람이 나른 사람과 부정을 저지를 때
- 기타: __________________

질투를 일으키는 사건에 대한 해석

- 파트너가 더 이상 나에게 관심이 없다고 믿음
- 내가 파트너에게 아무 의미가 없다고 믿음
- 파트너가 나를 곧 떠날 것이라고 믿음
- 파트너가 부적절한 행동을 하고 있다고 믿음
- 내가 동료들의 기대에 부합하지 못한다고 믿음
- 내가 받고 있는 것보다 더 많은 것을 받을 자격이 있다고 믿음

- 파트너가 부정을 저지른다고 믿음
- 아무도 나에게 신경을 쓰지 않는다고 믿음
- 나의 경쟁자가 소유욕이 강하고 경쟁적이라고 믿음
- 나의 경쟁자가 불안정하다고 믿음
- 나의 경쟁자가 부러워한다고 믿음
- 사람들이 내가 가진것을 원하고, 그것을 빼앗으려 한다고 믿음
- 기타: __________________

질투 감정이 일으키는 생물학적 변화와 경험

- 숨이 참
- 심장박동이 빨라짐
- 질식할 것 같거나 숨이 막히는 느낌
- 근육 긴장, 경련
- 이를 꽉 물기
- 다른 사람을 의심함

- 자존심에 상처를 입음
- 거부당한 느낌
- 통제감을 되찾을 필요를 느낌
- 무기력함을 느낌
- 내가 가진 것을 움켜잡거나 계속 유지하고 싶은 마음이 듦
- 경쟁자를 밀쳐 내거나 제거하고 싶음

질투 감정의 표현과 행동

- 무언가를 가지고 가려고 위협하는 사람에게 공격적이거나 위협하는 행동을 함
- 내가 잃어버릴까 염려하는 그 사람의 자유를 통제하려고 시도함
- 신의를 지키지 않고, 신뢰를 저버린 것에 대해 언어적으로 비난함
- 상대방을 몰래 염탐함

- 상대방을 추궁함, 활동이나 시간에 대해 설명을 요구함
- 부정한 행동에 대한 증거를 수집함
- 매달림, 의존성이 증가됨
- 사랑하는 마음을 과도하게, 예전보다 많이 표현함
- 기타: __________________

질투의 잔존효과

- 주의력 폭이 좁아짐
- 상대방의 좋지 않은 면만 바라봄
- 전반적으로 불신하게 됨

- 나의 관계를 위협하는 것에 대해 과도하게 경계함
- 고립되거나 대인관계가 위축됨
- 기타: __________________

(계속)

사랑의 언어

사랑	매력	황홀감	집착	동정	흠모	배려	우애
갈망	다정다감함	애착	매혹	심취	욕망	따뜻함	흥분
연민	친절함	열정	욕정	좋아함	감동		

사랑을 느끼게 하는 촉발사건

- 그 사람이 내가 원하고 필요로 하거나 정말 갖고 싶었던 것을 해주었을 때
- 그 사람이 내가 원하거나 필요로 하는 것을 했을 때
- 그 사람이 내가 특별히 가치를 두는 일이나, 존경할 만한 일을 했을 때
- 누군가에게 신체적 매력을 느낄 때
- 누군가와 아주 즐거운 시간을 보낼 때
- 그 사람과 오랫동안 같이 시간을 보낼 때
- 그 사람과 특별한 경험을 함께 공유할 때
- 그 사람과 깊은 대화를 나누었을 때
- 기타: ___________________________

사랑의 감정을 일으키는 사건에 대한 해석

- 그 사람이 나를 사랑하고 필요로 하며 나에게 고마워하고 있다고 믿음
- 그 사람이 매우 매력적이라고 생각함
- 그 사람의 성격이 너무나 좋고 훌륭하고 혹은 매력적이라고 판단함
- 그 사람이 믿을 만한 사람이라고 믿거나 언제나 내 옆에 있을 것이라고 믿음
- 기타: ___________________________

사랑의 감정이 일으키는 생물학적 변화와 경험

- 그 사람에 대해 생각하거나 그 사람과 함께 있을 때:
  - 흥분이 되고 에너지가 충만하게 느껴짐
  - 심장박동수가 올라감
  - 자신감이 느껴짐
  - 강인한 마음이 느껴짐
  - 행복하고 즐거우며 활기가 넘침
  - 따뜻하고 신뢰하며 안심함
  - 편안하고 차분한 느낌
- 그 사람이 정말 잘 되기를 원함
- 그 사람에게 무언가를 주고 싶은 마음이 듦
- 그 사람이 보고 싶고 같이 시간을 보내고 싶음, 그 사람과 평생을 같이 지내고 싶음
- 신체적인 접촉이나 성적 행위를 하고 싶음
- 감정적인 친밀감을 느끼고 싶음

사랑하는 감정의 표현과 행동

- "사랑해"라고 말함.
- 그 사람에게 긍정적인 감정을 표현함
- 눈을 맞추고, 서로 가만히 바라봄
- 만지고 두드리며 안아주고 쓰다듬어 줌
- 성적인 행동
- 미소지음
- 그 사람과 시간을 같이 보내고 경험을 공유함
- 상대방이 원하고 필요로 하는 일을 함
- 기타: ___________________________

사랑의 잔존효과

- 그 사람의 긍정적인 측면만을 봄.
- 꿈을 꾸고 있는 느낌이나, 무언가 잃어버린 느낌이 들고 주의가 분산됨
- 신뢰감이 생기고 개방적인 느낌이 듦
- "활기"가 넘치고 효능감이 느껴짐
- 내가 사랑했던 다른 사람들을 생각함
- 나를 사랑했던 사람들에 대해 회상함
- 다른 긍정적인 사건들을 회상함
- 자기 자신을 믿게 됨, 나 자신이 유능하고, 멋지고, 능숙하다고 믿음
- 기타: ___________________________

(계속)

슬픔의 언어

슬픔	실망	연민	꺾임	단절	우울	절망	향수
번뇌	불쾌	괴로움	침울	비탄	무시	낭패	불안정
낙담	멜랑콜리함	비참	소외	상처	서러움	암울	고립
고뇌	불만족	거부당함	패배감	외로움	비애	심란함	불행

슬픈 감정을 일으키는 촉발사건

- 무언가 혹은 누군가를 잃어버리고, 이를 돌이킬 수 없을 때
- 사랑하는 누군가가 죽었을 때
- 기대했던 일이나 원했던 일이 뜻대로 되지 않을 때
- 기대했던 것보다 더 안좋은 일이 벌어질 때
- 내가 아끼는 사람과 떨어져 있을 때
- 원치 않은 일을 겪을 때
- 꾸준히 노력해 온 일을 성취하지 못했을 때
- 살아가면서 꼭 필요하다고 믿는 것을 얻지 못할 때
- 거절당하거나 인정받지 못하거나 소외될 때
- 힘이 없거나 무력하다는 것을 발견할 때
- 슬프고 상처받은 사람과 함께 있을 때
- 세계 도처의 학대 받고 고통받는 사람들에 대한 글을 읽거나 이야기를 들을 때
- 혼자 있거나 소외되거나 외부인처럼 느껴질 때
- 내가 얻지 못했던 것들에 대해서 생각할 때
- 잃어버린 것들에 대해서 생각할 때
- 누군가가 그리울 때
- 기타: ______________________

슬픔을 일으키는 사건에 대한 해석

- 누군가와 오랫동안 헤어져 있거나, 영원히 헤어질 것이라고 믿음
- 내가 원하고 꼭 필요로 하는 것을 갖지 못할 것이라고 믿음
- 희망이 없다고 믿음
- 자신이 가치 없거나 무의미한 존재라고 믿음
- 기타: ______________________

슬픈 감정의 생물학적 변화와 경험

- 지쳐있고 피곤하며 에너지가 없다고 느낌
- 무기력하고 귀찮게 느껴짐, 하루 종일 침대에 누워있고 싶음
- 기쁨을 주는 일이 아무 것도 없다고 느껴짐
- 가슴 깊숙한 곳에 구멍이 생긴 것 같은 고통을 느낌
- 울음을 그칠 수 없다고 느끼거나, 울기 시작하면 절대로 그칠 수 없다고 느낌
- 공허함을 느낌
- 무언가를 삼키기가 어려움
- 숨이 막힘
- 어지러움
- 기타: ______________________

슬픈 감정의 표현과 행동

- 회피함
- 무기력하게 행동함, 계속 누워있음, 수동적이 됨
- 풀이 죽거나, 음울하거나, 침울하게 행동함
- 느릿느릿 움직이거나 발을 질질 끌면서 움직임
- 사람들과 만나는 것을 피함
- 즐겁게 느껴졌던 활동들을 회피함
- 포기하고 더 나아지려고 노력하지 않음
- 슬픈 것들에 대해 말함
- 말수가 적어지거나, 전혀 말하지 않음
- 조용하고, 천천히, 단조로운 목소리를 냄
- 눈꼬리가 내려감
- 얼굴을 찡그리고 웃지 않음
- 구부정한 자세
- 흐느끼거나, 울거나, 훌쩍임
- 기타: ______________________

슬픔의 잔존효과

- 행복했던 일들을 기억해내지 못함
- 짜증내고, 화를 잘 내며, 불평하는 마음이 느껴짐
- 상실한 것을 동경하고 끊임없이 갈망하고 탐색함
- 부정적인 측면만을 바라봄
- 자기자신을 비난하거나 책망함
- 과거에 있었던 슬픈 일들을 회상함
- 불면
- 식욕부진, 소화불량
- 기타: ______________________

(계속)

수치감의 언어

수치심   비난받는 느낌   당혹감   굴욕   부끄러움

회한   심란함   창피함   자의식

수치감을 일으키는 촉발사건

- 내가 아끼는 사람들이나, 권력이 있거나 대표성이 있는 사람들로부터 거부당했을 때
- 나의 잘못을 다른 사람이 알게 됐을 때
- 내가 존경하는 누군가가 비도덕적이고, 나쁜 일을 하고 있다고 믿거나 생각할 때
- 나 자신이나 행동을 어떤 기준과 비교하고, 그 기준에 못 미치는 삶을 살고 있다고 느낄 때
- 사랑하는 사람에게 배신당했을 때
- 웃음거리가 되었을 때
- 공공장소나 누군가의 앞에서 비난받을 때, 공개적으로 비난받은 것을 떠올릴 때
- 인신 공격을 받았을 때
- 과거의 잘못된 행동이나 비도덕적이거나 '수치스러운' 일을 한 것을 다시 떠올렸을 때
- 칭찬을 들을 것으로 생각한 일에 대해 오히려 비판을 들었을 때
- 비수인적인 경험을 하거나 비수인적 감정을 느낄 때
- 나 자신이나 내 삶의 매우 사적인 부분이 노출되었을 때
- 내가 좋아하지 않는 신체적인 특징이 노출되었을 때
- 자신있었던 일을 망쳐버렸을 때
- 내가 자란 곳이나 피부색처럼 노력으로 바꿀 수 없는 부분에 대해 비난당하거나 놀림을 당할 때
- 기타: _______________________

수치감을 일으키는 사건에 대한 해석

- 다른 사람이 나를 거절할 것이라고 믿거나 거절당했다고 믿음
- 나 자신을 열등하다고 판단함, '만족스럽지' 않다고 판단함, 다른 사람들만큼 괜찮지 않다고 판단함, 자기 비수인화
- 다른 사람과 자신을 비교하거나 자신을 실패자라고 생각함
- 자신이 사랑스럽지 않다고 믿음
- 자신이 나쁘거나 비도덕적이거나 잘못했다고 생각함
- 자신에게 결점이 있다고 생각함
- 스스로 나쁜 사람이거나 실패했다고 생각함
- 신체나 신체의 일부가 너무 크거나, 너무 작거나, 못생겼다고 믿음
- 다른 사람의 기대에 미치지 못하는 삶을 살고 있다고 생각함
- 자신의 행동이나 생각, 감정이 바보 같다고 생각함
- 기타: _______________________

수치감으로 인한 생물학적 변화와 경험

- 배가 아픔
- 두려움
- 움츠러들거나 사라져 버리고 싶음
- 얼굴과 몸을 숨기거나 가리고 싶음
- 얼굴이 뜨거워지고, 땀이 남
- 기타: _______________________

수치감의 표현과 행동

- 다른 사람에게 행동을 숨기거나 성격을 드러내지 않음
- 내가 피해를 입힌 사람들을 피함
- 나를 비난했던 사람들을 피함
- 나 자신을 회피함, 주의가 분산되거나 무시함
- 얼굴을 가리고 숨거나 피함
- 고개를 떨구고 비굴한 자세를 보임
- 상대방을 달램, 계속 반복해서 미안하다고 말함
- 시선을 낮추고 사람들을 피함
- 풀썩 쓰러짐, 구부정한 자세를 취함
- 머뭇거리며 말하고, 작은 목소리로 말함
- 얼굴이 붉어짐
- 기타: _______________________

수치감의 잔존효과

- 잘못한 일에 대해 생각하는 것을 피함, 모든 감정을 차단함
- 주의분산 행동을 함, 마음의 집중을 흩트리기 위해 충동적 행동을 함
- 자기 자신에게 강하게 집중함, 자신에 대해 집착적으로 사로잡힘
- 이인적 경험, 해리적 경험, 무감각, 쇼크
- 다른 사람을 공격하거나 비난함
- 다른 사람과 갈등을 겪음
- 소외감과 고립감
- 문제 해결 능력에 손상을 입음
- 기타: _______________________

(계속)

죄책감의 언어

죄책감　　　비난받는 느낌　　　회한　　　미안함　　　후회　　　안쓰러움

죄책감을 일으키는 촉발사건

- 옳지 않다고 믿는 일을 하거나, 믿고 있는 어떤 것이 옳지 않다고 생각할 때
- 내 개인적인 가치관과 위배되는 무언가를 생각하거나 행동으로 옮길 때
- 내가 하겠다고 말한 것을 하지 않았을 때

- 다른 사람이나 나의 가치관에 반하는 죄를 지었을 때
- 다른 사람이나 물건에 상해 또는 피해를 주었을 때
- 자신에게 상해 또는 피해를 입혔을 때
- 과거에 잘못했던 일을 떠올릴 때
- 기타: _______________________________________

죄책감을 일으키는 사건에 대한 해석

- 나의 행동이 비난받을 것이라고 생각함
- 내가 나쁘게 행동했다고 생각함

- "내가 만약 다르게 행동 했다면…"이라고 생각함
- 나의 행동으로 피해를 끼쳤다고 생각함
- 기타: _______________________________________

죄책감이 일으키는 생물학적 변화와 경험

- 얼굴이 붉어지고 열이 남
- 초조하고 안절부절 못 함

- 숨이 막힘
- 기타: _______________________________________

죄책감의 표현과 행동

- 폐를 끼친 것에 대해 회복하려고 노력함, 잘못한 일을 보상하려고 노력함, 피해를 복구하려고 노력함, 결과를 바꾸려고 노력함
- 용서를 구하고, 사과하고, 고백함
- 선물을 주거나 잘못한 것에 대해 보상을 하려고 희생함
- 머리를 숙임, 그 사람 앞에 무릎 꿇음

죄책감의 잔존효과

- 변하겠다고 결심함
- 행동을 변화시킴
- 자조 프로그램에 참여함
- 기타: _______________________________________

기타 중요한 감정 언어

- 지루함, 불만, 마음이 내키지 않음
- 고통스러움
- 수줍음, 부서질 것 같음, 내성적임, 숫기 없음, 내숭, 과묵함
- 조심스러움, 꺼림, 의심스러움, 신중함, 경계심
- 경탄함, 깜짝 놀람, 경외감, 신기함
- 과감함, 용기 있음, 대담함, 결심
- 권능감, 자신감, 유능감, 숙련감
- 수상함, 회의감, 의문을 품음
- 무관심, 따분함, 둔감함, 권태감, 안절부절 못함, 성급함, 무심함, 노곤함

감정 관찰하고 기술하기

완료일: ______________________　　이름: ______________________　　시작하는 주: ______________________

현재 또는 최근에 경험한 감정적 반응 한 가지를 선택하고 이 워크시트를 상세하게 작성하도록 하십시오. 선택한 감정의 촉발사건이 먼저 일어났던 또 다른 감정이라면 (예: 두려움이 나의 분노를 촉발시킴) 그 감정에 대한 워크시트를 따로 작성하십시오. 감정조절 자료 6을 참고하십시오. 필요하면 추가 용지를 사용하십시오.

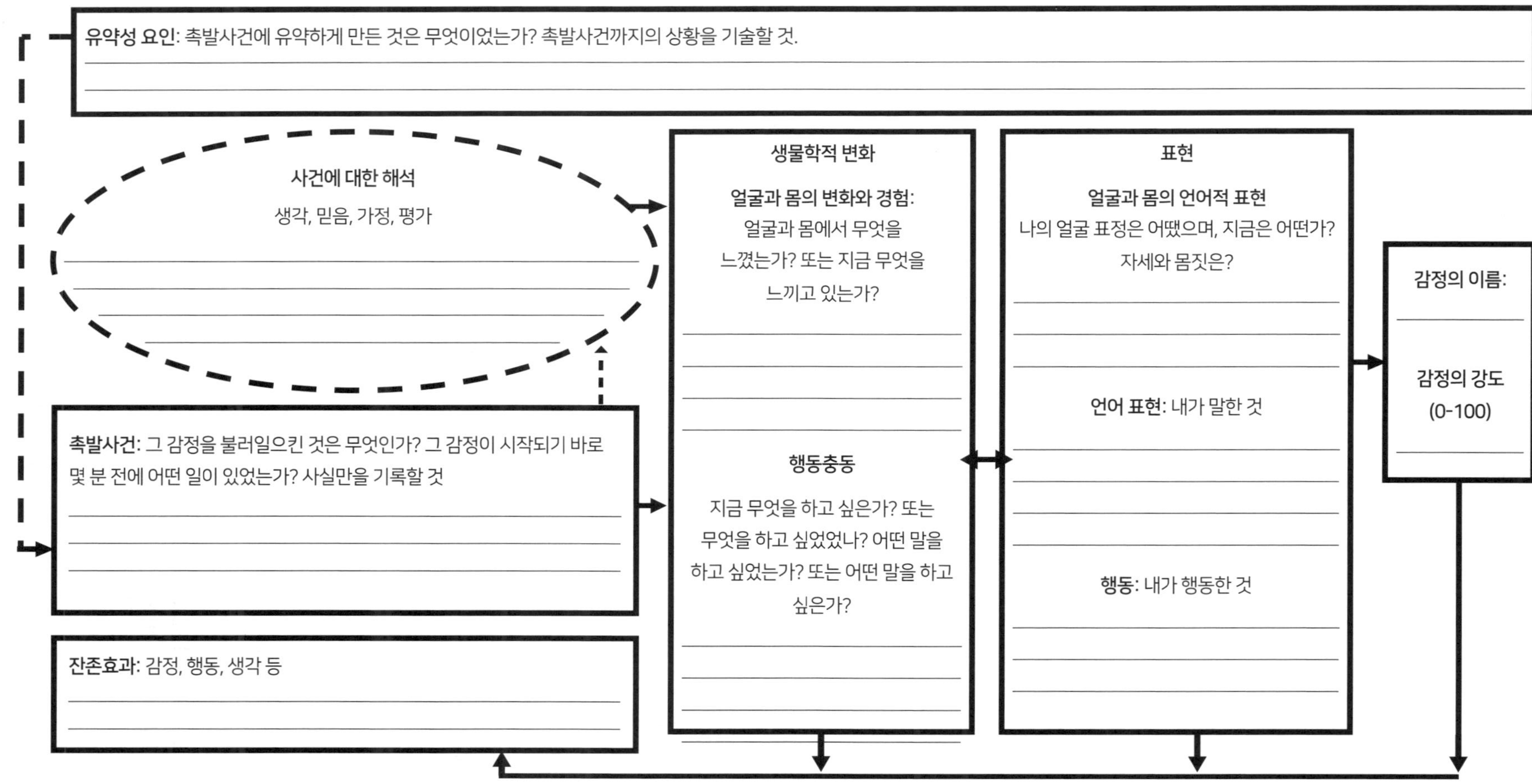

감정 관찰하고 기술하기

완료일: ________________   이름: ________________   시작하는 주: ________________

현재 또는 최근에 경험한 감정적 반응 한 가지를 선택하여 이 워크시트를 상세하게 작성하도록 하십시오. 선택한 감정의 촉발사건이 먼저 일어났던 또 다른 감정이라면(예: 두려움이 나의 분노를 촉발시킴) 그 감정에 대한 워크시트를 따로 작성하십시오. 감정조절 자료 6을 참고하십시오. 필요하면 추가 용지를 사용하십시오.

감정의 이름: ________________   **강도(0-100) :** ________________

감정을 유발한 촉발사건(누가, 무엇을, 언제, 어디서): 무엇이 그 감정을 촉발시켰는가?

____

____

유약성 요인: 무엇이 나를 촉발사건에 유약하게 만들었는가?

____

____

그 상황에 대한 **해석(믿음, 가정, 평가):**

____

____

얼굴과 몸의 변화 그리고 경험: 얼굴과 몸에서 무엇이 느껴지는가?

____

____

행동충동: 무엇을 하고 싶은 느낌이 들었는가? 어떤 말을 하고 싶었는가?

____

____

얼굴과 몸의 언어: 나의 얼굴 표정, 자세, 몸짓은 어땠는가?

____

____

그 상황에서 **나는 어떤 말을 했는가**(구체적으로)?

____

____

그 상황에서 **나는 어떤 행동을 했는가**(구체적으로)?

____

____

그 감정이 나에게 **어떤 잔존효과를** 남겼는가(나의 마음상태, 다른 감정, 행동, 생각, 기억, 몸 등)?

____

____

감정적 반응 변화시키기 개요

사실 확인하기

우리의 감정적 반응이 사실에 부합하는지 여부를 확인하십시오.

사실에 부합하도록 신념이나 가정을 바꾸는 것은
상황에 대한 감정적 반응을 변화시키는데 도움이 됩니다.

정반대 행동하기

감정이 사실에 부합하지 않을 때,
또는 감정대로 행동하는 것이 효과적이지 않을 때,
(온전히) 정반대로 행동하면 감정적 반응을 변화시킬 수 있습니다.

문제 해결하기

사실 그 자체가 문제일 때,
문제 해결하기는 부정적 감정의 빈도를 낮춰줄 것입니다.

사실 확인하기

사실

우리의 많은 감정과 행동은 사건 그 자체에서 시작되는 것이 아니라, 사건에 대한 우리의 생각과 해석에서 시작됩니다.

사건 → 생각 → 감정

감정은 또한 사건에 대한 우리의 생각에 큰 영향을 주기도 합니다.

사건 → 감정 → 생각

생각을 검토하고 사실을 확인하는 것은 감정을 변화시키는데 도움을 줍니다.

사실을 확인하는 방법

1. 질문하기: 변화시키고자 하는 감정이 무엇인가?

   (감정조절 자료 6: 감정을 기술하는 방법 참고)

2. 질문하기: 이 감정의 촉발사건은 무엇인가?

   감각을 통해서 관찰한 사실을 기술하십시오.

   판단하기나 절대적이라고 생각하는 것, 또는 흑백논리적으로 기술하고 있는 것에 도전하십시오.

   (마인드풀니스 자료 4: 마음중심잡기-'What' 스킬 참고)

3. 질문하기: 사건에 대한 나의 해석, 생각, 가정이 무엇인가?

   다른 방향으로 해석해 보십시오.

   상황의 모든 측면과 상황을 바라보는 다양한 관점을 모두 살펴보도록 연습하십시오.

   사실에 부합하는지 여부를 확인하기 위해서 가지고 있는 해석과 가정을 테스트해 보십시오.

4. 질문하기: 위협이라고 가정하고 있는가?

   느끼고 있는 위협에 이름을 붙이십시오.

   위협적인 사건이 실제로 일어날 가능성이 있는지 평가하십시오.

   다양한 결과들에 대해 가능한 많이 생각해 보십시오.

5. 질문하기: 재앙적 상황은 무엇인가?

   재앙적 상황이 실제로 일어나고 있다고 상상해 보십시오.

   재앙적 상황을 잘 대처했다고 상상해 보십시오(문제 해결하기, 문제에 미리 대비하기 혹은 철저한 수용을 통하여).

6. 질문하기: 느끼고 있는 감정과 그 감정의 강도가 실제 사실과 부합하는가?

   각각의 감정이 사실과 부합하는지 확인하십시오.

   지혜로운 마음에게 물어보십시오.

   (감정조절 자료 11: 정반대 행동 이해하기, 감정조절 자료 13: 정반대 행동하기와 문제 해결하기 리뷰 참고)

사실에 부합하는 감정 반응의 예

두려움	1. 나 또는 내가 아끼는 누군가가 위협을 받을 때 2. 나 또는 내가 아끼는 누군가의 건강에 위협이 있을 때 3. 나 또는 내가 아끼는 누군가의 웰빙에 위협이 있을 때 4. 기타: _______________
분노	1. 중요한 목표가 차단되거나, 기대했던 활동이 방해받거나 저지될 때 2. 나 또는 내가 아끼는 누군가가 타인에 의해 공격당했거나 상해를 입을 때 3. 나 또는 내가 아끼는 누군가가 다른 사람에게 모욕을 당했거나 위협을 받을 때 4. 사회에서 나의 인격성이나 지위를 손숭받지 못하거나 위협받을 내 5. 기타: _______________
혐오감	1. 중독되거나 오염될 수 있는 것과 접촉했을 때 2. 정말 싫어하는 누군가가 나 또는 내가 아끼는 누군가를 만졌을 때 3. 나 또는 내가 포함되어 있는 그룹에 심각한 피해를 주거나 해로운 영향을 줄 수 있는 행동이나 생각을 하는 사람/그룹이 주변에 있을 때 4. 기타: _______________
부러움	1. 내가 원하고 필요하지만 지금 가지고 있지 않은 것을 가지거나 얻은 사람이나 그룹이 있을 때 2. 기타: _______________
질투	1. 중요하고 바라던 관계나 물건이 손상되거나 상실될 위험에 처했을 때 2. 누군가가 나에게서 소중한 관계나 물건을 빼앗아 갈 것이라고 위협할 때 3. 기타: _______________
사랑	1. 사랑하는 사람, 동물, 물건이 나 또는 내가 아끼는 사람들의 삶의 질을 향상시킬 때 2. 사랑하는 사람, 동물, 물건이 나의 개인적 목표를 달성할 수 있는 기회를 증진시킬 때 3. 기타: _______________
슬픔	1. 무언가 또는 누군가를 영원히 잃었을 때 2. 내가 원했거나 기대했던 그리고 되기를 바랐던 일이 제대로 되지 않을 때 3. 기타: _______________
수치감	1. 나 자신이나 경험, 또는 내 행동의 특징이 사람들에게 알려지면 내가 아끼는 누군가 또는 그룹에게 거부당하게 될 때 2. 기타: _______________
죄책감	1. 내가 나 자신의 가치관이나 도덕률에 위반되는 행동을 할 때 2. 기타: _______________

> **감정의 강도와 그 감정이 유지되는 기간은 다음 사항에 의해 정당화됩니다.**
>
> 1. 예상되는 결과가 일어날 가능성이 얼마나 되는가?
> 2. 결과가 얼마나 크고 중요한가?
> 3. 현재 나의 삶에 그 감정이 얼마나 효과적인가?

사실 확인하기

완료일: _______________________   이름: _______________________   시작하는 주: _______________________

정확한 사실을 확인하지 않은 채로 감정적 상황에서 문제 해결을 하는 것은 매우 어렵습니다. 어떤 문제를 해결하려면 문제가 무엇인지 알아야 합니다. 이 워크시트를 사용하여 특정 사건이 감정을 유발하였는지, 아니면 사건에 대한 해석이 문제인지, 두 가지 모두 문제였는지 파악하십시오. 마인드풀니스 스킬에 있는 관찰하기와 기술하기 스킬을 사용하십시오. 사실을 관찰하고 관찰한 사실을 기술하도록 합니다.

1단계 질문: 어떤 감정을 바꾸고 싶은가요?
감정의 이름: _______________________   감정의 강도(0-100) 사전: __________   사후: __________

2단계 질문: 감정적 반응을 일으킨 촉발사건은 무엇인가요?
촉발사건을 기술하십시오: 무슨 일이 이 감정으로 이어지게 했나요? 누가, 무엇을, 누구에게 했나요? 연쇄적으로 어떤 반응이 일어났나요? 이 촉발사건에서 문제가 되는 것은 무엇이었나요? 구체적으로 응답하도록 하십시오.

____

____

사실을 확인하십시오!

촉발사건을 기술할 때 극단적이거나 판단적인 것이 방해하는지 살피십시오. 필요하면 더 정확히 **다시 기술하십시오.**

사실 →

____

____

3단계 질문: 사실에 대한 나의 해석은 무엇인가요(생각, 믿음 등)? 무엇을 가정하고 있나요?
촉발사건을 기술할 때 나의 개인적 해석이 들어가 있나요?

____

____

사실을 확인하십시오!

사실에 대해 가능한 많은 해석을 적어 보십시오.

____

____

필요하면 사실을 다시 기술해 보십시오. 해석이 정확한지 확인해 보십시오. 사실을 확인할 수 없으면 효과적인 해석을 써 보십시오.

사실 →

____

____

(계속)

4단계 질문: 위협이 있을 것이라고 가정하고 있나요? 어떤 위협이 있나요? 이 사건 혹은 상황에서 나에게 위협이 되는 것은 무엇인가요? 어떠한 걱정스러운 결과가 나올 것으로 예상하나요?

사실을 확인하십시오!

사실을 기반으로 하여 가능한 많은 결과를 적어 보십시오.

필요하다면 사실을 다시 기술해보십시오. 예상되는 결과가 정확한지 다시 확인해 보십시오. 일어날 수 있는 결과를 확인할 수 없다면, 재앙화하지 말고 결과를 기술해 보십시오.

사실 ➜

5단계 질문: 걱정하는 결과가 일어났을 때 최악의 상태는 무엇인가요? 합리적으로 예상되는 가장 안좋은 결과를 상세하게 기술하십시오.

예상한대로 가장 안좋은 일이 일어났을 때 이를 **극복할 수 있는 방법**을 적어 보십시오.

6단계 질문: 감정(또는 감정의 강도나 기간)이 사실에 부합되나요?
(0 = 전혀 아니다, 5 = 확실히 그렇다): ________________
우리의 감정 혹은 감정의 강도가 사실에 부합되는지(점수가 2,3,4일 때) 확신할 수 없다면 사실을 계속 확인하십시오. 확인하기를 창의적으로 해 보십시오. 다른 사람에게 의견을 물어 보거나 우리의 예측이나 해석이 옳은 것인지 파악할 수 있는 실험을 해 보십시오.
사실을 확인하기 위해 한 일을 기술해 보십시오.

정반대 행동하기와 문제 해결하기: 어떤 스킬을 사용할지에 대한 결정

정반대 행동=감정의 행동충동에 정반대되는 행동하기

문제 해결=문제가 되는 사건을 피하거나 변화시키기(해결하기)

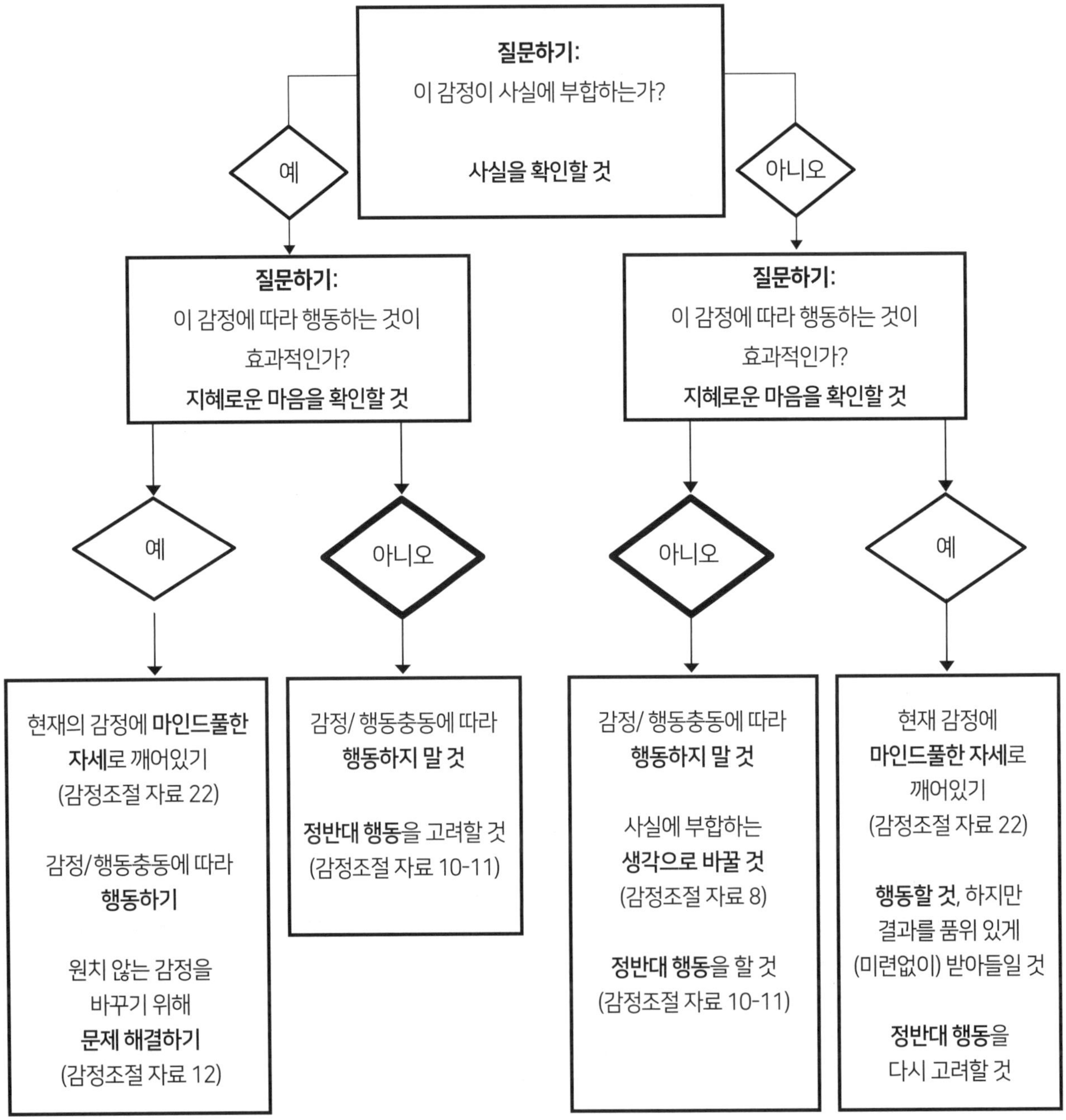

질문하기:

이 감정이 사실에 부합하는가?

사실을 확인할 것

예 → **질문하기:** 이 감정에 따라 행동하는 것이 효과적인가? **지혜로운 마음을 확인할 것**

아니오 → **질문하기:** 이 감정에 따라 행동하는 것이 효과적인가? **지혜로운 마음을 확인할 것**

예

현재의 감정에 **마인드풀한 자세로 깨어있기**
(감정조절 자료 22)

감정/행동충동에 따라 **행동하기**

원치 않는 감정을 바꾸기 위해 **문제 해결하기**
(감정조절 자료 12)

아니오

감정/행동충동에 따라 **행동하지 말 것**

정반대 행동을 고려할 것
(감정조절 자료 10-11)

아니오

감정/행동충동에 따라 **행동하지 말 것**

사실에 부합하는 **생각으로 바꿀 것**
(감정조절 자료 8)

정반대 행동을 할 것
(감정조절 자료 10-11)

예

현재 감정에 **마인드풀한 자세로 깨어있기**
(감정조절 자료 22)

행동할 것, 하지만 결과를 품위 있게 (미련없이) 받아들일 것

정반대 행동을 다시 고려할 것

원치 않는 감정을 바꾸는 방법 파악하기

완료일: _______________________ 이름: _______________________ 시작하는 주: _______________________

사실을 확인한 다음에는 이 워크시트를 통하여 무엇을 할지 파악해 보십시오. 무엇을 바꿀지 파악하기 전에 감정에 대한 행동이 그 상황에서 효과적인지 결정해야 합니다(그 감정이 실제로 바꾸고자 하는 감정인지). (그 감정을 바꾸고 싶은지에 대한 확신이 없으면 감정조절 워크시트 1로 돌아가서 장점과 단점을 비교하십시오.) 아래에 있는 표에서 각 단계에 있는 '예', '아니오'에 ○표를 하고 상황에 가장 잘 맞는 스킬을 선택하십시오.

감정의 이름:

____

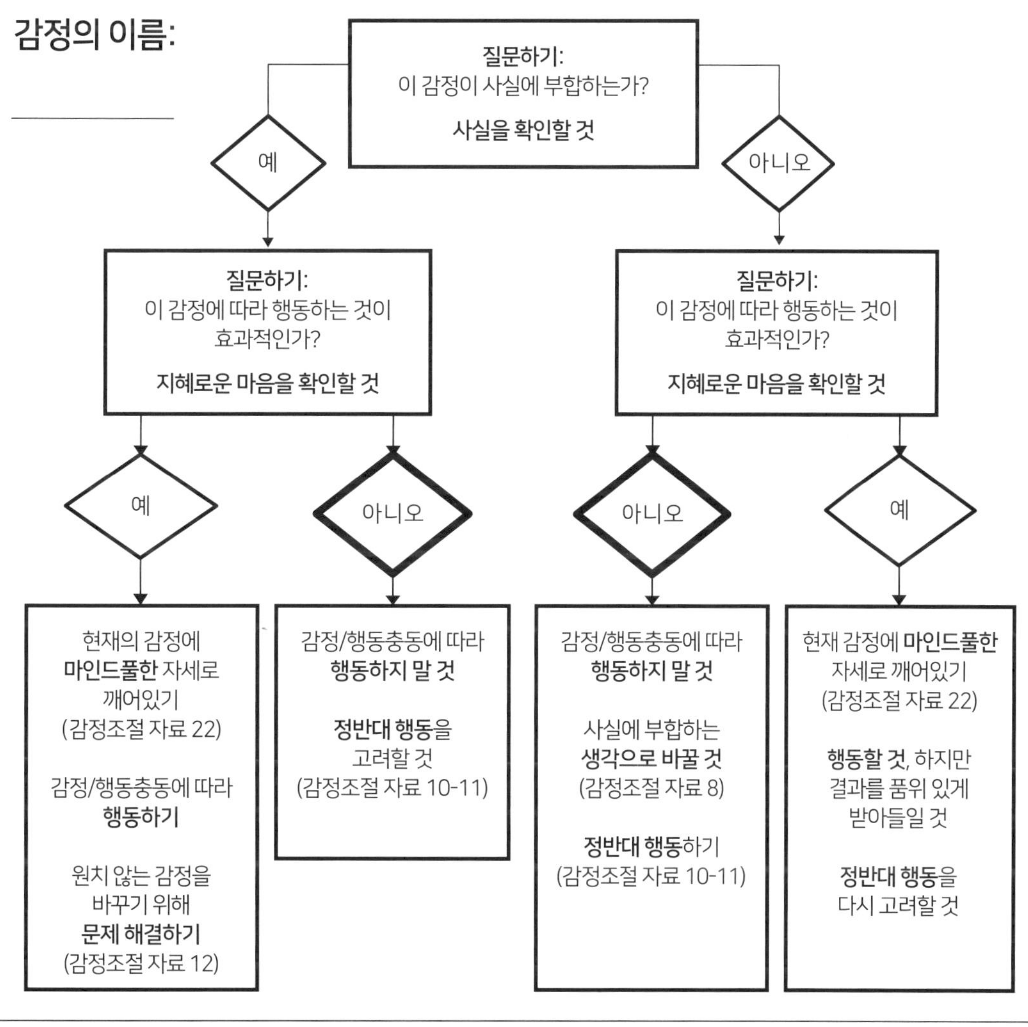

그 감정을 조절하기 위해 무엇을 했는지 기술하십시오.

정반대 행동하기

감정이 사실에 부합하지 않을 때 또는 감정에 따라 행동하는 것이 효과적이지 않을 때 정반대 행동하기 스킬을 사용하십시오.

모든 감정에는 행동충동이 있습니다.

행동충동에 정반대되는 행동을 함으로써 감정을 변화시키십시오.

아래의 예를 생각해 보십시오.

감정	행동충동	정반대 행동
두려움	달아나기 / 피하기	다가가기 / 피하지 않기
분노	공격하기	부드럽게 피하기 / 조금 친절하게 대하기
슬픔	위축 / 고립	활동적으로 행동하기
수치감	숨기 / 피하기	수용해 줄 수 있는 사람에게 비밀을 털어놓기

단계별로 정반대 행동하는 방법

1단계. 바꾸고자 하는 **감정을 식별하고 명명하십시오.**

2단계. 감정이 사실에 의해 정당하게 부합하는지 알아보기 위해 **사실을 확인하십시오.**

　　　또한 감정의 강도와 지속 기간이 사실에 부합하는지 여부를 확인하십시오.

　　　(예: 운전 중에 차가 앞에 끼어들었을 때 "짜증"이 나는 것은 사실에 부합하고, "보복 운전"은 부합하지 않음)

　　　감정은 사실에 부합할 때 정당화 됩니다.

3단계. **행동충동을 식별하고 기술하십시오.**

4단계. **지혜로운 마음에 물어보십시오.** 이 상황에서 감정에 따라 표현하거나 행동하는 것이 효과적인가?

감정이 사실에 부합하지 않거나 감정대로 행동했을 때 효과적이지 않다면:

5단계. 행동충동에 **정반대되는 행동을 파악하십시오.**

6단계. 행동충동에 <u>완전히</u> 정반대되는 행동을 하십시오.

7단계. 감정이 변화할 때까지 행동충동에 대해 **정반대 행동을 반복하십시오.**

정반대 행동 이해하기

두려움

다음과 같은 상황이라면 두려운 감정은 언제든지 사실에 부합합니다.

　A. 나 또는 내가 아끼는 누군가의 생명

　B. 나 또는 내가 아끼는 누군가의 건강

　C. 나 또는 내가 아끼는 누군가의 웰빙

　D. 기타: ____

두려움이 사실에 의해 정당화되지 않을 때나 효과적이지 않을 때는 다음의 제안을 따르도록 합니다.

두려움에 대한 정반대 행동

두려움에 대한 행동충동의 정반대 행동을 하십시오. 예를 들어:

　1. 두려워하는 것이 있으면 두려움이 없어질 때까지 그것을 반복해서 해 보십시오.

　2. 두려움을 주는 사건, 장소, 과제, 활동 그리고 사람에게 다가가도록 하십시오.

　3. 두려움을 뛰어넘어 자신감과 숙련감을 느낄 수 있는 일을 하십시오.

두려움에 대해 온전히 정반대 행동하기

　4. 눈을 크게 뜨고 귀를 활짝 연 채로 두려운 사건에 집중하십시오.

　　주변을 천천히 둘러 보고, 탐색해 보십시오.

　5. 그 상황에서 얻을 수 있는 정보를 받아들이십시오(예: 안전하다는 것을 알아차리기).

　6. 자세를 바꾸고 자신감 있는 목소리를 유지하십시오.

　　고개와 눈 그리고 어깨를 당당히 펴고 이완된 상태를 유지합니다.
　　자신감 있는 자세를 취하도록 하십시오(예: 무릎을 적당히 벌리기, 손을 엉덩이 위에 올리기, 발꿈치를 살짝 앞으로 빼기).

　7. 몸의 화학적 반응 변화시키기.

　　깊게 숨을 들이쉬고, 내쉬면서 천천히 호흡합니다.

(계속)

<h2 style="text-align:center;">분노</h2>

다음과 같은 상황이라면 분노는 언제든지 사실에 부합합니다.

    A. 중요한 목표가 차단되거나, 기대했던 활동이 방해받거나 저지될 때

    B. 나 또는 내가 아끼는 누군가가 타인에 의해 공격을 당했거나 상해를 입을 때

    C. 나 또는 내가 아끼는 누군가가 다른 사람에게 모욕을 당했거나 위협을 받을 때

    D. 사회에서 나의 인격성이나 지위를 존중받지 못하거나 위협받을 때

    E. 기타: _______________________________________

분노가 사실에 의해 정당화되지 않을 때나 효과적이지 않을 때는 다음의 제안을 따르도록 합니다.

분노에 대한 정반대 행동

분노에 대한 행동충동의 정반대 행동을 하십시오. 예를 들어:

1. 화나게 하는 사람을 공격하기보다는 친절하게 피하십시오.

2. 숨을 깊이 그리고 천천히 들이마시고 내쉬면서 잠시 휴식을 취합니다.

3. 공격적이거나 잔혹한 일을 하기보다는 무언가 좋은 일을 하십시오.

분노에 대해 온전히 정반대 행동하기

4. 상대방을 이해하고 공감하는 것을 상상해 보십시오.

   상대방의 입장이 되어 봅니다. 상대방의 관점으로 상황을 보려고 노력하십시오.
   이미 발생한 일에 대해서는 그 일의 긍정적인 측면을 찾아봅니다.

5. 자세를 바꿔보십시오.

   주먹을 펴서 손바닥을 위로 하고 손가락을 이완시킵니다(기꺼이 하는 손).
   가슴과 복부의 근육을 이완시킵니다.
   턱과 이를 편안하게 합니다.
   얼굴 근육을 이완시키고, 살짝 미소짓기를 해 보십시오.

6. 몸의 화학적 반응 변화시키기

   깊게 숨을 들이쉬고, 내쉬면서 천천히 호흡합니다.
   뛰거나, 폭력적이지 않으면서 활동량이 많은 신체 활동을 해 보십시오.

(계속)

혐오감

다음과 같은 상황이라면 혐오감은 언제든지 사실에 부합합니다.

A. 중독되거나 오염될 수 있는 것과 접촉했을 때

B. 싫어하는 누군가가 나 또는 내가 아끼는 누군가를 만졌을 때

C. 나 혹은 내가 포함되어 있는 그룹에 심각한 피해를 주거나 해로운 영향을 줄 수 있는 행동이나 생각을 하는 사람 혹은 그룹이 주변에 있을 때

D. 기타: ___________________________________

혐오감이 사실에 의해 정당화되지 않을 때나 효과적이지 않을 때는 다음의 제안을 따르도록 합니다.

혐오감에 대한 정반대 행동

혐오감에 대한 행동충동의 정반대 행동을 하십시오. 예를 들어:

1. 가까이 하십시오. 먹고, 마시고, 가까이 가거나 혐오스럽다고 느끼는 것을 수용하십시오.

2. 경멸감이 드는 대상에게 친절한 태도를 취합니다. 상대방의 입장에 서 보십시오.

혐오감에 대해 온전히 정반대 행동하기

3. 혐오감이나 경멸감이 드는 사람을 이해하고 공감하는 것을 상상해 봅니다.

   상대방의 관점으로 상황을 바라보려고 노력하십시오.
   상대방의 행동이나 관점의 배경에는 그럴 만한 이유가 있을 수 있다고 생각하십시오.

4. 혐오감을 주는 것을 받아들이십시오.

   감각에 집중해 보십시오(숨을 들이마시기, 바라보기, 만지기, 듣기, 맛보기).

5. 자세를 바꿔보십시오.

   주먹을 펴서 손바닥을 위로 하고 손가락을 이완시킵니다(기꺼이 하는 손).
   가슴과 복부의 근육을 이완시킵니다.
   턱과 이를 편안하게 합니다.
   얼굴 근육을 이완시키고, 살짝 미소짓기를 해 보십시오.

6. 몸의 화학적 반응 변화시키기.

   깊게 숨을 들이쉬고, 내쉬면서 천천히 호흡합니다.

(계속)

부러움

다음과 같은 상황이라면 부러움은 언제든지 사실에 부합합니다.

    A. 내가 원하거나 필요한 것을 갖거나 얻은 사람 혹은 그룹이 있을 때

    B. 기타: ____

부러움이 사실에 의해 정당화되지 않을 때나 효과적이지 않을 때는 다음의 제안을 따르도록 합니다.

부러움에 대한 정반대 행동

부러움에 대한 행동충동의 정반대 행동을 하십시오. 예를 들어:

1. 상대방이 갖고 있는 것을 파괴하고자 하는 마음을 억제하십시오.

2. 감사한 것들을 세어 보십시오. 감사함을 느끼는 일들의 목록을 만들어 보십시오.

부러움에 대해 온전히 정반대 행동하기

3. 얼마나 감사한 일이 많은지 세어 보십시오.

   감사한 일을 별 것 아닌 것으로 치부하지 마십시오.
   자신에게 부족한 것이 있을 때 이에 대해 과장하는 것을 피하십시오.

4. 다른 사람의 자산이나 가치에 대해서 과장하는 것을 멈추십시오. 사실을 확인하십시오.

5. 자세를 바꿔보십시오.

   주먹을 펴서 손바닥을 위로 하고 손가락을 이완시킵니다(기꺼이 하는 손).
   가슴과 복부의 근육을 이완시킵니다.
   꼭 다물었던 이를 편안하게 합니다.
   얼굴 근육을 이완합니다. 살짝 미소짓기를 해보십시오.

6. 몸의 화학적 반응 변화시키기

   깊게 숨을 들이쉬고, 내쉬면서 천천히 호흡합니다.

(계속)

질투

다음과 같은 상황이라면 질투는 언제든지 사실에 부합합니다.

    A. 중요하고 바라던 관계나 물건이 손상되거나 상실될 위험에 처했을 때

    B. 누군가가 나에게서 소중한 관계나 물건을 빼앗아 갈 것이라고 위협할 때

    C. 기타: ____

질투가 사실에 의해 정당화되지 않을 때나 효과적이지 않을 때는 다음의 제안을 따르도록 합니다.

질투에 대한 정반대 행동

질투에 대한 행동충동의 정반대 행동을 하십시오. 예를 들어:

1. 다른 사람의 행동을 통제하려고 하는 마음을 지나가게 하십시오.

2. 여러분이 아끼는 것들과 친하게 지내는 사람들을 다른 사람들과 나누십시오.

질투에 대해 온전히 정반대 행동하기

3. 스파이 같은 행동이나 염탐하기를 멈추십시오.

   추궁하는 질문은 피하십시오("어디 갔었어? 누구랑 같이 있었어?").
   자신을 '사설 탐정' 역할에서 해고하십시오.

4. 회피하지 않도록 합니다. 자세한 사항을 경청하고 감각에 집중하십시오.

   눈을 뜬 채로 주변을 돌아보십시오.
   상황에서 얻을 수 있는 모든 정보를 받아들이십시오.

5. 자세를 바꿔보십시오.

   주먹을 펴서 손바닥을 위로 하고 손가락을 이완시킵니다(기꺼이 하는 손).
   가슴과 복부의 근육을 이완시킵니다.
   턱과 이를 편안하게 합니다.
   얼굴 근육을 이완시키고, 살짝 미소짓기를 해보십시오.

6. 몸의 화학적 반응 변화시키기

   깊게 숨을 들이쉬고, 내쉬면서 천천히 호흡합니다.

(계속)

> ### 사랑
>
> 다음과 같은 상황이라면 사랑(우주적 의미의 사랑이 아닌)은 언제든지 사실에 부합합니다.
>
> **A.** 사랑하는 사람, 동물, 물건이 나 또는 내가 아끼는 사람들의 삶의 질을 향상시킬 때
>
> **B.** 사랑하는 사람, 동물, 물건이 나 자신의 개인적인 목표를 얻을 수 있는 기회를 증가시킬 때
>
> **C.** 기타: ____

사랑이 사실에 의해 정당화되지 않을 때나 효과적이지 않을 때는 다음의 제안을 따르도록 합니다.

사랑에 대한 정반대 행동

사랑에 대한 행동충동의 정반대 행동을 하십시오. 예를 들어:

1. 사랑하는 감정을 느끼는 사람, 동물 또는 사물을 피하십시오.

2. 그 사람, 동물 또는 사물에 대한 생각으로부터 주의를 분산시키십시오.

3. 사랑하는 생각이 커질 때, 그 사랑의 감정이 왜 정당화되지 않는지 스스로 떠올리도록 합니다
   (사랑하는 것의 '단점'을 시연하기)

사랑에 대해 온전히 정반대 행동하기

4. 사랑하는 사람을 떠올리게 하는 모든 것을 멀리 하십시오(사진, 편지, 문자 메시지, 이메일, 소지품, 추억이 담긴 물건, 함께 갔던 장소, 함께 가고 싶었거나 가려고 계획했던 장소, 상대방이 지내거나 가게 될 장소, 그 사람을 따라가거나, 기다리거나, 찾는 행동을 하지 마십시오).

5. 친구들에게 그 사람에 대한 사랑을 표현하는 것을 멈추십시오. 그 사람을 친절하게 대하지 마십시오
   (예: 페이스북이나 인스타그램 같은 SNS에서 '친구 삭제'하기).

6. 그 사람이 가까이에 있다면 여러분의 자세와 표현을 조정하십시오.

   그 사람에게 기대지 않도록 합니다.
   그 사람을 만질 수 있을만큼 가까이 가지 않도록 합니다.
   그 사람을 향해 한숨을 쉬거나 응시하지 않도록 합니다.

(계속)

슬픔

다음과 같은 상황이라면 슬픔은 언제든지 사실에 부합합니다.

A. 무언가 또는 누군가를 영원히 잃었을 때

B. 내가 원했거나 기대했던 그리고 되기를 바랐던 일이 제대로 되지 않을 때

C. 기타: ____

슬픔이 사실에 의해 정당화되지 않을 때나 효과적이지 않을 때는 다음의 제안을 따르도록 합니다.

슬픔에 대한 정반대 행동

슬픔에 대한 행동충동(또는 아무런 행동을 하고 싶지 않은 충동)의 정반대 행동을 하십시오. 예를 들어:

1. 능동적으로 행동하십시오. 적극적으로 다가가십시오.

2. 피하려고 하지 마십시오.

3. 숙련감을 쌓으십시오. 자신감과 유능감을 느낄 수 있는 일을 하십시오.
   (감정조절 자료 19: 숙련감 쌓기와 문제에 미리 대비하기)

4. 즐거운 활동을 증가시키십시오.

슬픔에 대해 온전히 정반대 행동하기

5. 현재 이 순간에 주의를 집중하십시오!

   여러분의 주변 환경에서 일어나는 것들에 마인드풀한 태도를 취하십시오.
   여러분이 하고 있는 일에서 새롭거나 긍정적인 활동을 경험하십시오.

6. 자세를 바꾸십시오('밝은' 몸의 자세를 취하기, 고개를 들고 눈을 또렷하게 뜨고 어깨를 활짝 펴기).

   긍정적인 목소리를 유지하십시오.

7. 몸의 화학적 반응 변화시키기.

   신체적 활동을 증가시키십시오(뛰기, 조깅하기, 걷기 또는 기타 활동적인 운동).

(계속)

수치감

다음과 같은 상황이라면 수치감은 언제든지 사실에 부합합니다.

A. 나 자신이나 내 행동의 특징이 다른 사람들에게 알려지면, 내가 아끼는 누군가 또는 그룹에게 거부당할 수 있을 때

B. 기타: ________________________________

수치감과 죄책감이 모두 사실에 의해 정당화되지 않을 때나 효과적이지 않을 때는
다음의 제안을 따르도록 합니다.

수치감에 대한 정반대 행동

수치감에 대한 행동충동의 정반대 행동을 하십시오. 예를 들어:

1. 여러분의 개인적 특성이나 행동을 공개하십시오(여러분을 거부하지 않을 것 같은 사람에게).
2. 수치심을 일으키는 행동을 반복해 보십시오(여러분을 거부하지 않을 것 같은 사람에게는 그 행동을 숨기지 않도록 합니다).

수치감에 대해 온전히 정반대 행동하기

3. 잘못했다고 느끼는 것에 대해서 사과하거나 보상하려고 하지 마십시오.
4. 그 상황에서 얻을 수 있는 모든 정보를 수용하십시오.
5. 몸의 자세를 변화시키십시오. 결백하고 당당해보이는 태도를 취하십시오. 눈을 마주치고, 고개를 들고, 가슴을 당당하게 펴십시오. 안정된 목소리를 유지하십시오.

수치감이 효과적이지 않거나 사실에 의해 정당화되지 않지만, 죄책감은 정당화될 때(여러분의 행동이 자신의 도덕적 가치에 위배된 경우) 다음의 제안을 따르도록 합니다.

수치감에 대한 정반대 행동

수치감에 대한 행동충동의 정반대 행동을 하십시오. 예를 들어:

1. 여러분의 행동을 공개하십시오(여러분을 거부하지 않을 것 같은 사람에게).
2. 여러분의 행동에 대해 사과하십시오.
3. 다른 사람들에게 비슷한 피해를 준 것에 대해 리페어Repair하거나, 이를 예방하도록 노력하십시오.
4. 앞으로 같은 실수를 반복하지 않겠다는 다짐을 하십시오.
5. 결과를 의연하게 받아들이십시오.

수치감에 대해 온전히 정반대 행동하기

6. 자기 자신을 용서하십시오. 그 행동에 대한 원인을 파악하십시오.
7. 지나가게 하십시오.

(계속)

죄책감

다음과 같은 상황이라면 죄책감은 언제든지 사실에 부합합니다.

A. 내가 나 자신의 가치관이나 도덕률에 위반되는 행동을 할 때

B. 기타: ____

죄책감과 수치감이 모두 사실에 의해 정당화되지 않을 때나 효과적이지 않을 때는

다음의 제안을 따르도록 합니다

죄책감에 대한 정반대 행동

죄책감에 대한 행동충동의 정반대 행동을 하십시오. 예를 들어:

1. 여러분의 개인적 특성이나 행동을 공개하십시오(여러분을 거부하지 않을 것 같은 사람에게).
2. 죄책감을 일으키는 행동을 반복해 보십시오(여러분을 거부하지 않을 것 같은 사람에게는 그 행동을 숨기지 않도록 합니다).

죄책감에 대해 온전히 정반대 행동하기

3. 잘못했다고 느끼는 것에 대해서 사과하거나 보상하려고 하지 마십시오.
4. 그 상황에서 얻을 수 있는 모든 정보를 수용하십시오.
5. 몸의 자세를 변화시키십시오. 결백하고 당당해보이는 태도를 취하십시오. 눈을 마주치고, 고개를 들고, 가슴을 당당하게 펴십시오. 안정된 목소리를 유지하십시오.

죄책감이 효과적이지 않거나 사실에 의해 정당화되지 않지만, 수치감은 정당화될 때(여러분이 아끼는 사람들이 이를 알게 된다면 여러분을 거부할 것으로 생각될 때) 다음의 제안을 따르도록 합니다.

죄책감에 대한 정반대 행동

죄책감에 대한 행동충동의 정반대 행동을 하십시오. 예를 들어

1. 여러분의 행동을 숨기십시오(그 그룹에 머무르기를 원한다면).
2. 대인관계 스킬을 사용하십시오(그 그룹에 머무르기를 원한다면).
3. 상대방과 그룹의 가치관을 변화시키도록 노력하십시오.
4. 여러분의 가치관에 부합하는(그리고 거부당하지 않을) 새로운 그룹에 들어가도록 하십시오.
5. 새로운 그룹에서 죄책감을 불러일으킬 만한 그 행동을 반복하십시오.

죄책감에 대해 온전히 정반대 행동하기

6. 자기 자신을 수인하십시오.

감정을 바꾸기 위한 정반대 행동하기

완료일: ____________________　　이름: ____________________　　시작하는 주: ____________________

고통스럽거나 바꾸고 싶은 현재 혹은 최근의 감정적 반응을 선택하십시오. 그 감정이 사실에 부합하는지 파악하십시오. 사실에 부합되지 않으면 행동충동을 자각하고 정반대 행동이 무엇인지 파악하십시오. 그리고 나서 정반대 행동을 하도록 합니다. 정반대 행동을 끝까지 최선을 다해 연습하도록 하십시오. 무슨 일이 일어났는지 기술하십시오.

감정의 이름: ____________________　　**감정의 강도(0-100) 사전:** ____________　**사후:** __________

감정을 일으킨 촉발사건(누가, 무엇을, 언제, 어디서): 무엇이 그 감정을 촉발시켰나요?

____

____

나의 감정(강도나 기간)이 정당한 것인가요? 감정이 사실에 부합하나요? 감정이 효과적인가요?

감정을 정당화할 수 있는 사실을 적어보십시오. 또한 그 감정을 정당화할 수 없는 사실도 적어보십시오. 가장 올바른 답을 찾아보십시오.

정당함	정당하지 않음
________________________________	________________________________
________________________________	________________________________

　　☐　**정당함:** 문제 해결로 가십시오(감정조절 워크시트 8).　　　☐　**정당하지 않음:** 계속 진행하십시오.

행동충동: 어떤 행동과 말을 하고 싶은가요?

____

정반대 행동: 충동에 반대되는 행동은 무엇인가요? 나의 감정 때문에 어떤 행동을 하지 않고 있나요? 그 상황에서 어떤 정반대 행동을 온전히 할 수 있는지 기술하십시오.

____

____

내가 한 행동: 상세하게 기술하십시오.

____

____

그 행동을 어떻게 했나요?: 바디랭귀지, 얼굴 표정, 몸짓, 자세, 생각을 기술하십시오.

____

____

정반대 행동을 했을 때 **잔존효과**는 무엇이었나요(내 마음의 상태, 다른 감정들, 행동, 생각, 기억, 몸 등)?

____

____

문제 해결하기

1단계. 문제 상황을 파악하고 기술하십시오.

2단계. 여러분이 처한 상황이 문제 상황인지 확실히 하기 위해 사실(모든 사실)을 확인하십시오!

만약 사실이 모두 현실에 부합하고, 문제가 되는 상황이라면 **3단계를 진행합니다.**

만약 사실이 현실에 부합하지 않으면, **1단계로 돌아가서 반복합니다.**

3단계. 문제를 해결하기 위해 목표를 확인합니다.

- 여러분의 기분을 나아지게 하기 위해서 무엇을 바꾸어야 하며 어떤 일이 있어야만 하는지 파악합니다.
- 가능한 단순화시키고, 실제로 달성 가능한 일을 선택하십시오.

4단계: 최대한 많은 해결법을 브레인스토밍합니다.

- 최대한 많은 문제 해결방법을 생각하도록 합니다. 여러분이 신뢰하는 사람들에게 조언을 요청하십시오.
- 처음에는 어떤 아이디어도 비판하지 않도록 합니다(5단계에서 이 아이디어에 대한 평가를 하게 됩니다).

5단계: 목표에 부합하고 실현 가능한 문제 해결방법을 선택합니다.

- 확신을 하지 못하겠으면, 괜찮아 보이는 두 개의 해결법을 선택합니다.
- 이 해결법들을 비교하기 위해 장점과 단점 비교하기를 실행합니다.
- 처음에 시도하기 좋다고 판단되는 것을 선택하십시오.

6단계: 선택한 해결방법을 행동으로 옮깁니다.

- 실행하십시오! 문제 해결방법을 테스트해 봅니다.
- 첫 번째 단계를 실행하고, 이어지는 단계를 실행에 옮겨보도록 합니다.

7단계: 문제 해결방법을 적용한 결과를 평가해보십시오.

- 효과가 있었나요? 아주 좋습니다!!!
- 효과가 없었나요? 5단계로 돌아가서 새로운 해결방법을 선택하여 다시 시도하십시오.

감정을 바꾸기 위한 문제 해결하기

완료일: ___________________   이름: ___________________   시작하는 주: ___________________

고통스러운 감정을 촉발시킨 사건을 선택하십시오. 바꿀 수 있는 하나의 사건을 선택하십시오. 그 사건을 해결할 수 있는 문제로 전환시켜 보십시오. 아래의 단계를 따라서 무슨 일이 있었는지 기술하십시오.

감정의 이름: ___________________   감정의 강도(0-100) 사전: ___________   사후: _________

1. 문제가 무엇인가요? 감정을 촉발시킨 문제를 기술하십시오. 이 상황이 문제가 되는 이유는 무엇인가요?

____

____

2. 사실을 확인하여 문제가 올바른 것인지 확인하십시오. 사실을 확인하기 위하여 무엇을 하였는지 기술하십시오(필요하면 감정조절 워크시트 6 참고).

____

____

사실을 기반으로 하기 위하여 필요하다면 **문제를 다시 써 보십시오.**

____

____

3. 문제 해결을 하기 위해 현실적으로 할 수 있는 단기 목표는 무엇인가요? 어떤 일이 일어나야 진전이 있다고 볼 수 있나요?

____

____

4. 브레인스토밍 해결책: 생각할 수 있는 가능한 많은 해결책과 대처 전략을 기록하십시오. 절대로 평가하려고 하지 마십시오!

____

____

____

____

(계속)

5. 최선의 해결책 2가지를 선택하십시오(목표를 가장 잘 달성할 수 있는 것을 선택하십시오).

1. ___________________________________   2. ___________________________________

	해결책 1	해결책 2
장점		
단점		

6. 해결책을 **선택**하고, 필요한 단계를 적으십시오. 실행할 단계를 확인하고 얼마나 잘 하였는지 적어 보십시오.

단계	기술하기	✓ 실행여부	어떤 일이 일어났나요?
1.			
2.			
3.			
4.			
5.			
6.			
7.			

7. 목표를 달성했나요? 달성했다면 목표를 기술하고, 그렇지 않다면 다음에 무엇을 할 수 있는지 기술하십시오.

____

____

이제 새로운 문제를 해결해야 하나요? 그렇다면 그것을 기술하고, 다시 문제 해결을 하십시오.

____

____

정반대 행동하기와 문제 해결하기 리뷰

	정당한 사건	감정 충동의 정반대 행동하기 (정당하지 않은 감정일 때)	감정 충동대로 행동하기, 문제 해결하기, 회피하기 (정당한 감정일 때)
두려움	A. 나의 생명이 위험에 처할 때 B. 나의 건강이 위험에 처할 때 C. 나의 웰빙이 위험에 처할 때	1. 두렵다고 느끼는 일을 계속해서 반복하십시오. 2. 두려움을 주는 것에 다가가도록 하십시오. 3. 통제감과 숙련감을 주는 일을 하십시오.	1. 위험이 근접해 있다면 움직이지 않거나 도망치십시오. 2. 위협이 되는 사건을 제거하십시오. 3. 두려움을 주는 사건에 대해 통제감과 숙련감을 주는 일을 하십시오. 4. 위협이 되는 사건을 피하십시오.
분노	A. 중요한 목표를 저지당했거나, 기대했던 활동을 방해받거나 못하게 막혔을 때 B. 나 또는 내가 아끼는 누군가가 타인에 의해 공격받거나 상해를 입었을 때(신체적으로 또는 정서적으로) C. 나 또는 내가 아끼는 누군가가 타인에 의해 모욕을 당하거나 기분이 상하게 되거나 위협을 받았을 때	1. 친절하게 피하십시오. 2. 잠시 쉬도록 하십시오. 3. 친절한 무언가를 하십시오. 4. 상대방의 입장을 이해하려고 노력하십시오. 5. 그 일이 일어나서 생긴 긍정적인 점을 떠올려보십시오.	1. 만약에 싸운다고 해도 잃을 것이 없다면 공격 받았을 때 맞서 싸우십시오. 2. 목표에 방해가 되는 것을 극복하십시오. 3. 더 이상의 공격, 모욕, 위협하는 것을 멈추려고 노력하십시오. 4. 위협을 하는 사람들을 피하거나 떠나도록 하십시오.
혐오감	A. 중독되거나 오염될 수 있는 것에 접촉했을 때 B. 나 또는 내가 속한 그룹에 심각하게 손상을 입히거나 피해를 줄 수 있는 행동이나 생각을 하는 사람 또는 그룹에 가까이 있을 때	1. 가까이 다가가십시오. 받아들이십시오. 2. 친절한 태도를 취하십시오. 상대방의 입장을 생각하십시오. 3. 혐오감을 주는 것을 수용하십시오. 4. 상대방의 관점으로 상황을 바라보도록 하십시오.	1. 혐오스러운 것을 제거하거나 깨끗하게 치우도록 하십시오. 2. 공동체를 오염시킬 수 있는 것이나 해로운 행동을 멈추도록 영향력을 행사하십시오. 3. 해로운 사람이나 해로운 것들을 피하거나 밀쳐 내십시오.

(계속)

	정당한 사건	감정 충동의 정반대 행동하기 (정당하지 않은 감정일 때)	감정 충동대로 행동하기, 문제 해결하기, 회피하기 (정당한 감정일 때)
부러움	A. 자신이 원하거나 필요하지만 가지고 있지 않은 것을 다른 사람이나 그룹에서 가지고 있거나 얻게 되었을 때	1. 다른 사람의 물건을 파손하고 망가뜨리고자 하는 마음을 억제하기 2. 감사하는 마음갖기 3. 모든 것이 이치에 맞다고 상상하기 4. 타인에 대해 과장하여 가치 평가 하지 않기	1. 자신과 자신의 삶을 향상시키십시오. 2. 다른 사람들에게 공정하게 대하십시오. 3. 여러분이 가지고 있지 않은 것을 다른 사람들이 가지고 있을 때 가치를 낮게 평가하십시오. 4. 낙관적인 시각을 가져보십시오. 5. 여러분보다 더 많은 것을 가지고 있는 사람을 가까이 하지 마십시오.
질투	A. 중요하고 바라던 관계나 물건이 손상되거나 상실될 위험에 처했을 때 B. 누군가가 나에게서 소중한 관계나 물건을 빼앗아 갈 것이라고 위협할 때	1. 다른 사람들을 통제하려고 하는 마음을 지나가게 하기 2. 가지고 있는 것을 다른 사람들과 나누기 3. 스파이같은 행동이나 염탐하는 것을 멈추기 4. 피하지 않기, 모든 정보를 다 받아들이기	1. 자신이 가지고 있는 것을 보호하십시오. 2. 좋은 관계를 맺고자 하는 사람들에게 더욱 호감이 가는 사람이 되려고 노력하십시오(예: 관계를 위해 노력하기). 3. 그 관계로부터 떠나십시오.
사랑	A. 자신 또는 자신이 존경하고 존중하는 사람, 동물 또는 사물을 사랑하는 것은 자신이나 자신이 아끼는 사람들의 삶의 질을 증진시킵니다. B. 어떤 사람, 동물 또는 사물을 사랑하는 것은 자신이 개인적인 목표를 달성하기 위한 기회를 증가시켜 줍니다.	1. 사랑하는 사람, 동물, 또는 사물을 전부 피하십시오. 2. 사랑하는 사람에 대한 생각이 들면 주의분산하십시오. 3. 사랑하는 사람을 떠올리게 하는 모든 것을 멀리하십시오. 4. 사랑하는 감정이 정당화되지 않는 이유에 대해서 스스로 계속해서 상기시키십시오.	1. 사랑하는 사람, 동물 또는 사물과 함께 하기 2. 사랑하는 대상을 만지고, 꼭 안는 등의 행동을 하기 3. 가능한 떨어지지 않으려고 하기 4. 만약 사랑하는 대상과 헤어지면 다시 되찾기 위해 노력하기(만약 가능하다면)
슬픔	A. 무언가 또는 누군가를 완전히 상실했을 때 B. 기대하거나 원하거나 희망했던 대로 일이 진행되지 않을 때	1. 행동을 활성화하기 2. 회피를 피하기 3. 숙련감을 쌓기, 유능감과 자신감을 느끼게 하는 일을 하기 4. 즐거운 사건을 증가시키기 5. 즐거운 사건에 주의집중하기	1. 비통함을 느끼기, 추도식에 참여하기, 묘소 방문하기(지나치게 자주 방문하지는 말기) 2. 잃어버린 것을 되찾거나 다른 것으로 대체하기 3. 사랑하는 대상이나 기대했던 결과물이 없이도 가치 있는 삶을 살아갈 수 있게끔 다시 만들어가는 방법을 계획하기 4. 긍정적인 경험을 쌓기 5. 숙련감을 쌓기, 유능감과 자신감을 느끼게하는 일을 하기 6. 도움이 필요하다는 것을 사람들에게 전달하기 7. 타인의 도움을 받아들이기 8. 낙관적으로 생각하기

(계속)

	정당한 사건	감정 충동의 정반대 행동하기 (정당하지 않은 감정일 때)	감정 충동대로 행동하기, 문제 해결하기, 회피하기 (정당한 감정일 때)
수치감	A. 나 자신이나 내 행동의 특징이 사람들에게 알려지면 내가 아끼는 누군가 또는 그룹에게 거부당하게 될 때	1. 자신의 개인적 특성이나 행동을 공개하십시오(자신을 거부하지 않을 것 같은 사람에게) 2. 자신을 거부하지 않을 만한 사람들로부터 숨지 않고 그 행동을 반복하기 3. 만약 자신의 도덕관이 위배되었다면 사과하고 관계를 회복하기, 자신을 용서하기, 그리고 미련 없이 지나가게 하기	1. 거부당할 것으로 여겨지는 것을 드러내지 않기 2. 마음이 상한 사람들을 달래기 3. 자신의 행동이나 개인적 특징을 상황에 맞게 변화시키기 4. 자신을 인정하지 않는 그룹을 피하기 5. 자신의 가치관에 부합하거나 자신의 개인적 특성을 좋아할 만한 새로운 그룹을 찾기 6. 사회 또는 개인의 가치관을 변화시키기 위해 노력하기
죄책감	A. 내가 나 자신의 가치관이나 도덕률에 위반되는 행동을 할 때	1. 죄책감을 느끼게 하는 행동을 반복하기 2. 자신의 행동을 공개하기(그것을 거부하지 않을 만한 사람들에게) 또는 타인에게 거부당할 것이라고 여겨지면, 3. 그 행동을 숨기기 4. 대인관계 스킬을 사용하기 5. 자신이 속한 그룹의 가치관을 바꾸려고 노력하거나 새로운 그룹에 들어가기	1. 용서를 구하기 2. 피해를 리페어하기, 상황을 더 좋게 만들기(만일 이렇게 하는것이 가능하지 않다면 다른 사람에게 비슷하게 해를 끼쳤던 것에 대해서 리페어하거나 미리 예방하도록 노력하기) 3. 결과를 겸허히 수용하기 4. 앞으로 자신의 도덕적 가치를 위반하는 행동을 하지 않겠다고 다짐하기

감정적 마음으로 가는 유약성을 줄이기 개요

가치 있는 삶을 설계하기

이 스킬을 **ABC PLEASE**라고 부릅니다.

A

긍정 감정 쌓기 (ACCUMULATE POSITIVE EMOTIONS)

단기: 지금 바로 할 수 있는 즐거운 일을 하십시오.

장기: 미래에 긍정적인 일들이 더 많이 일어날 수 있도록 삶에 변화를 주십시오. '가치 있는 삶'을 만들어보십시오.

B

숙련감 쌓기 (BUILD MASTERY)

무기력감과 무망감을 극복할 수 있도록 유능감과 효과적인 느낌을 주는 일을 하십시오.

C

감정적 상황에 미리 대비하기

(COPE AHEAD OF TIME WITH EMOTIONAL SITUATIONS)

감정적인 상황에서 스킬을 사용하여 효과적으로 대처할 수 있도록 미리 계획을 짜서 시연해 보십시오.

PLEASE

우리 몸을 먼저 돌보기

몸에 있는 병을 치료하십시오(treat Physical illness). 균형 잡힌 식사를 하십시오(balance Eating). 기분을 인위적으로 바꾸는 약물을 금하십시오(avoid mood-Altering substances). 균형 있는 수면을 취하십시오(balance Sleep). 적절한 운동을 하십시오(get Exercise).

감정적 마음으로 가는 유약성 줄이기 단계

완료일: ________________________   이름: ________________________   시작하는 주: ________________________

한 주 동안 아래의 감정조절 스킬을 사용했는지 적고 무엇을 했는지 기술하십시오. 필요하면 추가 용지를 사용하십시오.

A

단기적 긍정 감정 쌓기 (Accumulate Positive Emotions: Short Term)
매일 즐거운 활동 증가시키기(○ 표시): 월 화 수 목 금 토 일
기술하기: ____
____

장기적 긍정 감정 쌓기, 가치 있는 삶 만들어 가기 (Accumulate Positive Emotions: Long Term)
목표를 결정할 때 고려해야 하는 가치관(감정조절 자료 18 참고): ______________
____
장기 목표(기술하기): ____
____
피하려는 마음 피하기(기술하기): ____________________________
____

긍정적인 일이 일어났을 때 그 경험을 마인드풀하게 경험하기
긍정적 경험에 주의를 집중하기(재집중하기): __________________
걱정하는 생각이 떠오르면 주의분산하기: ______________________

B

숙련감 쌓기 (Build Mastery)
성취감을 쌓을 수 있는 활동을 계획하기(○ 표시): 월 화 수 목 금 토 일
기술하기: ____
____
어렵지만 가능한 활동, 실제로 한 것 (○ 표시): 월 화 수 목 금 토 일
기술하기: ____
____

C

문제에 미리 대비하기 (Cope Ahead)
원치 않는 감정을 촉발하는 상황 기술하기(필요하면 감정조절 워크시트 5에 있는 사실 확인하기의 1단계와 2단계를 작성하기): ________________________________
____
효과적으로 대처하는 방법 상상하기(기술하기): ________________
____
새로운 문제가 나타났을 때 극복하는 방법 상상하기(기술하기): ____
____

(계속)

PLEASE 스킬

몸에 있는 병을 먼저 치료했나요? Treat PhysicaL illness ________________

____

____

균형 있는 식사를 했나요? Balance Eating ________________

____

____

기분을 인위적으로 바꾸는 술이나 약물을 피했나요? Avoid mood-Altering substances ________

____

____

균형 잡힌 수면을 취했나요? Balance Sleep ________________

____

____

적절한 운동을 했나요? Exercise ________________

____

____

단기적 긍정 감정 쌓기(**A**ccumulate positive emotions: Short Term**)**

아래의 스킬을 사용하여 단기적으로 긍정적인 경험을 쌓도록 하십시오

<u>지금 바로</u> 긍정적인 경험을 쌓기

- 긍정적 감정을 일으킬 수 있는 즐거운 사건을 증가시키십시오.

- 하루에 적어도 한 번씩 즐거운 활동을 하십시오(감정조절 자료 16 참고).

- 정반대 행동을 연습하십시오. 피하려는 마음을 피하십시오.

- 즐거운 사건을 마인드풀하게 경험하십시오(멀티태스킹은 금물).

긍정적 경험을 있는 그대로 알아차리고 받아들이십시오.

- 일어나고 있는 긍정적인 일들에 주의집중하십시오. 멀티태스킹을 하지 않도록 주의합니다.

- 부정적인 생각으로 빠져들려는 마음이 생길 때 다시 주의집중하십시오.

- 모든 경험에 온전하게 참여하십시오.

걱정하는 마음이 들면 알아차리고 주의분산을 하십시오.

다음과 같은 생각이 들면 주의분산 스킬을 사용하십시오.

- 긍정적인 경험이 곧 끝날 것이라는 생각이 들 때

- 내가 이런 긍정적인 경험을 할 자격이 없다는 생각이 들 때

- 앞으로 나 자신에게 더 많은 것을 기대하게 될 것이라는 생각이 들 때

즐거운 활동 리스트

1. ❑ 자동차 관리하기
2. ❑ 미래 경력 계획 세우기
3. ❑ 빚 갚기
4. ❑ 수집하기 (그림 카드, 동전, 우표, 돌, 조개 등)
5. ❑ 휴가가기
6. ❑ 학교를 졸업했을 때에 대해 생각하기
7. ❑ 안 쓰는 물건 재활용하기
8. ❑ 데이트하기
9. ❑ 편안하게 쉬기
10. ❑ 영화보러 가기
11. ❑ 조깅을 하거나 걷기
12. ❑ 할 일을 모두 다 했다고 생각하기
13. ❑ 음악 듣기
14. ❑ 파티에 갔었던 것을 회상하기
15. ❑ 집안 용품을 사기
16. ❑ 일광욕하기
17. ❑ 새로운 경력(사업)을 구상하기
18. ❑ 크게 웃기
19. ❑ 과거의 여행에 대해 생각하기
20. ❑ 다른 사람의 말을 경청하기
21. ❑ 잡지나 신문 읽기
22. ❑ 취미 활동 (우표 수집, 모형 만들기 등)
23. ❑ 편안하고 좋은 친구들과 저녁 시간 함께 보내기
24. ❑ 하루의 활동을 계획하기
25. ❑ 새로운 사람을 만나기
26. ❑ 아름다운 전경 생각하기
27. ❑ 저축하기
28. ❑ 일을 마치고 집에 가기
29. ❑ 음식 먹기
30. ❑ 태권도, 유도, 요가 등을 연습하기
31. ❑ 은퇴에 대해 생각하기
32. ❑ 집에 있는 물건 고치기
33. ❑ 기계 관리하기 (차, 자전거 등)
34. ❑ 좋아하는 사람들이 하는 말과 행동을 회상하기
35. ❑ 파격적인 옷 입기
36. ❑ 조용한 저녁 보내기
37. ❑ 식물 가꾸기
38. ❑ 주식을 사거나 팔기
39. ❑ 수영하기
40. ❑ 빈둥거리기
41. ❑ 운동하기
42. ❑ 골동품 모으기
43. ❑ 파티에 참석하기
44. ❑ 무언가 살 것을 생각하기
45. ❑ 골프치기
46. ❑ 축구하기
47. ❑ 연 날리기
48. ❑ 친구와 무언가에 대해 토론하기
49. ❑ 가족 행사를 만들기
50. ❑ 오토바이나 자전거 타기
51. ❑ 트랙을 달리기
52. ❑ 캠핑 가기
53. ❑ 집안에서 노래 부르기
54. ❑ 꽃으로 장식하기
55. ❑ 종교활동하기 (교회 가기, 기도 모임에 참여하기 등)
56. ❑ 공구를 정리하기
57. ❑ 해변에 가기
58. ❑ '난 괜찮은 사람이야'라고 생각하기
59. ❑ 하루 종일 아무 일도 하지 않고 보내기
60. ❑ 동창회에 가기
61. ❑ 스케이트, 스케이트 보드, 롤러브레이드 타기
62. ❑ 배나 요트를 타러 가기
63. ❑ 여행하기 또는 휴가 보내기
64. ❑ 그림 그리기
65. ❑ 자연스럽게 무엇인가를 하기
66. ❑ 수 놓기
67. ❑ 잠자기
68. ❑ 운전하기
69. ❑ 사람들을 초대하거나 파티 열기
70. ❑ 각종 모임에 참석하기
71. ❑ 결혼하는 것에 대해 생각하기
72. ❑ 사냥하러 가기   (계속)

* 이 표는 성인과 청소년을 위한 리스트로써 Association for Advancement of Behavior Therapy 뉴욕 컨퍼런스에서 발표한 *The Adult Pleasant Events Schedule* 에서 저자인 Linehan, M.M., Sharp, E., & Ivanoff, A.M. (1980년 11월)의 허락을 받고 수정, 발췌하였음.

73. ☐ 사람들과 같이 노래 부르기	118. ☐ 혼자 있기
74. ☐ 연애할 때 하는 달콤함 말하기	119. ☐ 일기나 편지 쓰기
75. ☐ 악기 연주하기	120. ☐ 청소하기
76. ☐ 미술이나 공예 활동하기	121. ☐ 비소설류 책 읽기
77. ☐ 누군가를 위해 선물 만들기	122. ☐ 아이들을 어딘가에 데려다 주기
78. ☐ 음악을 구입하거나 다운로드 하기	123. ☐ 춤추기
79. ☐ 복싱이나 레슬링 경기 보기	124. ☐ 근력 운동하기
80. ☐ 파티(모임) 계획하기	125. ☐ 소풍가기
81. ☐ 요리하기	126. ☐ 어떤 일을 끝마치고 나서 '정말 잘했어!'라고 생각하기
82. ☐ 등산하기	127. ☐ 명상하기, 요가하기
83. ☐ 책, 시, 논문 등을 쓰기	128. ☐ 친구들과 점심 먹기
84. ☐ 바느질하지	129. ☐ 산에 가기
85. ☐ 옷 사기	130. ☐ 하키 경기에 참여하기
86. ☐ 외식하기	131. ☐ 점토나 도자기를 만드는 흙으로 무언가를 만들기
87. ☐ 일하기	132. ☐ 유리 공예 하기
88. ☐ 책에 대해 이야기하기, 독서 모임 가기	133. ☐ 스키타기
89. ☐ 관광하기	134. ☐ 근사하게 옷을 차려 입기
90. ☐ 매니큐어나 패디큐어, 또는 얼굴 마사지 받기	135. ☐ 내 상태가 얼마나 나아졌는지 생각해보기
91. ☐ 헤어샵 가기	136. ☐ 나에게 필요한 것들을 사기 (향수, 골프 가방 등)
92. ☐ 이른 아침에 모닝 커피를 마시며 신문 보기	137. ☐ 전화 걸기
93. ☐ 테니스 치기	138. ☐ 박물관 가기
94. ☐ 입맞춤하기	139. ☐ 종교적인 생각을 하기
95. ☐ 아이들과 놀아주기	140. ☐ 촛불을 켜두기
96. ☐ '다른 사람들보다 좋은 일이 더많이 생길거야'라고 생각하기	141. ☐ 카누나 레프팅하러 가기
97. ☐ 연극이나 콘서트에 가기	142. ☐ 볼링치기
98. ☐ 공상하기	143. ☐ 목공예하기
99. ☐ 학교에서 공부할(복학할) 계획 세우기	144. ☐ 일에 대해 공상하기
100. ☐ 섹스에 대해 생각하기	145. ☐ 발레나 탭댄스 수업받기
101. ☐ 드라이브 하기	146. ☐ 논쟁하기
102. ☐ 가구 색을 다시 칠하기	147. ☐ 길거리 카페에 앉아 있기
103. ☐ TV보기	148. ☐ 어항에 물고기 키우기
104. ☐ 할 일에 대해 리스트 만들기	149. ☐ 현재 진행 중인 역사적으로 의미 있는 이벤트에 참여하기
105. ☐ 숲 속을 걷기 (또는 물가 산책하기)	150. ☐ 뜨개질 하기
106. ☐ 선물 사기	151. ☐ 크로스워드 퍼즐하기
107. ☐ 일을 끝마치기	152. ☐ 당구 치기
108. ☐ 자동차 경주나 경마와 같은 운동 경기 관람하기	153. ☐ 마사지 받기
109. ☐ 가르치기	154. ☐ 사랑한다고 말하기
110. ☐ 사진찍기	155. ☐ 투구, 타격 연습하기
111. ☐ 낚시하러 가기	156. ☐ 농구하기
112. ☐ 즐거운 일에 대해 생각하기	157. ☐ 사진을 보기 또는 보여주기
113. ☐ 다이어트 하기	158. ☐ 나의 좋은 점에 대해 생각하기
114. ☐ 동물들과 놀기	159. ☐ 수수께끼 풀기
115. ☐ 비행기 타기	160. ☐ 정치적인 토론하기
116. ☐ 소설 읽기	161. ☐ 책 사기
117. ☐ 배우처럼 연기하기	

(계속)

162. ☐ 사우나 또는 목욕하기
163. ☐ 중고 마켓에 가기
164. ☐ 가족을 만드는 것에 대해서 생각하기
165. ☐ 어린 시절 행복했던 순간에 대해 떠올리기
166. ☐ 사치품 구입하기
167. ☐ 승마하기
168. ☐ 새로운 것을 하기
169. ☐ 조각 그림 맞추기
170. ☐ 카드 놀이 하기
171. ☐ '나는 무엇이든지 극복할 수 있어'라고 생각하기
172. ☐ 낮잠 자기
173. ☐ 내가 좋아하는 향을 알아내기
174. ☐ 내가 아끼는 누군가에게 카드를 만들어 전해주기
175. ☐ 문자 메시지 보내기
176. ☐ 보드게임 하기 (부루마블, 젠가, 할리갈리, 다빈치 코드 등)
177. ☐ 좋아하는 옷 입기
178. ☐ 스무디를 만들어서 천천히 마시기
179. ☐ 화장하기
180. ☐ 친구의 좋은 점에 대해 생각하기
181. ☐ 끝나면 기분이 매우 좋아질 만한 일을 끝마치기
182. ☐ 누군가에게 호의를 베풀기
183. ☐ 인터넷 서핑하기
184. ☐ 비디오 게임하기
185. ☐ 친구에게 이메일 보내기
186. ☐ 눈밭을 걷거나 눈썰매 타기
187. ☐ 머리 자르기
188. ☐ 새로운 소프트웨어 설치하기
189. ☐ CD를 사거나 인터넷에서 음원 구입하기
190. ☐ TV로 스포츠 보기
191. ☐ 애완동물 보살피기
192. ☐ 자원봉사하기
193. ☐ 유튜브에서 코믹한 영상 보기
194. ☐ 정원 관리하기

195. ☐ 대중공연에 참여하기 (예: 즉흥극)
196. ☐ 블로그에 글쓰기
197. ☐ 대의를 위해 싸우기
198. ☐ 실험을 수행하기
199. ☐ 누군가에게 사랑하는 감정 표현하기
200. ☐ 현장 학습, 자연 관찰 산책, 탐사가기 (알려진 길이 아닌 곳을 하이킹 하기, 동굴 탐험하기)
201. ☐ 자연물 모으기 (자연 그대로의 음식이나, 과일, 나무 조각)
202. ☐ 시내나 쇼핑몰 가기
203. ☐ 박람회, 카니발, 서커스, 동물원, 또는 놀이공원 가기
204. ☐ 도서관 가기
205. ☐ 밴드를 구성하거나 들어가기
206. ☐ 새로운 무언가를 배우기
207. ☐ 자연의 소리 듣기
208. ☐ 달이나 별을 바라보기
209. ☐ 야외 작업하기 (나무 자르기나 장작패기, 농사일하기)
210. ☐ 단체 운동 하기 (야구, 소프트볼, 축구, 프리스비, 핸드볼, 스쿼시, 미식 축구, 테니스, 배구 등)
211. ☐ 모래, 시냇물, 풀밭에서 놀기, 나뭇잎이나 조약돌을 발로 톡톡 차기
212. ☐ 사회적, 정치적, 또는 환경적인 상황에 대해 저항하기
213. ☐ 만화나 웹툰 보기
214. ☐ 종교적인 작품 읽기
215. ☐ 방이나 집을 재배치하거나 다시 꾸미기
216. ☐ 무언가를 팔거나 교환하기
217. ☐ 설상차 운전이나 모래사막에서 버기카 또는 ATV타기
218. ☐ 사회적 네트워킹
219. ☐ 욕조에 몸을 담그기
220. ☐ 외국어를 배우거나 말하기
221. ☐ 전화걸기
222. ☐ 노래나 음악을 작곡하거나 편곡하기
223. ☐ 중고품 할인점 가기
224. ☐ 컴퓨터하기
225. ☐ 아프거나, 외출이 어려운, 또는 어려움에 처한 사람들을 찾아가기

기타: ____

____

____

____

감정조절 워크시트 10 (감정조절 자료 15, 16; pp.242–245)

즐거운 활동 일기

완료일: _______________________   이름: _______________________   시작하는 주: _______________________

즐거운 활동을 하기 위해서는 계획을 세워야 합니다. 매일 적어도 한 가지의 즐거운 활동이나 사건을 적어 보십시오. 그리고 다음 칸에 실제로 매일 한 즐거운 활동이나 사건을 적으십시오. 즐거운 활동 일기와 함께 필요하면 **감정을 관찰하고 기술하기 워크시트**를 사용하십시오(감정조절 워크시트 4, 4a). 필요하면 추가 용지를 사용하십시오.

날짜	계획한 즐거운 활동 (사건)	실제로 한 즐거운 활동 (사건)	즐거운 활동을 마인드풀하게 경험하기 (0-5)	걱정을 지나가게 하기 (0-5)	즐거운 경험 (0-100)	비고

장기적 긍정 감정 쌓기(Accumulate positive emotions: Long Term)

"가치 있는 삶"을 만들기 위해 장기적 긍정 감정 쌓기
즉, 일상의 변화를 만들어서 미래에 긍정적 사건들이 일어날 수 있게 하십시오.

1단계. 피하려는 마음을 피하십시오.

원하는 삶을 만들기 위해 필요한 일을 바로 시작하십시오. 무엇을 해야 할지 확신이 없으면 아래의 단계를 따라가도록 합니다.

2단계. 여러분에게 중요한 가치가 무엇인지 파악하십시오.

"나에게 중요한 가치가 무엇인가?"라고 스스로에게 질문하십시오.

　　예: 생산적으로 활동하기, 그룹의 일원이 되기, 다른 사람을 잘 대하기, 건강한 몸 가꾸기

3단계. 이 가치 중에 지금 바로 실행할 수 있는 것을 선택하십시오.

"나에게 정말로 중요한 것은 무엇인가?"라고 스스로에게 질문하십시오.

　　예: 생산적인 활동하기

4단계. 선택한 가치와 연관된 몇 가지의 목표를 파악하십시오.

"이 가치가 나의 일부가 되기 위해서 어떤 구체적인 목표를 세워야 하는가?"라고 스스로에게 질문하십시오.

　　예: 가치 있는 일을 할 수 있는 직업 구하기
　　　　집에서 중요한 일을 하며 더욱 능동적으로 행동하기
　　　　나의 능력을 활용할 수 있는 곳에서 자원 봉사하기

5단계. 지금 실행할 수 있는 목표 하나를 선택하십시오.

장점과 단점 비교하기를 하고, 지금 실행할 수 있는 목표를 하나 선택합니다.

　　예: 능력을 발휘할 수 있는 일자리를 찾기.

6단계. 목표를 달성하기 위한 작은 실행 단계가 무엇인지 파악하십시오.

목표를 달성하기 위해 어떠한 작은 단계가 있는지 자신에게 물어봅니다.

　　예: 집 근처에 일자리가 있는지 직접 찾아가거나 인터넷으로 찾아보기.
　　　　원하는 곳에 지원서를 내기.
　　　　이력서를 작성하기.
　　　　원하는 일자리의 수당이나 혜택을 확인하기.

7단계. 실행 단계 중 하나를 바로 행동으로 옮기십시오.

　　예: 인터넷에 접속하여 집 근처에 있는 일자리를 찾기.

가치와 우선순위 리스트

지혜로운 마음상태에서 중요하다고 생각하는 것에 표기하십시오.

☐ **A. 사람들과의 관계를 살피고 돌본다.**

    1.☐ 과거의 관계를 회복한다.

    2.☐ 새로운 관계를 맺는다.

    3.☐ 현재의 관계를 유지한다.

    4.☐ 파괴적 관계를 끝낸다.

      ☐ 기타: ______________________________________

☐ **B. 그룹의 일원이 된다.**

    5.☐ 다른 사람과 친밀하고 만족스러운 관계를 형성한다.

    6.☐ 소속감을 느낀다.

    7.☐ 보살핌을 받고 사랑을 받는다.

    8.☐ 다른 사람과 친밀한 관계를 맺는다. 친한 친구를 만들고 관계를 잘 유지한다.

    9.☐ 가정을 꾸린다. 새로운 가족과 가까이 지내고 시간을 함께 보낸다.

    10.☐ 사람들과 같이 무언가를 한다.

      ☐ 기타: ______________________________________

☐ **C. 다른 사람에게 영향을 줄 수 있을 만큼 강해진다.**

    11. ☐ 사람들이 무엇을 해야 하는지 승인하거나 거부할 권위를 갖거나, 업무에 필요한 자원 사용에 대한 통제권을 갖는다.

    12. ☐ 리더가 된다.

    13. ☐ 돈을 많이 번다.

    14. ☐ 다른 사람에게 존중받는다.

    15. ☐ 다른 사람들이 성공했다고 볼 수 있도록 행동한다. 유명인사가 된다. 인지도를 높인다.

    16. ☐ 다른 사람과 공정하게 경쟁한다.

    17. ☐ 대중적 인기를 얻는다.

      ☐ 기타: ______________________________________

☐ **D. 삶의 목표를 성취한다.**

    18.☐ 중요한 일을 성취한다. 중요하다고 여겨지는 어려운 일을 맡는다.

    19.☐ 생산적인 일을 한다.

    20.☐ 목표를 향해 열심히 일한다.

    21.☐ 야망을 갖는다.

      ☐ 기타: ______________________________________

(계속)

* 이 스킬은 저작권사인 출판사의 승인을 받아 아래 자료에서 발췌하여 수정하였음. Schwartz, S. H. (1992). Universals in the content and structure of values: Theory and empirical tests in 20 countries. In M. Zanna (Ed.), *Advances in experimental social psychology* (Vol. 25, pp. 1–65). New York: Academic Press. Copyright © 1992 Academic Press. Elsevier B. V.

❏ **E. 즐겁고 만족스러운 삶을 산다.**

  22. ❏ 좋은 시간을 보낸다.

  23. ❏ 즐거움을 주는 것을 찾는다.

  24. ❏ 자유 시간을 갖는다.

  25. ❏ 내가 하는 일을 즐긴다.

    ❏ 기타: _______________________________

❏ **F. 신나는 일이나 관계 맺기 등과 같은 것으로 삶을 가득 채운다.**

  26. ❏ 새롭고 색다른 일을 한다.

  27. ❏ 대담한 일을 하거나 모험을 즐긴다.

  28. ❏ 신나는 인생을 산다.

    ❏ 기타: _______________________________

❏ **G. 공손하게 행동한다.**

  29. ❏ 겸손한 자세로 산다. 다른 사람의 관심을 끌지 않는다.

  30. ❏ 전통과 관습을 따른다. 적절하게 행동한다.

  31. ❏ 내가 말한 것을 실천하고 규칙을 따른다.

  32. ❏ 다른 사람을 잘 대한다.

    ❏ 기타: _______________________________

❏ **H. 자기 주도적이 된다.**

  33. ❏ 내 삶의 길을 따라간다.

  34. ❏ 혁신적이고, 새로운 아이디어를 생각하고, 창의적이 된다.

  35. ❏ 스스로 자유롭게 의사 결정을 한다.

  36. ❏ 독립한다. 나 자신과 책임져야하는 사람들을 보살핀다.

  37. ❏ 생각과 행동의 자유를 얻는다. 나의 우선순위에 따라 행동한다.

    ❏ 기타: _______________________________

❏ **I. 종교적인 사람이 된다.**

  38. ❏ 종교적인 삶을 살 수 있도록 삶에 여유를 둔다. 종교적 원리에 따라 삶을 영위한다.

  39. ❏ 종교나 믿음을 따라 수행한다.

  40. ❏ 나 자신에 대한 이해를 높이고 나의 개인적 소명이 무엇인지, 인생의 진정한 목적이 무엇인지 찾는다.

  41. ❏ 삶의 궁극적 의미를 찾고 신(초월적 존재나 힘)의 뜻을 파악하고 따른다.

    ❏ 기타: _______________________________

❏ **J. 안정된 삶을 산다.**

  42. ❏ 안전한 지역에 산다.

  43. ❏ 신체적으로 건강하고 몸을 잘 관리한다.

  44. ❏ 나와 내 가족의 기본적인 필요를 충족시키는 안정적 수입을 얻는다.

    ❏ 기타: _______________________________

(계속)

☐ **K. 우주적 선(善)을 인식한다.**

    45.☐ 사람들에게 평등하게 대하며 공정한 기회를 준다.

    46.☐ 여러 사람들을 이해하고 열린 마음을 갖는다.

    47.☐ 자연과 환경을 돕는다.

    ☐ 기타: ____

☐ **L. 지역 사회에 기여한다.**

    48.☐ 어려운 사람을 돕는다. 다른 사람을 보살피고 사회를 발전시킨다.

    49.☐ 친구에게 신뢰를 주는 행동을 하고 가까운 사람들에게 헌신한다. 나와 같은 신념, 가치관, 윤리적 가치를 나누는 그룹에 헌신한다.

    50.☐ 나의 능력을 넘어선 큰 목적을 가진 그룹에 헌신한다.

    51.☐ 다른 사람을 위해 희생한다.

    ☐ 기타: ____

☐ **M. 자기 발전을 위해 노력한다.**

    52.☐ 나 개인의 철학을 만든다.

    53.☐ 인간으로서 성숙하고 성장할 수 있는 도전을 하고 이를 실행한다.

    ☐ 기타: ____

☐ **N. 진실성 있는 사람이 된다.**

    54.☐ 정직한 사람이 되고 나의 개인적 신념을 인식하고 물러서지 않는다.

    55.☐ 책임감 있는 사람이 된다. 말하는 것을 지키는 사람이 된다.

    56.☐ 삶을 직면하며 살아갈 용기를 갖는다.

    57.☐ 다른 사람에게 진 빚을 갚고 내가 일으킨 피해를 리페어[repair]한다.

    58.☐ 나와 다른 사람 그리고 삶 그 자체를 수용한다. 후회 없는 삶을 산다.

    ☐ 기타: ____

☐ **O. 기타:** ____

____

____

____

____

가치로운 삶을 만들기 위한 구체적인 실행 단계

완료일: _______________________   이름: _______________________   시작하는 주: _______________________

1단계. 피하려는 마음을 피하십시오. 가치로운 삶을 만드는 것을 회피하려는 정도를 측정하십시오.

과거(______) 현재(______) (0 = 전혀 회피하지 않음, 100 = 그것에 대해 생각하는 것조차 완벽히 회피함)

회피하려는 이유에 체크하십시오. ☐ 희망이 없음   ☐ 고집스러움   ☐ 너무 어려움   ☐ 기타 __________

> 문제에 미리 대비하기 스킬을 사용하여 회피 행동을 피할 수 있는 계획을 적으십시오.

2단계. 여러분에게 중요한 가치가 무엇인지 파악하십시오. 무엇이 가장 중요한가요? 감정조절 자료 18을 참고하여, 가장 중요하게 생각하는 가치를 몇 가지 적어봅니다.

나에게 가장 중요한 가치: ____

____

3단계. 이 가치 중에 지금 바로 실행할 수 있는 삶의 가치나 우선순위를 한 가지 선택 하십시오.

장기적 목표는 지혜로운 마음에 따른 가치와 우선순위에 따릅니다. 여러분의 삶에서 어떤 가치를 지키기 위해 더 많은 노력을 해야 하나요?

 지금 바로 실현할 수 있는 **가장 중요한 가치** 중 두 가지를 적으십시오.

중요도 우선순위

가치: _______________________________________ ( ) ( )

가치: _______________________________________ ( ) ( )

각각의 가치가 여러분에게 얼마나 중요한지 측정하십시오(1=약간 중요함, 5=매우 중요함). 그리고 이 가치를 지금 실현하는 것이 얼마나 중요한지 측정하십시오(1=낮은 우선순위, 5=매우 높은 우선순위).

선택한 가치를 더욱 구체화 하십시오. 위에서 실행하려고 선택한 가치와 위에 적은 가치를 측정치를 다시 리뷰하십시오.

사실을 확인하십시오. 생각했던 가치와 우선순위가 다른 사람의 것이 아니라 실제로 여러분 자신의 것인지, 다른 사람이 여러분으로 하여금 갖기를 바라는 가치이거나, 더 이상 믿지 않지만 오래 전에 학습된 가치는 아닌지 확인하십시오. 필요하다면 리스트를 다시 작성하십시오.

지금 실행할 수 있는 가치 하나를 선택하십시오. 지금 다루려고 하는 가장 중요하거나 높은 우선순위에 있는 가치를 선택하십시오(하나 이상의 높은 우선순위에 있는 가치가 있다면 또 다른 워크시트를 작성하십시오).

 지금 실행할 수 있는 가치: _______________________________________

(계속)

4단계. 선택한 가치와 연관된 몇 가지의 목표를 파악하십시오.

이 가치와 연관된 두세 가지의 **각기 다른 목표를** 구체적으로 적으십시오. 이 가치가 여러분의 삶의 일부가 되게 하기 위하여 어떤 노력을 할 수 있습니까? (목표를 생각해 내기 어렵다면 가능한 많은 목표를 브레인스토밍하고, 여러분의 가치와 가장 연관성이 높은 것을 선택합니다.)

목표: ____

목표: ____

목표: ____

5단계. 지금 실행할 수 있는 목표를 하나 선택하십시오.

지금 달성할 수 있는 합리적인 목표 하나를 선택하십시오. 다른 목표들을 다루기 전에 A라는 목표를 먼저 달성해야 한다면 목표 A를 선택하십시오. 구체적으로 기술하십시오. 동시에 하나 이상의 목표를 다루고 싶다면 두 개의 워크시트를 사용하십시오.

실행하고자 하는 목표: _______________________________

6단계. 목표를 달성하기 위한 작은 실행 단계가 무엇인지 파악하십시오.

하나의 목표를 실행 가능한 작은 단계로 나누십시오. 각각의 작은 단계는 전체 목표로 가는 작은 목표가 됩니다. 정한 목표에 가까이 가기 위한 실행 목표 리스트를 만드십시오. 구체적인 단계를 생각하기 어렵다면 브레인스토밍을 해보십시오. 마음 속에 떠오르는 것을 모두 적어 보십시오.

어떤 단계가 너무 어려워서 압도되기 시작하면, 그 단계를 지우고 실제로 할 수 있는 작은 단계로 나누어 보십시오. 필요하다면 리스트를 다시 작성하여 실행할 수 있다고 생각하는 단계를 포함시키십시오. 해야 한다고 생각하는 순서를 적으십시오. 너무나 많은 단계로 인해 압도되는 느낌이 든다면, 새로운 단계를 적는 것을 중단하고, 하나의 단계에만 집중하십시오.

실행 단계 1: ______________________________________

실행 단계 2: ______________________________________

실행 단계 3: ______________________________________

실행 단계 4: ______________________________________

7단계: 실행 단계 중 하나를 지금 바로 행동으로 옮기십시오. 무엇을 하였는지 기술하십시오. ___________________

____

____

어떤 일이 일어났는지 기술하십시오. _______________________________

____

____

(계속)

관계를 살피고 돌보십시오.

자신의 주변 사람들과의 관계를 살피고 돌보십시오(감정조절 자료 18에 있는 A 항목). 그룹의 일원이 되는 것(B 항목)은 우리 모두에게 매우 중요합니다. 관계와 연관된 가치를 선택하지 않았다면, 감정조절 자료 A, B 범주에 있는 열 개의 가치를 다시 리뷰해 보십시오. 하나를 선택하여 실행한 이후 다음 워크시트를 작성하십시오.

다루고자 하는 관계 또는 관계 문제를 기술하십시오. ________________________

____

____

지금 어떤 목표를 달성하기 위해 노력할 수 있나요? ________________________

____

목표를 달성할 수 있도록 돕는 작은 실행 단계를 적어 보십시오.

실행 단계 1: ________________________
실행 단계 2: ________________________
실행 단계 3: ________________________
실행 단계 4: ________________________

실행 단계 중 하나를 지금 바로 행동으로 옮기십시오. 무엇을 하였는지 기술하십시오. ________________________

____

어떤 일이 일어났는지 기술하십시오. ________________________

____

가치로운 삶을 만들기 위한 구체적인 실행 단계

완료일: _______________________   이름: _______________________   시작하는 주: _______________________

여러분의 가치를 파악한 후 다음 단계는 우리의 삶이 우리의 가치에 부합하게 하기 위하여 구체적으로 무엇을 할지 또는 목표를 정하는 것입니다. 목표를 정했다면 그 목표를 달성하기 위해 필요한 실행 단계가 무엇인지 파악할 수 있습니다.

예: 가치: 그룹의 일원이 되기

가능한 **목표**:

- 옛 친구와 다시 연락하기
- 사회적 접촉이 많은 일 하기
- 동아리에 참여하기

지금 실행할 수 있는 **목표**를 하나 정하기

- 동아리에 참여하기

목표에 다가가기 위한 몇 가지 **실행 단계** 파악하기

- 웹사이트에서 동아리 모임 찾아보기
- 집 근처에 있는 서점에 가서 독서 동아리가 있는지 물어보기
- 온라인 게임이나 채팅에 등록하기

1. 한 가지 **가치**를 선택하십시오.

2. 세 가지 **목표**를 파악하십시오.

3. 지금 즉시 실행할 수 있는 한 가지 **목표**를 선택하십시오.

4. 이 **목표**에 다가가기 위해 즉시 할 수 있는 **실행 단계**를 파악하십시오.

5. **실행 단계 중 하나**를 바로 지금 행동으로 옮기십시오. 무엇을 하였는지 기술하십시오.

어떤 일이 일어났는지 기술하십시오. _______________________

가치로운 삶을 만들기 위한 실행 일기

완료일: ___________________   이름: ___________________   시작하는 주: ___________________

이 일기는 우리가 갖고 있는 가치에 따라서 살면서, 목표에 도달하기 위한 노력을 추적하여 기록하는 것입니다. 지금 다루고 있는 가치나 목표를 하나 정하여 기록하거나 목표와 상관없이 매일 기록하도록 하십시오. 구체적으로 적는 것이 중요합니다. 감정조절 워크시트 11, 11a를 참고하여 중요한 가치와 목표 리스트를 확인하십시오.

날짜	가치	목표	오늘 실행한 가치와 우선순위	다음 단계
	어떤 가치를 실현하려고 하나요?	이 가치와 연관된 목표는 무엇인가요?	오늘 이 목표를 달성하기 위해 어떤 행동을 하였나요(구체적으로 적기)?	이 목표를 달성하기 위한 다음 행동은 무엇인가요(구체적으로 적기)?

숙련감 쌓기와 문제에 미리 대비하기(**B**uild Mastery and **C**ope Ahead**)**

숙련감 쌓기

1. 최소한 하루에 한 가지씩 자신감을 얻을 수 있는 일을 계획 하십시오.

   예: ____

2. 실패할 가능성이 있는 계획이 아니라 성공 가능성이 있는 계획을 세우십시오.

   - 어렵지만 가능하다고 여겨지는 일을 하십시오.

3. 난이도를 점차 높여 나가십시오.

   - 첫 번째로 시도한 것이 너무 어렵다면 다음에는 좀 더 쉬운 것을 실행하십시오.

4. 도전이 될만한 것을 찾으십시오.

   - 너무 쉬운 것을 했다면 다음에는 조금 더 어려운 것을 시도하십시오.

어려운 상황에 미리 대비하십시오.

1. 문제행동을 촉발할 수 있는 상황을 기술하십시오.

   - 사실을 확인하십시오. 상황을 구체적으로 기술하십시오.
   - 스킬 사용을 방해할 수 있는 감정이나 행동이 무엇인지 찾아 이름을 지어 주십시오.

2. 그 상황에서 어떤 문제 해결 스킬이나 문제에 대비할 수 있는 스킬을 사용할지 결정하십시오.

   - 구체적이고 상세하며 어떤 방식으로 그 상황과 감정, 행동충동을 극복할 수 있을지 적어 보십시오.

3. 마음 속에 그 상황을 가능한 생생하게 떠올리십시오.

   - 그 상황을 단순히 바라보는 것이 아니라 지금 그 상황에 있다고 상상해 보십시오.

4. 마음 속으로 그 상황을 효과적으로 극복하는 것을 시연해 보십시오.

   - 효과적으로 극복하기 위해서 무엇을 할 수 있는지 마음속으로 시연해 보십시오.
   - 행동과 생각, 무슨 말을 할지, 어떻게 말할지 시연해 보십시오.
   - 새로 다가올 문제를 효과적으로 극복하는 것을 시연해 보십시오.
   - 가장 두렵다고 느껴지는 재앙과 같은 상황을 효과적으로 극복하는 것을 시연해 보십시오.

5. 시연 이후 이완하기를 연습하십시오.

숙련감 쌓기와 문제에 미리 대비하기

완료일: ___________________   이름: ___________________   시작하는 주: ___________________

왼쪽 칸에 날짜를 적으십시오. 숙련감 쌓기 칸에는 숙련감을 높이기 위한 활동 계획을 적으십시오. 숙련감을 높이기 위해 실제로 한 활동이 무엇인지 하루가 끝나가는 시점에 적으십시오. 문제에 미리 대비하기 아래 칸에는 문제 상황을 기술하십시오. 그 다음 칸에는 효과적으로 대비하기 위해 어떤 상상을 했는지 기술하십시오. 그리고 이것이 도움이 되었는지 표기하십시오.

날짜	숙련감 쌓기		문제에 미리 대비하기	
	숙련감을 쌓기 위해 계획한 활동	숙련감을 쌓기 위해 실제로 한 활동	미래의 문제 상황	효과적으로 대비하기 위해 어떤 것을 상상했나요? (기술하기)
			1.	
				도움이 되었나요? ☐ 예 ☐ 아니요
			2.	
				도움이 되었나요? ☐ 예 ☐ 아니요

매일 ABC 스킬 연습하기

완료일: _______________　　　이름: _______________　　　시작하는 주: _______________

이 워크시트를 통해 하루 동안 계획한 ABC 스킬 활동을 잘 사용했는지 추적할 수 있습니다. 전날 밤이나 오전 일찍 계획을 적어둡니다. 그 계획을 실행할 때마다 혹은 하루를 마칠 때 실제로 무엇을 하였는지 적으십시오. 시간이 지나면서 계획한 것을 더 많이 할 수 있다는 것을 알게 될 것입니다. 그리고 부정적 감정에 대한 유약성이 낮아지는 것을 관찰할 수 있을 것입니다.

하루를 시작할 때 느낀 부정적 기분, 감정을 측정하십시오(0-100). _____________　하루를 마칠 때의 부정적 기분, 감정을 측정하십시오(0-100). _____________

시간	계획한 활동			실제로 한 활동		
	긍정적 감정 쌓기 (Accumulate Positive Emotions)	숙련감을 쌓기 위한 활동 (Action to Build Mastery)	문제에 미리 대비하기 (Cope- Ahead Task)	긍정적 감정 쌓기 (Accumulate Positive Emotions)	숙련감을 쌓기 위한 활동 (Action to Build Mastery)	문제에 미리 대비하기 (Cope- Ahead Task)
~ 오전 8시						
오전 8시 ~오후 12시						
오후 12시 ~ 오후 4시						
오후 4시 ~ 오후 8시						
오후 8시~						
총 활동 수						

우리 몸을 먼저 돌보기

이 스킬을 **PLEASE** 스킬이라고 부릅니다.

P

L

1. Treat PhysicaL illness.
몸에 있는 병을 치료하십시오.

몸을 잘 보살피십시오. 필요하면 병원에 가고, 약을 제때에 먹도록 하십시오.

E

2. Balance Eating.
균형 잡힌 식사를 하십시오.

너무 적은 양이나 많은 양의 음식을 먹지 마십시오. 하루 동안 제때에 마인드풀하게 음식을 드십시오. 지나치게 감정적으로 만들기 쉬운 음식을 피하십시오.

A

3. Avoid Mood-Altering Substances.
기분을 인위적으로 변화시키는 물질은 금하십시오.

기분을 인위적으로 변화시키는 물질을 멀리하고, 술 및 기타 물질을 절제하십시오 (금주는 아니더라도).

S

4. Balance Sleep.
균형 있는 수면을 취하십시오.

적어도 하루에 7-9시간 정도의 수면을 취하거나 기분이 좋아질 수 있을 만큼의 수면 시간을 지키십시오. 잠들기가 어려운 사람이라면 일관된 수면 패턴을 유지하십시오. 취침 전 스크린 사용 시간을 제한합니다.

E

5. Get Exercise.
적절한 운동을 하십시오.

매일 규칙적으로 운동을 하십시오. 매일 20분의 운동을 하고, 점차 늘려가도록 하십시오.

악몽 프로토콜, Step-by-Step
숙면을 방해하는 악몽 다루기

1. 악몽을 바꾸기 위해 이완하기나 즐거운 상상하기, 문제에 미리 대비하기 스킬을 먼저 연습하십시오.

점진적 근육이완법, 천천히 호흡하기, 그리고/또는 지혜로운 마음을 연습하십시오. 음악을 듣거나 상상하기 연습을 해보십시오. 고통감내 스킬에 있는 위기생존 스킬을 리뷰하십시오.

2. 반복되는 악몽 하나를 선택하십시오.

이것은 주요 목표가 되는 악몽이 될 것입니다. 지금 다룰 수 있는 악몽을 선택하십시오. 트라우마와 관련된 악몽은 그것을 다룰 수 있을 때까지 미루도록 하십시오. 만일 트라우마 악몽을 목표로 삼는다면 아래의 3 단계는 생략하도록 합니다.

3. 목표로 설정한 악몽을 기록하십시오.

감각 경험을 포함하여 기술하십시오(보이는 것, 냄새, 소리, 맛 등). 또한 꿈을 꾸는 동안 들었던 생각이나 감정, 그리고 가정들을 포함하여 적도록 합니다.

4. 악몽에 대항하여 결과를 바꾸고, 가장 마음에 드는 것을 선택하십시오.

악몽의 결과를 바꾸는 시점은 꿈속에서 트라우마나 나쁜 일이 일어나기 전입니다. 중요한 점은 항상 꾸는 악몽의 나쁜 결과를 바꾸고, 막을 수 있는 것을 생각해내는 것입니다. 평화로운 느낌을 줄 수 있는 결말을 적으십시오.

유의사항: 악몽을 바꾼다는 것은 매우 특이한 일입니다(예: 초능력을 이용해 싸우거나 안전한 곳으로 피할 수 있는 결과를 만들 수 있습니다). 바꾼 결과에는 자신에 대한 생각이나 감정 또는 가정의 변화가 포함될 수 있습니다.

5. 바뀐 결과를 포함한 악몽 전체를 쓰도록 하십시오.

6. 매일 밤 잠들기 전에 시연하는 연습을 하고 이완하십시오.

매일 밤 바뀐 꿈 전체를 시각화하면서 시연하고 이완하기 연습을 하십시오.

7. 낮 시간에 시연하고 이완하십시오.

바뀐 꿈 전체를 시각화하고, 낮 동안 가능한 많이 이완하기 연습을 하십시오.

수면 위생 프로토콜

잠이 오지 않을 때, 생각에 몰입하는 대신 다음의 프로토콜을 따르십시오.

편안한 마음으로 휴식과 숙면을 취하려면:

1. **주말에도 일관된 수면 스케줄을 따르십시오.** 매일 정해진 시간에 잠들고 일어나고, 10분 이상의 낮잠은 피하도록 합니다.
2. **낮 시간에 침대에서** TV 시청, 전화, 독서를 하지 않도록 하십시오.
3. 잠들기 전에는 카페인이나 담배, 술, 과식, 운동을 **피하십시오.**
4. 잠들 준비를 할 때 등을 끄고, **방을 조용하게, 온도는 편안하게 느낄 수 있는 약간 서늘한 수준을 유지합니다.** 추우면 전기 담요를 준비하십시오. 덥다면 발을 담요 밖으로 내밀거나 선풍기를 침대로 향하도록 돌려두십시오. 또는 수면 마스크나 귀마개, 필요하다면 백색 소음을 만드는 기계를 사용하십시오.
5. **잠들기 위한 노력은 30분에서 최대한 1시간 정도만 하는 것이 좋습니다.** 그 안에 잠들지 못하면 여러분이 차분한 상태인지, 불안한 상태인지(아주 약한 수위의 불안이라도), 걱정 때문에 골몰하고 있는지 평가하십시오.
6. **재앙화하지 마십시오.** 스스로에게 수면이 필요하다는 것을 상기시키고, 여러분의 뇌를 쉬게 하고 공상에 잠겨 보십시오. 깨어 있는 것이 재앙은 아니라고 생각하십시오. 밤에 자는 것을 포기하고 밤을 샐 것이라고 결정하지 마십시오.

차분한 상태이지만 완전히 깨어 있을 때:

7. **침대에서 나오십시오. 다른 방에서 책을 읽거나,** 완전히 잠에서 깨지는 않을 활동을 하십시오. 피곤해지거나 졸리기 시작하면 다시 침대로 가십시오.
8. **간단한 스낵을 먹어봅니다**(예: 사과).

걱정하거나 골몰하는 생각이 있다면:

9. **차가운 물로 TIP 스킬을 사용하십시오. 침대로 가서 천천히 호흡하며 TIP 스킬을 시행하십시오**(고통감내 자료 6. TIP 스킬: 몸의 화학적 반응 바꾸기). 의료적 문제가 있다면 차가운 물을 사용하기 전에 의사의 허락을 받도록 하십시오.
10. **9부터 0까지 명상하기를 시도해보십시오.** 천천히 숨을 들이쉬고 내쉬며 마음 속으로 숫자 9를 말하십시오. 다음 호흡에서는 8을 말하십시오. 그리고 0을 셀 때까지 숨을 내쉬십시오. 그리고 다시 시작하면서 이번에는 8부터(9가 아니라) 숨을 내쉬고 이어 7에서 0까지 셉니다. 다음에는 숨을 내쉬면서 6부터 0까지 셉니다. 그 다음에는 5부터, 그 다음은 4부터 시작해서 1에서 시작할 때까지 가도록 합니다(중간에 숫자를 잊어버렸다면 기억이 나는 마지막 숫자부터 시작하십시오). 잠이 들 때까지 계속하십시오.
11. **걱정으로 골몰할 때 느껴지는 몸의 감각에 초점을 맞추십시오**(걱정하며 골몰하는 것은 힘겨운 감정적 감각에서 탈출하려는 시도일 수도 있습니다).
12. 한밤 중에 하는 걱정은 그저 '한밤 중의 생각'이고 아침에는 다르게 느끼고 생각할 것이라고 **자신을 안심시키십시오.**
13. 피곤함이 느껴질 때까지 몇 분 동안 **감정적으로 몰입할 수 있는 소설**을 읽으십시오. 다 읽은 후에는 눈을 감고 머리 속으로 그 소설을 이어가 보십시오.
14. **걱정하며 골몰하는 것이 끝나지 않으면,** 다음의 가이드라인을 따르십시오: 그 걱정을 해결할 수 있다면 해결하고, 해결할 수 없다면 걱정의 끝까지 가서 재앙으로 이어질 수 있는 최악의 결과를 생각하고, 그 재앙을 미리 대비하고 극복하는 상상을 하십시오(감정조절 자료 19. 숙련감 쌓기와 문제에 미리 대비하기를 참고할 것).

위의 방법이 효과가 없다면 눈을 감고 작은 소리로 라디오(뉴스 채널, 음악 방송 등)를 들으십시오(필요하면 헤드폰을 사용하십시오). 가능한 목소리의 톤이나 음량의 변동이 없는 공영 라디오 채널을 듣는 것이 좋습니다.

PLEASE 스킬 연습

완료일: _________________   이름: _________________   시작하는 주: _________________

왼쪽 칸에 날짜를 적으십시오. 어떤 PLEASE 스킬을 실행했는지 적으십시오. 마지막 칸에는 한 주 동안 스킬 연습이 도움이 되었는지 여부를 표시하십시오.

날짜	병을 치료한 것에 대해 기술하기 (treating PhysicaL illness)	균형 잡힌 식사를 하려고 노력한 것을 기술하기 (balanced Eating)	기분을 인위적으로 바꾸는 술이나 물질을 사용했다면 기록하기(mood-Altering substances)	총 수면 시간 (잠자기 시작한 시간, 깨어난 시간) (Hours of Sleep)	운동 및 운동 시간을 기록할 것 (시간/분) (Exercise)
	도움이 되었나요? ☐ 예 ☐ 아니요	도움이 되었나요? ☐ 예 ☐ 아니요	도움이 되었나요? ☐ 예 ☐ 아니요	도움이 되었나요? ☐ 예 ☐ 아니요	도움이 되었나요? ☐ 예 ☐ 아니요

악몽 기록하기

완료일: _______________________   이름: _______________________   시작하는 주: _______________________

이 기록지에 고통스러운 악몽을 가능한 상세하게 기술하십시오. 감각적인 경험도 자세히 기술하십시오(시각적으로 본 것, 냄새, 소리, 맛 등). 이 꿈에 연관된 감정이나 이미지, 생각을 적고, 나 자신에 대한 가정도 적어 보십시오. 가능한 상세하게 기술하십시오. 꿈이 시작될 때부터 끝날 때까지 기록하십시오(필요하면 추가 용지를 사용하십시오).

꿈 속에서, ____

____

____

____

____

____

____

____

____

____

____

____

____

____

____

____

____

____

(계속)

악몽의 결과 바꾸기

완료일: ___________________   이름: ___________________   시작하는 주: ___________________

악몽의 결과를 바꾼 것을 가능한 상세하게 아래에 적어 보십시오. 감각적인 경험도 자세히 기술하십시오(시각적으로 본 것, 냄새, 소리, 맛 등). 그 꿈과 연관된 감정과 생각, 이미지 등을 적고 나 자신에 대한 가정도 적어 보십시오. 가능한 상세하게 기술하십시오. 악몽 속에서 여러분과 다른 사람에게 나쁜 일이나 트라우마가 되는 일이 벌어지기 **전의** 내용을 바꾸는 것이 중요합니다. 꿈이 시작될 때부터 끝날 때까지 적으십시오(필요하면 추가 용지를 사용하십시오).

꿈 속에서, ____

____

____

____

____

____

____

____

____

____

____

____

____

____

____

____

____

____

____

(계속)

꿈 시연하기와 이완하기

완료일: ____________________   이름: ____________________   시작하는 주: ____________________

왼쪽 칸에 날짜를 적으십시오. 한 주 동안 연습한 꿈 시연하기와 이완하기를 적으십시오. 아침에는 악몽의 강도를 적으십시오(악몽을 꾸지 않았으면 0이라고 기록할 것). 악몽을 꾸지 않을 때까지 이 연습을 반복하십시오.

날짜	낮 시간에 연습한 시각적 시연과 이완하기를 기록할 것	부정적 감정의 강도 (0-100)	낮 시간에 연습한 시각적 시연과 이완하기를 기록할 것	부정적 감정의 강도 (0-100)	낮 시간에 연습한 시각적 시연과 이완하기를 기록할 것	악몽의 강도 (0-100)
		시작: ________ 끝: ________		시작: ________ 끝: ________		
		시작: ________ 끝: ________		시작: ________ 끝: ________		
		시작: ________ 끝: ________		시작: ________ 끝: ________		
		시작: ________ 끝: ________		시작: ________ 끝: ________		
		시작: ________ 끝: ________		시작: ________ 끝: ________		
		시작: ________ 끝: ________		시작: ________ 끝: ________		
		시작: ________ 끝: ________		시작: ________ 끝: ________		

수면 위생 연습

완료일: _______________________   이름: _______________________   시작하는 주: _______________________

왼쪽 칸에 날짜를 적으십시오. 잠에 든 시간을 적고 취침하기 4시간 전에 무엇을 하였는지 적도록 하십시오. 어떠한 전략을 사용하였는지 기술하고 그 스킬을 사용하기 전과 후에 얼마나 고민하였는지 측정하십시오. 아무런 고민이 없었다면 0이라고 적으십시오. 마지막으로 선택한 전략이 전체적으로 얼마나 유용했는지 측정하십시오.

날짜	잠든 시간 / 깬 시간	총 수면 시간	잠들기 4시간 전에 먹은 것, 마신 것, 운동한 것, 잠들기전 스크린 사용 시간	스킬 사용 전 감정 / 걱정 골몰하기 강도 (0-100)	잠을 자거나 다시 잠들기 위해 사용한 전략들을 기술할 것	스킬 사용 후 감정 / 걱정 골몰하기 강도 (0-100)	전략의 유용성 (0-100)
	__________	시간: ____ 분: ____					
	__________	시간: ____ 분: ____					
	__________	시간: ____ 분: ____					
	__________	시간: ____ 분: ____					
	__________	시간: ____ 분: ____					
	__________	시간: ____ 분: ____					
	__________	시간: ____ 분: ____					

힘든 감정 관리하기
자료 및 워크시트

힘든 감정 관리하기 개요

현재 감정에 대한 마인드풀니스

감정을 억제하는 것은 괴로움을 증가시킵니다.

현재 감정에 대한 마인드풀니스는 감정적 자유를 얻는 길로 가게 합니다.

극단적 감정 관리하기

지나치게 감정적으로 흥분하게 되면 스킬을 사용할 수 없게 됩니다.
특히 스킬이 복잡하거나, 아무런 생각도 나지 않을 때 더욱 그렇습니다.

이 때는 스킬 적용이 불가능한 상태입니다.

위기생존 스킬이 필요합니다.

문제 해결하기와 리뷰하기

감정을 바꾸기 위한 방법에는 여러 가지가 있습니다.

감정을 조절할 필요가 있을 때나 스킬이 기억나지 않을 때를 대비하여
중요 스킬 목록을 만드는 것이 도움이 됩니다.

현재 감정에 대한 마인드풀니스:
감정적 괴로움을 지나가게 하기

감정을 관찰하십시오

- 한 발짝 물러나서 감정을 있는 그대로 관찰하십시오.
- 감정의 **파도**가 오고 가는 것을 있는 그대로 경험하십시오.
- 감정의 파도를 타고 서핑하는 것을 상상하십시오.

- 감정을 **막거나 억누르려고** 하지 마십시오.
- 감정을 **억누르거나 밀쳐 내려고** 하지 마십시오.
- 감정을 옆에 **그대로 두려고** 하지 마십시오.
- 감정을 **붙잡아** 두려고 하지 마십시오.
- 감정을 **증폭**시키지 마십시오.

몸의 감각에 대한 마인드풀니스를 연습하십시오

- 몸의 **어느** 부분에서 감정적 감각이 느껴지는지 자각하십시오.
- 그 **감각**을 가능한 온전히 경험하십시오.
- 감정이 잦아들 때까지 **얼마나 오랜** 시간이 걸리는지 관찰하십시오.

기억하십시오. 감정이 우리의 전부는 아닙니다.

- 감정에 따라 **행동**할 필요가 없습니다.
- **다르게** 느꼈던 때를 기억하십시오.

감정을 사랑하는 연습을 하십시오.

- 감정을 **존중**하십시오.
- 감정을 **판단**하지 마십시오.
- **기꺼이 하는** 연습을 하십시오.
- 감정을 철저하게 **수용**하십시오.

현재 감정에 대한 마인드풀니스

완료일: _______________ 이름: _______________ 시작하는 주: _______________

감정의 이름: _______________ **감정의 강도(0-100) 사전:** _______________ **사후:** _______________

감정을 촉발시킨 상황을 기술하십시오(필요하면 감정조절 워크시트 5의 1단계와 2단계를 적으십시오).

감정적 강도가 극단적으로 높을 때에는 먼저 **위기생존 스킬**을 사용하고 고통감내 워크시트 2~6을 작성하십시오. 감정의 종류, 강도에 관계없이 **현재 감정에 대한 마인드풀니스**를 하여 철저한 수용을 연습하십시오.

아래의 목록에서 실제로 한 행동에 표시하십시오.
- ❏ 한 걸음 물러나서 경험하고 있는 감정을 자각한다.
- ❏ 감정을 파도라고 생각하고, 그 파도가 해변까지 왔다가 가는 것을 있는 그대로 경험한다.
- ❏ 감정에 대한 판단을 내려 놓는다.
- ❏ 몸의 어느 곳에서 감정적 감각을 느끼는지 자각한다.

- ❏ 감정이 일으킨 신체적 감각에 최대한 주의집중한다.
- ❏ 그 감정이 지나가는데 얼마나 걸리는지 관찰한다.
- ❏ 감정에 대한 비판적인 태도가 도움이 되지 않는다는 것을 상기한다.
- ❏ 원치 않는 감정도 기꺼이 수용하는 연습을 한다
- ❏ 감정을 하늘에 떠있는 구름이 오고 가는 것으로 상상한다.
- ❏ 감정과 이어지는 행동충동을 관찰한다.

- ❏ 감정에 따라 행동하는 것을 피한다.
- ❏ 다르게 느꼈던 때를 생각한다.
- ❏ 내 감정을 철저하게 수용하는 연습을 한다.
- ❏ 내 감정을 사랑하려고 노력한다.
- 기타: _______________

어떠한 경험을 하였는지 적어 보십시오.

극단적 감정 관리하기

감정적으로 **지나치게 흥분** 상태가 되어 스킬을 전혀 사용할 수 없을 때, 아래의 단계를 따라가십시오.

첫째로 여러분이 **스킬 적용이 불가능한 상태**에 있을 때를 관찰하고 기술하십시오.

- ☐ 극단적 고통을 겪고 있다.
- ☐ 압도되어 있다.
- ☐ 감정 이외에 다른 것에 집중할 수 없다.
- ☐ 마음과 머리가 멍해진다. 정보를 처리할 수 없다.
- ☐ 문제를 해결할 수 없거나, 복잡한 스킬을 사용할 수 없다.

사실을 확인하십시오. 현재의 스트레스 상황이 정말로 '스킬 적용이 불가능한 상태'인지 파악하십시오.

그렇지 않다면, **스킬을 사용하십시오.**

그렇다면 1단계를 실행하십시오. 여러분은 **스킬 적용이 불가능한 지점**에 있는 것입니다.

1단계. 흥분 상태를 낮출 수 있도록 위기생존 스킬을 사용하십시오(고통감내 자료 6-9a 참고).

- 몸의 화학적 반응을 바꾸기 위한 **TIP** 스킬
- 감정적 사건에서 **주의분산**하는 스킬
- 오감을 통해 **자기위안**하는 스킬
- 순간을 살리는 **IMPROVE** 스킬

2단계. 현재 감정에 대한 마인드풀니스를 실행하십시오(감정조절 자료 22 참고).

3단계. 기타 감정조절 스킬이 필요하다면 시도하십시오.

감정조절 스킬 문제해결:
스킬을 사용해도 나아지지 않을때

1

생물학적 민감성을 확인하십시오

- 질문할 것: 나는 생물학적으로 유약한가?
  몸에 질병이나 통증을 모두 치료했는가?
  약물을 사용하고 있거나 음식이나 수면, 운동을 균형있게 하고 있는가?
  처방약은 제때 복용하고 있는가?

- **PLEASE 스킬을 사용하십시오.**
  1. 몸에 있는 질병과 통증을 먼저 돌보십시오.
  2. 처방약을 복용하십시오. 다른 처방약이 필요한지 확인하십시오.
  3. 다시 시도하십시오.

2

스킬을 확인하십시오.

- **사용한 스킬을 리뷰하십시오.**
  효과적인 스킬을 사용했는가?
  스킬 사용법을 온전히 따랐는가?

- **스킬을 사용하기 위하여 노력하십시오.**
  1. 다른 스킬들을 검토하고 시도해 보십시오.
  2. 필요하다면 다른 사람의 코칭을 받으십시오.
  3. 다시 시도하십시오.

3

강화물을 확인하십시오.

- **다음 사항을 질문할 것:**
  이 감정이 다른 사람에게 무언가를 하도록 영향을 주거나 중요한 **메시지를 전달**하고 있는가?
  이 감정이 중요한 일을 하도록 **동기**를 부여하고 있는가?
  이 감정이 나의 신념이나 정체성을 **수인**하고 있는가?
  이 감정이 **기분을 좋게** 하는가?

- **만일 그렇다면,**
  1. 의사소통을 위해 대인관계 효율성 스킬을 연습하십시오.
  2. 동기부여를 하기 위해 새로운 강화물을 찾아보십시오.
  3. 자기 수인하기를 연습하십시오.
  4. 감정을 변화시키기 위해 **장점과 단점 비교하기**를 하십시오(감정조절 워크시트 1 참고).

(계속)

4

기분을 확인하십시오.

- **질문할 것**: 문제를 해결하기 위해 시간과 노력을 기울이고 있는가?

- **만일 그렇지 않다면,**
    1. 스킬을 더 열심히 사용하기 위해 **장점과 단점 비교하기**를 하십시오.
    2. **철저한 수용과 기꺼이 하기** 스킬을 연습하십시오.
    3. 마인드풀니스 스킬의 **참여하기**와 **효과적인 것에 집중하기**를 연습하십시오
       (마인드풀니스 자료 4,5를 참고하십시오).

5

감정적 과부하를 확인하십시오.

- **질문할 것**: 복잡한 스킬을 사용하지 못할 만큼 너무 화가 나있는 상태인가?

- **만일 그렇다면, 질문할 것**: 걱정하는 문제들을 쉽게 해결할 수 있는가?
    - **만일 그렇다면**, 문제 해결하기를 하십시오(감정조절 자료 9, 12 참고).
    - **그렇지 않다면**, 현재 감정에 대한 마인드풀니스를 연습하십시오(감정조절 자료 22 참고).

- 감정적으로 지나치게 흥분 상태가 되어 제대로 생각할 수 없다면,
    - TIP 스킬을 사용하십시오(고통감내 자료 5 참고).

6

감정에 대한 잘못된 믿음이 방해 요인인지 확인하십시오.

- **확인할 것:**
    - 감정에 대한 판단적인 신화적 믿음은 무엇인가?
        (예: "바보같은 감정도 있다", "모든 상황에는 느껴야하는 적절한 감정이 있다")
    - 감정과 나는 하나라고 믿고 있는가?
        (예: "내가 느끼고 있는 이 감정이 바로 나야")

- **만일 그렇다면,**
    1. 사실을 확인하십시오.
    2. 잘못된 믿음에 도전하십시오.
    3. 무판단적으로 생각하기를 연습하십시오.

감정조절 스킬 문제 해결

완료일: _________________________   이름: _________________   시작하는 주: _________________

감정조절 스킬이 도움이 되지 않을 때 이 워크시트를 사용하여 잘못된 것이 어떤 것인지 파악하십시오. 각 박스를 순서대로 체크하며 지시사항을 따라 문제의 해결책을 찾을 때까지 진행하십시오.

감정의 이름: _________________________________   **감정의 강도(0-100) 사전:** ___________   **사후:** ___________

도움이 되지 않았던 스킬들을 적어보십시오: ____

1. 전보다 생물학적으로 더 유약한가요?
- ☐ **아니요**: 다음 질문으로 갈 것
    - ☐ **확실하지 않음**: PLEASE 스킬을 리뷰할 것(감정조절 자료 20 참고)
    - ☐ **예**: PLEASE 스킬을 시행할 것(감정조절 워크시트 14 참고), 처방 약물을 고려할 것
    - **도움이 되었나요?** ☐ **아니요** (다음 질문으로 갈 것) ☐ **예** (아주 좋은 소식!) ☐ 스킬을 사용하지 않음

2. 감정조절 스킬을 제대로 사용하였나요? 지시문을 확인할 것
- ☐ **예**: 다음 질문으로 갈 것
    - ☐ **확실하지 않음**: 지시문을 다시 읽거나 코칭을 받을 것. 다시 시도할 것
    - **도움이 되었나요?** ☐ **아니요** (다음 질문으로 갈 것) ☐ **예** (아주 좋은 소식!) ☐ 스킬을 사용하지 않음

3. 이 감정이 외부 환경에 의해 강화된 것인가요(또한 정말 감정을 바꾸고 싶은 것인지 살펴볼 것)?
- ☐ **아니요**: 다음 질문으로 갈 것
    - ☐ **확실하지 않음**: 감정조절 자료 3, 워크시트 2, 2a 리뷰할 것
    - ☐ **예**: 감정을 바꾸기 위한 장점과 단점 비교할 것(감정조절 자료 워크시트 1 참고)
    - **도움이 되었나요?** ☐ **아니요** (다음 질문으로 갈 것) ☐ **예** (아주 좋은 소식!) ☐ 스킬을 사용하지 않음

4. 감정 조절을 하기 위해 시간과 노력을 들였나요?
- ☐ **예**: 계속 연습할 것
    - ☐ **아니요**: 철저한 수용과 기꺼이 하기를 연습할 것(고통감내 자료 11b, 13 참고)
      참여하기와 효과적인 것에 집중하기 연습할 것(마인드풀니스 자료 4,5 참고)
      문제 해결하기 스킬을 사용하여 스킬을 사용할 수 있는 시간을 찾을 것(감정조절 워크시트 8 참고)
    - **도움이 되었나요?** ☐ **아니요** (다음 질문으로 갈 것) ☐ **예** (아주 좋은 소식!) ☐ 스킬을 사용하지 않음

5. 스킬을 사용하기에는 지금 너무나 극단적인 감정상태인가요? 너무나 혼란스러워 심각한 감정조절 문제에 빠진 상태인가요?
- ☐ **아니요**: 다음 질문으로 갈 것
    - ☐ **예**: 지금 가능한 문제를 해결할 것(감정조절 자료 12, 워크시트 9 참고)
      가능하지 않다면 신체적 감각에 주의집중할 것(감정조절 자료 22 참고)
      스킬을 사용하기에는 너무 극단적인 상태라면 TIP 스킬을 참고할 것(고통감내 자료 5 참고)
    - **도움이 되었나요?** ☐ **아니요** (다음 질문으로 갈 것) ☐ **예** (아주 좋은 소식!) ☐ 스킬을 사용하지 않음

6. 감정이나 감정조절에 대한 잘못된 믿음이 방해 요인인가요?
- ☐ **아니요**
    - ☐ **예**: 무판단적 마음갖기를 연습할 것, 사실을 확인하고 감정에 대한 신화적 믿음에 도전할 것
    - **도움이 되었나요?** ☐ **아니요** ☐ **예** (아주 좋은 소식!) ☐ 스킬을 사용하지 않음

감정조절 스킬 리뷰

감정적 유약성 낮추기
1. 긍정적 경험 쌓기(Accumulate positive emotions)
2. 숙련감 쌓기(Build mastery)
3. 문제에 미리 대비하기(Cope ahead)
4. PLEASE 스킬
감정적 생각과 해석 바꾸기
사실 확인하기
감정적 촉발사건 줄이기
문제 해결
주의분산
잔존효과 관리하기
2차 감정을 다루기 위해 반복할 것
고통감내 스킬
감정적 반응과
높은 흥분감 낮추기
위기생존 전략
현재 감정에 대한 마인드풀니스
감정적 반응 바꾸기
정반대 행동하기(온전하게)
정반대 몸의 언어 사용하기
정반대되는 말하기
감정에 이름 붙이기
감정 기술하기

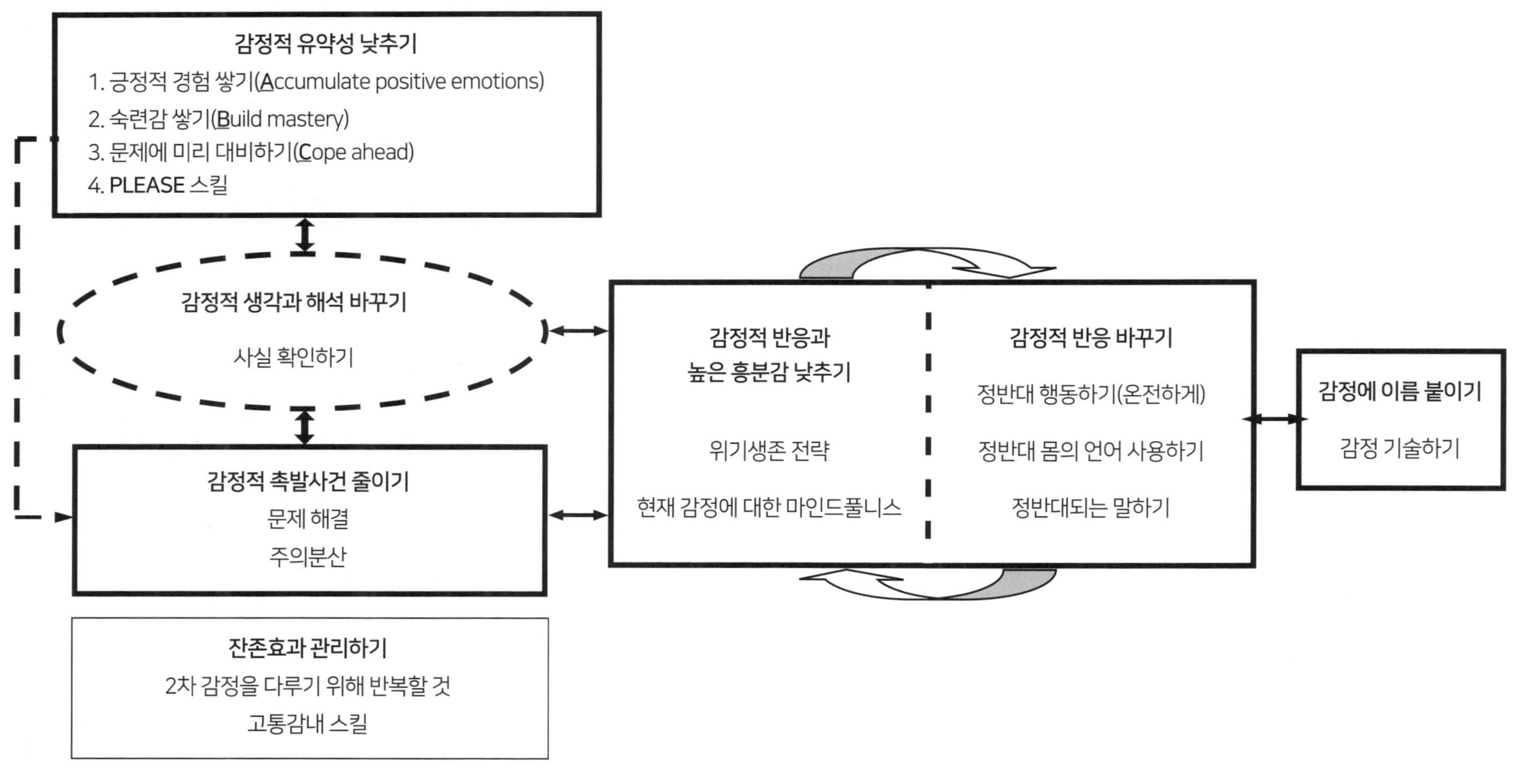

고통감내 스킬

고통감내 스킬 자료 및 워크시트

고통감내란 위기 상황에서 상황을 악화시키지 않고 이를 감내하며 위기에서 생존하는 능력을 말한다. 두 가지 이유로 고통을 감내하고 수용하는 능력을 갖추는 것은 필수적이다. 첫째로는 통증과 고통은 인간의 삶의 일부이기 때문에 완전히 회피하거나 없애는 것은 불가능하다. 우리가 바꿀 수 없는 것을 받아들이지 못하면 통증과 괴로움은 오히려 증가하게 된다. 둘째로는 잠시 동안이라도 고통을 감내해야만 주어진 순간에 우리를 변화시킬 수 있는 힘이 생긴다. 이렇게 하지 않으면 고통에서 벗어나려는 노력을 하더라도 우리가 원하는 변화를 이끌어내기 어렵다. 고통감내 스킬에는 두 개의 스킬 세트, 즉 **위기생존 스킬과 현실수용 스킬**이 있으며, 이 단원에는 해당 세트의 자료와 워크시트가 담겨 있다. 추가로 이 단원에는 **중독위기관리 스킬**을 위해 특별히 구성된 자료와 워크시트도 포함되어 있다. 고통감내 자료 1은 모든 고통감내 스킬 세트의 서론 부분이다.

- **고통감내 자료 1: 고통감내 스킬의 목표.** 고통감내 스킬의 목표는 (1) 상황을 악화시키지 않고 위기 상황 속에서 생존하는 것 (2) 지금 이 현실을 있는 그대로 수용하는 것 (3) 그리고 자유로워지는 것이다.

위기생존 스킬

- **고통감내 자료 2: 위기생존 스킬의 개요.** 위기생존 스킬의 목표는 상황을 악화시키지 않고, 위기 상황을 극복하는 것이다. 여기에서 정의하는 위기 상황은 단기적인 위기 상황을 의미한다. 따라서 여기에 소개하고 있는 스킬들이 모든 위기 상황에 효과적인 것은 아니다.
- **고통감내 워크시트 1, 1a, 1b: 위기생존 스킬.** 이 자료는 자료 2와 고통감내 모듈에서 위기생존 스킬 부분을 다룰 때 함께 사용할 수 있는 세 가지 종류의 워크시트이며, 모든 위기생존 스킬을 다루도록 만들어졌다.
- **고통감내 자료 3: 위기생존 스킬을 사용할 때.** 이 자료는 위기에 대한 정의를 내리고, 이 스킬을 사용해야

할 때와 사용하지 않아야 할 때에 대해 설명하고 있다.

- **고통감내 자료 4: STOP 스킬.** STOP 스킬은 고통스러운 감정을 느낄 때 상황을 악화시킬 수 있는 충동적 행동을 하지 않도록 돕는 스킬이다. STOP이라는 용어는 이 스킬을 어떻게 적용하는지 기억하기 좋은 방법이다. Stop(멈추기), Take a step back(한 걸음 물러서기), Observe(관찰하기) 그리고 Proceed mindfully(마인드풀하게 진행하기). 각기 다른 두 개의 **고통감내 워크시트 2와 2a: STOP 스킬 연습하기**에 STOP 스킬을 연습하고 기록한다. 워크시트 2는 한 주간 두 번 연습할 내용을 기록할 수 있고, 워크시트 2a는 매일 연습한 것을 기록하도록 만들어졌다.

- **고통감내 자료 5: 장점과 단점 비교하기.** 특정 행동에 대한 장점과 단점을 나열하면 각각의 행동에 대해 도움이 되는 점과 도움이 되지 않는 점을 비교할 수 있다. 이 자료는 위기 상황에서 감정적 충동에 따라 행동하는 것과 행동충동에 저항하는 것의 장점과 단점을 비교하도록 만들어진 특별한 자료이다. 위기 상황이 아닐 때 장점과 단점을 미리 파악하여 기록해두고, 이후 위기 상황이 닥쳤을 때 장점과 단점을 비교해둔 내용을 잘 점검한다. 또한 **고통감내 워크시트 3과 3a: 위기충동에 따라 행동하는 것의 장점과 단점**을 사용할 수 있다. 두 워크시트 모두 동일한 내용을 다루지만, 그 구성은 다르다. 어떤 사람은 워크시트 3을 더 쉽게 느끼고, 어떤 사람은 워크시트 3a를 더 쉽게 느끼기도 한다. 어떤 워크시트를 작성하더라도, 네 개의 칸을 모두 채우도록 한다.

- **고통감내 자료 6: TIP 스킬-몸의 화학적 반응 바꾸기.** 감정이 매우 심하게 흥분되어 있을 때에는 스킬을 사용하는 것이 어렵다. TIP 스킬은 심하게 감정적으로 흥분된 상태를 빠르게 낮출 수 있는 방법이다. TIP 스킬은 Temperature(차가운 물 사용하기), Intense exercise(격렬한 운동), Paced Breathing(천천히 호흡하기) 그리고 Paired muscle relaxation(호흡과 함께 근육이완하기)이다(TIP 스킬의 P가 하나이지만, 실제 스킬에는 P가 두 개라는 것을 기억할 것). 각 TIP 스킬에 대한 개별 자료는 아래를 참고할 것. **고통감내 워크시트 4: TIP 스킬- 몸의 화학적 반응 바꾸기**는 TIP 스킬 전체를 연습하고 기록하는 워크시트이다.

- **고통감내 자료 6a: 차가운 물 사용하기, Step-by-Step.** 이 자료는 감정적 흥분 상태를 빠르게 감소시킬 수 있도록 차가운 물을 사용하는 방법에 대해 알려주는 자료이다.

- **고통감내 자료 6b: 호흡과 함께 근육이완하기, Step-by-Step.** 호흡과 함께 근육이완하기는 숨을 내쉬면서 근육을 이완시키는 방법이다. 감정적으로 심한 흥분 상태에서 이완을 하기 위해서 두 가지를 결합하여 연습하면 스킬 사용이 점점 쉬워지고, 숨을 내쉴 때도 자연스럽게 이 스킬을 적용하게 된다. 이 자료는 호흡과 함께 근육이완하는 방법을 자세하게 알려준다. 이 스킬을 연습하고 기록하기 위해 **고통감내 워크시트 4a: 호흡과 함께 근육이완하기**를 사용한다.

- **고통감내 자료 6c: 호흡과 함께 근육이완하기와 효과적으로 다시 생각하기.** 이 스킬은 높은 수준의 스트레스 상황에서 감정을 빠르게 진정시키기 위해 호흡과 함께 근육이완을 하면서, 상황에 대해서 효과적으로 다시 생각하는 방법을 조합한 전략이다. **고통감내 워크시트 4b: 호흡과 함께 근육이완하기와 효과적으로 다시 생각하기**를 사용하여 이 스킬을 연습하고 기록한다.

- **고통감내 자료 7: 주의분산하기.** 주의분산하기는 정서적 고통이 시작되는 상황이나, 극도로 고통스러운 상황에서 벗어나도록 돕는 방법이다. 이 스킬은 '지혜로운 마음으로 수용하기, ACCEPTS'라고 부른다. **고통감내 워크시트 5, 5a, 5b: 지혜로운 마음으로 수용하기, ACCEPTS를 사용하여 주의분산하기** 스킬을 연습하고 기록한다. 워크시트 5는 한 주 동안 이 스킬을 두 번 연습하고 그 내용을 기록하게 되어있다. 워크시트 5a에는 매일 두 번씩 ACCEPTS 스킬을 사용하고 기록한다. 워크시트 5b에는 각 스킬을 여러 번 사용한 후에 기록한다.

- **고통감내 자료 8: 자기위안하기.** 자기위안하기는 즐겁고 편안하게 느껴지는 일을 함으로써 스트레스나 통증으로부터 벗어날 수 있는 방법이다. 이는 자기 자신을 마인드풀한 마음으로 부드럽고 친절하게 대하는 것이다. 이 자료는 오감을 이용하여 자기위안하는 여러가지 방법을 제시한다. 자기위안하기 연습을 기록할 수 있도록 세 가지 종류의 워크시트가 마련되어 있다(**고통감내 워크시트 6, 6a, 6b: 자기위안하기**). 워크시트 6에는 한 주 동안 스킬을 두 번 연습하고 기록하도록 하고, 워크시트 6a는 한 주 동안 각각의 스킬을 두 번씩 사용하고 기록하도록 하며, 워크시트 6b는 이 스킬들을 매일 여러 번 연습한 후 기록하도록 되어있다.

- **고통감내 자료 8a: 바디 스캔 명상, Step-by-Step.** 이 자료는 자기위안하기의 특별한 형식으로써 몸을 스캔하는 명상에 대한 지시문이다. **고통감내 워크시트 6c: 바디 스캔 명상, Step-by-Step**에 이 스킬을 연습하여 기록한다.

- **고통감내 자료 9: 지금 이 순간을 살아내기, IMPROVE.** 이 자료는 위기에 봉착했을 때 상황을 악화시키지 않고 더욱 쉽게 생존하기 위해서, 현재 순간을 질적으로 향상시키는 여러 가지의 전략들을 제시한다. IMPROVE라는 용어로 이 스킬을 쉽게 기억할 수 있다. **고통감내 워크시트 7, 7a, 7b: 지금 이 순간을 살아내기, IMPROVE**의 세 가지 워크시트는 이 스킬을 연습하여 기록할 수 있도록 만들어졌다. 워크시트 7은 한 주 동안 두 번 연습한 후 기록하고, 워크시트 7a는 하루에 두 번씩 연습하여 기록하며, 워크시트 7b는 매일 스킬을 여러 번 사용하여 기록하게 되어있다.

- **고통감내 자료 9a: 감각 자각하기, Step-by-Step.** IMPROVE 스킬의 R은 이완하기 행동(Relaxing actions)을 말한다. 감각 자각하기는 순간을 살리기 위한 이완 행동을 의미한다. 이 자료는 이 스킬을 연습하기 위한 안내문으로 사용할 수 있다.

현실수용 스킬

- **고통감내 자료 10: 현실수용 스킬의 개요.** 현실수용의 목표는 괴로움을 감소시키고, 살아가면서 사실을 있는 그대로 수용하는 방법을 찾음으로써 자유로움을 증진시키는 것이다. 이 자료에는 현실수용을 위해 6가지 현실수용 스킬을 설명하고 있다.

- **고통감내 워크시트 8, 8a, 8b: 현실수용 스킬.** 이 세 가지의 워크시트는 현실수용 스킬을 연습할 때

사용하도록 만들어졌다. 이 단원에 나와 있는 스킬은 어떤 것이라도 연습하여 이 워크시트에 기록할 수 있다. 또한 아래에 있는 특정 현실수용 스킬의 연습과 기록을 위해서 사용할 수 있다.

- **고통감내 자료 11: 철저한 수용.** 철저한 수용이란 사실과 싸우거나, 고집스럽고 효과적이지 않은 태도를 버리고, 현실에 있는 사실들을 있는 그대로 완전하게, 그리고 열린 마음으로 받아들이는 것이다. 이 자료는 철저한 수용이 비수용에 비해서 더 좋은 이유와 수용해야 하는 이유에 대한 개요를 담고 있다. 이 자료는 철저하게 수용하는 것이 무엇인지 이해할 수 있도록 돕는 **고통감내 워크시트 9: 철저한 수용**과 함께 사용할 수 있다.

- **고통감내 자료 11a: 철저한 수용을 방해하는 요인.** 이 자료에는 어떤 것이 철저한 수용이 아닌지 명확히 알려주고, 철저한 수용을 방해하는 요인에 대해서 설명한다.

- **고통감내 자료 11b: 철저한 수용 연습하기, Step-by-Step.** 이 자료에는 철저한 수용을 연습하기 위한 지시문이 담겨있다. 앞서 언급한대로 고통감내 워크시트 9에 기록하거나 **고통감내 워크시트 9a: 철저한 수용 연습**에 연습한 내용을 기록한다.

- **고통감내 자료 12: 마음 돌려잡기.** 수용할 수 없을 것만 같은 현실을 수용하기 위해서는 여러 번 반복적으로 노력해야만 한다. 때로는 현실을 수용하겠다는 다짐을 끊임없이 계속해서 되풀이해야 할 때도 있다. 마음 돌려잡기는 현실을 수용하겠다는 선택권의 행사이다. 이 자료는 마음 돌려잡기와 그 방법에 대해서 설명한다. 이 스킬을 연습하며 **고통감내 워크시트 10: 마음 돌려잡기, 기꺼이 함, 고집스러움**에 기록한다.

- **고통감내 자료 13: 기꺼이 하기.** 기꺼이 함은 어떤 순간에 꼭 필요한 일을 억울해 하지 않고 지혜롭게 행하려고 하는 준비 상태를 말하며, 고집스러움의 정반대 행동이다. 이 자료는 기꺼이 함을 어떻게 연습하는지 설명한다. 자료 12와 함께 연습한 내용을 고통감내 워크시트 10에 기록한다.

- **고통감내 자료 14: 살짝 미소짓기와 기꺼이 하는 손.** 살짝 미소짓기와 기꺼이 하는 손은 우리 신체를 통해 현실을 수용하는 두 가지 방법이다. 이 자료는 각 스킬을 어떻게 연습하는지 설명한다. **고통감내 자료 14a: 살짝 미소짓기와 기꺼이 하는 손 연습**은 이 스킬을 연습할 수 있는 다양한 방법들을 구체적으로 소개하고 있다. 이 스킬을 연습하며 **고통감내 워크시트 11: 살짝 미소짓기와 기꺼이 하는 손** 또는 **11a: 살짝 미소짓기와 기꺼이 하는 손 연습**에 기록한다. 두 워크시트는 비슷해 보이지만, 워크시트 11은 더 많은 내용을 기록하도록 되어있다.

- **고통감내 자료 15: 현재 생각에 대한 마인드풀니스.** 현재 생각에 대한 마인드풀니스는 생각을 어떤 사실로 여기지 말고 하나의 생각으로써 관찰하고, 뇌가 느끼는 하나의 감각으로 관찰하는 것이다. 생각이 왔다가 지나가도록 하고 그것을 알아차리되, 생각을 통제하거나 변화시키려 하지 않도록 한다. 생각 관찰하기는 다른 행동을 관찰하는 것과 비슷하다. 자료 15는 이 스킬을 소개하고 있다. **고통감내 자료 15a: 생각 마인드풀니스 연습**에는 이 스킬을 어떻게 연습하는지에 대한 예시들이 나와있다. 연습한 내용을 기록하기 위해서 **고통감내 워크시트 12: 현재 생각에 대한 마인드풀니스**나 **고통감내 워크시트 12a: 생각 마인드풀니스 연습** 두 가지 중 하나를 사용한다.

- **고통감내 자료 16: 중독위기관리 스킬 개요.** 고통감내 모듈에서 특별히 마련된 이 스킬은 다양한 중독 문제를 다루기 위해 특별히 개발되었으며, 중독을 관리할 수 있는 스킬들을 이 자료에서 소개하고 있다. **고통감내 워크시트 13: 중독위기관리 스킬**에서는 중독위기관리에 대한 모든 스킬이 나와 있으며, 이 자료는 아래에 있는 워크시트를 대신하여 사용할 수 있다.

- **고통감내 자료 16a: 중독의 유형.** 이 자료는 중독에 대해 정의를 내리고, 중독을 끊으려고 최선의 노력을 다했거나 중독으로 인해 부정적인 결과가 있었음에도 불구하고 멈출 수 없을 때 나타나는 일반적인 중독행동에 대하여 설명한다.

- **고통감내 자료 17: 다이어렉티컬 절제.** 다이어렉티컬 절제는 절대적인 절제(완전하게 절제한다는 맹세)와 유해성 감소(재발되지 않도록 중독적인 행동에서 빠져 나오도록 하는 계획)의 통합을 말한다.

- **고통감내 자료 17a: 다이어렉티컬 절제 계획하기.** 이 자료는 절제와 유해성 감소를 모두 계획하는 방법을 제시한다. '절제 계획' 항목은 고통감내 자료 18~21에 나와 있는 스킬들이다. 다이어렉티컬 절제를 연습하고 기록할 때 **고통감내 워크시트 14: 다이어렉티컬 절제 계획하기**를 사용한다.

- **고통감내 자료 18: 정결한 마음**Clear Mind. '정결한 마음'은 '중독된 마음Addict Mind(중독에 의해서 통제되어 있는 상태)'과 '순진한 마음Clean Mind(자신이 문제를 완전히 극복했다고 생각하며 재발할 것에 대해 주의하지 않아도 된다고 믿는 상태)' 양극단의 중간 지점에 있는 마음을 말한다. 정결한 마음은 중독행동을 하고자 하는 유혹에 경계심을 늦추지 않으면서, 중독행동에 연루되지 않도록 하기 위한 가장 안전한 마음상태이다. '중독'과 '순진한'이라는 용어가 사람들을 낙인 찍는면이 있는 반면, 여기에서는 많은 사람들이 중독 활성화 상태나 회복 초기단계에서 경험하는 생각 패턴을 반영하기 위해 사용하였다.

- **고통감내 자료 18a: 중독된 마음과 순진한 마음상태의 행동패턴 유형.** 이 자료는 중독적인 마음과 순진한 마음의 전형적인 행동들을 보여주고, 자신이 두 가지 마음 가운데 어떠한 마음을 가지고 있는지 확인하는 것을 돕는다. 순진한 마음상태에서 하게 되는 행동들을 구체적으로 체크한다. 자료 18a의 순진한 마음에서의 행동에 표시한 행동을 정결한 마음에서의 행동으로 대체하는 것을 연습하기 위해 **고통감내 워크시트 15: 순진한 마음에서 정결한 마음으로**를 사용한다.

- **고통감내 자료 19: 공동체 강화.** 공동체를 통한 강화는 주변 환경을 재구조화하여, 중독 대신에 절제를 강화할 수 있도록 하는 방법이다. 이 자료는 공동체 강화가 중요한 이유에 대해 설명하고, 이를 현실화하기 위한 단계들을 소개한다. 이 스킬을 연습하고 기록하는데 **고통감내 워크시트 16: 중독을 일으키지 않는 행동 강화하기**를 사용한다.

- **고통감내 자료 20: 중독과의 인연**因緣**을 끊고, 새로운 인연 만들기.** '중독과의 인연을 끊기'는 중독행동을 잠재적으로 촉발시킬 수 있는 모든 연결고리를 자신의 삶에서 적극적으로 끊어내는 것을 말한다. '새로운 인연 만들기'는 중독 충동에 대항할 수 있는 새로운 시각적 이미지와 냄새를 마음속으로 만들어내는 방법이다. 이 스킬을 사용하고 기록하기 위해 **고통감내 워크시트 17: 중독과의 인연을 끊고, 새로운**

인연 만들기를 사용한다.

- **고통감내 자료 21: 대안적 저항**Alternate Rebellion**과 적응적 부인**Adaptive Denial. 이 자료에서는 중독행동을 하는 것이 저항하려는 것과 연관이 있다면 자신을 파괴하거나 중요한 목표 성취에 방해받지 않고 대안적으로 안전하게 저항할 수 있는 방법을 설명하고 있다. 적응적 부인은 실제로는 중독행동을 갈망하지 않는다고(부인함) 자기 자신을 설득하는 방법이다. 이 자료의 전반부에서는 대안적 저항의 예시가 나와있으며, 후반부에서는 적응적 부인을 하는 단계를 소개하고 있다. 이 스킬을 적용하고 기록하기 위해 **고통감내 워크시트 18: 대안적 저항과 적응적 부인 연습을** 사용한다.

고통감내
자료 및 워크시트   I

고통감내 스킬의 목표

위기 상황에서 생존하기

상황을 더 악화시키지 않기

현실수용하기

괴로운 감정과 '갇혀 있다는' 느낌을

일상에서 느낄 수 있는 정도의 고통으로 바꾸고

앞으로 나아갈 수 있도록 하기

자유로워지기

우리의 욕망과 충동

그리고 강렬한 감정을 만족시키려고 하는 요구로부터

자유로워지기

기타: ___________________________________

위기생존스킬 자료 및 워크시트 II

위기생존 스킬의 개요

이 스킬은 지금 당장 상황을 나아지게 할 수 없을 때 사용할 수 있는
고통스러운 사건과 충동, 감정을 감내하는 스킬입니다.

STOP 스킬

장점과 단점 비교하기

몸의 화학적 반응을 바꾸는 TIP 스킬

지혜로운 마음으로 수용하기, ACCEPTS를 사용하여 주의분산하기

다섯 가지 감각기관으로 자기위안하기

지금 이 순간을 살아내기, IMPROVE

위기생존 스킬

완료일: _________________________ 이름: _________________________ 시작하는 주: _________________________

위기생존 스킬을 적어도 두 번 연습하십시오. 각 위기 사건을 기술하고 그때 어떤 스킬을 사용하였는지 표기하십시오. 그리고 어떤 일이 있었으며 어떻게 스킬을 사용했는지를 기술하십시오.

위기 사건1: 정서적 고통의 수위 측정하기 (0-100)   사전: __________   사후: __________

고통을 일으킨 **촉발사건** (누가, 무엇을, 언제, 어디서): 무엇이 위기를 촉발시켰나요?

☐ STOP 스킬
☐ 장점과 단점 비교하기
☐ TIP 스킬
☐ 주의분산 스킬(ACCEPTS)
☐ 자기위안 스킬
☐ 지금 이 순간을 살아내기(IMPROVE)

왼쪽에 있는 스킬 중 사용한 스킬에 체크하고, 무엇을 하였는지 이곳에 기술하십시오.

스킬을 사용한 이후의 결과를 기술하십시오.

사용한 스킬이 고통을 감내하거나, 상황을 더 나쁘게 하지 않고 극복하는 것에 도움을 주었는지 평가해 보십시오. 아래의 척도를 사용하십시오.

이 상황을 단 1분도 견뎌낼 수 없었다.		잠시 동안은 이 상황을 이겨낼 수 있었다. 스킬이 약간 도움을 주었다.		스킬을 사용할 수 있었고, 고통을 감내하고, 문제 충동에 저항할 수 있었다.
1	**2**	**3**	**4**	**5**

위기 사건2: 정서적 고통의 수위 측정하기 (0-100)   사전: __________   사후: __________

고통을 일으킨 **촉발사건** (누가, 무엇을, 언제, 어디서): 무엇이 위기를 촉발시켰나요?

☐ STOP 스킬
☐ 장점과 단점 비교하기
☐ TIP 스킬
☐ 주의분산 스킬(ACCEPTS)
☐ 자기위안 스킬
☐ 지금 이 순간을 살아내기(IMPROVE)

왼쪽에 있는 스킬 중 사용한 스킬에 체크하고, 무엇을 하였는지 이곳에 기술하십시오.

스킬을 사용한 이후의 결과를 기술하십시오.

사용한 스킬이 고통을 감내하거나, 상황을 더 나쁘게 하지 않고 극복하는 것에 도움을 주었는지 평가해 보십시오. 아래의 척도를 사용하십시오.

이 상황을 단 1분도 견뎌낼 수 없었다.		잠시 동안은 이 상황을 이겨낼 수 있었다. 스킬이 약간 도움을 주었다.		스킬을 사용할 수 있었고, 고통을 감내하고, 문제 충동에 저항할 수 있었다.
1	**2**	**3**	**4**	**5**

위기생존 스킬

완료일: _______________________　　이름: _______________________　　시작하는 주: _______________________

각 위기생존 스킬을 두 번 연습하고, 어떤 경험을 했는지 아래 표에 기술하십시오.

언제 이 스킬을 사용하였으며, 이 스킬을 사용하기 위해 무엇을 했나요?	어떤 위기가 있었나요? (스킬을 사용하게 된 촉발요인은 무엇이었나요?)	스킬을 연습한 시간 (예:30분간)	고통감내 수준 (0= 절대 견딜 수 없음, 5= 확실히 잘 견딜 수 있음)	부정적 감정의 강도 (0-100)	긍정적 감정의 강도 (0-100)	결과 또는 사용한 스킬에 대한 질문
STOP 스킬:			/	/	/	
			/	/	/	
장점과 단점 비교하기:			/	/	/	
			/	/	/	
TIP 스킬:			/	/	/	
			/	/	/	
주의분산 스킬(ACCEPTS):			/	/	/	
			/	/	/	
자기위안 스킬:			/	/	/	
			/	/	/	
순간을 살리는 스킬(IMPROVE):			/	/	/	
			/	/	/	

* 이 워크시트는 Seth Axelrod의 미출판된 워크시트를 저자의 승인 하에 발췌하여 수정하였음.

이 자료는 DBT® 다이어렉티컬 행동치료 워크북 개정판(저자 Marsha M. Linehan, 역자 조용범, 2025)의 일부입니다. 원 저작권은 Marsha M. Linehan에게 있으며 한국어 판권은 더트리그룹에 있습니다. 자세한 사항은 본서 저작권 관련 정보 페이지를 참고하십시오.

위기생존 스킬

완료일: ___________________   이름: ___________________   시작하는 주: ___________________

한 주 동안 아래의 위기생존 스킬을 사용했을 때 얼마나 효과적으로 고통을 감내할 수 있었고, 상황을 극복했으며, 더 악화되지 않도록 도움을 받았는지 측정하십시오. 아래의 척도를 사용하십시오.

이 상황을 단 1분도 견딜 수 없었다.		잠시동안은 이 상황을 이겨낼 수 있었다. 스킬이 약간 도움을 주었다.		스킬을 사용할 수 있었고, 고통을 감내하고, 문제 충동에 저항할 수 있었다.
1	**2**	**3**	**4**	**5**

날짜:　　　　　　　　　　　　　　　　STOP 스킬

________ / ____ 효과 측정: ________

________ / ____ 효과 측정: ________

________ / ____ 효과 측정: ________

날짜:　　　　　　　　　　　　　장점과 단점 비교하기

________ / ____ 효과 측정: ________

________ / ____ 효과 측정: ________

________ / ____ 효과 측정: ________

날짜:　　　　　　　　　　　　　　　TIP 스킬

________ / ____ 효과 측정: ________

________ / ____ 효과 측정: ________

________ / ____ 효과 측정: ________

날짜:　　　　　　　　　　　주의분산 스킬(ACCEPTS)

________ / ____ 효과 측정: ________

________ / ____ 효과 측정: ________

________ / ____ 효과 측정: ________

날짜:　　　　　　　　　　　　　자기위안 스킬

________ / ____ 효과 측정: ________

________ / ____ 효과 측정: ________

________ / ____ 효과 측정: ________

날짜:　　　　　　　　지금 이 순간을 살아내기(IMPROVE)

________ / ____ 효과 측정: ________

________ / ____ 효과 측정: ________

________ / ____ 효과 측정: ________

위기생존 스킬을 사용할 때

위기 상황의 특성

- 위기 상황일 때에는 스트레스가 매우 높아집니다.
- 위기는 단기적입니다(즉, 위기는 오래 지속되지 않습니다).
- 위기 상황은 발생한 위기를 **즉시** 해소하도록 강력한 압박을 만들어 냅니다.

위기생존 스킬을 사용해야 할 때

- 빨리 해소할 수 없는 극심한 고통을 느낄 때
- 감정에 따라 행동하고 싶지만 그것이 상황을 더 나쁘게 만들 때
- 감정적 마음상태가 우리를 압도하려고 하는 상황에서 스킬을 숙련되게 사용해야만 할 때
- 압도되어 있는 상태이지만 요구를 충족시켜야 할 때
- 극심한 흥분 상태에서 문제를 즉시 해결할 수 없을 때

위기생존 스킬을 사용하지 말아야 할 때

- 일상의 문제를 해결하기 위해
- 모든 삶의 문제를 해결하기 위해
- 우리의 삶을 더 가치 있게 만들기 위해

STOP 스킬

Stop · **정지하기:** 즉각적 반응을 하지 마십시오. 정지하십시오! 움직이지 마십시오! 아무것도 하지 마십시오! 지금의 감정 상태가 생각하지 않고 행동을 해버리게 할 수 있습니다. 감정을 조절하며 차분히 있도록 하십시오!

Take a step back · **한 걸음 물러서기:** 상황에서 한 걸음 물러서십시오. 잠시 휴식하십시오. 놓아보십시오. 숨을 크게 들이쉬어 보십시오. 우리의 감정이 충동적으로 행동하게 내버려두지 마십시오.

Observe · **관찰하기:** 우리의 내면과 외부에서 일어나는 것을 자각하십시오. 어떤 상황인가요? 어떤 생각과 감정이 지나가고 있나요? 다른 사람은 어떻게 말하고 행동하고 있나요?

Proceed mindfully · **마인드풀하게 진행하기:** 자각하면서 행동하십시오. 무언가 하려고 결정할 때는 생각, 감정, 상황 그리고 다른 사람의 생각과 감정도 고려하십시오. 자신의 목표를 생각하십시오. 지혜로운 마음에게 어떤 행동이 상황을 좋게 만드는지 혹은 나쁘게 만드는지 질문하십시오.

* 이 워크시트는 Francheska Perepletchikova와 Seth Axelrod의 미출판 워크시트를 저자의 승인 하에 발췌하여 수정하였음.

STOP 스킬 연습

완료일: _________________   이름: _________________   시작하는 주: _________________

한 주 동안 일어났던 두 가지 위기 상황을 기술하십시오. 그리고 STOP 스킬을 어떻게 사용하였는지 기술하십시오.

위기 사건1: 정서적 고통의 수위 측정하기 (0-100)   사전: __________   사후: __________

고통을 일으킨 **촉발사건** (누가, 무엇을, 언제, 어디서): 무엇이 위기를 촉발시켰나요?

중단하려고 하는 행동:
- ☐ 정지하기 (Stop)
- ☐ 한 걸음 물러서기 (Take a step back)
- ☐ 관찰하기 (Observe)
- ☐ 마인드풀하게 진행하기 (Proceed Mindfully)

왼쪽에 있는 스킬 중 사용한 스킬에 체크하고, 무엇을 하였는지 이곳에 기술하십시오.

스킬을 사용한 이후의 결과를 기술하십시오.

사용한 스킬이 고통을 감내하거나, 상황을 더 나쁘게 하지 않고 극복하는 것에 도움을 주었는지 평가해 보십시오. 아래의 척도를 사용하십시오.

이 상황을 단 1분도 견딜 수 없다.		잠시 동안은 이 상황을 이겨낼 수 있었다. 스킬이 약간 도움을 주었다.		스킬을 사용할 수 있었고, 고통을 감내하고, 문제 충동에 저항할 수 있었다.
1	**2**	**3**	**4**	**5**

위기 사건2: 정서적 고통의 수위 측정하기 (0-100)   사전: __________   사후: __________

고통을 일으킨 **촉발사건** (누가, 무엇을, 언제, 어디서): 무엇이 위기를 촉발시켰나요?

중단하려고 하는 행동:
- ☐ 정지하기 (Stop)
- ☐ 한 걸음 물러서기 (Take a step back)
- ☐ 관찰하기 (Observe)
- ☐ 마인드풀하게 진행하기 (Proceed Mindfully)

왼쪽에 있는 스킬 중 사용한 스킬에 체크하고, 무엇을 하였는지 이곳에 기술하십시오.

스킬을 사용한 이후의 결과를 기술하십시오.

사용한 스킬이 고통을 감내하거나, 상황을 더 나쁘게 하지 않고 극복하는 것에 도움을 주었는지 평가해 보십시오. 아래의 척도를 사용하십시오.

이 상황을 단 1분도 견딜 수 없다.		잠시 동안은 이 상황을 이겨낼 수 있었다. 스킬이 약간 도움을 주었다.		스킬을 사용할 수 있었고, 고통을 감내하고, 문제 충동에 저항할 수 있었다.
1	**2**	**3**	**4**	**5**

STOP스킬 연습

완료일: _______________________ 이름: _______________________ 시작하는 주: _______________________

STOP 스킬을 사용했던 상황을 기술하십시오. 그리고 어떻게 스킬을 사용하였는지 기술하십시오. 매일같이 STOP 스킬을 연습할 수 있는 상황을 찾도록 노력하십시오.

날짜	위기 상황	이 스킬을 어떻게 연습했나요?	행동을 중단했나요?	스킬 사용 전/후 측정			결과 또는 사용한 스킬에 대한 질문
				고통감내 수준 (0= 절대 견딜 수 없음, 5= 확실히 잘 견딜 수 있음)	감정		
					부정적 감정의 강도 (0-100)	긍정적 감정의 강도 (0-100)	
				/	/	/	
				/	/	/	
				/	/	/	
				/	/	/	
				/	/	/	
				/	/	/	
				/	/	/	

* 이 워크시트는 Seth Axelrod의 미출판된 워크시트를 저자의 승인 하에 발췌하여 수정하였음.

이 자료는 DBT® 다이어렉티컬 행동치료 워크북 개정판(저자 Marsha M. Linehan, 역자 조용범, 2025)의 일부입니다. 원 저작권은 Marsha M. Linehan에게 있으며 한국어 판권은 더트리그룹에 있습니다. 자세한 사항은 본서 저작권 관련 정보 페이지를 참고하십시오.

장점과 단점 비교하기

두 가지의 행동 중 하나를 결정해야 할 때 장점과 단점 비교하기를 하십시오.

- ☐ 충동이 매우 강하거나, 충동에 따라 행동하였을 때 장기적으로 문제가 더욱 악화되면 위기 상황으로 판단합니다.

- ☐ 위기충동에 따를 때의 장점과 단점 목록을 만들어 보십시오. 이 목록에는 위험한 행동이나 중독적 행동, 해로운 행동을 하는 것 또는 굴복해 버리거나 포기해 버리는 것, 우리가 원하는 삶을 살기 위해 반드시 해야 할 일을 회피하는 것 등이 포함될 수 있습니다.

- ☐ 위기충동에 저항하는 것의 장점과 단점 목록을 만드십시오(예: 고통을 감내하거나 충동에 굴복하지 않는 것 등).

- ☐ 장점과 단점을 평가하기 위해 아래의 표를 사용하십시오(표는 고통감내 워크시트 3 참고). 고통감내 워크시트 3a에 있는 표는 다른 DBT 모듈에 있는 장점과 단점 비교하기 워크시트로 사용할 수 있습니다.

	장점	단점
위기충동에 따르기	충동에 따르거나 굴복하는 것, 포기하거나 해야만 하는 것을 회피하는 것의 **장점**	충동에 따르거나 굴복하는 것, 포기하거나 해야만 하는 것을 회피하는 것의 **단점**
위기충동에 저항하기	충동에 저항하거나 해야만 하는 것을 하고 포기하지 않는 것의 **장점**	충동에 저항하거나 해야만 하는 것을 하고 포기하지 않는 것의 **단점**

강렬한 위기충동에 압도되기 전에 할 일

장점과 단점을 적어 두고 그것에 따라 시행해 보십시오.

장점과 단점을 계속해서 시연해 보십시오.

심하게 압도적인 위기충동이 시작되었을 때 할 일

장점과 단점 목록을 리뷰하십시오. 목록을 꺼내 반복해서 읽어 보십시오.

- 충동에 저항함으로써 얻는 긍정적 결과를 상상해 보십시오.
- 충동적인 위기행동에 굴복하였을 때 생기는 부정적 결과를 생각해 보십시오.
- 위기 충동에 따랐을 때 어떤 결과가 과거에 있었는지 기억해 보십시오.

위기충동에 따라 행동하는 것의 장점과 단점

완료일: _________________________　　이름: _________________________　　시작하는 주: _________________________

1. 중단하려는 **문제행동**을 기술하십시오. ____

2. 위기충동에 따라 행동하는 것의 장점과 단점을 목록에 적으십시오(행동하려는 충동과 그만두려는 충동). 그리고 고통을 감내하고 스킬을 사용하여 위기행동에 저항하는 것의 장점과 단점 목록을 만드십시오. 필요하면 추가 용지를 사용하십시오.

3. 문제행동을 하려는 충동이 생겼을 때 장점과 단점을 비교한 목록을 읽으십시오.

문제행동	장점	단점
위기충동에 따라 행동하기	1.	1.
	2.	2.
	3.	3.
	4.	4.
	5.	5.
위기충동에 저항하기	1.	1.
	2.	2.
	3.	3.
	4.	4.
	5.	5.

목록에서 어떤 장점과 단점이 단기적(하루 동안만)인지, 장기적(하루 이상)인지 파악하십시오. 그리고 지혜로운 마음에게 "오늘만 잘 넘기기를 원하는가? 아니면 올바른 삶을 살기를 원하는가?"를 물어보고 마인드풀한 결정을 하십시오.

이 워크시트가 위기행동을 극복하기 위한 스킬 행동을 하는 것에 도움을 된다면 위기 상황일 때마다 꺼내 볼 수 있도록 잘 보관하십시오.

* 이 워크시트는 Seth Axelrod의 미출판된 워크시트를 저자의 승인 하에 발췌하여 수정하였음.

위기충동에 따라 행동하는 것의 장점과 단점

완료일: ______________________　　이름: ______________________　　시작하는 주: ______________________

1. 중단하려는 **문제행동**을 기술하십시오. ______________________

2. 위기충동에 따라 행동하는 것의 장점과 단점을 목록에 적으십시오(행동하려는 충동과 그만두려는 충동). 그리고 고통을 감내하고 스킬을 사용하여 위기행동에 저항하는 것의 장점과 단점 목록을 만드십시오. 필요하면 추가 용지를 사용하십시오.

3. 문제행동을 하려는 충동이 생겼을 때 장점과 단점을 비교한 목록을 읽으십시오.

문제행동	위기충동에 따라 행동하기	위기충동에 저항하기
장점	1.	1.
	2.	2.
	3.	3.
	4.	4.
	5.	5.
단점	1.	1.
	2.	2.
	3.	3.
	4.	4.
	5.	5.

목록에서 어떤 장점과 단점이 단기적(하루 동안만)인지, 장기적(하루 이상)인지 파악하십시오. 그리고 지혜로운 마음에게 "오늘만 잘 넘기기를 원하는가? 아니면 올바른 삶을 살기를 원하는가?"를 물어보고 마인드풀한 결정을 하십시오.

이 워크시트가 위기행동을 극복하기 위한 스킬 행동을 하는 것에 도움을 된다면 위기 상황일 때마다 꺼내 볼 수 있도록 잘 보관하십시오.

* 이 워크시트는 Seth Axelrod의 미출판된 워크시트를 저자의 승인 하에 발췌하여 수정하였음.

TIP 스킬: 몸의 화학적 반응 바꾸기

강렬한 감정적 마음상태를 <u>빠르게</u> 낮추기

이 스킬을 TIP(팁) 스킬이라고 부릅니다.

T

차가운 물로 얼굴의 온도를 낮추기(<u>T</u>IP THE <u>T</u>EMPERATURE of your face with COLD WATER)*
(빠르게 진정하기 위해서)

- 숨을 깊이 들이쉰 후 차가운 물이 담긴 그릇에 얼굴을 담그거나 눈이나 볼에 차가운 팩(또는 차가운 물이 담긴 비닐 주머니)을 대보십시오.
- 30초 동안 그 상태로 머물러 있도록 합니다. 물의 온도는 10도 이상으로 유지하도록 하십시오.

I

격렬한 운동하기 (<u>I</u>NTENSE EXERCISE)*
(감정이 격앙되기 시작할 때 몸을 진정시키기)

- 가능하다면 잠시 동안 격렬한 운동을 하십시오.
- 가능하다면 조깅이나 빨리 걷기, 점프하기, 농구하기, 근력운동과 같이 몸에 축적된 신체물리적 에너지를 발산시키십시오.

P

천천히 호흡하기 (<u>P</u>ACED BREATHING)
(천천히 호흡하며 호흡의 횟수를 조절하기)

- 복식호흡을 깊이 하십시오.
- 천천히 숨을 들이쉬고 천천히 숨을 내쉬도록 하십시오(평균 1분에 5~6번 정도의 호흡을 해 보십시오).
- 숨을 내쉬는 것을 숨을 들이쉬는 것보다 더 천천히 해 보십시오(예: 5초 동안 들이쉬고 7초 동안 내쉬기).

호흡과 함께 근육이완하기 (<u>P</u>AIRED MUSCLE RELAXATION)
(숨을 내쉬는 것과 근육이완을 동시에 하면서 진정시키기)

- 복식호흡으로 숨을 들이쉬면서 몸의 근육을 긴장시키십시오(경련이 일어나지 않도록 주의합니다).
- 몸에서 느껴지는 긴장을 자각하십시오.
- 숨을 내쉴 때는 마음속으로 '릴렉스^{relax}'라고 말해 보십시오.
- 긴장을 내려 놓으십시오.
- 몸에서 느껴지는 변화를 자각하십시오.

*** 주의할 것:** 지나치게 차가운 물은 심장 박동수를 급격히 낮출 수 있습니다. 격렬한 운동은 심장 박동수를 급격히 올릴 수 있습니다. 심장이나 의학적 문제(약물 복용으로 인해 심장 박동수를 조절하고 있거나 베타 차단제(beta–blocker)을 복용하고 있는 경우 또한 추위에 알레르기가 있거나 섭식장애가 있는 분들)가 있는 경우에는 이 스킬을 적용하기 전에 건강 전문가와 반드시 상의하도록 하십시오.

차가운 물 사용하기, Step-by-Step

차가운 물이 기적을 일으킬 수 있습니다.*

차가운 물에 얼굴 전체를 담그거나 눈이나 볼 윗 부분에 차가운 물이 담긴 비닐봉지를 두고 **숨을 잠시 참으면** 뇌는 여러분이 물 속에서 잠수를 하고 있다고 인식하게 됩니다.

이렇게 하면 몸은 '**잠수 반응**dive response'을 일으킵니다(약 15~30초 뒤에 이러한 반응이 일어납니다).

심장의 박동수가 줄어들고 생명 유지를 위해서 꼭 필요하지 않은 장기에는 피의 흐름이 줄어들고 피가 뇌와 심장으로 쏠리게 됩니다.

이러한 잠수 반응은 **감정을 조절하는 데에 실제로 도움**을 줄 수 있습니다.

우리가 **매우 강렬한 고통스러운 감정**을 느끼거나 **위험한 행동을 실행할 강한 충동**을 느낄 때 이 **고통감내 전략**을 사용하는 것이 유용할 수 있습니다.

(이 스킬은 조용히 앉아서 실행할 때 가장 효과적입니다. 활동을 하는 도중이거나 주의가 분산된 상태에서는 효과가 떨어집니다.)

시도해 보십시오!

---

* **주의할 것:** 지나치게 차가운 물은 심장 박동수를 급격히 낮출 수 있습니다. 격렬한 운동은 심장 박동수를 급격히 올릴 수 있습니다. 심장이나 의학적 문제(약물 복용으로 인해 심장 박동수를 조절하고 있거나 베타 차단제(beta-blocker)을 복용하고 있는 경우 또한 추위에 알레르기가 있거나 섭식장애가 있는 분들)가 있는 경우에는 이 스킬을 적용하기 전에 건강 전문가와 반드시 상의하도록 하십시오.

호흡과 함께 근육이완하기, Step-by-Step

호흡과 함께 근육이완하기 연습을 처음 시작할 때에는 우선 근육 그룹 중 하나를 선택하여 이완하는 것이 좋습니다.

처음 호흡과 함께 근육이완하기를 시작할 때에는 주의가 분산되지 않는 조용한 곳에서 시간을 충분히 갖고 연습하십시오. 이후 익숙해지면 점차로 다양한 장소에서 연습하여 필요한 순간에 효과적으로 근육이완을 할 수 있도록 하십시오.

호흡과 함께 근육이완하기는 많은 연습이 필요합니다. 판단하는 마음이 떠오르면 관찰하고 지나가게 하고 다시 연습에 집중하십시오. 불안한 마음이 들면 숨을 들이쉬면서 다섯을 세고, 숨을 내쉬면서 일곱을 세도록 하십시오(또는 천천히 호흡하기를 하며 숫자를 세십시오). 이완된 상태로 돌아올 때까지 충분히 복식호흡을 하십시오.

이제 준비가 되었으면 시작하겠습니다.
1. 몸이 이완될 수 있도록 편안한 자세를 취하십시오. 옷이 꽉 조이거나 답답할 때는 편안하게 풀어 둡니다. 눕거나 앉아 있을 때 몸의 일부가 서로 겹치거나 다른 신체 부위를 지탱하게 하지 마십시오.
2. 아래에 있는 몸의 근육 그룹을 꽉 조여서 긴장을 시키십시오. 그 부분이 긴장됐을 때 느껴지는 감각에 집중하십시오. 5-6초 정도 숨을 들이쉬면서 긴장을 유지하고, 숨을 내쉬면서 이완하십시오.
3. 이완하면서 '릴렉스relax'라고 마음속으로 천천히 말해보십시오.
4. 10-15초 정도 이완하면서 감각에 변화가 있는지 관찰하고 다음 근육 그룹으로 이동하십시오.

> 1 단계: 처음에는 16개의 각 소근육 별로 호흡과 함께 근육이완하기를 합니다.
> 2 단계: 1단계 연습을 잘하게 되면 중간 근육 그룹으로 묶어서 연습하고, 이후 큰 단위의 근육 그룹으로 묶어서 연습합니다.
> 3 단계: 2단계 연습에 익숙해지면 몸 전체를 동시에 긴장시키고 이완하는 훈련을 합니다. 몸 전체를 동시에 긴장할 때는, 로봇같이 경직되고 전혀 움직이지 못하는 상태가 되도록 하십시오. 몸 전체를 이완시킬 때는, 천으로 만든 인형같이 모든 근육이 축 늘어지도록 해 보십시오.
> 4 단계: 몸의 모든 근육이 이완되었다면, 몸 전체를 습관적으로 이완시킬 수 있을 때까지 하루에 3-4번 정도 연습하십시오.
> 5 단계: 근육을 이완하면서 숨을 내쉬고 동시에 '릴렉스'라고 말하게 되면, '릴렉스'라는 말만으로도 긴장을 놓고 이완할 수 있게 됩니다.

큰 근육 그룹 / 중간 근육 그룹 / 소근육 그룹

1. 손과 손목: 양손을 꼭 쥐어 주먹을 만들고, 주먹을 쥔 채로 손목을 꺾어 위로 당기십시오.
2. 팔의 하단과 상단: 주먹을 쥐고 양팔을 어깨로 당기듯이 굽히십시오.
3. 어깨: 양쪽 어깨를 귀에 가까이 끌어 당기십시오.
4. 이마: 눈썹을 가운데로 모은다고 생각하고 주름을 만드십시오.
5. 눈: 눈을 꼭 감으십시오.
6. 코와 윗볼: 볼을 찡그리고 윗입술과 볼이 눈을 향하도록 끌어 당기십시오.
7. 입술과 아래쪽 얼굴: 입술을 꼭 닫고 입술의 양 끝이 귀를 향하도록 당기십시오.
8. 혀와 입: 치아를 물고, 혀를 입천장에 붙이십시오.
9. 목: 머리를 의자, 바닥, 침대 쪽으로 지긋이 누르십시오. 또는 턱이 가슴을 향하도록 지긋이 당기십시오.
10. 가슴: 숨을 크게 들이쉬고 잠시 멈추십시오.
11. 허리: 허리를 아치 모양으로 굽히고, 양 날개뼈를 서로 붙이십시오.
12. 배: 배에 힘을 주십시오.
13. 엉덩이: 양쪽 엉덩이를 모아 꽉 조이십시오.
14. 다리 윗부분과 허벅지: 다리를 쭉 펴고 허벅지를 긴장시키십시오.
15. 종아리: 다리를 쭉 펴고 발가락을 아래로 향하게 두십시오.
16. 발목: 다리를 쭉 펴고, 발가락을 모으고, 발꿈치를 쭉 밀어내고 발가락을 안으로 말아 보십시오.

호흡과 함께 근육이완하기는 하나의 스킬입니다. 이 스킬을 잘 하기 위해서는 시간과 연습이 필요하다는 것을 **기억하십시오.** 연습을 하다 보면 많은 유익한 경험을 할 수 있습니다.

* 이 스킬은 아래 자료에서 저작권자인 출판사의 승인을 받아 발췌하여 수정하였음. Smith, R.E. (1980). Development of an integrated coping response through cognitive–affective stress management training. In I. G. Sarason & C. D. Spielberger (Eds.), *Stress and anxiety* (Vol. 7, pp. 265–280). Washington, DC: Hemisphere. Copyright ©1980 Hemisphere Publishing Corporation.

호흡과 함께 근육이완하기와 효과적으로 다시 생각하기

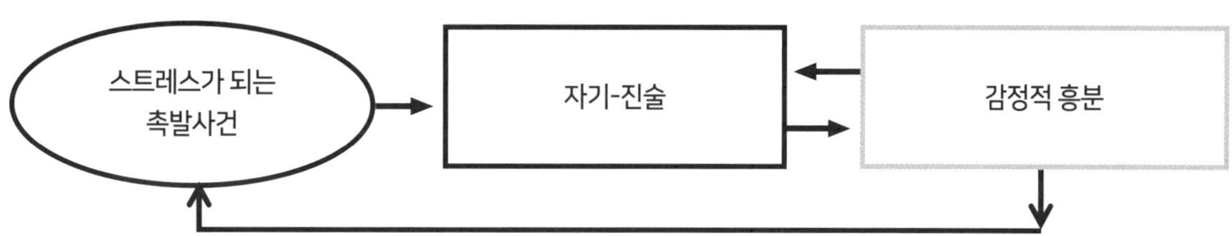

1단계. 정서적 고통을 일으키는 감정과 연관되어 있는 **촉발사건**을 적고, 이 촉발사건에 대해 어떤 감정적 반응을 감소시키고 싶은지 기술하십시오.

2단계. 정서적 고통과 감정적 흥분 상태를 유발하는 사건에 대한 나의 **해석과 생각**을 적어보십시오.
예: "그 사람은 나를 미워해", "나는 더 이상 참을 수 없어!", "나는 이것을 할 수 없어", "나는 절대 못할 거야", "나는 통제불능 상태야"

3단계. 스트레스와 정서적 고통을 일으키는 생각과 해석을 중화시킬 수 있도록 그 상황과 상황이 가져다주는 의미를 **다시 생각해 보십시오**. 상황을 다시 생각해보면서 스트레스를 유발하는 생각을 대체할 수 있는 **효과적인 생각**을 적어보십시오.

4단계. 스트레스를 일으키는 촉발사건이 없다면, 스트레스 사건을 **상상하는 연습**을 하십시오.
a. **숨을 들이쉬면서**, 효과적인 자기-진술을 말해보십시오.
b. **숨을 내쉴 때는**, '릴렉스'라고 말하면서 몸의 근육을 의도적으로 이완시키십시오.

5단계. 이 전략에 익숙해질 때까지 기회가 있을 때마다 **연습하십시오**.

6단계. 스트레스 상황이 생겼을 때 **호흡과 함께 근육이완하기와 효과적으로 다시 생각하기**를 연습하십시오.

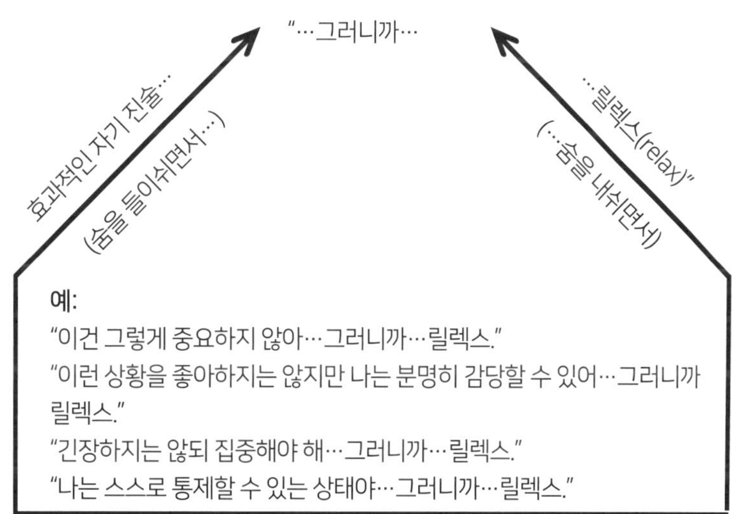

* 이 스킬은 아래 자료에서 저작권사인 출판사의 승인을 받아 발췌하여 수정하였음. Smith, R.E. (1980). Development of an integrated coping response through cognitive–affective stress management training. In I. G. Sarason & C. D. Spielberger (Eds.), *Stress and anxiety* (Vol. 7, pp. 265–280). Washington, DC: Hemisphere. Copyright 1980 by Hemisphere Publishing Corporation.

TIP 스킬: 몸의 화학적 반응 바꾸기

완료일: _______________________　　이름: _______________________　　시작하는 주: _______________________

TIP 스킬을 사용하게 만든 상황을 기술하십시오. TIP 스킬을 사용하기 전과 후의 감정적 흥분 상태와 고통감내 수준을 측정하십시오. 실제로 한 행동을 기술하십시오. 필요하면 추가 용지를 사용하십시오.

T

차가운 물로 얼굴의 온도 바꾸기 (CHANGING MY FACIAL TEMPERATURE)

차가운 물을 사용하여 감정을 변화시키십시오.

상황: _______________________

흥분도 (0-100)　사전 : _______　사후: _______

고통감내 수준 (0= 절대 견딜 수 없음, 100= 확실히 잘 견딜 수 있음) 사전 : _______　사후: _______

실제로 한 행동 (기술하기): _______________________

I

격렬한 운동하기 (INTENSE EXERCISE)

상황: _______________________

흥분도 (0-100)　사전 : _______　사후: _______

고통감내 수준 (0= 절대 견딜 수 없음, 100= 확실히 잘 견딜 수 있음) 사전 : _______　사후: _______

실제로 한 행동 (기술하기): _______________________

P

천천히 호흡하기 (PACED BREATHING)

상황: _______________________

흥분도 (0-100)　사전 : _______　사후: _______

고통감내 수준 (0= 절대 견딜 수 없음, 100= 확실히 잘 견딜 수 있음) 사전 : _______　사후: _______

실제로 한 행동 (기술하기): _______________________

호흡과 함께 근육이완하기 (PAIRED MUSCLE RELAXATION)

상황: _______________________

흥분도 (0-100)　사전 : _______　사후: _______

고통감내 수준 (0= 절대 견딜 수 없음, 100= 확실히 잘 견딜 수 있음) 사전 : _______　사후: _______

실제로 한 행동 (기술하기): _______________________

호흡과 함께 근육이완하기

완료일: _________________________   이름: _________________________   시작하는 주: _________________________

호흡과 함께 근육이완하기를 연습하십시오(몸의 근육을 긴장시키고 숨을 내쉬면서 긴장을 완전히 풀어 보십시오). 처음에는 이 스킬을 가능한 많이 연습해서 숨을 내쉴 때마다 몸이 자동적으로 이완되는 것을 자각해 보십시오. 이렇게 하면 숨을 내쉬면서 이완을 같이 할 수 있게 됩니다. 호흡과 함께 근육을 이완할 수 있게 되면 점차로 연습 횟수를 줄여도 됩니다.

호흡과 함께 근육이완하기를 하루 동안 가능한 많이 연습하고 어떤 경험을 했는지 아래 표에 기술하십시오. 개별 근육, 근육 그룹, 모든 근육을 함께 사용하는 방법 중 어떠한 유형의 연습을 했는지 표기하십시오.

날짜	호흡과 함께 근육이완하기를 연습한 횟수	평균 이완 상태 사전/사후 (0-100)	긴장이 되거나 압도된 느낌이 들었을 때 스킬을 사용한 횟수	평균 이완 상태 사전/사후 (0-100)	어떤 근육 부위를 긴장시키고 이완했는지 체크할 것 (필요하다면 하나 이상을 체크할 것)
		/		/	☐ 개별 근육 ☐ 근육 그룹 ☐ 근육 전체
		/		/	☐ 개별 근육 ☐ 근육 그룹 ☐ 근육 전체
		/		/	☐ 개별 근육 ☐ 근육 그룹 ☐ 근육 전체
		/		/	☐ 개별 근육 ☐ 근육 그룹 ☐ 근육 전체
		/		/	☐ 개별 근육 ☐ 근육 그룹 ☐ 근육 전체
		/		/	☐ 개별 근육 ☐ 근육 그룹 ☐ 근육 전체
		/		/	☐ 개별 근육 ☐ 근육 그룹 ☐ 근육 전체

스킬을 연습하면서 경험한 것을 기술하십시오.

스킬 연습 결과나 연습을 하면서 있었던 질문을 적어 보십시오.

호흡과 함께 근육이완하기와 효과적으로 다시 생각하기

완료일: _______________________   이름: _______________________   시작하는 주: _______________________

1 단계. 일상에서 정서적 고통을 일으켰던 **촉발사건** 하나를 **기술하십시오**. 무엇이 이 사건에 이르게 하였나요? 이 사건에서 문제가 되었던 것은 무엇이었나요? 구체적으로 기술하십시오. 기술하기 스킬을 사용하고 사실을 확인하십시오.

2 단계. 스트레스를 일으킨 하나의 사건에 대해 어떤 **해석과 생각**이 있었는지 **적어 보십시오**.

3 단계. 정서적 고통으로 이어지게 한 생각을 **다시 생각해 보십시오**. 다시 생각하기는 스트레스를 일으킨 생각을 중화시키고 스트레스 반응을 약화시킬 수 있도록 상황과 그 상황이 갖는 의미를 재평가하는 것입니다. 스트레스를 일으키는 생각을 대체할 수 있는 효과적인 생각들을 **적어 보십시오**.

4 단계. 한 주 동안 스트레스 상황에 대해 효과적으로 다시 생각하기를 **마음속으로 연습** 했나요? 예 _________ 아니오 _________

다시 생각하기 연습을 하면서 그 상황이 다시 일어나는 것을 떠올렸을 때 공포심이 줄어 들었나요? (0-5, 0 = 전혀 아니다, 5 = 매우 그렇다) _________

스트레스를 유발하는 생각을 대체하기 위해 어떤 효과적인 생각을 했나요?

이완 상태의 평균 수준 측정 (0-100): 사전 _________ 사후: _________

5 단계. 호흡과 함께 근육이완하기와 다시 생각하기를 연습했나요? 예: _________ 아니오: _________

호흡과 함께 근육이완하기와 다시 생각하기를 했다면 그것이 스트레스를 낮추는 데에 도움을 주었나요? (0-5, 0 = 전혀 아니다, 5 = 매우 그렇다) _________

스트레스를 유발하는 생각을 대체하기 위해 어떤 효과적인 생각을 했나요?

하고 싶은 말:

주의분산하기

이 스킬을 '지혜로운 마음으로 수용하기(Wise Mind ACCEPTS)'라고 부릅니다.

활동하기 (Activities)

- ☐ 끝마쳐야 하는 일에 주의집중하기
- ☐ 영화보기, TV보기
- ☐ 집 청소하기
- ☐ 이벤트 참가하기
- ☐ 컴퓨터 게임하기
- ☐ 산책하기, 운동하기
- ☐ 인터넷 서핑하기, 이메일 쓰기
- ☐ 스포츠 경기에 참여하기
- ☐ 외식하거나 좋아하는 음식 먹기
- ☐ 친구에게 전화를 걸거나 방문하기
- ☐ 음악 듣기, 음악 다운 받기
- ☐ 무언가를 만들기
- ☐ 친구나 자녀와 시간을 보내기
- ☐ 카드 게임하기
- ☐ 잡지, 책, 만화 보기
- ☐ 낱말 풀이 게임, 스도쿠 하기
- ☐ 기타: ___________________

기여하기 (Contributing)

- ☐ 자원봉사하기
- ☐ 친구나 가족 돕기
- ☐ 좋은 일을 해서 다른 사람을 놀라게 하기
  (카드 쓰기, 원하는 것 들어 주기, 포옹하기)
- ☐ 필요하지 않은 것 나누어 주기
- ☐ 누군가를 격려하는 메시지나 DM을 보내거나 전화하기 혹은 안부인사하기
- ☐ 누군가를 위해 좋은 일 하기
- ☐ 사려 깊은 일 하기
- ☐ 기타: ___________________

비교하기 (Comparisons)

- ☐ 지금 느끼는 감정과 다른 감정을 느꼈을 때를 비교하기
- ☐ 같은 문제를 극복하려고 하는 나보다 어려운 처지에 놓인 사람과 비교하기
- ☐ 나보다 더 불행한 사람과 비교하기
- ☐ 다른 사람이 어려움을 겪는 상황이 나오는 다큐멘터리 보기
- ☐ 재난이나 다른 사람의 괴로움에 대한 글 읽기
- ☐ 기타: ___________________

정반대 감정 만들기 (different Emotions)

- ☐ 감정을 자극할 수 있는 책이나 이야기, 옛 편지 등을 읽기
- ☐ 감정을 자극할 수 있는 TV 프로그램이나 영화 보기
- ☐ 감정을 자극할 수 있는 음악 듣기
  (다른 감정을 만들어 내는 활동이어야 함.)
- ☐ 다른 감정을 불러 일으키는 활동: 무서운 영화, 웃긴 책, 코미디, 재미있는 음악, 종교적 음악, 편안한 음악이나 신나는 음악, 상점에 가서 유머러스한 소품 구입 등
- ☐ 기타: ___________________

밀쳐내기 (Pushing away)

- ☐ 잠시동안 상황을 밀쳐 내기
- ☐ 상황에서 정신적으로 떠나기
- ☐ 나와 문제 상황 사이에 상상의 벽을 만들기
- ☐ 마음속에서 생각이나 이미지가 떠오르는 것을 막기
- ☐ 골몰하려는 것을 자각하고 "아니야!"라고 소리 지르기
- ☐ 고통스러운 상황에 대해 생각하는 것을 거부하기
- ☐ 고통스러운 것을 마음속 책장에 놓아두거나 마음속 상자에 잠시 동안 넣어서 밀쳐 두기
- ☐ 잠시 동안 문제를 부인하기
- ☐ 기타: ___________________

생각 (Thoughts)

- ☐ 열까지 세어보기,그림이나 포스터, 창문에 있는 색깔을 세어보기, 무엇이든지 수를 세어보기
- ☐ 마음속으로 노랫말 반복하기
- ☐ 퍼즐하기
- ☐ TV보기, 독서하기
- ☐ 기타: ___________________

감각 (Sensations)

- ☐ 고무공을 꽉 쥐어보기
- ☐ 시끄러운 음악 틀어 놓기
- ☐ 손이나 입에 차가운 얼음 가지고 있기
- ☐ 비나 눈이 올 때 밖에 나가기
- ☐ 뜨겁거나 차가운 물로 샤워하기
- ☐ 기타: ___________________

지혜로운 마음으로 수용하기, ACCEPTS를 사용하여 주의분산하기

완료일: ______________________   이름: ______________________   시작하는 주: ______________________

실제로 일어났던 두 가지 위기 상황을 기술하십시오. 그리고 ACCEPTS 스킬을 어떻게 사용하였는지 기술하십시오.

위기 사건1: 정서적 고통의 수위 측정하기 (0-100)   사전: __________   사후: __________

정서적 고통을 일으킨 **촉발사건** (누가, 무엇을, 언제, 어디서): 무엇이 위기를 촉발시켰나요?

☐ **활동하기**(Activities)
☐ 기여하기(Contributions)
☐ 비교하기(Comparisons)
☐ 정반대 감정(Emotions)
☐ 밀쳐내기(Pushing away)
☐ 생각(Thoughts)
☐ 감각(Sensations)

왼쪽에 있는 스킬 중 사용한 스킬에 체크하고, 무엇을 하였는지 이곳에 기술하십시오.

스킬을 사용한 이후의 결과를 기술하십시오.

위의 스킬이 고통을 감내하거나, 상황을 더 나쁘게 하지 않고 극복하는 것에 도움을 주었는지 평가해 보십시오. 아래의 척도를 사용하십시오.

이 상황을 단 1분도 견딜 수 없다.		잠시 동안은 이 상황을 이겨낼 수 있었다. 스킬이 약간 도움을 주었다.		스킬을 사용할 수 있었고, 고통을 감내하고, 문제 충동에 저항할 수 있었다.
1	**2**	**3**	**4**	**5**

위기 사건2: 정서적 고통의 수위 측정하기 (0-100)   사전: __________   사후: __________

정서적 고통을 일으킨 **촉발사건** (누가, 무엇을, 언제, 어디서): 무엇이 위기를 촉발시켰나요?

☐ **활동하기**(Activities)
☐ 기여하기(Contributions)
☐ 비교하기(Comparisons)
☐ 정반대 감정(Emotions)
☐ 밀쳐내기(Pushing away)
☐ 생각(Thoughts)
☐ 감각(Sensations)

왼쪽에 있는 스킬 중 사용한 스킬에 체크하고, 무엇을 하였는지 이곳에 기술하십시오.

스킬을 사용한 이후의 결과를 기술하십시오.

위의 스킬이 고통을 감내하거나, 상황을 더 나쁘게 하지 않고 극복하는 것에 도움을 주었는지 평가해 보십시오. 아래의 척도를 사용하십시오.

이 상황을 단 1분도 견딜 수 없다.		잠시 동안은 이 상황을 이겨낼 수 있었다. 스킬이 약간 도움을 주었다.		스킬을 사용할 수 있었고, 고통을 감내하고, 문제 충동에 저항할 수 있었다.
1	**2**	**3**	**4**	**5**

지혜로운 마음으로 수용하기, ACCEPTS를 사용하여 주의분산하기

완료일: _______________________ 이름: _______________________ 시작하는 주: _______________________

각 주의분산 스킬을 두 번씩 연습하고, 아래에 그 경험을 기술 하십시오.

언제 이 스킬을 사용하였으며, 이 스킬을 사용하기 위해 구체적으로 무엇을 했나요?	어떤 위기가 있었나요? (스킬을 사용하게 된 촉발요인은 무엇이었나요?)	스킬을 사용하는 동안 시간이 얼마나 흘렀나요?	고통감내 수준 (0= 절대 견딜 수 없음, 5= 확실히 잘 견딜 수 있음)	부정적 감정의 강도 (0-100)	긍정적 감정의 강도 (0-100)	결과 또는 사용한 스킬에 대한 질문
활동하기 (Activities)			/	/	/	
			/	/	/	
기여하기 (Contributions)			/	/	/	
			/	/	/	
비교하기 (Comparisons)			/	/	/	
			/	/	/	
정반대 감정 (Emotions)			/	/	/	
			/	/	/	
밀쳐내기 (Pushing away)			/	/	/	
			/	/	/	
생각(Thoughts)			/	/	/	
			/	/	/	
감각 (Sensations)			/	/	/	
			/	/	/	

"스킬 사용 전/후 측정" 열은 "고통감내 수준", "감정"(부정적 감정의 강도, 긍정적 감정의 강도)을 포함합니다.

* 이 워크시트는 Seth Axelrod의 미출판된 워크시트를 저자의 승인 하에 발췌하여 수정하였음.

지혜로운 마음으로 수용하기, ACCEPTS를 사용하여 주의분산하기

완료일: ___________________ 이름: ___________________ 시작하는 주: ___________________

한 주 동안 사용한 각 ACCEPTS 스킬을 적으십시오. 사용한 스킬이 얼마나 효과적으로 고통을 감내시키고, 위기상황을 더 나쁘게 하지 않고 극복하는 데에 도움을 주었는지 측정해 보십시오. 아래의 척도를 사용하십시오.

이 상황을 단 1분도 견딜 수 없었다.		잠시 동안은 이 상황을 이겨낼 수 있었다. 스킬이 약간 도움을 주었다.		스킬을 사용할 수 있었고, 고통을 감내하고, 문제 충동에 저항할 수 있었다.
1	**2**	**3**	**4**	**5**

날짜: 　　　　　　　활동하기 (Activities)

___________ / ____ 효과 측정: ________
___________ / ____ 효과 측정: ________
___________ / ____ 효과 측정: ________

날짜: 　　　　　　　기여하기 (Contributions)

___________ / ____ 효과 측정: ________
___________ / ____ 효과 측정: ________
___________ / ____ 효과 측정: ________

날짜: 　　　　　　　비교하기 (Comparisons)

___________ / ____ 효과 측정: ________
___________ / ____ 효과 측정: ________
___________ / ____ 효과 측정: ________

날짜: 　　　　　　　정반대 감정 (Emotions)

___________ / ____ 효과 측정: ________
___________ / ____ 효과 측정: ________
___________ / ____ 효과 측정: ________

날짜: 　　　　　　　밀쳐내기 (Pushing away)

___________ / ____ 효과 측정: ________
___________ / ____ 효과 측정: ________
___________ / ____ 효과 측정: ________

날짜: 　　　　　　　생각 (Thoughts)

___________ / ____ 효과 측정: ________
___________ / ____ 효과 측정: ________
___________ / ____ 효과 측정: ________

날짜: 　　　　　　　감각 (Sensations)

___________ / ____ 효과 측정: ________
___________ / ____ 효과 측정: ________
___________ / ____ 효과 측정: ________

자기위안하기

이 스킬은 **오감**을 편안하게 하는 자기위안하기라고 부릅니다.

시각

- 별을 바라보기
- 책에 있는 좋은 그림 보기
- 예쁜 꽃 한 송이 사기
- 방에 한 쪽 빈 공간을 예쁘게 장식하기
- 초를 켜두고 불꽃을 바라보기
- 테이블 한 쪽에 가장 좋은 물건들을 두어 예쁘게 만들기
- 사람들이 지나가는 것을 보거나 상점에 전시되어 있는 물건 보기
- 아름다운 예술품이 있는 박물관이나 전시회 가기
- 예쁜 호텔 로비에 앉아 있기

- 주변에 있는 자연을 관찰하기
- 동네의 멋진 건축물이 있는 곳 걷기
- 일출이나 일몰 바라보기
- 춤을 구경하러 가거나 TV를 통해 감상하기
- 내 앞을 지나가는 모든 풍경을 마인드풀하게 지나가게 하기
- 공원이나 풍경이 있는 곳을 걷기
- 상점을 다니면서 물건을 살펴보기
- 유튜브로 영상 시청하기
- 기타: ______________________

청각

- 위안을 주거나 기운나게 하는 음악 듣기
- 자연의 소리에 집중해 보기
  (파도 소리, 새 소리, 폭포 소리, 나뭇잎 소리)
- 도시에서 나는 소리에 주의집중하기
  (차 소리, 경적 소리, 도시 음악 소리)
- 좋아하는 노래를 따라 부르기
- 차분한 음악을 흥얼거리기

- 악기 연주하는 법을 배우기
- 괴로울 때 들을 수 있는 음악을 모은 파일을 저장하거나 CD로 만들고, 그 음악을 듣기
- 지나가면서 듣는 음악을 마인드풀하게 한 귀로 듣고 한 귀로 흘러가게 하기
- 공영 라디오나 음악 채널 듣기
- 기타: ______________________

후각

- 가장 좋아하는 비누나 샴푸, 애프터쉐이브, 향수, 로션의 향을 맡거나 화장품 가게에서 좋아하는 로션 등을 바르기
- 향초에 불을 붙이거나 향을 피우기
- 커피 통을 열어 향을 맡아보기
- 가구에 레몬 오일 바르기
- 그릇에 포푸리나 유칼립투스 오일을 넣어 방에 두기

- 새 차에 앉아 새 차 냄새를 맡기
- 계피 끓이기
- 빵이나 과자, 팝콘 만들기
- 장미 향 맡기
- 숲속을 걸으면서 자연의 신선한 냄새를 마인드풀하게 맡아 보기
- 창문을 열고 신선한 공기 냄새를 맡기
- 기타: ______________________

미각

- 좋아하는 음식 먹기
- 마음을 가라앉히기 위해 허브차, 핫초코, 라떼나 스무디 같은 좋아하는 음료 만들기
- 디저트 먹기
- 어렸을 때 좋아했던 음식 먹기
- 아이스크림 가게에서 샘플 시식하기
- 페퍼민트 사탕 핥아 먹기

- 좋아하는 껌 씹기
- 평소에 사먹지 않았던 특별한 음식, 예를 들어 생과일 주스나 좋아하는 사탕과 같은 것을 먹기
- 음식을 음미하면서 먹기
- 한 가지 음식을 마인드풀하게 먹기
- 기타: ______________________

촉각

- 장시간 따뜻한 물에 목욕이나 샤워하기
- 개나 고양이 쓰다듬기
- 마사지 받기, 따뜻한 물에 발 담그기
- 전신에 부드러운 로션 바르기
- 이마에 차가운 팩 대기
- 몸을 편하게 하는 의자에 파묻혀 보기
- 좋은 느낌이 드는 블라우스나 셔츠 입기

- 창문을 열고 운전하기
- 부드러운 나무나 가죽을 만지기
- 누군가를 안기
- 침대 시트를 새 것으로 바꾸기
- 담요 속에 쏙 들어가 있기
- 마음을 진정시키기 위해 촉각을 자각하기
- 기타: ______________________

바디 스캔 명상, Step-by-Step

두 다리를 겹치지 않게 두고 편안하게 의자에 앉거나 바닥에 누우십시오. 두 팔을 양 옆에 편안하게 두거나 배에 올려 두십시오. 만약 앉아 있다면 손바닥을 위로 향하게 하고 무릎 위에 가볍게 올려 두십시오. 두 눈은 살짝 감아 빛이 어느 정도 눈으로 들어오게 하십시오. 바닥에 누워 있다면 무릎 아래 쿠션을 두어도 좋습니다. 호흡이 여러분의 몸 모든 부분을 따라가는 것을 상상하고 여러분의 주의가 몸을 따라 천천히 움직이는 것을 상상해보십시오. 몸의 각 부분에 초점을 맞출 때마다 그 부분을 관심과 호기심을 갖고 관찰하십시오.

호흡에 집중하면서 공기가 여러분의 몸에 들어왔다 나가는 것을 자각하십시오.

- 몸이 편안해지고 이완될 때까지 몇 차례 깊이 숨을 쉬십시오.
- 주의를 왼쪽 발의 **발가락**으로 향하게 하십시오.
- 호흡에 집중한 상태를 유지하면서 **발가락**에서 느껴지는 것을 자각하십시오.
- 호흡을 할 때마다 **발가락**으로 숨이 흐르고 있다고 상상하십시오.
- 호기심을 가지고 "왼쪽 **발가락**에서 어떤 느낌 느껴지지?"라고 물으십시오.
- 이렇게 몇 분 동안 왼쪽 **발가락**을 관찰하십시오.

- 다음에는 왼쪽 발의 **오목한 부분**과 **발꿈치**에 주의를 집중해 보십시오. 호흡에 계속 집중하면서 1분에서 2분 정도 집중하도록 합니다.
- 피부에서 느껴지는 따뜻함과 차가움을 자각하십시오. 바닥에 놓여있는 발의 무게를 자각하십시오.
- 호흡이 왼쪽 발에 있는 **오목한 부분**과 **발꿈치**로 흐르는 것을 상상해 보십시오.
- "왼쪽 발의 **오목한 부분**과 **발꿈치**에서 어떤 느낌이 느껴지지?"라고 물으십시오.

- 왼쪽 **발목**과 **종아리**, **무릎**, **다리 상단부**, **허벅지**로 이동하면서 같은 절차를 따라합니다.
- 오른쪽 다리를 발가락부터 다시 시작하도록 합니다.
- 그리고 **골반**과 **허리 아래** 부분, **배** 주변으로 이동하십시오.
- 숨을 들이쉬고 내쉴 때 마다 배가 올라갔다 내려가는 것에 주의집중해 보십시오.
- 다음으로 **가슴**을 지나 **왼쪽 손**, **팔**, **어깨**, **오른쪽 손**, **팔**, **어깨**, **목**, **턱**, **혀**, **입**, **입술**, **얼굴 하단부** 그리고 **코**로 이동하십시오.
- 콧구멍으로 숨이 들어오고 나가는 것을 자각하십시오.
- 그리고 볼 상단부와 눈, 이마, 두피로 주의를 집중하십시오.

- 마지막으로 머리카락의 맨 윗 부분에 초점을 맞추어 보십시오.
- 그리고 나서 몸에 있는 긴장을 모두 내려놓아 보십시오.

여러 가지 생각이나 소리, 기타 감각들이 느껴지는 것에 대해 걱정하지 마십시오. 그것을 자각하고 차분히 마음을 다시 집중하십시오. 마음이 집중하고 있는 것에서 떠나 다른 것을 생각하고 있더라도 걱정하지 마십시오(이런 문제는 항상 발생합니다). 차분하고 온화하게 관찰하려는 몸의 일부분으로 마음을 다시 돌아오게 해 보십시오. 이렇게 계속해서 주의를 돌아오게 하십시오. 많은 사람들이 같은 경험을 합니다. 스스로를 판단하거나 엄격하게 대하지 않고 계속해서 주의를 되돌리려고 노력하십시오. 이것이 명상의 핵심 요소입니다.

자기위안하기

완료일: _______________________   이름: _______________________   시작하는 주: _______________________

실제로 일어났던 두 가지의 위기 상황을 기술하십시오. 그리고 자기위안 스킬을 어떻게 사용했는지 기술하십시오.

위기 사건1: 정서적 고통의 수위 측정하기 (0-100)   사전: ___________   사후: ___________

정서적 고통을 일으킨 **촉발사건** (누가, 무엇을, 언제, 어디서): 무엇이 위기를 촉발시켰나요?

☐ **시각**
☐ **청각**
☐ **후각**
☐ **미각**
☐ **촉각**

왼쪽에 있는 스킬 중 사용한 스킬에 체크하고, 무엇을 하였는지 이곳에 기술하십시오.

스킬을 사용한 이후의 결과를 기술하십시오.

위의 스킬이 고통을 감내하거나, 상황을 더 나쁘게 하지 않고 극복하는 것에 도움을 주었는지 평가해 보십시오. 아래의 척도를 사용하십시오.

이 상황을 단 1분도 견딜 수 없다.		잠시 동안은 이 상황을 이겨낼 수 있었다. 스킬이 약간 도움을 주었다.		스킬을 사용할 수 있었고, 고통을 감내하고, 문제 충동에 저항할 수 있었다.
1	**2**	**3**	**4**	**5**

위기 사건2: 정서적 고통의 수위 측정하기 (0-100)   사전: ___________   사후: ___________

정서적 고통을 일으킨 **촉발사건** (누가, 무엇을, 언제, 어디서): 무엇이 위기를 촉발시켰나요?

☐ **시각**
☐ **청각**
☐ **후각**
☐ **미각**
☐ **촉각**

왼쪽에 있는 스킬 중 사용한 스킬에 체크하고, 무엇을 하였는지 이곳에 기술하십시오.

스킬을 사용한 이후의 결과를 기술하십시오.

위의 스킬이 고통을 감내하거나, 상황을 더 나쁘게 하지 않고 극복하는 것에 도움을 주었는지 평가해 보십시오. 아래의 척도를 사용하십시오.

이 상황을 단 1분도 견딜 수 없다.		잠시 동안은 이 상황을 이겨낼 수 있었다. 스킬이 약간 도움을 주었다.		스킬을 사용할 수 있었고, 고통을 감내하고, 문제 충동에 저항할 수 있었다.
1	**2**	**3**	**4**	**5**

자기위안하기

완료일: ___________________   이름: ___________________   시작하는 주: ___________________

각 자기위안 스킬을 두 번씩 연습하고 경험한 것을 아래 기술하십시오.

언제 이 스킬을 사용하였으며, 이 스킬을 사용하기 위해 구체적으로 무엇을 했나요?	어떤 일로 인하여 고통스럽고 스트레스를 받았나요 (있었다면 기록하기)?	스킬을 사용 하는 동안 시간이 얼마나 흘렀나요?	스킬 사용 전/후 측정 고통감내 수준 (0= 절대 견딜 수 없음, 5= 확실히 잘 견딜 수 있음)	감정 부정적 감정의 강도 (0-100)	감정 긍정적 감정의 강도 (0-100)	결과 또는 사용한 스킬에 대한 질문
시각:			/	/	/	
			/	/	/	
청각:			/	/	/	
			/	/	/	
후각:			/	/	/	
			/	/	/	
미각:			/	/	/	
			/	/	/	
촉각:			/	/	/	
			/	/	/	

자기위안하기

완료일: _______________________   이름: _______________________   시작하는 주: _______________________

한 주 동안 사용한 자기위안 스킬을 적어 보십시오. 그 스킬이 얼마나 효과적으로 고통을 감내하고, 위기상황을 극복하고 더 나쁘게 하지 않고 극복하는 데에 도움을 주었는지 측정해 보십시오. 아래의 척도를 사용하십시오.

이 상황을 단 1분도 견딜 수 없었디.		잠시 동안은 이 상황을 이겨낼 수 있었다. 스킬이 약간 도움을 주었다.		스킬을 사용할 수 있었고, 고통을 감내하고, 문제 충동에 저항할 수 있었다.
1	**2**	**3**	**4**	**5**

날짜: 시각
_________ / ____   효과 측정: ________
_________ / ____   효과 측정: ________
_________ / ____   효과 측정: ________
_________ / ____   효과 측정: ________

날짜: 청각
_________ / ____   효과 측정: ________
_________ / ____   효과 측정: ________
_________ / ____   효과 측정: ________
_________ / ____   효과 측정: ________

날짜: 후각
_________ / ____   효과 측정: ________
_________ / ____   효과 측정: ________
_________ / ____   효과 측정: ________
_________ / ____   효과 측정: ________

날짜: 미각
_________ / ____   효과 측정: ________
_________ / ____   효과 측정: ________
_________ / ____   효과 측정: ________
_________ / ____   효과 측정: ________

날짜: 촉각
_________ / ____   효과 측정: ________
_________ / ____   효과 측정: ________
_________ / ____   효과 측정: ________
_________ / ____   효과 측정: ________

바디 스캔 명상, Step-by-Step

완료일: _______________________　이름: _______________________　시작하는 주: _______________________

이 스킬을 가능한 많이 연습하십시오. 이 스킬을 어떤 방식으로 연습하였는지(혼자, 다른 사람의 가이드, 앱이나 녹음한 것 청취, 유튜브 시청) 표기하십시오.

	스킬 연습 방식	스킬을 사용하는 동안 시간이 얼마나 흘렀나요?	스킬 사용 전/후 측정		
			고통감내 수준 (0= 절대 견딜 수 없음, 5= 확실히 잘 견딜 수 있음)	감정	
				부정적 감정의 강도 (0-100)	긍정적 감정의 강도 (0-100)
1	☐ 혼자　☐ 앱이나 녹음 ☐ 다른 사람의 가이드　☐ 유튜브		/	/	/
2	☐ 혼자　☐ 앱이나 녹음 ☐ 다른 사람의 가이드　☐ 유튜브		/	/	/
3	☐ 혼자　☐ 앱이나 녹음 ☐ 다른 사람의 가이드　☐ 유튜브		/	/	/
4	☐ 혼자　☐ 앱이나 녹음 ☐ 다른 사람의 가이드　☐ 유튜브		/	/	/
5	☐ 혼자　☐ 앱이나 녹음 ☐ 다른 사람의 가이드　☐ 유튜브		/	/	/

결과 또는 사용한 스킬에 대한 질문:

지금 이 순간을 살아내기, IMPROVE

지금 이 순간을 살아내기 스킬을 IMPROVE 스킬이라고 부릅니다.

상상하기 (Imagery)

- ☐ 마음을 편안하게 하는 풍경을 상상하기
- ☐ 마음속에 있는 비밀의 방을 상상하고 그 방에 좋아하는 가구들을 두기
- ☐ 상처를 줄 수 있는 모든 것들을 그 안에 넣고 문을 잠그기
- ☐ 모든 것을 잘 극복할 수 있다고 상상하기
- ☐ 차분해지는 상상의 세계를 만들기
- ☐ 부정적인 감정이 하수도로 빠져나가는 것을 상상하기
- ☐ 행복했던 순간을 기억하고 그곳에 다시 가 있다고 상상하기, 행복했던 순간을 마음속에서 다시 시연해보기
- ☐ 기타: _______________

의미 만들기 (Meaning)

- ☐ 고통스러운 상황에서 목적과 의미를 찾기
- ☐ 고통스러운 상황에서도 긍정적인 측면을 찾아내기
- ☐ 마음속으로 긍정적인 측면을 반복하여 생각하기
- ☐ 종교적인 가치를 기억해내고 듣고, 읽기
- ☐ 기타: _______________

기도하기 (Prayer)

- ☐ 초월적 존재, 하나님, 또는 나의 지혜로운 마음에 가슴을 열기
- ☐ 고통스러운 순간을 참을 수 있는 힘을 달라고 기도하기
- ☐ 하나님이나 초월적인 존재에 모든 것을 맡기기
- ☐ 기타: _______________

이완하기 (Relaxing)

- ☐ 뜨거운 물로 목욕하거나 욕조에 앉아 있기
- ☐ 따뜻한 우유 마시기
- ☐ 목 마사지와 두피 마사지 하기
- ☐ 요가나 스트레칭 하기
- ☐ 깊이 숨 쉬기
- ☐ 얼굴 표정 바꾸기
- ☐ 기타: _______________

한 번에 한 가지 일만 하기 (One thing in the moment)

- ☐ 지금 하고 있는 일에 모든 주의를 집중시키기
- ☐ 나를 지금 이 순간에 몰입시키기
- ☐ 마음을 현재에 두기
- ☐ 육체적 감각에 모든 주의를 집중시키기
- ☐ **감각 자각하기를 녹음하고, 그것을 듣기(고통감내 자료 9a를 사용할 것)**
- ☐ 기타: _______________

잠시 휴가가기 (Vacation)

- ☐ 스스로에게 잠시 휴가를 주기
- ☐ 침대에 들어가 이불을 머리 끝까지 덮고 있기
- ☐ 하루 동안 해변이나 숲에 가기
- ☐ 초콜릿을 먹으면서 잡지 읽기
- ☐ 하루 동안 전화기 꺼두기
- ☐ 공원에 담요를 가지고 가서 오후 내내 앉아 있기
- ☐ 힘든 일을 하는 중에 한 시간 동안 휴식하기
- ☐ 책임지는 일로부터 잠시 휴가가기
- ☐ 기타: _______________

스스로 격려하기와 상황 다시 생각하기 (self-Encouragement and rethinking the situation)

- ☐ 스스로 응원하기: "잘 할 수 있어!"
- ☐ "나는 성공할 수 있어!"
- ☐ "나는 최선을 다하고 있어!"
- ☐ "나는 견딜 수 있어"라고 반복해서 말하기
- ☐ "이것도 곧 지나갈 거야."
- ☐ "나는 괜찮아 질거야."
- ☐ "이것은 오랫동안 지속되지 않을거야."
- ☐ 기타: _______________

위기 상황을 다시 생각할 수 있는 중요한 말들을 적고 연습하기(예: "남자친구가 나를 데리러 오지 않았다고 해서 나를 사랑하지 않는 것은 아니야.")

- ☐ _______________
- ☐ _______________

감각 자각하기, Step-by-Step

편안한 자세로 아래의 질문을 하십시오. 각 질문에 대한 여러분의 응답을 말해 보십시오. 이 질문을 직접 녹음하거나 친구에게 녹음해 달라고 부탁하십시오. 각 질문 사이에 5초 간의 간격을 두고 녹음합니다.

1. 머리카락이 두피에 닿아 있는 것을 느낄 수 있나요?
2. 숨을 쉴 때 배가 올라갔다가 내려가는 것을 느낄 수 있나요?
3. 미간을 느낄 수 있나요?
4. 귀와 귀 사이의 간격을 느낄 수 있나요?
5. 숨을 들이쉴 때 눈의 뒷부분까지 숨이 차오르는 것을 느낄 수 있나요?
6. 멀리 떨어져 있는 어떤 것을 마음속에 그릴 수 있나요?
7. 팔이 몸에 닿아 있는 것을 자각할 수 있나요?
8. 두 발바닥을 느낄 수 있나요?
9. 아름다운 화창한 날의 해변을 상상할 수 있나요?
10. 입 안의 공간을 자각할 수 있나요?
11. 입 안에 있는 혀의 위치를 자각할 수 있나요?
12. 볼에 스치는 바람을 느낄 수 있나요?
13. 한쪽 팔이 다른 쪽 팔보다 무거운 것을 느낄 수 있나요?
14. 한 손에서 저리거나 무감각한 상태를 느낄 수 있나요?
15. 한쪽 팔이 다른 쪽 팔보다 긴장이 풀린 것을 느낄 수 있나요?
16. 주변에 있는 공기의 온도가 변하는 것을 느낄 수 있나요?
17. 왼쪽 팔이 오른쪽 팔보다 따뜻한 것을 느낄 수 있나요?
18. 축 늘어진 인형처럼 있을 때 어떻게 느껴지는지 상상할 수 있나요?
19. 왼쪽 팔 앞 부분의 긴장 상태를 자각할 수 있나요?
20. 즐거운 일을 떠올려 상상할 수 있나요?
21. 구름 위에 떠 있는 것 같은 느낌을 상상할 수 있나요?
22. 끈적한 물엿 속에 빠져 있는 것 같은 느낌을 상상할 수 있나요?
23. 멀리 떨어져 있는 어떤 것을 상상할 수 있나요?
24. 발이 점점 무거워지는 것을 느낄 수 있나요?
25. 따뜻한 물 위에 떠 있는 것을 상상할 수 있나요?
26. 몸이 뼈 위에 걸려 있는 것을 자각할 수 있나요?
27. 게으른 상태로 이리저리 다닐 수 있나요?
28. 얼굴이 부드러워지는 것을 느낄 수 있나요?
29. 아름다운 호수를 상상할 수 있나요?
30. 한쪽 팔과 다리가 다른 쪽보다 얼마나 무거운지 알 수 있나요?

---

* 29, 30번은 Goldfried, M. R., & Davison, G. C. (1976). *Clinical behavior therapy*. New York: Holt, Rinehart & Winston. Copyright ©1976 Marvin R. Goldfried and Gerald C. Davison. 에서 저자의 승인 하에 발췌하여 수정하였음.

지금 이 순간을 살아내기, IMPROVE

완료일: _____________________   이름: _____________________   시작하는 주: _____________________

실제로 일어났던 두 가지 위기 상황을 기술하십시오. 그리고 IMPROVE 스킬을 어떻게 사용했는지 기술하십시오.

위기 사건1: 정서적 고통의 수위 측정하기 (0-100)   사전: __________   사후: __________

> 정서적 고통을 일으킨 **촉발사건** (누가, 무엇을, 언제, 어디서): 무엇이 위기를 촉발시켰나요?

❏ 상상하기(Imagery)
❏ 의미 만들기(Meaning)
❏ 기도하기(Prayer)
❏ 이완하기(Relaxation)
❏ 한 번에 한 가지 일만 하기(One thing)
❏ 잠시 휴가가기(Vacation)
❏ 스스로 격려하기(Encouragement)

> 왼쪽에 있는 스킬 중 사용한 스킬에 체크하고, 무엇을 하였는지 이곳에 기술하십시오.

> 스킬을 사용한 이후의 결과를 기술하십시오.

위의 스킬이 고통을 감내하거나, 상황을 더 나쁘게 하지 않고 극복하는 것에 도움을 주었는지 평가해 보십시오. 아래의 척도를 사용하십시오.

이 상황을 단 1 분도 견뎌낼 수 없었다.		잠시 동안은 이 상황을 이겨낼 수 있었다. 스킬이 약간 도움을 주었다.		스킬을 사용할 수 있었고, 고통을 감내하고, 문제 충동에 저항할 수 있었다.
1	**2**	**3**	**4**	**5**

위기 사건2: 정서적 고통의 수위 측정하기 (0-100)   사전: __________   사후: __________

> 정서적 고통을 일으킨 **촉발사건** (누가, 무엇을, 언제, 어디서): 무엇이 위기를 촉발시켰나요?

❏ 상상하기(Imagery)
❏ 의미 만들기(Meaning)
❏ 기도하기(Prayer)
❏ 이완하기(Relaxation)
❏ 한 번에 한 가지 일만 하기(One thing)
❏ 잠시 휴가가기(Vacation)
❏ 스스로 격려하기(Encouragement)

> 왼쪽에 있는 스킬 중 사용한 스킬에 체크하고, 무엇을 하였는지 이곳에 기술하십시오.

> 스킬을 사용한 이후의 결과를 기술하십시오.

위의 스킬이 고통을 감내하거나, 상황을 더 나쁘게 하지 않고 극복하는 것에 도움을 주었는지 평가해 보십시오. 아래의 척도를 사용하십시오.

이 상황을 단 1 분도 견뎌낼 수 없었다.		잠시 동안은 이 상황을 이겨낼 수 있었다. 스킬이 약간 도움을 주었다.		스킬을 사용할 수 있었고, 고통을 감내하고, 문제 충동에 저항할 수 있었다.
1	**2**	**3**	**4**	**5**

고통감내 워크시트 7A (고통감내 자료 9; p.317)

지금 이 순간을 살아내기, IMPROVE

완료일: ______________________　　이름: ______________________　　시작하는 주: ______________________

각 IMPROVE 스킬을 두 번씩 연습하고, 어떤 경험을 했는지 기술하십시오.

언제 이 스킬을 사용하였으며, 이 스킬을 사용하기 위해 구체적으로 무엇을 했나요?	어떤 일로 인하여 고통스럽고 스트레스를 받았나요 (있었다면 기록하기)?	스킬을 사용하는 동안 시간이 얼마나 흘렀나요?	스킬 사용 전/후 측정			결과 또는 사용한 스킬에 대한 질문
			고통감내 수준 (0= 절대 견딜 수 없음, 5= 확실히 잘 견딜 수 있음)	감정		
				부정적 감정의 강도 (0-100)	긍정적 감정의 강도 (0-100)	
상상하기 (Imagery):			/	/	/	
			/	/	/	
의미 만들기 (Meaning):			/	/	/	
			/	/	/	
기도하기 (Prayer):			/	/	/	
			/	/	/	
이완하기 (Relaxation):			/	/	/	
			/	/	/	
한 번에 한 가지 일만 하기 (One thing):			/	/	/	
			/	/	/	
잠시 휴가가기 (Vacation):			/	/	/	
			/	/	/	
스스로 격려하기 (Encouragement):			/	/	/	
			/	/	/	

* 이 워크시트는 Seth Axelrod의 미출판된 워크시트를 저자의 승인 하에 발췌하여 수정하였음.

지금 이 순간을 살아내기, IMPROVE

완료일: _______________________ 이름: _______________________ 시작하는 주: _______________________

한 주 동안 사용한 **지금 이 순간을 살아내기 스킬**을 적어 보십시오. 그 스킬이 얼마나 효과적으로 고통을 감내시키고, 위기 상황을 더 나쁘게 하지 않고 극복하는 데에 도움을 주었는지 측정해 보십시오. 아래의 척도를 사용하십시오.

이 상황을 단 1분도 견딜 수 없었디.		잠시 동안은 이 상황을 이겨낼 수 있었다. 스킬이 약간 도움을 주었다.		스킬을 사용할 수 있었고, 고통을 감내하고, 문제 충동에 저항할 수 있었다.
1	**2**	**3**	**4**	**5**

날짜: **상상하기 (Imagery)**

________ / ____ 효과 측정: ________

________ / ____ 효과 측정: ________

________ / ____ 효과 측정: ________

날짜: **의미 만들기 (Meaning)**

________ / ____ 효과 측정: ________

________ / ____ 효과 측정: ________

________ / ____ 효과 측정: ________

날짜: **기도하기 (Prayer)**

________ / ____ 효과 측정: ________

________ / ____ 효과 측정: ________

________ / ____ 효과 측정: ________

날짜: **이완하기 (Relaxation)**

________ / ____ 효과 측정: ________

________ / ____ 효과 측정: ________

________ / ____ 효과 측정: ________

날짜: **한 번에 한 가지 일만 하기 (One thing)**

________ / ____ 효과 측정: ________

________ / ____ 효과 측정: ________

________ / ____ 효과 측정: ________

날짜: **잠시 휴가가기 (Vacation)**

________ / ____ 효과 측정: ________

________ / ____ 효과 측정: ________

________ / ____ 효과 측정: ________

날짜: **스스로 격려하기 (Encouragement)**

________ / ____ 효과 측정: ________

________ / ____ 효과 측정: ________

________ / ____ 효과 측정: ________

현실수용 스킬의 개요

자신이 원하는 방식의 삶을 살고 있지 않다면 어떻게 할 것인가?

철저한 수용

마음 돌려잡기

기꺼이 하기

살짝 미소짓기와 기꺼이 하는 손

마음 열기: 현재 생각에 대한 마인드풀니스

현실수용 스킬

완료일: _________________________   이름: _________________________   시작하는 주: _________________________

한 주 동안 있었던 스트레스 상황에서 현실수용 스킬을 두 번 연습하고 아래에 표기하십시오.

☐ 철저한 수용   ☐ 살짝 미소짓기

☐ 마음 돌려잡기   ☐ 기꺼이 하는 손

☐ 기꺼이 하기   ☐ 현재 생각에 대한 마인드풀니스

스킬 1. 스트레스 상황을 기술하고 어떻게 현실수용 스킬을 연습했는지 기술하십시오.

____

____

현실수용 스킬이 얼마나 효과적으로 상황을 극복하고, 상황을 더 나쁘게 만들지 않도록 도움을 주었나요?
숫자에 ○를 표시합니다.

이 상황을 단 1분도 견딜 수 없었다.		잠시 동안은 이 상황을 이겨낼 수 있었다. 스킬이 약간 도움을 주었다.		스킬을 사용할 수 있었고, 고통을 감내하고, 문제 충동에 저항할 수 있었다.
1	**2**	**3**	**4**	**5**

이 현실수용 스킬이 불편한 감정이나 충동을 극복할 수 있도록 했거나 갈등을 피할 수 있게 했나요?

예 _________ 아니오 _________

이 현실수용 스킬이 도움이 되었는지, 아니면 도움이 되지 않았는지 기술하십시오. _________________________

____

스킬 2. 스트레스 상황을 기술하고 어떻게 현실수용 스킬을 연습했는지 기술하십시오.

____

____

현실수용 스킬이 얼마나 효과적으로 상황을 극복하고, 상황을 더 나쁘게 만들지 않도록 도움을 주었나요? 숫자에 ○를
표시합니다.

이 상황을 단 1분도 견딜 수 없었다.		잠시 동안은 이 상황을 이겨낼 수 있었다. 스킬이 약간 도움을 주었다.		스킬을 사용할 수 있었고, 고통을 감내하고, 문제 충동에 저항할 수 있었다.
1	**2**	**3**	**4**	**5**

이 현실수용 스킬이 불편한 감정이나 충동을 극복할 수 있도록 했거나 갈등을 피할 수 있게 했나요?

예 _________ 아니오 _________

이 현실수용 스킬이 도움이 되었는지, 아니면 도움이 되지 않았는지 기술하십시오: _________________________

____

현실수용 스킬

완료일: ______________________　　이름: ______________________　　시작하는 주: ______________________

각 현실수용 스킬을 두 번씩 연습하고, 어떤 경험을 했는지 아래 표에 기술하고 측정해 보십시오.

언제 이 스킬을 사용하였으며, 이 스킬을 사용하기 위해 구체적으로 무엇을 했나요?	어떤 상황에서 현실수용을 하기 어려웠나요 (있었다면 기록하기)?	얼마나 오랫동안 현실수용 스킬을 사용했나요?	스킬 사용 전/후 측정			결과 또는 사용한 스킬에 대한 질문
			수용의 수준 (0 = 전혀 수용하지 못함, 5 = 완전히 수용함)	감정		
				부정적 감정의 강도 (0-100)	긍정적 감정의 강도 (0-100)	
철저한 수용:			/	/	/	
			/	/	/	
마음 돌려잡기:			/	/	/	
			/	/	/	
기꺼이 하기:			/	/	/	
			/	/	/	
살짝 미소짓기:			/	/	/	
			/	/	/	
기꺼이 하는 손:			/	/	/	
			/	/	/	
현재 생각에 대한 마인드풀니스:			/	/	/	
			/	/	/	

* 이 워크시트는 Seth Axelrod의 미출판된 워크시트를 저자의 승인 하에 발췌하여 수정하였음.

  (고통감내 자료 10–15a; pp.325, 329–331, 334, 336–338, 342–343)

현실수용 스킬

완료일: ______________________   이름: ______________________   시작하는 주: ______________________

한 주 동안 사용한 현실수용 스킬을 기술하고 얼마나 우리 자신과, 우리의 삶 그리고 외부 사건을 수용했는지 아래의 척도를 사용하여 측정해 보십시오.

전혀 수용하지 못했음. 부인하였으며 반항하는 상태였음		약간 또는 잠시 동안 수용할 수 있었음		온전히 수용하였음. 평화로운 마음상태가 되었음.
1	**2**	**3**	**4**	**5**

날짜:　　**철저한 수용** (무엇을 얼마나 자주 연습했는지 기술하십시오.)

______ / ____ 효과 측정: ________
______ / ____ 효과 측정: ________
______ / ____ 효과 측정: ________

날짜:　　**마음 돌려잡기** (갈림길에 서 있었던 상황을 기술하고,
어떤 길을 선택했는지 기술하십시오.)

______ / ____ 효과 측정: ________
______ / ____ 효과 측정: ________
______ / ____ 효과 측정: ________

날짜:　　**기꺼이 하기** (상황을 기술하고 무엇에 대하여 고집스러운 마음을
갖게 되었는지, 또 어떻게 기꺼이 함을 연습했는지 기술하십시오.)

______ / ____ 효과 측정: ________
______ / ____ 효과 측정: ________
______ / ____ 효과 측정: ________

날짜:　　**살짝 미소짓기** (상황을 기술하고 어떻게 연습했는지 기술하십시오.)

______ / ____ 효과 측정: ________
______ / ____ 효과 측정: ________
______ / ____ 효과 측정: ________

날짜:　　**기꺼이 하는 손** (상황을 기술하고 어떻게 기꺼이 하는 손 연습을
했는지 기술하십시오.)

______ / ____ 효과 측정: ________
______ / ____ 효과 측정: ________
______ / ____ 효과 측정: ________

날짜:　　**현재 생각에 대한 마인드풀니스** (어떤 생각이 마음속에 지나갔는지,
어떠한 생각을 관찰하였는지 기술하십시오.)

______ / ____ 효과 측정: ________
______ / ____ 효과 측정: ________
______ / ____ 효과 측정: ________

철저한 수용

(고통스러운 사건과 감정이 우리를 찾아올 때)

철저한 수용^{Radical Acceptance}이란?

1. '철저함'이란 '온 힘을 다해', '완전히' 또 '온전히'라는 의미를 포함합니다.
2. 철저한 수용이란 우리의 마음, 우리의 가슴 그리고 우리의 몸을 수용하는 것입니다.
3. 철저한 수용은 현실과 싸우는 것을 중단하고, 우리가 원하는 현실이 아니라고 성질 부리는 마음을 버리고, 쓰라린 마음을 내려 놓는 것을 말합니다.

수용해야 하는 것들

1. 현실은 그저 그대로 존재할 뿐입니다(우리가 좋아하지 않더라도 과거와 현재에 있는 사실은, 사실입니다).
2. 우리의 미래에는 한계가 있을 수 있습니다(그러나 현실적으로 수용할 수 있는 한계만을 받아들이십시오).
3. 모든 것에는 원인이 있습니다(고통과 괴로움을 일으키는 사건과 상황에도 원인은 있기 마련입니다).
4. 우리의 삶은 고통스러운 일이 있더라도 살아갈 가치가 있습니다.

현실을 수용해야 하는 이유

1. 현실은 거부한다고 해서, 결코 바뀌지 않습니다.
2. 현실을 변화시키기 위해 첫 번째로 할 일은 현실을 수용하는 것입니다.
3. 고통은 피할 수 없습니다. 고통은 무언가 잘못되었다는 신호이자, 지극히 자연스러운 현상입니다.
4. 현실을 거부하면 고통은 괴로움으로 바뀌게 됩니다.
5. 현실수용을 거부하면 우리는 불행함, 쓰라림, 분노, 슬픔, 수치심 또는 여러 가지 고통스러운 감정에 빠져버리게 됩니다.
6. 수용은 슬픔의 감정으로 이어질 수 있지만 이후 깊은 평온함이 따라올 때가 많습니다.
7. 지옥에서 빠져나오는 길에는 비참한 고통이 기다리고 있습니다. 지옥에서 빠져나오는 단계의 하나인 이 비참한 고통을 수용하는 것을 거부한다면, 다시 지옥으로 떨어져 버리게 됩니다.

철저한 수용을 방해하는 요인

철저한 수용이란 용인하는 것이나, 동정심, 사랑, 수동성이 아니며
변화에 저항하는 것도 **아닙니다.**

수용을 방해하는 요인

☐ 1. 수용하기 스킬이 없는 경우, 고통스러운 사건과 사실을 어떻게 수용해야 하는지 모르는 경우

☐ 2. 고통스러운 사건을 수용하면 그 사건을 가볍게 여기거나, 연관된 사실들을 용인한다고 믿는
경우, 고통스러운 사건을 수용하면 아무것도 바꾸지 못할 것이라고 생각하거나 미래에 있을
또 다른 고통스러운 사건을 막지 못할 것이라고 믿는 경우

☐ 3. 감정이 수용하는 것을 방해할 때 (참을 수 없는 슬픔, 고통스러운 사건을 일으킨 사람이나
그룹에 대한 분노, 불공평한 세상에 대한 분노, 압도적인 수치심이나 죄책감)

☐ 기타: ____

철저한 수용 연습, Step-by-Step

❑ 현실과 싸우고 현실에 의문을 던지는 우리를 관찰해 보십시오("이런 일이 일어나서는 안돼").

❑ 괴로운 이 현실은 바꿀 수 없고 그대로 있을 것이라는 것을 떠올리십시오("... 일이 일어났어.").

❑ 지금 겪고 있는 현실에 이르게 하는 원인이 있다는 사실을 자각하십시오. 지금 이 순간에 이르게 한 과거에 있었던 일들에 대해 인식하십시오. 우리의 삶은 여러가지 요인에 의하여 조형된다는 점을 생각하십시오. 이 순간까지 이르게 한 일련의 인과적 원인과 과거의 일들을 자각하면, 지금 겪고 있는 이 현실이 이러한 방식으로 나타날 수 밖에 없었다는 것을 이해하게 됩니다("....일이 이렇게 될 수 밖에 없었던 거야").

❑ 우리의 모든 것으로(몸, 마음, 영혼) 수용하는 연습을 하십시오. 온전히 우리 자신을 헌신할 수 있는 창의적인 방법을 찾아보십시오. 스스로 수용하는 말을 만들고 이완하기를 연습하십시오. 다음의 수용하기 연습을 하십시오. 이완하기, 호흡하기, 마인드풀니스, 수용할 수 없는 것을 생각하면서 살짝 미소짓기, 기꺼이 하는 손 연습하기, 기도하기, 수용할 수 있도록 도와주는 곳에 가기, 상상하기.

❑ 정반대 행동 연습하기. 우리가 사실을 수용하면 어떠한 행동을 할 수 있는지 목록을 만들어 보십시오. 그리고 그 사실을 수용했다고 생각하고 행동해 보십시오. 그리고 우리가 실제로 수용했을 때 하게 될 행동을 시작하십시오.

❑ 수용할 수 없는 사건에 미리 대비하십시오. 마음의 눈으로 우리가 수용하고 싶지 않은 것을 수용했다고 상상해 보십시오. 마음속으로 우리가 수용할 수 없는 것을 수용했을 때 어떤 행동을 하게 될 지 시연해 보십시오.

❑ 수용해야만 하는 것을 생각할 때 느껴지는 신체적 감각에 주의를 집중해 보십시오.

❑ 마음 속에 떠오르는 실망감과 슬픔, 비통함을 수용하십시오.

❑ 삶은 고통이 있지만 살아갈 가치가 있다는 것을 인지하십시오.

❑ 우리가 수용하지 않고 저항하는 것을 발견하면 이에 대한 장점과 단점 비교하기를 하십시오.

철저한 수용

완료일: _______________________　　이름: _______________________　　시작하는 주: _______________________

철저한 수용을 할 필요가 있는 것을 파악하기

1. 지금 철저한 수용을 해야 하는 **가장 중요한 것** 두 가지를 선택하여 목록을 만드십시오. 그리고 이것을 우리의 삶 속에 얼마나 수용할 수 있을지 측정해 보십시오. 0 (전혀 수용할 수 없음, 심하게 부인하거나 반항하고 있는 상태임)에서 5 (철저히 수용함. 지금은 평화로운 마음의 상태임) 중에 선택하십시오.

   주의할 점: 이 부분을 이미 했다면, 다시 하지 않아도 됩니다. 그러나 바뀐 것이 아무 것도 없다면 다시 시도해봅니다.

   수용해야 할 것　　　　　　　　　　　　　　　　　　　　　　　　　　　(수용, 0-5)

   1. ____　(_______)
   2. ____　(_______)

2. 한 주 동안 철저한 수용을 하기 어려운 것 중에 덜 중요한 것 두 가지를 선택하여 목록을 만드십시오. 그리고 위에 있는 수용 척도로 측정합니다.

   수용해야 할 것　　　　　　　　　　　　　　　　　　　　　　　　　　　(수용, 0-5)

   1. ____　(_______)
   2. ____　(_______)

개선된 목록 만들기

3. 위의 두 개의 목록을 리뷰하고 **사실을 확인**하십시오. 해석을 하거나 개인적 의견이 있는지 확인하십시오. 수용하려고 하는 것이 실제 사실인지를 확인하십시오. **판단하고 있는지** 체크하십시오. '좋다'거나 '나쁘다'와 같은 판단적 언어를 사용하지 마십시오. 위에 있는 항목 중 필요하다면 **무판단적으로, 사실**을 기초로 다시 목록을 작성하십시오.

철저한 수용 연습하기

4. 위에 있는 수용을 해야 하는 가장 중요한 것과 덜 중요한 것 중 하나씩 선택하여 작성합니다.

   1. ____
   2. ____

5. 각각의 사실과 사건에 주의집중을 하고 지혜로운 마음상태로 이것을 수용하도록 하십시오. 아래에 있는 철저한 수용 항목 중 사용한 항목에 표기하십시오.

   ☐ 현실에 의문을 갖고 싸우려고 하는 것을 관찰함
   ☐ 스스로 현실을 있는 그대로 수용할 것을 떠올림
   ☐ 지금 이 현실을 있게 한 원인을 살펴보고 그 원인을 무판단적으로 수용함
   ☐ 나의 모든 것(마음, 몸, 영혼)으로 온전히 수용함
   ☐ 정반대 행동하기를 연습함
   ☐ 수용하기 어려운 사건에 미리 대비함

   ☐ 내가 수용해야 하는 것들을 생각할 때, 느껴지는 몸의 감각에 주의를 집중함
   ☐ 실망감이나 슬픔, 비통함과 같은 감정을 있는 그대로 경험함
   ☐ 삶이 고통스럽더라도 살 가치가 있다는 것을 인지함
   ☐ 현실을 수용하는 것과 부인이나 거부하는 것의 장점과 단점을 비교함
   ☐ 기타: ____

6. 철저한 수용을 연습한 이후, 수용 정도를 측정하십시오(0-5). ____

철저한 수용 연습

완료일: ___________________　이름: ___________________　시작하는 주: ___________________

아래에 있는 철저한 수용 스킬을 두 번 연습하고 어떠한 경험을 했는지 기술하십시오.

언제 이 스킬을 사용하였으며, 이 스킬을 사용하기 위해 구체적으로 무엇을 했나요?	어떤 상황에서 현실수용을 하기 어려웠나요 (있었다면 기록하기)?	스킬을사용하는 동안 시간이 얼마나 흘렀나요?	스킬 사용 전/후 측정			결과 또는 사용한 스킬에 대한 질문
			수용의 수준 (0 = 전혀 수용하지 못함, 5 = 완전히 수용함)	감정		
				부정적 감정의 강도 (0-100)	긍정적 감정의 강도 (0-100)	
현재를 있게 한 원인 살펴보기:			/	/	/	
			/	/	/	
나의 모든 것으로 온전히 수용하기:			/	/	/	
			/	/	/	
정반대 행동하기:			/	/	/	
			/	/	/	
문제에 미리 대비하기:			/	/	/	
			/	/	/	
몸의 감각에 집중하기:			/	/	/	
			/	/	/	
슬픔, 비통함과 같은 감정을 받아들이기:			/	/	/	
			/	/	/	
삶은 살아갈 가치가 있다는 것을 인지하기:			/	/	/	
			/	/	/	
장점과 단점 비교하기:			/	/	/	
			/	/	/	

* 이 워크시트는 Seth Axelrod의 미출판된 워크시트를 저자의 승인 하에 발췌하여 수정하였음 .

마음 돌려잡기

마음 돌려잡기^{Turning the Mind}는 갈림길에 서 있는 것과 같습니다. 우리 마음을 현실 거부라는 길에서 수용이라는 길로 들어서게 해야만 합니다.

마음 돌려잡기는 수용하는 것을 선택하는 것입니다.

받아들이겠다는 **선택**이 수용의 의미는 아닙니다. 현실을 받아들이겠다고 선택하는 것은 방향 전환을 위한 첫 발자국입니다.

마음 돌려잡기,Step-by-Step

1. 수용하고 있지 않다는 것을 **관찰하십시오**(분노, 쓰라림, 짜증, 감정회피를 살피십시오. "왜 나에게 이런 일이?", "왜 이런 일이 일어나는 거지?", "도저히 견딜 수 없어", "이렇게 되어서는 안 돼").

2. 우리 안으로 들어가서 현실을 있는 그대로 수용할 수 있도록 **마음속으로 서약**하십시오.

3. **계속해서 반복하십시오.** 현실을 거부하거나 수용하는 갈림길에 있을 때마다 수용으로 마음을 돌려 잡으십시오.

4. 수용의 길에서 멀어질 것을 예상하여 미리 **계획을** 세우십시오.

마음 돌려잡기, 기꺼이 함, 고집스러움

완료일: ______________________   이름: ______________   시작하는 주: ________________

각 스킬을 연습하고 나서 어느 정도 현실을 수용할 수 있었는지 측정하십시오(0: 전혀 수용할 수 없었음, 5: 완전히 수용하였음). 스킬 연습을 하기 전과 후를 측정한 이후 구체적으로 어떤 스킬을 시도하였는지 적어보십시오.

마음 돌려잡기: 수용　　사전: __________　　사후: __________

수용하지 않은 상태를 **관찰하십시오**. 무엇을 관찰했나요? 무엇때문에 수용하기가 어려웠나요?

수용할 수 없다고 느껴지는 것을 수용하려고 **마음속으로 서약하십시오**. 어떻게 서약했는지 기술하십시오.

수용하지 않으려는 마음이 생기면 이것을 **어떻게 막을 수 있을지에 대한 계획**을 기술하십시오.

기꺼이 하기 (측정 0-5): **수용** 사전: __________　　사후: __________　/ **고집스러움** 사전: __________　　사후: __________

목표를 향해 가는 **효과적인 행동**을 기술하십시오.

고집스러움을 자각하십시오. 현실을 있는 그대로 두고 효과적으로 참여하지 못한 것을 기술하십시오. 또는 목표를 달성하기 위해 해야만 하는 것을 어떻게 하지 않게 되었는지 기술하십시오.

고집스러움을 어떻게 철저하게 수용하였는지 기술하십시오.

받아들일 수 없다고 느끼는 것을 **마음으로 수용하겠다는 서약을 하십시오**. 어떻게 서약했는지 기술하십시오.

기꺼이 했던 행동을 기술하십시오.

기꺼이 하기

'기꺼이 하기'란 우리의 삶과 생활에 온전하게 참여할 준비가 된 상태를 말합니다.

'기꺼이 하기^{Willingness}'란?

기꺼이 함은 꼭 **필요한 일을** 하는 것입니다.
- 매 순간마다
- 온 마음을 다 해

기꺼이 함은 끌려가지 않고 **지혜로운 마음**에 귀를 기울이면서 그에 따라 실행하는 것을 말합니다.

기꺼이 함은 우리가 이 우주와 연결되어 있다는 것을 **자각하며 행동**하는 것입니다(우주의 별들, 내가 좋아하거나 좋아하지 않는 사람, 지금 서 있는 땅 등).

고집스러움^{Willfulness}을 기꺼이 함^{Willingness}으로 바꾸기

- 고집스러움은 순간을 **감내하는 것을 거부**하는 것입니다.
- 고집스러움은 필요한 변화를 거부하는 것입니다.
- 고집스러움은 **포기하는 것**입니다.
- 고집스러움은 지금 '**할 수 있는 것**'을 하는 것에 반대되는 마음상태입니다.
- 고집스러움은 **모든 상황을 고치려고** 듭니다.
- 고집스러움은 **모든 것을 통제하려** 하는 것입니다.
- 고집스러움은 '**나, 나, 나**'에 **집착**하고 '지금 당장 내가 원하는 것에 집착하는 것'입니다.

기꺼이 함, Step-by-Step

1. 고집스러움을 **관찰**하고, 이것에 이름을 붙여주고, 있는 그대로 경험해 보십시오.
2. 고집스러운 감정이나 고집스러운 행동을 한다고 느끼는 순간을 **철저하게 수용**하십시오. 고집스러움을 고집스러움으로 대항할 수는 없습니다.
3. 기꺼이 수용하기를 하기 위하여 **마음 돌려잡기**를 하십시오.
4. **살짝 미소짓기와 기꺼이 하는 자세**를 취해 보십시오.
5. 고집스러움이 바뀌지 않으면 "지금 내가 어떤 위협을 느끼고 있지?"라고 스스로에게 물어보십시오.

기꺼이 함과 고집스러움 자각하기

기꺼이 함을 자각했던 상황: ____

고집스러움을 자각했던 상황: ____

살짝 미소짓기와 기꺼이 하는 손
몸으로 현실수용하기

살짝 미소짓기^{Half-Smile}

1 단계: 얼굴을 머리 윗 부분부터 아래 턱부분까지 **이완**시키십시오.

얼굴에 있는 모든 근육의 긴장을 놓아 보십시오(이마 - 눈 - 눈썹, 볼 - 입 - 혀, 이를 깨물지 않고 살짝 열어두기).

이것이 힘들면 얼굴에 있는 근육을 잠시 긴장시켰다가 이완하십시오.

긴장된 상태의 웃음은 어색하게 씩 웃는 웃음입니다(이러한 웃음은 우리가 실제 느끼는 감정을 **숨기거나 덮으려고 한다는 메세지를 뇌에 전달합니다**).

2 단계: **입술의 양 끝**을 살짝 올리십시오. 다른 사람이 내 입술을 본다고 생각하지 마십시오. 살짝 미소짓기는 얼굴이 이완된 상태에서 입술의 끝을 지긋이 위로 올리는 것입니다.

3 단계: 고요한 얼굴 표정을 받아들이십시오. 우리의 얼굴은 뇌와 의사소통을 하고 있습니다. 우리의 몸은 마음과 연결되어 있다는 것을 기억하십시오.

기꺼이 하는 손^{Willing Hands}

일어서서 하기: 먼저 팔을 어깨에서 아래로 떨어트려 늘어뜨리십시오. 팔꿈치 부분을 약간 굽힙니다. 손을 펴고 손바닥을 위를 향해 돌려 엄지 손가락이 옆으로 향하게 하십시오. 손바닥을 펴고 손가락은 이완 합니다.

앉아서 하기: 손을 무릎이나 허벅지 위에 두십시오. 손을 펴서 바깥을 향하게 두고, 손바닥은 위를 향하게 하며, 손가락은 이완합니다.

누워서 하기: 팔을 양 옆에 두고 손을 펴십시오. 손바닥을 위로 향하게 하고 손가락은 이완합니다.

우리의 손은 뇌와 의사소통을 하고 있으며 몸은 마음과 연결되어 있다는 것을 명심하십시오.

살짝 미소짓기와 기꺼이 하는 손 연습

1. 아침에 눈을 뜨자마자 살짝 미소짓기

아침에 눈을 뜨자마자 '미소'라는 단어를 볼 수 있도록 천장이나 벽 혹은 잘 보이는 곳에 붙여 놓거나 표식을 매달아 두십시오. 이 표식은 미소짓는 것을 잊지 않도록 도와줄 것입니다. 잠자리에서 일어나 숨을 쉬기 전에 이 순간을 잘 활용하십시오. 살짝 미소지은 상태에서 세 번 정도 천천히 숨을 들이쉬고 내쉬도록 하십시오. 호흡을 따르십시오. 살짝 미소를 지으면서 기꺼이 하는 손 연습을 하거나 기꺼이 하는 손만 따로 연습하십시오.

2. 잠깐의 휴식시간에 살짝 미소짓기

잠시라도 앉아 있거나 서 있어야 할 때는 살짝 미소를 지어 보십시오. 아이들을 바라보거나 낙엽, 벽에 있는 그림 또는 고정되어 있는 것을 보면서 미소를 지어 보십시오. 숨을 세 번 정도 조용히 내쉬십시오.

3. 음악을 들으면서 기꺼이 하는 손 연습과 함께 살짝 미소짓기

2~3분 정도 음악을 들으십시오. 음악의 가사와 리듬, 그 음악이 전해주는 감성에 집중해 보십시오(다른 생각이나 공상을 하지 마십시오). 들숨과 날숨을 관찰하면서 살짝 미소를 지어 보십시오. 기꺼이 하는 손 자세를 취해 보십시오.

4. 짜증이 날 때 기꺼이 하는 손과 함께 살짝 미소짓기

짜증이 난다는 것을 깨달았을 때 즉시 살짝 미소를 지으십시오. 숨을 세 번 정도 조용히 쉬면서 살짝 미소를 지어 보십시오.

5. 누운 상태에서 살짝 미소짓기.

평평한 바닥에 매트리스나 베개 없이 누워 보십시오. 양팔은 자연스럽게 펴서 옆에 두고 다리는 약간 벌린 후 쭉 펴십시오. 기꺼이 하는 손 자세와 살짝 미소짓기를 계속 하십시오. 천천히 숨을 들이쉬고 내쉬면서 호흡에 집중하십시오. 몸에 있는 근육의 긴장을 푸십시오. 각 근육이 마치 마룻바닥 속으로 빠져 들어가는 것처럼 이완시키고 산들바람에 부드러운 비단이 걸려있는 것처럼 이완시켜 보십시오. 모든 긴장을 풀고 호흡과 살짝 미소짓기에 주의를 집중하십시오. 따뜻한 난로 옆에 나른하게 누워있는 고양이를 상상하며 누군가의 간섭없이 몸의 근육에 있는 모든 저항을 풀어 버리십시오. 15회 정도 호흡을 하면서 이 연습을 계속하십시오.

6. 앉은 상태로 살짝 미소짓기

허리를 바로 세우고 바닥에 앉거나 발바닥을 바닥에 붙인 채로 의자에 앉으십시오. 살짝 미소를 지으십시오. 살짝 미소를 지은 상태로 숨을 들이쉬고 내쉬도록 하십시오. 그리고 내려 놓으십시오(또는 긴장을 푸십시오).

(계속)

7. 싫어하거나 화나게 만드는 사람을 명상하면서 기꺼이 하는 손과 살짝 미소짓기를 같이 하기

- 조용히 앉아 숨을 쉬면서 살짝 미소를 지으십시오. 두 손을 위로 향하게 열어 두십시오.
- 괴로움을 준 사람의 이미지를 생각하십시오. 그 사람의 가장 혐오스러운 점을 찾아보십시오.
- 그 사람이 행복한 것과 그 사람이 일상에서 어떤 고통을 받을 것인지에 대해 살펴보십시오.
- 그 사람이 인식하고 있는 것이 무엇인지 상상해 보십시오. 그 사람의 사고방식이 무엇인지 그 사람의 시각에서 살펴보십시오.
- 무엇이 그 사람에게 활력을 주고 희망을 주는지 생각해 보십시오.
- 마지막으로 그 사람의 의식 상태를 생각해 보십시오. 그 사람의 관점이 열려있는지, 통찰력을 가지고 있는지, 자유로운지 그리고 그 사람이 어떤 편견이나 좁은 마음, 증오나 화의 영향을 받는지 살펴보십시오.
- 그 사람이 자신의 주인인지 아닌지 생각해 보십시오.
- 우리의 마음속에서 자애로움이 맑은 물이 차오르는 것처럼 느껴질 때까지, 화나는 마음과 적개심이 사라질 때까지 이 연습을 계속하십시오. 동일한 사람을 놓고 몇 회에 거쳐 같은 연습을 하십시오.

살짝 미소짓기와 기꺼이 하는 손을 연습할 수 있는 상황을 적어 보십시오.

살짝 미소짓기와 기꺼이 하는 손 연습

완료일: _________________________　　이름: _________________________　　시작하는 주: _________________________

한 주 동안 했던 살짝 미소짓기와 기꺼이 하는 손 연습을 기술하십시오. 적어도 하루에 한 가지씩 이 스킬을 연습하십시오. 감정적으로 고통스러울 때와 그렇지 않을 때, 모두 이 스킬을 연습하십시오.

아래의 항목 중 연습을 위해 사용한 스킬에 표기하십시오.

- ☐ 1. 아침에 눈을 뜨자마자 살짝 미소짓기
- ☐ 2. 잠깐의 휴식 시간에 살짝 미소짓기
- ☐ 3. 음악을 들으면서 기꺼이 하는 손과 함께 살짝 미소짓기
- ☐ 4. 짜증이 날 때 기꺼이 하는 손과 함께 살짝 미소짓기
- ☐ 5. 누운 상태에서 살짝 미소짓기
- ☐ 6. 앉은 상태로 살짝 미소짓기
- ☐ 7. 거리를 걸을 때 살짝 미소짓기
- ☐ 8. 마음이 아플 때 기꺼이 하는 손과 함께 살짝 미소짓기
- ☐ 9. 무엇인가를 수용하기 싫을 때 기꺼이 하는 손과 함께 살짝 미소짓기
- ☐ 10. 화가 나기 시작할 때 기꺼이 하는 손과 함께 살짝 미소짓기
- ☐ 11. 부정적인 생각이 떠오를 때 살짝 미소짓기
- ☐ 12. 잠이 안 올 때 살짝 미소짓기
- ☐ 13. 다른 사람과 함께 살짝 미소짓기
- ☐ 14. 기타:_________________________

살짝 미소짓기와 기꺼이 하는 손을 연습한 이후 기술하십시오.

---

1. 상황: ____

   사용한 스킬을 기술하거나, 위에 있는 스킬 번호를 적으십시오. _________________________

   이 스킬이 얼마나 효과적으로 마인드풀하게 만들고, 즉흥적으로 반응하지 않도록 했는지 측정해 보십시오.

1	**2**	**3**	**4**	**5**
전혀 효과적이지 않았음		어느 정도 효과적이었음		매우 효과적이었음

---

2. 상황: ____

   사용한 스킬을 기술하거나, 위에 있는 스킬 번호를 적으십시오. _________________________

   이 스킬이 얼마나 효과적으로 마인드풀하게 만들고, 즉흥적으로 반응하지 않도록 했는지 측정해 보십시오.

1	**2**	**3**	**4**	**5**
전혀 효과적이지 않았음		어느 정도 효과적이었음		매우 효과적이었음

---

3. 상황: ____

   사용한 스킬을 기술하거나, 위에 있는 스킬 번호를 적으십시오. _________________________

   이 스킬이 얼마나 효과적으로 마인드풀하게 만들고, 즉흥적으로 반응하지 않도록 했는지 측정해 보십시오.

1	**2**	**3**	**4**	**5**
전혀 효과적이지 않았음		어느 정도 효과적이었음		매우 효과적이었음

---

* 이 워크시트는 Seth Axelrod의 미 출판된 워크시트를 저자의 승인하에 발췌하여 수정하였음.

살짝 미소짓기와 기꺼이 하는 손 연습

완료일: _______________　　이름: _______________　　시작하는 주: _______________

살짝 미소짓기와 기꺼이 하는 손을 하루에 두 번씩 연습하십시오. 연습한 스킬과 무엇을 수용하려고 했는지를 기록하십시오(고통감내 워크시트 11 번 참고할 것).

언제 이 스킬을 사용하였으며, 이 스킬을 사용하기 위해 구체적으로 무엇을 했나요?	어떤 상황에서 현실수용을 하기 어려웠나요 (있었다면 기록하기)?	스킬을 사용하는 동안 시간이 얼마나 흘렀나요?	스킬 사용 전/후 측정			결과 또는 사용한 스킬에 대한 질문
			수용의 수준 (0 = 전혀 수용하지 못함, 5 = 완전히 수용함)	감정 부정적 감정의 강도 (0-100)	긍정적 감정의 강도 (0-100)	
월요일			/	/	/	
			/	/	/	
화요일			/	/	/	
			/	/	/	
수요일			/	/	/	
			/	/	/	
목요일			/	/	/	
			/	/	/	
금요일			/	/	/	
			/	/	/	
토요일			/	/	/	
			/	/	/	
일요일			/	/	/	
			/	/	/	

* 이 워크시트는 Seth Axelrod의 미출판된 워크시트를 저자의 승인 하에 발췌하여 수정하였음.

현재 생각에 대한 마인드풀니스

---

1. 현재 떠오르는 생각 관찰하기

- 현재 생각을 파도가 오고 가는 것처럼 관찰하십시오.
- 생각을 억누르지 마십시오.
- 생각을 판단하지 마십시오.
- 이 생각이 있다는 것을 인지하십시오.
- 생각을 간직하려고 하지 마십시오.
- 생각을 분석하려고 하지 마십시오.
- 기꺼이 함을 연습하십시오.
- 마음속에 생각이 들어오고 나가는 것을 한 발짝 떨어져서 관찰하십시오.

---

2. 호기심 어린 마음갖기

- "이 생각이 어디에서 왔지?"라고 질문하고 이것을 관찰하십시오.
- 마음속에 들어온 생각이 나가는 것을 관찰하십시오.
- 관찰만 하고 생각을 평가하려고 하지 마십시오. 판단하는 것을 내려 놓으십시오.

---

3. 우리는 우리의 생각만이 아니라는 것을 명심하십시오.

- 생각에 따라서 행동할 필요는 없습니다.
- 우리가 전혀 다른 생각을 했었던 때를 떠올리십시오.
- 재앙화 된 생각이 '감정적 마음'이었다는 것을 기억하십시오.
- 심한 괴로움와 고통을 느꼈을 때 어떻게 생각했는지 기억해 보십시오.

---

4. 생각을 막거나 억누르려고 하지 마십시오.

- "이 생각이 피하려고 하는 감각이 무엇이지?"라고 스스로에게 물어보십시오. 그 감각으로 마음을 돌려 보십시오. 그리고 나서 생각으로 다시 돌아옵니다. 이것을 여러 번 반복하십시오.
- 한 발짝 물러서서 생각이 들어오고 나가는 것을, 숨을 관찰하면서 해 보십시오.
- 생각들이 영화처럼 지나가게 하십시오. 생각을 말로 표현하십시오. 가능한 빨리 소리를 내서 그 생각을 반복해서 말하십시오. 그 생각을 노래해 보십시오. 그 생각이 광대들이 하는 말이나 얽혀버린 녹음이라고 상상해 보십시오. 그 생각을 귀여운 동물이라고 생각하고 안아 보십시오. 그 생각을 밝은 색깔이 마음을 비춰 퍼지는 것으로 상상해 보십시오. 그 생각을 단순히 소리라고 상상해 보십시오.
- 그 생각을 사랑하려고 노력해 보십시오.

생각 마인드풀니스 연습

생각 관찰하기

☐ 1. 생각이 마음속에 들어오는 것을 자각하십시오. 생각이 마음속에 들어올 때 "생각 하나가 내 마음속에 들어온다"라고 말하십시오. 그 생각을 하나의 생각이라고 이름을 붙여주고, "그 생각[생각 기술: ______________________]이 내 마음속에 떠오른다"라고 말하십시오. 차분한 목소리를 사용하십시오.

☐ 2. 마음속에서 그 생각을 자각할 때 "이 생각이 어디에서부터 오는가?"라고 물어보십시오. 그리고 나서 그 생각이 어디로 부터 나오는지 마음을 관찰하십시오.

☐ 3. 마음에서 한 발짝 떨어져 보십시오. 마치 우리가 산꼭대기에 있고 마음은 산 아래 바위에 있다고 생각하고 마음에서 한 발자국 떨어져 보십시오. 우리의 마음을 응시하면서 그것을 관찰할 때 생각이 떠오르는 것을 관찰하십시오. 중단하기 전에 다시 마음으로 돌아오십시오.

☐ 4. 눈을 감고 몸을 스캔하여 첫 번째로 느껴지는 신체적 감각을 자각하십시오. 그리고 마음을 스캔하면서 첫 번째로 떠오르는 생각을 자각하십시오. 몸의 감각을 스캔하는 것과 생각을 스캔하는 것을 반복해 보십시오. 또는 몸의 감각을 스캔하는 대신 감정적으로 느껴지는 것을 스캔해 보십시오. 그리고 나서 감정적 느낌과 생각을 교차하면서 스캔해 보십시오.

말이나 목소리를 사용하기

☐ 5. 생각과 믿고 있는 것을 큰 소리로 무판단적인 목소리 톤을 사용해서 반복해서 말하십시오. 가능한 빨리 말해서 그 생각이 무슨 뜻인지 파악이 되지 않게 하십시오.

  ☐ 아주 천천히 말해 보십시오(한 호흡에 하나의 단어나 하나의 음절).

  ☐ 다른 목소리 톤을 사용해 보십시오(높거나 낮은 음조, 만화의 등장인물이나 연예인 같은 목소리).

  ☐ TV 코미디 쇼에 나오는 대화처럼 말해 보십시오("내 마음속에 어떤 생각이 떠올랐는지 아마 당신은 전혀 모를 거에요. 제가 어떤 생각을 했냐면요. '난 정말 멍청이야'라고 생각했어요. 내가 이렇게 말했는 것을 믿을 수 있겠어요?").

  ☐ 노래를 해 보십시오. 노래를 할 때는 그 생각에 맞는 곡으로 진심을 다해 드라마틱하게 불러보십시오.

정반대 행동하기

☐ 6. 생각을 단지 뇌의 감각 중 하나로 생각하고 수용하는 것을 상상하면서 얼굴과 몸을 이완시키십시오.

☐ 7. 우리가 생각하고 있는 것을 믿지 않으면 어떤 행동을 할지 상상해 보십시오.

☐ 8. 우리가 그 생각을 사실로 보지 않았을 때 행동하는 것을 마음속으로 시연해 보십시오.

☐ 9. 생각이 마음속에서 지나갈 때 그 생각을 사랑하는 것을 연습하십시오.

(계속)

마음에 대한 비유를 사용하기

☐ 10. 컨베이어 벨트 위에 생각과 감정이 오고 가는 것을 상상하십시오. 각각의 생각과 감정을 박스에 담아 그 생각이 어떤 종류인지 표식을 붙여 보십시오(예: 걱정하는 생각, 내 과거에 대한 생각, 어머니에 대한 생각, 무엇을 할지에 대한 생각). 생각을 계속 관찰하고 분류하면서 박스에 표식을 붙이십시오.

☐ 11. 생각과 감정이 강을 따라 내려오는 배라고 상상해 보십시오. 잔디 위에 앉아서 그 배들이 오고 가는 것을 지켜보는 것을 상상하십시오. 보트에서 뛰어 내리는 것을 상상하지는 마십시오.

☐ 12. 생각과 감정이 기찻길을 오고 가는 기차라고 생각해 보십시오. 그 기차에서 뛰어내리는 것을 상상하지는 마십시오.

☐ 13. 나무에서 떨어진 나뭇잎이 여러분이 앉아 있는 잔디 옆, 작은 개울로 떨어지는 것을 상상해 보십시오. 생각과 이미지가 마음속으로 들어올 때마다 개울에 떠 있는 잎사귀 위에 글이 적혀 있거나 사진이 붙어 있는 것을 상상하십시오. 그 나뭇잎이 지나가게 두고 그것이 사라져가는 것을 관찰하십시오.

☐ 14. 생각이 날개가 있어서 하늘을 나는 것을 상상해 보십시오. 각 생각이 시야를 벗어나 날아가는 것을 관찰하십시오.

☐ 15. 생각이 하늘에 있는 구름이라고 상상해 보십시오. 그 생각구름이 떠다니며 우리 마음속에서 점차 사라져 가는 것을 자각해 보십시오.

☐ 16. 두 개의 문이 있는 하얀 방을 상상해 보십시오. 한쪽 문에서 생각이 들어오고 다른 문으로 생각이 나갑니다. 하나의 생각이 떠나기 전까지 호기심 어린 상태로 주의를 집중하여 관찰하십시오. 판단하는 생각을 지나가게 하십시오. 생각을 분석하거나 사실과 맞는지 여부를 계산하려는 생각을 내려놓으십시오. 생각이 마음속에 떠오를 때 "생각 하나가 내 마음속에 들어왔다"라고 말해 보십시오.

기타: ____

기타: ____

기타: ____

기타: ____

기타: ____

현재 생각에 대한 마인드풀니스

완료일: _______________________ 이름: _______________ 시작하는 주: ___________________

한 주 동안 생각을 관찰하려고 어떤 노력을 했는지 기술하십시오. 적어도 하루에 한 번 생각을 관찰하는 연습을 하십시오. 고통스럽거나 불안을 유발하거나 분노를 유발하는 생각에만 초점을 맞추지 마십시오. 즐겁거나 중립적인 생각을 마인드풀하게 관찰하십시오. 생각이 떠오르면 "그 생각[생각 기술: __________] 이 내 마음속에 떠올랐다" 라고 말하십시오. 그리고 나서 그 생각을 관찰하는 스킬을 한 가지 이상 연습하고, 그 생각을 놓아 보십시오.

아래의 현재 생각에 대한 마인드풀니스 스킬 중 연습한 것에 표기하십시오.

❏   1. 생각과 신념들을 큰 소리로 무판단적인 목소리 돈을 사용해서 반복해서 말하십시오. 아주 천천히 말해 보십시오. 나와 나른 목소리로 말해 보십시오. TV 코미디 쇼에 나오는 대화처럼 말해 보십시오. 노래로 바꾸어 보십시오.

❏   2. 생각을 단지 뇌의 감각의 하나로 생각하고 수용하는 것을 상상하면서 얼굴과 몸을 이완시키십시오.

❏   3. 우리가 생각하고 있는 것을 믿지 않으면 어떤 행동을 할지 상상해 보십시오.

❏   4. 우리가 그 생각을 사실로 보지 않았을 때 행동하는 것을 마음속으로 시연해 보십시오.

❏   5. 생각이 마음속에서 지나갈 때 그 생각을 사랑하는 것을 연습하십시오.

❏   6. 걱정이나 재앙화하지 않도록 노력하며 마음을 감각에 다시 집중시키십시오.

❏   7. 숨을 들이쉬고 내쉬면서 호흡을 관찰하고 생각이 들어오고 나가는 것을 관찰하십시오. 생각도 그렇게 들어오고 나가게 하십시오.

❏   8. 하나의 생각이 떠오르면 그것을 하나의 생각이라고 이름을 붙여 주십시오. "그 생각[생각 기술: ___________________]이 내 마음속에 떠올랐다"라고 말하십시오.

❏   9. "그 생각이 어디에서 왔지?"라고 물어보고, 우리 마음이 그 답을 찾아가는 것을 관찰하십시오.

❏ 10. 한 발자국 떨어져 마음이 산 꼭대기에 있다고 생각해 보십시오.

❏ 11. 몸의 감각과 생각을 교차하면서 스캔해 보십시오.

❏ 12. 마음속으로 생각이 컨베이어 벨트 위에서 내려온다고 상상해 보십시오. 또는 강 위에 있는 배, 기찻길에 있는 열차, 강 위에 떠 있는 잎사귀 위의 글, 날개를 달고 날아오르는 것, 하늘에 떠 있는 구름, 마음의 문을 통해 오고 가는 것 등으로 상상해 보십시오(사용한 이미지에 밑줄을 긋도록 하십시오)!

❏ 13. 기타: ____

한 주 동안 했던 마인드풀한 생각을 기술하십시오. 마음속에 어떤 생각이 지나갔는지 적으십시오.

---

1. 상황: ____
   사용한 스킬을 기술하거나, 위에 있는 스킬 번호를 적으십시오. _______________________
   이 스킬이 얼마나 효과적으로 마인드풀하게 만들고, 즉흥적으로 반응하지 않도록 했는지 측정해 보십시오.

   1   **2**   **3**   **4**   **5**
   전혀 효과적이지 않았음   어느 정도 효과적이었음   매우 효과적이었음

---

2. 상황: ____
   사용한 스킬을 기술하거나, 위에 있는 스킬 번호를 적으십시오. _______________________
   이 스킬이 얼마나 효과적으로 마인드풀하게 만들고, 즉흥적으로 반응하지 않도록 했는지 측정해 보십시오.

   1   **2**   **3**   **4**   **5**
   전혀 효과적이지 않았음   어느 정도 효과적이었음   매우 효과적이었음

---

3. 상황: ____
   사용한 스킬을 기술하거나, 위에 있는 스킬 번호를 적으십시오. _______________________
   이 스킬이 얼마나 효과적으로 마인드풀하게 만들고, 즉흥적으로 반응하지 않도록 했는지 측정해 보십시오.

   1   **2**   **3**   **4**   **5**
   전혀 효과적이지 않았음   어느 정도 효과적이었음   매우 효과적이었음

 (고통감내 자료 15, 15a; pp.342–343)

생각 마인드풀니스 연습

완료일: ______________________   이름: ______________________   시작하는 주: ______________________

매일 두 번 현재 생각에 대한 마인드풀니스 스킬을 연습하십시오. 어떤 생각을 하고 어떤 스킬을 사용하였는지 기술하고 측정해 보십시오(고통감내 워크시트 12 참고할 것).

| 이 스킬을 사용하기 위해 구체적으로 무엇을 했나요? | 어떤 상황에서 현실수용을 하기 어려웠나요 (있었다면 기록하기)? | 스킬을 사용하는 동안 시간이 얼마나 흘렀나요? | 스킬 사용 전/후 측정 | | | 결과 또는 사용한 스킬에 대한 질문 |
| | | | 수용의 수준 (0 = 전혀 수용하지 못함, 5 = 완전히 수용함) | 감정 | | |
				부정적 감정의 강도 (0-100)	긍정적 감정의 강도 (0-100)	
월요일			/	/	/	
			/	/	/	
화요일			/	/	/	
			/	/	/	
수요일			/	/	/	
			/	/	/	
목요일			/	/	/	
			/	/	/	
금요일			/	/	/	
			/	/	/	
토요일			/	/	/	
			/	/	/	
일요일			/	/	/	
			/	/	/	

* 이 워크시트는 Seth Axelrod의 미출판된 워크시트를 저자의 승인 하에 발췌하여 수정하였음.

중독위기관리 스킬
자료 및 워크시트

IV

중독위기관리 스킬 개요

중독적인 삶으로부터 벗어나기
알파벳 D, C, B, A를 기억하십시오.

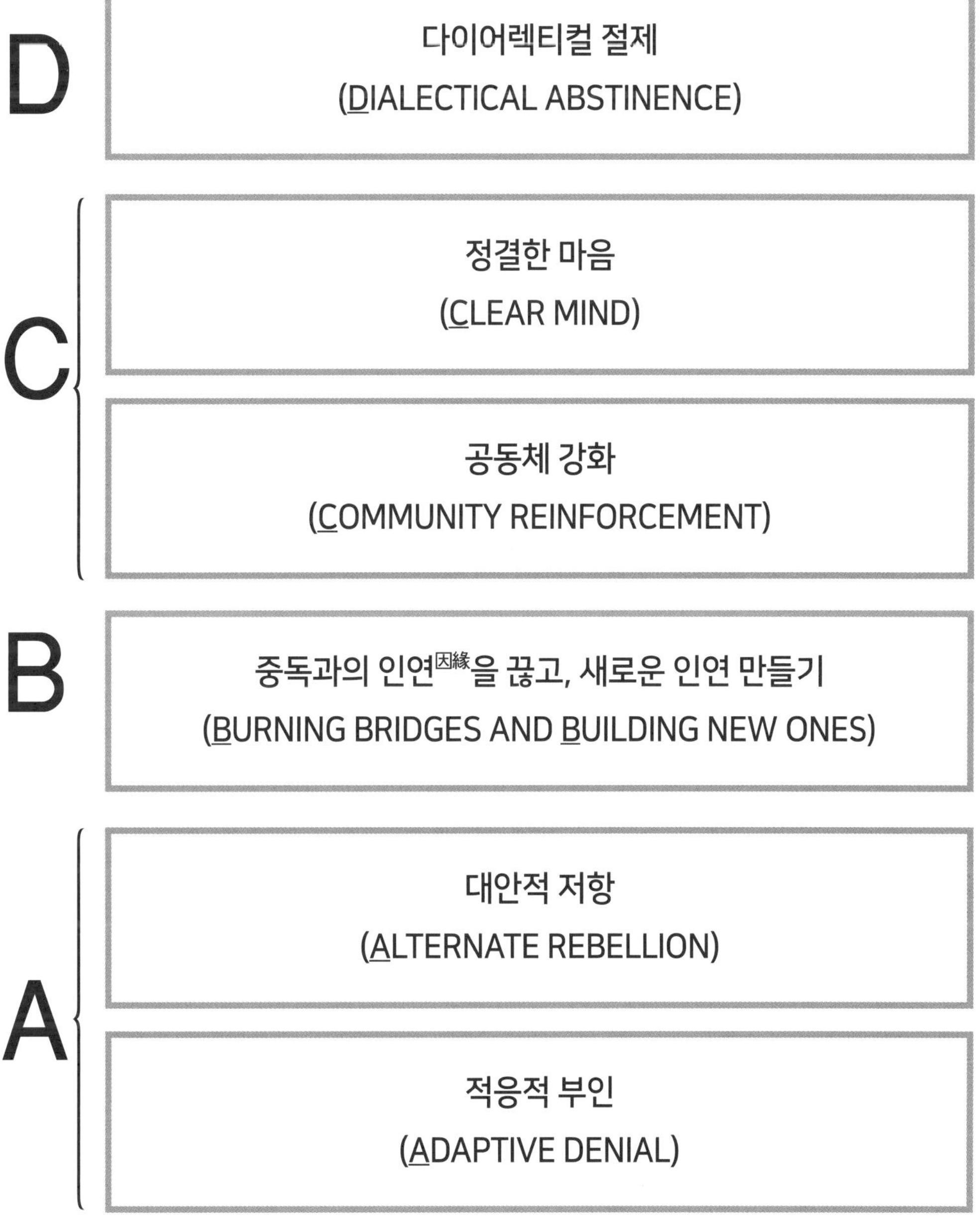

중독의 유형

자신에게 중독 문제가 없다고 생각한다면 아래의 목록을 살펴보십시오.

여러분이 끊으려고 최선을 다했고 부정적 결과까지 나타났지만 중단할 수 없는 행동 패턴이 있거나
약물류 등을 중단할 수 없다면 중독 문제가 있는 것입니다.

- ☐ 술
- ☐ 관심 끄는 행동
- ☐ 회피: _______________________
- ☐ 자동차 경주
- ☐ 내기
- ☐ 폭식증 (구토/설사제 사용)
- ☐ 부정행위
- ☐ 커피
- ☐ 콜라류
- ☐ 수집:
    - ☐ 예술품
    - ☐ 동전
    - ☐ 쓰레기 류
    - ☐ 옷
    - ☐ 신발
    - ☐ 음악
    - ☐ 기타: _______________________
    - ☐ 기타: _______________________
- ☐ 컴퓨터
- ☐ 범죄 행동
- ☐ 다이어트
- ☐ 약물 (불법 또는 처방약물)
- ☐ 이뇨제 사용
- ☐ 이메일
- ☐ 도박
- ☐ 게임/퍼즐
- ☐ 타인에 대한 좋지 않은 소문내기
- ☐ 상상하기/공상하기
- ☐ 인터넷

- ☐ 인터넷 게임
- ☐ 병적 도벽/훔치기/물건 훔치기
- ☐ 거짓말 하기
- ☐ 포르노물
- ☐ 난폭 운전
- ☐ 위험 행동
- ☐ 자해로 인한 상해/자해
- ☐ 섹스
- ☐ 쇼핑하기
- ☐ 잠 자기
- ☐ 스마트폰 앱
- ☐ 흡연/담배
- ☐ 종교적 수행
- ☐ 스포츠 활동:
    - ☐ 자전거 타기
    - ☐ 근육단련 훈련
    - ☐ 등산하기/암벽타기
    - ☐ 조깅
    - ☐ 근력운동하기
    - ☐ 기타: _______________________
    - ☐ 기타: _______________________
- ☐ TV보기
- ☐ 문자메세지 하기
- ☐ 공공기물을 더럽히거나 파손하기 (Vandalism)
- ☐ 비디오 보기
- ☐ 비디오 게임하기
- ☐ 일 하기

- ☐ 기타: _______________________
- ☐ 기타: _______________________
- ☐ 기타: _______________________

중독위기관리 스킬

완료일: ____________________　　이름: ____________________　　시작하는 주: ____________________

한 주 동안 스트레스 상황에서 중독행동을 하지 않게 만드는 두 개의 스킬을 선택하여 표기하십시오.

☐ 절제 계획　　　　　　　　　　　　　　☐ _____ 일 동안 절제하기
☐ 유해성 감소 계획　　　　　　　　　　　☐ 중독과의 인연 끊기
☐ 정결한 마음 연습하기　　　　　　　　　☐ 새로운 인연 만들기
☐ 절제 강화물 찾기　　　　　　　　　　　☐ 대안적 저항 연습하기
☐ 중독성이 없는 즐거운 활동 증가시키기　☐ 적응적 부인 연습하기

스킬 1. 상황을 기술하고 중독위기관리 스킬을 어떻게 연습하였는지 기술하십시오.

____

____

이 스킬이 얼마나 효과적으로 상황을 극복하고, 상황을 더 나쁘게 만들지 않도록 했나요? 숫자에 ○를 표시하십시오.

이 상황을 단 1분도 견딜 수 없었다.		잠시 동안은 이 상황을 이겨낼 수 있었다. 스킬이 약간 도움을 주었다.		스킬을 사용할 수 있었고, 고통을 감내하고, 문제 충동에 저항할 수 있었다.
1	**2**	**3**	**4**	**5**

이 스킬이 불편한 감정이나 충동을 극복할 수 있도록 했거나 갈등을 피할 수 있도록 했나요?

예 _________ 　 아니오 _________

이 스킬이 도움이 되었는지, 아니면 도움이 되지 않았는지 기술하십시오. _____________________________

____

스킬 2. 상황을 기술하고 중독위기관리 스킬을 어떻게 연습하였는지 기술하십시오.

____

____

이 스킬이 얼마나 효과적으로 상황을 극복하고, 상황을 더 나쁘게 만들지 않도록 했나요? 숫자에 ○를 표시하십시오.

이 상황을 단 1분도 견딜 수 없었다.		잠시 동안은 이 상황을 이겨낼 수 있었다. 스킬이 약간 도움을 주었다.		스킬을 사용할 수 있었고, 고통을 감내하고, 문제 충동에 저항할 수 있었다.
1	**2**	**3**	**4**	**5**

이 스킬이 불편한 감정이나 충동을 극복할 수 있도록 했거나 갈등을 피할 수 있도록 했나요?

예 _________ 　 아니오 _________

이 스킬이 도움이 되었는지, 아니면 도움이 되지 않았는지 기술하십시오. _____________________________

____

다이어렉티컬 절제

다이어렉티컬 절제의 목표는 중독적 행동을 다시 하지 않는, 완벽한 절제 상태가 아닙니다.

다이어렉티컬 절제는 절제하는 것이 실패했다면 목표를 유해성 감소로 바꾸고 가능한 빨리 절제하는 삶으로 돌아가도록 하는 것입니다.

　　장점: 이 방식은 효과가 있습니다!
　　단점: 이 방식은 휴식하지 못한 채 일하는 것과 같습니다.
　　(절제한 상태에 있거나 아니면 절제하는 삶으로 돌아가기 위해 끊임 없이 노력하는 상태일 것입니다.)

이러한 문제에 부딪쳤을 때 최상의 계획을 이끌어낼 수 있도록 다음의 예를 떠올려 보십시오.
예: 올림픽 경기에 참가하려고 하는 선수들은 자신이 이전 경기에서 졌거나 앞으로의 경기에서 또 실패할 가능성이 있더라도, 모든 경기에 이길 수 있다고 믿고 행동해야 합니다.

다이어렉티컬 절제 계획하기

절제 계획

☐ 1. 정결한 마음으로 절제된 상태를 즐기십시오. 재발[relapse]의 유혹을 이길 수 있는 계획을 세우십시오.

☐ 2. 절제된 삶을 강화하는 사람들과 시간을 보내고 점검을 받으십시오.

☐ 3. 중독적 행동을 대신 할 수 있는 다른 활동을 강화할 수 있는 계획을 세우십시오.

☐ 4. 중독을 일으킬 수 있는 모든 인연을 끊으십시오. 중독적 행동을 연상시키는 단서들이나 고위험 상황을 피하십시오.

☐ 5. 새로운 인연을 만드십시오. 중독적 욕구와 연관된 것에 맞설 수 있는 이미지나 냄새, 또는 정신적 활동(예: 충동 서핑하기)을 개발하십시오.

☐ 6. 중독에 저항할 수 있는 대안적 방법을 찾으십시오.

☐ 7. 공개적으로 절제하겠다는 말을 하고 중독 재발과 연관된 생각을 부인하십시오.

유해성 감소 계획

☐ 1. 치료자나 절제를 도와줄 수 있는 친구, 또는 스킬 코칭을 받을 수 있는 멘토들에게 전화하십시오.

☐ 2. 도움을 줄 수 있는 사람들과 접촉하십시오.

☐ 3. 유혹을 뿌리치고 효과적인 행동을 생각해 낼 수 있는 여러 단서들을 만들어 놓으십시오.

☐ 4. DBT 스킬과 자료들을 리뷰하십시오.

☐ 5. 정반대 행동하기 스킬을 사용하여 죄책감이나 수치심에 대항하는 것을 시연하십시오(감정조절 자료10). 다른 방법이 생각나지 않으면 중독 문제를 다룰 수 있는 모임에 가서 공개적으로 재발 상황에 대해 말하십시오.

☐ 6. 감정적 상황에 대한 숙련도를 쌓고 미리 대비하십시오(감정조절 자료19). 사실을 확인하십시오(감정조절 자료 8). 이렇게 하면 통제불능 상태에 대응할 수 있습니다.

☐ 7. 가족이나 친구, 성직자, 카운슬러 등에게 도움을 요청하는 대인관계 스킬(대인관계 효율성 자료 5-7)을 사용하십시오. 혼자 떨어져 있는 상태라면 온라인 지지 그룹의 도움을 받으십시오.

☐ 8. 재발하게 만든 사건을 분석하기 위해 체인 분석을 시행하십시오(기본 자료 7,7a).

☐ 9. 재발로 인한 피해를 리페어[repair]하고, 절제된 삶으로 빠르게 돌아갈 수 있도록 문제 해결을 하십시오(감정조절 자료 12).

☐ 10. 스스로 주의분산을 하고 자기위안을 하며 순간을 살리는 스킬을 적용하십시오.

☐ 11. 스스로 응원하며 용기를 주십시오.

☐ 12. 중독적 행동을 중단하는 것의 장점과 단점 비교하기를 하십시오(고통감내 자료 5).

☐ 13. 극단적 생각에서 멀어지십시오. 한 번의 실수를 재앙으로 이어지게 하지 마십시오.

☐ 14. 100% 온전한 절제의 삶을 살겠다고 다시 서약하십시오.

다이어렉티컬 절제 계획하기

완료일: ________________________　　이름: ________________________　　시작하는 주: ________________________

문제행동: ____

실행한 활동에 표기하고 기술하십시오.

절제 계획

나는 절제하는 삶을 살기 위하여 ____________________________ 행동을 중단할 것을 서약합니다.

☐ 문제행동을 하는 대신 다른 행동을 계획한다(예: 일, 취미활동 찾기, 지지 모임에 참여하기, 자원 봉사하기).
　　다른 행동:
　　____
　　____

☐ 문제행동을 하지 않고 효과적인 행동을 하는 것을 강화할 수 있는 사람과 같이 시간을 보내거나 이야기를 나눈다(예: 도움을
　　줄 수 있는 친구, 가족, 동료, 고용주, 치료자, 또는 지지그룹 사람들).
　　도움을 줄 수 있는 사람:
　　____
　　____

☐ 절제하며 효과적으로 살아가는 것의 타당한 이유가 무엇인지 생각한다(예: 장기적 목표 달성, 관계를 유지하고 새로운 관계를
　　만들고 유지, 돈을 절약하는 것, 수치심을 피하는 것).
　　타당한 이유:
　　____
　　____

☐ 유혹을 일으킬 수 있는 사람들과 관계를 끊는다(예: 전화번호 삭제, 친구 관계 끊기, 그 사람들에게 연락하지 말라고 말하기,
　　그 사람들과 어울리고 싶지 않다고 말하기).
　　이름:
　　____
　　____

☐ 문제행동을 일으킬 수 있는 단서들을 피한다.
　　단서:
　　____
　　____

(계속)

❑ 스킬을 사용한다(충동을 회피하게 하는 것들, 대인관계 효율성 스킬, 고통감내 스킬, 감정조절 스킬, 마인드풀니스 스킬).
  가장 효과적인 스킬:

  ____

  ____

❑ 저항할 수 있는 대안적 방법을 찾는다.
  대안적 방법:

  ____

  ____

  ____

❑ 절제하는 삶을 살고, 효과적인 행동을 할 것이라고 공개적으로 선언한다.

유해성 감소 계획

중독적 행동을 실수로 했다고 하더라도, 나는 중독행동이 지속되는 것을 원하지는 않습니다. 중독행동이 이어지게 하지 않기 위해 나는 균형을 되찾고, 절제하며, 효과적인 삶으로 다시 돌아갈 것입니다.

❑ 치료자나 스킬 코칭을 해줄 수 있는 멘토 또는 도움을 줄 수 있는 사람들에게 전화를 한다.
  전화번호: ____

❑ 도움을 줄 수 있는 사람들에게 연락한다(예: 친구, 가족, 지지그룹에 있는 사람들).
  이름과 연락처: ____

  ____

  ____

❑ 유혹을 일으킬 수 있는 것들을 제거한다(예: 약물, 문제가 되는 음식 등). 대체행동을 할 수 있는 단서들을 주변에 많이 둔다 (예: 운동복, 과일 등).

❑ DBT 스킬과 자료들을 리뷰한다.
  가장 도움이 되는 스킬과 자료: ____________________________________

  ____

  ____

❑ 죄책감이나 수치심을 다루기 위해 정반대 행동하기(감정조절 자료 10)를 사용하여 시연하는 연습을 한다. 이것이 잘 되지 않으면 중독자 모임에 가서 재발되었다는 것을 공개적으로 이야기한다.

❑ 숙련감을 쌓고, 감정적 상황에 미리 대비하고(감정조절 자료 19), 사실을 확인하면(감정조절 자료 8) 통제불능 상태에 빠지는 느낌에서 벗어날 수 있다.

(계속)

❑ 대인관계 스킬(대인관계 효율성 자료 5-7)을 사용하여 가족이나, 친구, 성직자, 상담자들로부터 도움을 얻는다. 현재
고립되어 있는 상태라면 온라인 지지 그룹의 도움을 얻도록 한다.
이름:

____

____

❑ 재발을 촉발시키는 상황을 분석하기 위해 체인분석을 한다(기본 자료 7,7a).

❑ 다시 원래의 절제된 삶을 살기 위해서 즉시 문제해결을 하고, 피해에 대해 리페어[repair] 한다(감정조절 자료 12).

❑ 주의분산을 하고, 자기위안하며, 순간을 살리는 스킬을 적용한다.

❑ 스스로를 응원하며 격려한다(예: "한 번의 실수는 재앙이라고 말할 수 없어", "포기하지 마, 고집스럽게 굴지 마", "난 다시
절제된 삶으로 되돌아올 수 있어").
나를 응원하는 격려의 말: ____

____

____

❑ **지금 바로** 중독행동을 중단하는 것의 장점과 단점을 다시 비교한다.

❑ 극단적 생각에서 벗어나고 중도의 길이 무엇인지 찾는다. 한 번의 실수가 재앙으로 이어지지 않도록 한다(포기하게 하는
극단적 생각과 수용하게 하는 중도의 길에 체크 표기할 것).

극단적 생각:	중도의 길:
❑ 아직 중독을 끊지 못했으니, 나는 끝났어. 이제 포기할 수 밖에 없어.	❑ 한 번 재발했다고 해서 완전히 끝난 것은 아니야.
❑ 이제 재발했으니, 계속 이렇게 갈 수 밖에 없을거야.	❑ 재발한 것은 맞지만, 그것이 곧 재발한 상태에서 벗어날 수 없다는 것을 의미하지는 않아. 다시 일어서서 올바른 삶을 살 수 있어.
❑ 치료 약속을 지키지 못했으니, 이제 끝이야.	❑ 치료 약속을 지키지 못했지만, 치료자를 가능한 빨리 다시 만날거야.
❑ 기타:	❑ 기타:
❑ 기타:	❑ 기타:

❑ 100% 완전한 절제의 삶을 살아야겠다는 서약을 다시 한다.

정결한 마음

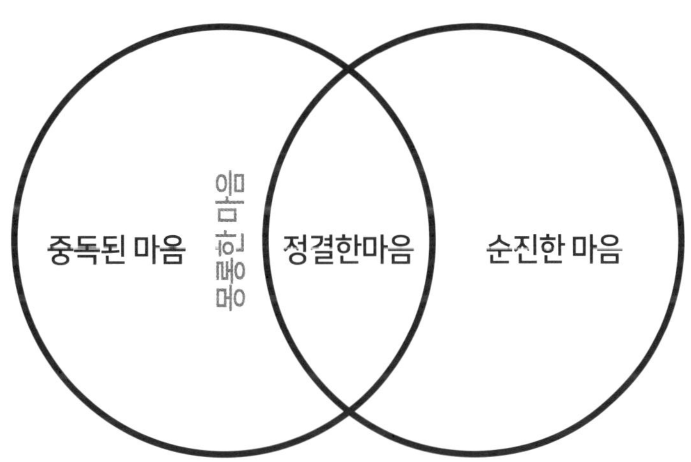

중독된 마음[Addict Mind] :

　충동적임

　편향적 마음상태

　'조작이나 부정 행동'을 쉽게 하려고 함

중독적 마음일 때, 우리는 중독의 지배를 받게 됩니다. 습관적인 문제행동을 하려는 충동은 우리의 생각과 감정, 행동을 결정하게 됩니다.

순진한 마음[Clean Mind] :

　지나치게 순진함

　위험을 감수함

　위험에 대하여 의식하지 못함

순진한 마음일때, 우리는 순진하게 습관적 문제행동을 일으킬 수 있는 위험을 의식하지 못합니다. 중독의 유혹에 면역이 되어 있거나 무적의 완벽한 상태라고 믿게 됩니다.

**양극단은
모두 위험합니다!**

정결한 마음[Clear Mind]이 가장 안전한 상태입니다.

깨끗한 상태에 있더라도 이전에 중독상태에 있었다는 것을 기억합니다.

재발할 수 있다는 것을 철저하게 수용합니다.

정결한 마음으로 절제된 삶을 즐기면서도, 동시에 **중독충동**이나 유혹에 **대비한 계획**을 세우고 있어야 합니다.

중독된 마음과 순진한 마음상태의 행동패턴 유형

중독된 마음상태

- ☐ 중독행동을 시작함
- ☐ "나는 중독 문제가 없어"라고 생각함
- ☐ "아주 조금만 하는 것은 괜찮아"라고 생각함
- ☐ "주말 동안에는 중독적 행동을 해도 괜찮아"라고 생각함
- ☐ "도저히 못 견디겠어!"라고 생각함
- ☐ 중독을 미화함
- ☐ 중독행동을 하게 하는 인터넷 서핑을 함
- ☐ 중독행동을 일으킬 수 있는 용품을 구입함 (음식, 약물, 영상, 기타 등등)
- ☐ 중독행동과 연관된 물품들을 팔거나 교환함
- ☐ 중독행동을 하기 위해 훔침
- ☐ 돈이나 중독 관련 용품을 사기 위하여 성매매를 함
- ☐ 거짓말을 함
- ☐ 숨기
- ☐ 자신을 외부로부터 고립시킴
- ☐ "가봐야 해!"라고 말하며 바쁜 척 함
- ☐ 약속을 어김
- ☐ 범죄를 저지름
- ☐ 시체처럼 행세를 함
- ☐ 의미 없는 삶을 살아감
- ☐ 필사적이거나 강박적으로 행동함
- ☐ 눈을 바로 쳐다보지 못함
- ☐ 개인 위생을 등한시 함
- ☐ 병원에 가는 것을 꺼려함
- ☐ 기타: _______________________
- ☐ 기타: _______________________
- ☐ 기타: _______________________

순진한 마음상태

- ☐ 과거에 중독행동으로 이어지게 했던 **겉보기에는 관련 없어 보이는 행동**을 시작함
- ☐ "난 충분히 교훈을 얻었어"라고 생각함
- ☐ "이 중독 습관을 통제할 수 있어"라고 생각함
- ☐ "더 이상 중독은 문제가 아니야"라고 생각함
- ☐ 중독을 억제해 줄 수 있는 약물을 중단하거나 줄임
- ☐ 중독행동을 하는 사람들과 어울림
- ☐ 중독에 빠져 있는 친구를 만남
- ☐ 중독에 빠져 있는 사람과 생활함
- ☐ 중독과 연관된 물품을 가지고 있음
- ☐ 여분의 돈을 가지고 다님
- ☐ 각종 청구서들을 무시함
- ☐ 중독 문제에 도움을 줄 수 있는 모임에 가지 않음
- ☐ 중독적 행동을 촉발시키는 문제에 직면하지 않음
- ☐ 중독을 이기기 위해서는 의지만 있으면 된다고 믿고 행동을 함
- ☐ 스스로를 격리시킴
- ☐ "나 혼자 할 수 있어"라고 믿음
- ☐ 처방받은 마약성 진통제를 복용하는 것은 상관없으며 누군가의 자문에 따라 다이어트나 기타 다른 중독적 행동을 하는 것은 괜찮은 것이라고 생각함. 과거의 중독 문제에 대해서 누구에게도 말할 필요가 없다고 생각함
- ☐ "도저히 못 견디겠어!"라고 생각함
- ☐ 기타: _______________________
- ☐ 기타: _______________________
- ☐ 기타: _______________________

순진한 마음에서 정결한 마음으로

완료일: _________________　　　이름: _________________　　　시작하는 주: _________________

한 주 동안 바꾸려고 계획한 **순진한 마음** 행동에 표기하십시오. **순진한 마음**상태를 대체할 수 있는 **정결한 마음**을 따르는 대체행동을 적으십시오.

순진한 마음을 따르는 행동	정결한 마음을 따르는 대체행동
☐　1. 과거에 중독행동으로 이어지게 한 **겉보기에는 관련 없어 보이는 행동**을 시작함	
☐　2. "나는 충분히 교훈을 얻었어"라고 생각하기	
☐　3. **"나는 중독 습관을 통제할 수 있어"라고 생각하기**	
☐　4. **"중독은 나에게 더 이상 문제가 안돼"라고 생각하기**	
☐　5. 중독을 억제해 줄 수 있는 약물을 중단하거나 줄이기	
☐　6. 중독행동을 하고 있는 사람들과 같이 있기	
☐　7. 중독에 빠져 있는 친구를 만나기	
☐　8. 중독에 빠져 있는 사람과 생활하기	
☐　9. 중독과 연관된 물품을 갖고 있기	
☐　10. 여분의 돈을 가지고 다니기	
☐　11. 각종 청구서를 무시하기	
☐　12. 중독 해결을 도와줄 수 있는 지지 모임에 빠지기	
☐　13. 스스로를 격리시키기	
☐　14. "나 혼자 할 수 있어"라고 믿기	
☐　15. 중독을 강화시키는 문제를 무시하기	
☐　16. 중독을 이기기 위해서는 의지만 필요하다고 믿고 행동하기	
☐　17. 중독에 대해 어떤 것도 말할 필요가 없다라고 생각하기	
☐　18. "도저히 못 견디겠어!"라고 생각하기	
☐　19. 기타: _________________	
☐　20. 기타: _________________	

공동체 강화

공동체 강화란 중독 강화물을 절제 강화물로 대체하는 것을 말합니다.

절제를 강화하는 것은 매우 중요합니다

주변 환경에 있는 강화물은 중독행동을 증가시키거나 감소시키는 데에 중요한 역할을 합니다.

중독행동을 중단하기 위해서는 **중독행동이 없는** 라이프 스타일이 **중독행동을 하는** 라이프 스타일 보다 더 많이 보상이 되도록 하여야 합니다.

중독과 관련되지 않은 행동을 찾아내고, 주변 사람들이 이 행동을 강화해 주도록 합니다.

우리의 의지만으로는 **충분하지 않습니다.** 의지만으로 충분했다면, 우리는 아무 문제가 없었을 것입니다!

절제 강화물로 중독 강화물을 대체하기

긍정적 사건을 쌓을 수 있는 행동을 시작하여 중독적 행동을 대체하십시오.

☐ 중독되지 않은 사람을 찾아 그 사람과 시간을 보내십시오.

☐ 중독적인 것과 연관되어 있지 않은 즐거운 활동을 증가시키십시오.

☐ 만약 어떤 사람이나 활동을 좋아하는지 모르겠다면, 다양한 사람들이 모여 있는 모임과 활동에 참여해 보십시오.

절제하는 삶 살기

☐ 중독적 행동을 _____ 일 동안 하지 않겠다고 서약하고, 어떤 이로운 점이 자연스럽게 생기는지 관찰하도록 합니다.

☐ 고위험 중독을 일으킬 수 있는 촉발요인들을 일시적으로 피하고 정한 기간 동안 유혹을 이겨낼 수 있도록 대체하는 경쟁 행동을 하십시오.

☐ 중독적 행동을 하지 않을 때 일어나는 모든 긍정적 사건들을 관찰하십시오.

---

* 이 워크시트는 다음 자료에서 저자들의 승인 하에 발췌하여 수정함. Meyers, R.J., & Squires, D. D. (2001, September). *The community reinforcement approach.* Retrieved from *www.bhrm.org/guidelines/CRAmanual.pdf.*

중독을 일으키지 않는 행동 강화하기

완료일: _________________________   이름: _________________________   시작하는 주: _________________________

중독을 강화하는 강화물을 절제를 돕는 강화물로 대체하려는 노력을 기술하고 표기하십시오.

☐ 1. 중독과 관계 없는 사람들과 시간을 보내십시오. 어떤 사람들인지, 무엇을 했는지 기술하십시오.

____

____

☐ 2. 중독적이지 않은 즐거운 활동의 빈도수를 높이십시오. 그 활동을 기술하십시오.

____

____

☐ 3. 여러가지 활동과 다양한 그룹을 시도해 보십시오 어떤 그룹인지, 무엇을 했는지 기술하십시오

____

____

☐ 4. 중독을 대체할 수 있는 긍정적 활동을 하기 위한 하나 이상의 구체 계획을 시행하고 기술하십시오.

____

____

절제하려는 노력을 기술하고 표시하십시오.

☐ 5. _______________일 동안 중독행동을 하지 않을 것을 서약함(현재 _______________ 일 동안 절제하였음).

> 절제 계획을 기술하고 어떻게 이것을 시행했는지 기술하십시오(고통감내 워크시트 14 참조).

☐ 6. 중독행동을 하지 않았을 때 일어난 긍정적 사건을 관찰하고 기술하십시오.

중독적이지 않은 활동	긍정적인 사건과 결과

중독과의 인연因緣을 끊고, 새로운 인연 만들기

중독과의 인연 끊기

중독행동을 시작하지 않겠다고 철저하게 수용하고, 모든 중독적 행동 가능성을 적극적으로 단절하십시오.

☐ 1. 중독적 행동 ＿＿＿＿＿＿＿＿＿＿＿＿＿＿＿＿＿ (중독적 행동을 기술할 것)을 절제하겠다고 온전히 서약하십시오.
　　그리고 **절제의 방에 들어가서 문을 잠그십시오**(문틈을 조금이라도 열어두면, 곧 그 방 안에 큰 코끼리가 들어올 수 있습니다).

☐ 2. 중독 가능성이 있는 모든 것을 적으십시오.

☐ 3. 중독 가능성이 있는 모든 것을 제거하십시오.

　　☐ 중독행동에 공모를 할 가능성이 있는 사람들의 정보를 버리십시오.

　　☐ 중독적 행동과 연관된 단서나 유혹들을 모두 제거하십시오.

☐ 4. 중독행동을 못하게 하거나 불가능하게 할 수 있는 목록을 만들고 이를 시행하십시오.

　　☐ 항상 우리의 행동에 대해서 진실을 말하십시오.

　　☐ 모든 친구와 가족에게 중독행동을 **중단**했다고 말하십시오.

새로운 인연 만들기

**새로운 시각 이미지와 냄새를 활용하여 중독적 욕구가 생길 때
시각과 후각을 관장하는 뇌신경 시스템과 경쟁할 수 있게 하십시오.**

중독적 욕구와 충동은 중독과 연관된 이미지와 냄새가 깊이 관련이 있습니다. 이미지와 냄새가 강하면 강할수록 욕구도 강해집니다.

　　☐ 대체할 수 있는 이미지를 만들고 대체할 수 있는 냄새를 생각해 보십시오. 중독적 욕구가 생길 때 활용할 수 있도록 이 이미지와 냄새를 기억해 두십시오. 예를 들어, 담배를 피고 싶은 욕구가 생길 때 마다 해변에 있는 것을 상상하십시오.

　　☐ 욕구를 줄일 수 있도록 마음속에 해변을 보는 장면과 해변의 냄새를 기억해 내십시오. 중독적 욕구가 생길 때 중독과 연관성이 없는 이미지를 바라보거나 주변의 냄새에 파묻혀 보십시오. 움직이는 이미지들과 새로운 냄새는 중독적 욕구와 경쟁 반응을 하게 됩니다.

　　☐ 서핑보드를 타고 '충동의 파도'를 타고 있다고 상상해 보십시오. 충동이 오고 가며, 높이 올라갔다가 다시 낮게 내려가면서 저 멀리 떠나는 것을 상상해 보십시오.

중독과의 인연因緣을 끊고, 새로운 인연 만들기

완료일: ___________________　　이름: ___________________　　시작하는 주: ___________________

중독으로부터 벗어나고자 하는 의지의 강도를 측정해 보십시오(0 = 중독적 행동을 끝내려는 의지가 없음, 100 = 중독적 행동을 완전히 끝내겠다고 서약함). ___________

지혜로운 마음상태에서 중독으로부터 벗어나겠다는 의지의 강도를 다시 측정해 보십시오. ___________

중독으로 이어지게 하는 것들의 목록을 만드십시오. 제거한 항목에 체크하십시오.

☐ ___________________________________　　☐ ___________________________________

☐ ___________________________________　　☐ ___________________________________

☐ ___________________________________　　☐ ___________________________________

중독적 행동을 지속하게 하는 **모든** 사람들, 웹 사이트, 기타 연락처의 목록을 적으십시오. 지우거나 제거한 항목에 체크하십시오.

☐ ___________________________________　　☐ ___________________________________

☐ ___________________________________　　☐ ___________________________________

☐ ___________________________________　　☐ ___________________________________

중독으로 이어지지 못하게 하는 것들의 목록을 만드십시오. 실행한 항목에 체크하십시오.

☐ ___________________________________　　☐ ___________________________________

☐ ___________________________________　　☐ ___________________________________

☐ ___________________________________　　☐ ___________________________________

중독적 욕구를 줄일 수 있도록 하는 이미지들을 기술하십시오.

중독적 충동에 대항하기 위해 사용한 전략을 기술하고 표기하십시오.

☐ 중독적 충동이 일어날 때 마음속에 새로운 이미지를 떠올림: ___________________________________

____

☐ 움직이는 이미지를 쳐다봄: ___________________________________

☐ 주변에 있는 새로운 냄새에 주의집중을 함: ___________________________________

☐ 충동 서핑하기를 함: ___________________________________

대안적 저항과 적응적 부인

대안적 저항 Alternate Rebellion

중독적 행동은 관습이나 권위 또는 규칙이나 법을 깨뜨리지 못하는 것에 대한 지루함에 대한 저항에서 나올 수 있습니다. 이때 대안적 저항을 해 보십시오. 대안적 저항은 파괴적 반항을 대체하는 것으로, 우리가 목표하는 길로 갈 수 있게 합니다.

예:

- ☐ 삭발하기
- ☐ 이상한 속옷 입기
- ☐ 짝짝이 신발 신기
- ☐ 비밀스러운 생각 갖기
- ☐ 일반적이지 않은 관점 표현하기
- ☐ 무작위로 친절한 행동하기
- ☐ 가족과 나체주의 지역에 여행가기
- ☐ 원하는 것을 편지에 써서 정확하게 말하기

- ☐ 이상한 색깔로 머리 염색하기
- ☐ 문신을 새기거나 몸에 피어싱하기
- ☐ 옷을 거꾸로 입어보기
- ☐ 한 주 동안 목욕하지 않기
- ☐ 티셔츠에 구호를 프린팅하기
- ☐ 얼굴 페인팅하기
- ☐ 정장을 입어야 하는 곳에서 평상복을 입거나, 평상복을 입어야 하는 곳에서 정장 입기

적응적 부인 Adaptive Denial

중독행동의 욕구를 참을 수 없을 때 적응적 부인하기를 시도해 보십시오.

- ☐ 적응적 부인을 하는 동안 이것에 반대되는 논리를 만들어내지 마십시오. 이에 대해 스스로 논쟁하지 않도록 합니다.

- ☐ 강력한 충동이 밀려올 때 우리가 문제행동이나 약물을 원한다는 것을 부인해 보십시오. 스스로가 문제행동보다는 다른 어떤 것을 원한다는 확신을 가지십시오. 예를 들어, 담배를 피우고 싶은 충동은 향이 들어간 이쑤시개를 갖고 싶은 충동으로 재구성해 보십시오. 술을 마시고 싶은 충동은 단것을 먹고 싶은 충동으로 재구성해 보십시오. 도박을 하고 싶은 충동은 대안적 저항에 대한 충동으로 재구성해 보십시오(위 참고).

  기타: ____

  기타: ____

  이렇게 단호하게 부인하기를 하고 대안적 행동을 시작하십시오.

- ☐ 중독적 행동을 미루십시오. 5 분 정도 중독행동을 미루고 다시 5 분을 미루는 방식으로 계속하십시오. 그때마다 "5 분 동안 미루고 이겨낼 거야"라고 말하십시오. 매일같이 스스로에게 "나는 오늘만 절제할거야"라고 말하며(또는 "매시간마다 한 시간 동안만 절제할거야" 등) "영원히는 할 수 없겠지만 지금 이 순간은 견딜 수 있어"라고 말하십시오.

대안적 저항과 적응적 부인 연습

완료일: _________________________　　　이름: _________________________　　　시작하는 주: _________________________

중독행동을 하고 싶은 충동이 일어날 때 대안적 저항을 할 수 있는 계획을 기술하고 표시하십시오.

❑ 1. ____

❑ 2. ____

❑ 3. ____

중독적 행동에 굴복하지 않고 대안적 행동을 한 것을 기술하고 표시하십시오.

❑ 1. ____

❑ 2. ____

이 스킬이 중독에 굴복하지 않고 욕구를 이기는데 얼마나 효과적이었는지 측정하십시오.

1	**2**	**3**	**4**	**5**
전혀 효과적이지 않았음		어느 정도 효과적이었음		매우 효과적이었음

충동을 다루기 위해 사용한 적응적 부인하기 스킬을 기술하고 표시하십시오.

❑ 1. 문제행동과 연관된 충동을 다른 것과 연관된 충동으로 바꾸어 인식함: _______________

____

이 스킬이 중독에 굴복하지 않고 욕구를 이기는데 얼마나 효과적이었는지 측정하십시오.

1	**2**	**3**	**4**	**5**
전혀 효과적이지 않았음		어느 정도 효과적이었음		매우 효과적이었음

❑ 2. 중독적 행동을 _______ 분 _______ 회 연기함: _______________

____

이 스킬이 중독에 굴복하지 않고 욕구를 이기는데 얼마나 효과적이었는지 측정하십시오.

1	**2**	**3**	**4**	**5**
전혀 효과적이지 않았음		어느 정도 효과적이었음		매우 효과적이었음

❑ 3. 중독에서 벗어난 절제된 상태를 1시간 동안, 하루 동안 또는 _______일 동안 지속할 것이라고 되뇌이며 서약함.

____

이 스킬이 중독에 굴복하지 않고 욕구를 이기는데 얼마나 효과적이었는지 측정하십시오.

1	**2**	**3**	**4**	**5**
전혀 효과적이지 않았음		어느 정도 효과적이었음		매우 효과적이었음

DBT® 다이어렉티컬 행동치료 워크북 개정판

– 감정조절장애와 경계선 성격장애 워크북

발행일 1쇄 2025년 12월 31일

저자 Marsha M. Linehan
역자 조용범
펴낸이 조용범
펴낸곳 더 트리 그룹
출판등록 2008년 9월 23일 제2016-000018호
주소 서울특별시 송파구 법원로 90, 12층, 우편번호 05855
전화 02)557-8823
팩스 02)557-8355

www.theTreeG.com

ⓒ조용범, 2025

ISBN 979-11-996403-0-2